경제학들의 귀환

일러두기

- 이 책은 KB금융공익재단과 한국사회과학연구회가 국민들의 경제 이해 능력 향상을 위해 "경제학 고전에서 삶의 길을 찾다"를 주제로 진행한 2021년 4월 15일부터 7월 1일까지 12번의 〈경제학 고전 강의〉를 바탕으로 만들었습니다.
- 1～12장의 '경제학이 답하다' 코너는 강의자들이 강의 현장에서 수강생들과 나눈 질문과 답변을 원고 형식으로 정리한 것입니다.
- 일부 인용문의 강조 표시는 인용자의 표시입니다.
- 외래어 표기는 현행 어문규정의 외래어표기법을 따랐습니다.

경제학들의 귀환

홍 훈 · 박순성 · 박만섭 · 조은주 · 김양희 · 박동천
류동민 · 안현효 · 김진방 · 전강수 · 유종성 · 김종철

대한민국, 서울, 박영률출판사, 2022

경제학들의 귀환

지은이 홍 훈 · 박순성 · 박만섭 · 조은주 · 김양희 · 박동천
류동민 · 안현효 · 김진방 · 전강수 · 유종성 · 김종철
펴낸이 박영률

초판 1쇄 펴낸날 2022년 4월 28일

박영률출판사
출판 등록 1997년 2월 13일 제1-2136호
02880 서울시 성북구 성북로 5-11 (성북동1가 35-38)
전화(02) 7474 001, 팩스(02) 736 5047
pyyp@eeel.com www.commbooks.com

PYYP
5-11, Seongbuk-ro, Seongbuk-gu, Seoul, 02880, KOREA
phone 82 2 7474 001, fax 82 2 736 5047

ISBN 979-11-288-9129-8 03320
979-11-288-9130-4 03320 (큰글씨책)

책값은 뒤표지에 표시되어 있습니다.

경제학 고전에서 삶의 길을 찾다

미래는 어느 날 하늘에서 뚝 떨어지는 것이 아니고 현재, 그리고 과거와 연결되어 있다. 변화와 불안의 시대, 섣부른 독단과 강변보다 교과서를 만든 아이디어의 벽돌을 다시 살펴보는 공부가 필요하다. 경제학 아이디어의 뿌리를 살피다 보면, 국가의 정책 결정이나 개인과 기업의 의사 결정에 도움이 되는 용기와 지혜를 구할 수 있으리라 믿는다.

지금은 불안의 시대다. 세상은 변화하고 있는데 변화의 원인과 방향은 알기 어렵다. 지금까지 불행한 가정들은 각기 불행하더라도, 행복한 가정들은 그런대로 비슷한 모습을 지니고 있었다. 그런데 이전의 행복한 가정이 지속되기 어렵다면, 행복한 가정을 정의조차 할 수 없다면 어떤 일이 벌어질까? 오늘의 상황과 내일의 모습을 가늠하기 어렵게 되면 불안과 공포는 계속 커지게 될 것이다.

경제학은 현실 변화의 본질을 추구하는 학문이다. 많은 사람들은 경제학은 어렵기만 하고 현실과 괴리된 학문이라고 생각한다. 그러나 어려운 시절이 오면 결국은 경제학의 아이디어를 다시금 돌아보게 된다. 경제학은 이전에는 볼 수 없던 자본주의의 급격한 성장에서 그 본질을 탐구하는 과정에서 탄생했다. 경제학은 성장과 병행한 극심한 빈곤과 불평등 문제도 설명해야 했기 때문에 '우울한 학문'이 되지 않을 수 없었다. 우울은 성찰의 부산물이었다.

미래는 어느 날 하늘에서 뚝 떨어지는 것이 아니고 현재, 그리고 과거와 연결되어 있기 마련이다. 경제학 교과서의 이면에는 성장, 빈곤, 불평등에 관한 다양한 이야기가 있다. 변화와 불안의 시대에는 섣부른 독단과 강변보다 교과서를 만든 아이디어의 벽돌을 다시 살펴보는 공부가 요구된다. 경제학 아이디어의 다양한 뿌리를 살피다 보면, 국가의 정책 결정이나 개인과 기업의 의사결정에 도움이 되는 용기와 지혜를 구할 수 있으리라 믿는다.

이 책은 한국사회과학연구회와 KB금융공익재단이 힘을 합쳐 기획한 것이다. 한국사회과학연구회는 1988년 결성된 이래 종합사회과학저널 ≪동향과 전망≫을 발간하고 있다. 현실의 동향을 비평적으로 분석하고 새로운 대안과 정책을 탐구하는 작업을 계속해 왔다. KB금융공익재단은 일반 국민들의 금융적·경제적 이해력을 높이는 공익활동에 관심을 가지고 있었다. 기존에 유통되는 개념과 지식을 이해시키는 것과는 다른 방법을 찾아보고 싶었다. 기존의 지식체계를 만든 거인들과 직접 대화하는 길을 찾아보기로 했다.

먼저 기획위원회를 구성해 강연과 토론, 저술과 출판의 전 과정을 기획하기로 했다. 기획위원회에는 ≪동향과 전망≫을 편집하면서 현실과 미래의 문제를 고민해 온 연구자들, 경제사상의 다양한 흐름에 관심을 두고 대중적 경제사상 저술을 시도해 온 연구자들이 모였다[이일영(한신대), 김양희(국립외교원), 류동민(충남대), 박성원(국회미래연구원), 안병진(경희대), 전병유(한신대), 정준호(강원대), 최정규(경북대)].

기획위원회는 이번 프로젝트의 명칭을 "경제학 고전에서 삶의 길을 찾다"로 정했다. 기본 취지는 '국민들이 경제를 이해하는 힘을 기르는 장을 마련하는 것'이다. 이를 위해 전문 학자들과 일반 시민이 함께 경제학 고전을 읽으면서 현재 경제 문제의 의미를 다시 생각해보기로 했다. 불안의 시대를 살고 있는 우리 자신의 모습을 돌아보고 새로운 길을 생각해보자는 것이다.

여러 차례 회의를 거쳐 기존의 경제사상사에서 빼놓을

수 없는 사상가, 최근의 세계경제 및 한국경제와 관련해서 새롭게 조명해야 할 사상가와 고전의 목록을 작성했다. 모두 50명 정도 경제사상가의 고전을 책상에 올려놓고, 한 권의 단행본, 한 학기분의 대학 강의 분량의 규모로 시즌을 나누어 보았다. 그리고 시즌별로 경제사상의 흐름과 현대적 이슈를 함께 다룸으로써 경제학 아이디어의 현재성을 부각하고자 했다. 강연과 토론을 이끌어줄 최고의 전문가들을 초빙하는 데에도 많은 노력을 기울였다. 그들에게 경제학 이론의 핵심을 이해하기 쉽게, 현재 · 미래적 관점에서 해설해 달라는 어려운 부탁을 드렸다. 연사와 기획위원들이 함께 강의와 토론을 진행하고 이를 동영상과 단행본으로 기록 · 제작하기로 했다.

이번에 내놓는 책은 '경제학 사상의 형성과 불평등'을 주제로 한 첫 번째 시즌(2021년 4월 15일~7월 1일)의 12개 강연의 원고를 모은 것이다. 책 제목은 숙고 끝에 '경제학들의 귀환'으로 정했다. 경제학은 시대의 핵심을 통찰하려는 사상적 고투가 축적된 결과라는 점에서 복수의 '경제학들'이라는 것이 우리의 문제의식이다. 또한 경제학은 우리 현실의 문제를 포함하는 이론과 실천으로 재귀와 재창조를 거듭하는 '귀환'의 방법이라고 생각한다. 제1강부터 제9강까지는 그리스 철학에서부터 신고전파

혁명까지의 경제사상의 주요 흐름을 짚어보았다. 그리고 제10강에서 제12강까지는 불평등에 관한 현대적 관심을 반영하여 헨리 조지, 필리프 판 파레이스, 토마 피케티의 사상을 다루었다.

경제학 사상의 형성을 다룬 논의에서도 '지금, 여기'의 문제의식을 반영하려 노력했다. 일반적인 경제사상사 논의에서는 애덤 스미스를 경제사상의 시조로 두지만, 이 책은 아리스토텔레스에서부터 시작한다. 칼 폴라니(Karl Polanyi)에 의하면 '경제'를 처음 발견한 이는 아리스토텔레스이며, 카를 마르크스에 의하면 아리스토텔레스는 그리스 철학의 알렉산드로스라 할 수 있다(홍훈 교수).

애덤 스미스의 경우도 그간의 『국부론』 일변도의 논의에서 확장된 시야를 보여준다. 『도덕감정론』에서 제시되었던 '상호 호의의 교환에 의해 유지되는 사회'와 『도덕감정론』의 도덕철학과는 다른 상업사회의 법칙이 작동하는 『국부론』에서의 체계를 동시에 다룬다(박순성 교수).

데이비드 리카도에 대해서는 실천가와 이론가의 두 면모를 동시에 살폈다. 리카도는 곡물법 반대, 재산세 도입, 통화 발행 전문 은행 설립을 주장한 열렬한 실천가였으며, 경제학의 체계성을 구현한 냉철한 이론가였다. 그는 수요-공급의 경제학과 구분되는 잉여 재생산 중심의 고전파 경제학의 대표자로 평가됐다(박만섭 교수).

인구론으로 유명한 토머스 맬서스는 역사의 진보와 계몽사상에 대한 근본적인 의문을 제기한 인물로 다시 해석했다. 맬서스는 인구를 자연 법칙의 영역으로 인식하고 이성과 인위적 개입의 한계를 제기했고, 그로써 미래에 대한 디스토피아적 전망의 전범이 되었다(조은주 교수).

프리드리히 리스트의 경제학은 30여 개로 분열된 독일을 위한 것이었다는 점을 재조명했다. 그의 아이디어는 경제적으로 앞서 간 영국과 그를 추격하는 미국을 탐구한 기초 위에서 제조업 발전을 옹호한 것이다. 리스트는 미중 갈등 시대, 코로나19 대유행 시기에 부각된 제조업의 중요성을 다시 생각하게 한다(김양희 교수).

급진파로부터 '절충적 고전파'라고 공격받기도 했던 존 스튜어트 밀에 대해서는, 오히려 '철학적 급진주의', '합리주의의 성자'로서의 면모를 살펴보았다. 여기에는 사회 진보를 향한 실천적 열정, 실현 가능한 대안을 찾으려는 노력, 합리주의와 도덕적 결단의 결합 등이 포함되어 있다(박동천 교수).

카를 마르크스가 기여한 바도 재평가했다. 그의 노동

가치설은 리카도 등 고전파 학자들이 이미 제기했던 것으로, 그와 고전파의 차이점은 물신성에 대한 인식, 착취론의 제기, 기술진보와 이윤율 하락에 주목한 것이라 할 수 있다. 마르크스의 기여 중에서 더 추구되어야 할 주제들은 소유(재산)와 권력의 관계, 자본을 동태적 관계로 파악하는 문제 등이다(류동민 교수).

흔히 '공상적 사회주의자'로 알려진 피에르 조제프 프루동에 대해서는 개인과 자유를 추구한 아나키스트로서의 모습을 직시했다. 사유제는 물론 공유제를 포함한 소유제에 대한 근본적 비판, 주인이나 주권자가 부재한 근본적 자유의 추구와 국가주의에 대한 비판이 프루동의 급진성의 핵심이라 할 수 있다(안현효 교수).

윌리엄 스탠리 제번스를 통해서는 고전파에서 신고전파로의 이행이 경제사상사에서 진정한 의미의 '반란 또는 혁명'이었음을 논의했다. 제번스는 리카도와 밀이 전개한 노동가치이론과 분배이론을 공격했으며, 애덤 스미스의 사용가치를 총효용으로 보고 한계효용이 교환가치를 결정한다고 주장했다. 제번스에 의해 한계분석은 경제학 방법의 주요 흐름에 합류하였으며, 한계효용과 한계비용 그리고 가격의 관계가 경제학의 핵심 내용이 되어 '한계혁명'이 이루어졌다(김진방 교수).

최근 시대적 과제로 부각되고 있는 불평등 문제와 그 해결책에 대한 사상적 계보를 살펴보는 것도 이번 시즌의 관심사다. 부동산 문제는 현재 한국의 최대 경제문제이자 정치문제로 부각되고 있다. 일찍이 헨리 조지는 지대가 생산량보다 더 빠른 속도로 증가하는 데서 빈곤 문제의 본질을 찾았다. 이에 따라 지대의 대부분을 조세로 징수하자는 처방을 내놓았다. 한국에서는 헨리 조지의 논의를 발전시킨 '시장친화적 토지공개념'의 대안이 제시된 바 있다(전강수 교수).

코로나19 대유행으로 인한 재난지원금 지급은 기본소득 논의를 확산시켰다. 필리프 판 파레이스는 모두를 위한 실질적 자유를 확보하는 수단으로 기본소득 아이디어를 제기한 바 있다. 한국의 기본소득 주창자들 상당수가 공유지 또는 공유부에 대한 공유권에서 기본소득의 정당성을 찾고 있는데, 판 파레이스는 정당성의 철학적 근거로 평등 이전에 자유를 주장했다(유종성 교수).

한편 토마 피케티는 자본 수익률이 경제 성장률보다 빠르게 증가하는 것을 불평등의 주원인으로 보았다. 이에 따라 극심한 소득과 소유의 불평등에 대한 부의 재분배 정책을 주장했다. 피케티는 토지보유세보다는 사적 소유의 극복과 소유의 재분배에 초점을 두었다. 사회적 소유의 진전을 위한 수단으로 기업 내 권력의 분산 소유, 보편적 자본 지원(기본자산), 누진세(소유세, 상속세, 소득세)를 중심으로 한 조세재정제도를 제시했다(김종철 교수).

이 책을 기획하면서 걱정이 많았다. 지금은 분열과 적대의 습속이 지식인 사회에도 영향을 미쳐서 새로운 시대를 논의하는 담론장이 크게 위축된 때다. 고전을 돌아보면서 미래를 살피자는 취지가 얼마나 통할지 자신하기 어려웠다. 그러나 첫 시즌 강의 일정을 마치고 그 결과를 단행본으로 내놓는 시점에서, 당초의 우려가 보람으로 바뀌었다는 점을 말씀드린다.

무엇보다도 최고의 강의진으로부터 많은 것을 배웠다. 고전에 대한 새롭고 풍부한 해석을 접한 것뿐만 아니라, 시대를 고민하고 함께 나누고자 애쓴 연사들의 열정이 감동적이었다. 연사들은 강의 원고를 미리 작성해달라는 요청을 기꺼이 받아들여 주었고, 청중들과의 질의 · 토론은 물론, 강의 동영상 편집에도 성의를 아끼지 않았다. 이 과정을 거친 후 원고도 다시 보완해주었다. 강의를 맡아준 선생님들의 노고에 경의를 표한다.

기획위원들은 매주 계속되는 강의 일정에 열심히 참여해주었다. 기획은 물론 강의와 토론에 함께 해 준 성실성에 감사드린다. 그 수고로움은 수강생으로서 느낀 즐거움으로도 어느 정도 보상이 되었으리라고 믿는다.

커뮤니케이션북스는 강의 원고를 챙기고 동영상을 편집하는 일을 꼼꼼히 챙겨주었다. 이 책이 나오게 된 것은 강의 내용을 단행본으로 출판해 많은 이들에게 전하겠다는 출판사의 고집스런 직업정신 덕분이다. 그리고 KB금융공익재단이 변덕이 심한 시류 속에서 우리의 우직한 기획을 믿고 지원해주지 않았다면, 이 책은 나오지 못했을 것이다. 진심으로 감사드린다.

2022년 3월

저자와 기획위원을 대표하여 이일영 씀

차례

미래에 대한
디스토피아적 전망이 제시될 때마다
맬서스의 이름은 다시 소환된다.

21세기에는 신냉전질서와 결합한
보호무역이 상당 기간 지속될 전망이다.
그 비용은 누가 감당하게 될까.

진보가 정지되는 상태를
많은 사람들이 두려워했지만,
밀은 그렇지 않았다.

자본주의 경제에 대한
과학적 비판의 핵심은
권력으로부터 소유가 발생하는
과정을 밝히는 것이다.

그런데 오늘날 우리는
가장 완벽한 민주주의에서도
사람들이 자유롭지 못하다는 증거를
가지고 있다.

제번스의 『정치경제학 이론』이
불러온 것은
그 결과를 두고 말하자면
'한계효용혁명'이 아니라 '한계혁명'이다.

II
경제학의 대답: 현실

12 토마 피케티와 조세국가 / 김종철 507

피케티가 제안하는 기본소득은
모든 이에게 차별 없이 지급하는
판 파레이스식의 기본소득이 아니라
최저소득보장이다.

시대와 경제학 고전을 읽다 /
이일영 · 류동민 · 정준호 · 전병유 · 허현희 545

우리나라 경제학자들이 경제사상사를
이처럼 잘 정리한 적은 없었고
당분간 이런 시도는 누구도 하기 어렵다.

I

경제학의 대답: 역사

01
아리스토텔레스와 시장경제

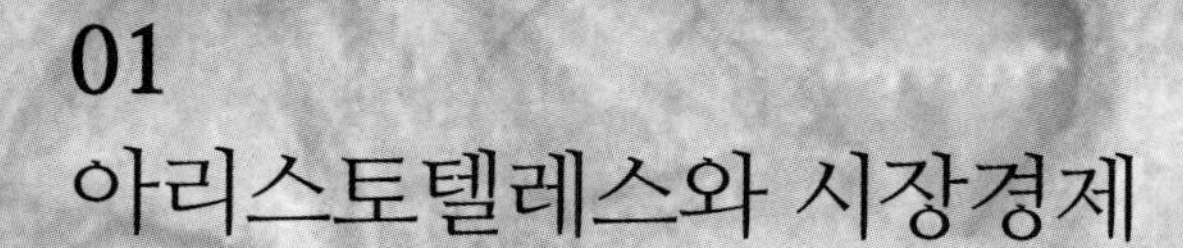

아리스토텔레스는
현재도 해결되지 않은 두 가지 문제를 제기했다.
화폐를 추구하는 경제활동이 자연스럽거나 정상인가?
시장의 가격이 사용가치나 진정한 가치를 반영하는가?

〈아테네 학당〉에서 아리스토텔레스의 모습. 1509~1511. Raffaello, S.

홍훈

연세대학교 명예교수다. 연세대학교와 뉴욕 사회과학대학에서 경제학을 공부한 후, 경제사상, 정치경제학, 경제이념, 행동경제학 등을 가르치며 연구해 왔다. 현재는 신고전학파 경제학의 이념과 이론에 대해 연구하고 있다. 저서로 『마르크스와 오스트리아학파의 경제사상』(2000), 『경제학의 역사』(2007), 『행동경제학 강의』(2016), 『경제학자의 인간수업』(2020) 등이 있다. 논문으로는 "사회관계에 관한 아리스토텔레스의 사상"(2006)과 "아리스토텔레스의 도덕적인 가계경제와 마르크스의 자본주의 생산경제"(2006) 등이 있다.

서양 문명은 그리스 철학과 기독교의 결합이다. 이 중에서 아테네를 근거로 기원전 3~4세기에 등장한 그리스 철학은 서양 사상의 근원이다. 그리스 북부 스타게이라에서 태어난 아리스토텔레스(Aristoteles, 기원전 384~322년)는 이를 집대성한 그리스 철학의 '알렉산드로스 대왕'이었다.

그는 중세에 억압되어 있던 인류의 이성이 근대의 문예부흥과 계몽주의를 통해 복원되면서 서양 사상의 대표자가 되었다. 논리학, 형이상학, 윤리학, 자연학 등에 걸친 깊이와 넓이로 그는 서양에서 만학의 아버지로 불린다. 또한 플라톤과 달리 경험적인 사실을 중시함으로써 사회과학의 비조(鼻祖)로 간주되기도 한다.

시장경제사상의 '아담'으로 흔히 근대의 애덤 스미스(Adam Smith)를 꼽지만, 서양에서 경제를 처음 발견한 사람은 아리스토텔레스였다. 또한 서양 사상과 이론을 아직도 수입하고 있는 한반도에서 서양 사상의 근원을 무시한 채 애덤 스미스로부터 논의를 시작하는 것은 무모한 생략일 수 있다. 우리의 과거 사상과 서양 사상의 간격을 메우는데 아리스토텔레스가 가교가 될 수 있다.

그의 사상을 수용하는 데에는 준거가 필요하다. 이 시점에서 그 준거는 20세기 후반 이후 세상을 지배하고 있는 시장주의 사상과 (신고전학파) 경제학일 수밖에 없다. 이 글은 시장주의가 내세우는 시장, 가격, 개인을 준거로 『정치학』과 『니코마코스 윤리학』에 제시된 아리스토텔레스의 경제사상을 설명하고 이로부터 경제 사회의 미래에 대한 함의를 도출하려고 노력했다.[1)]

정치, 경제, 시장

경제는 생계와 생활을 위한 물자의 생산, 교환, 분배, 소비다. 기원전 4세기 고대 희랍에서 경제의 중심은 가정(oikos)이었다. 가정은 가장이 관리하는 대가족으로 구성되고 군사, 경제, 종교의 역할을 담당하는 단위였다. 생산의 직접적인 주체는 자유로운 생계형 농부, 장인, 그리고 가정의 노예였다.

그런데 아리스토텔레스는 인간의 목표를 도덕을 통한 내적 완성과 정의를 실현하기 위한 정치적 참여에 두었다.[2)] 그리고 도덕과 정의는 아테네, 스파르타 등 폴리스

---

1) 필자는 경제학자로서 아리스토텔레스의 원문에 대한 전문성에 한계가 있다. 이 때문에 철학자 김재홍 박사님으로부터 많은 도움을 받았다.

(polis) 혹은 도시국가에서 실현된다고 생각했다. 따라서 그는 도시국가에 물자를 제공하는 도덕적인 경제를 내세웠다.

도시국가는 가정들(혹은 씨족들)이 결합되어 형성되지만, 일단 형성되고 나면 구성된 부분들에 우선하고 이들을 규정하는 전체가 된다. 경제의 근거인 가정도 폴리스에 부속된다. 인간은 경제인이 아니라 시민으로서 도시국가에 소속되고 가정이나 시장이 아니라 도시국가 안에서 자유롭고 동등하다.

> 우리는 모든 폴리스가 어떤 종류의 공동체(koinōnia)이고, 모든 공동체는 어떤 좋음을 위해서 구성된다는 것을 관찰한다. 왜냐하면 모든 사람은 자신의 모든 행위에서 좋음이라고 여겨지는 것을 목표로 하기 때문이다. … 그 모든 공동체들 중에서 최고의 것이면서 다른 모든 공동체들을 포괄하는 이 공동체는 … 즉 폴리스적 삶을 형성하는 공동체이다

---

2) 덕성은 용기, 절제, 정의, 관대함, 호의, 고결함, 기질의 온순함, 진실함, 자애로움, 친숙, 적절한 판단, 지적인 통찰, 실천적인 지혜 등이다. 정의는 일반적 정의와 개별적 정의로 나뉘고, 개별적 정의는 분배적 정의, 교정적 정의, 교환적 정의로 나뉜다.

(Pol., 1252a, 1～5).

도시국가는 덕성과 정의를 구현하는 지배, 부부, 부자, 주인 · 노예, 교우 혹은 친애(philia) 등의 인간관계들로 구성되어 있다. 정치적 동물(Zoon politikon)인 인간에게 가장 중요한 것은 지배 관계다. 시민들은 수평적인 관계에 있지만 지배자와 피지배자의 관계는 수직적이므로, 그는 임기제를 통해 양자를 결합한다(홍훈, 2006a).[3]

도시국가를 관통하는 것은 인간의 이성이고 이성은 자연과 통한다. 생물학을 중시했던 그의 자연 개념은 현재의 상태뿐만 아니라 잠재력, 성장 과정, 최종적인 모습을 포괄한다. 올챙이가 성장해 개구리가 되므로, 개구리는 올챙이의 자연스런 모습이다. 이에 따라 자연(physis)과 인위(nomos)에 대한 구분이 생긴다. 그런데 인간은 본능이나 감성뿐만 아니라 동물과 달리 이성을 지니므로 이성

---

3) 그는 다른 관계에서도 동등성에 집착했는데, 이는 1789년의 프랑스혁명과도 유사성을 갖는다. 유교 사회의 군신, 부부, 부자, 장유, 붕우 등의 인간관계들은 폴리스나 시장이 아니라 가정을 중심으로 삼고, 인의예지신의 덕성들이 이질적이며, 장유나 형제 등 서열을 중시한다는 점에서 차이가 있다.

을 육성해 본능이나 감성을 관리하는 것이 인간에게 자연스럽다.

이런 의미에서 이성적인 인간들의 공동체가 성숙해 폴리스가 되는 것은 자연스럽다. 노예 사회에 살았던 그는 이성의 자연스런 지배를 노예에 대한 주인의 지배에 비유했다. 무엇보다 이 지배가 수단에 대한 목적의 지배와 같이 자연스럽다고 주장했다.

도시국가에 지배되는 경제(oikonomia)에서 무한한 부의 추구(chremastike)는 수단이 목적을 지배하는 것과 같으므로 자연에 반한다. 압박 속에서 축재에 몰두하면 여러 관계에서 도덕적인 인간이나 시민으로서의 품성을 잃기 때문이다. 따라서 의식주의 조달을 위한 절제된 부의 추구에 그쳐야 한다. 이런 이유로 기원전 4세기 등장한 'oikonomia'라는 단어는 가정(oikos)이 자연이 아니라 인위적인 관리(nomos)와 합쳐져 있다.

결과적으로 폴리스는 주로 농업에 의존하면서 부족하지도 넘치지도 않는 자족적인 경제를 지향했다. 그런데 돈벌이나 축재가 아니라 부족한 의식주를 확보하는데 목표를 두면 시장의 교환이나 무역(kapelike)도 자연에 반하지 않는다. 여기서 의식주의 확보는 물질적인 풍요와 구분된다. 보호무역을 통해 국부를 늘리려는 근대의 중상주의뿐만 아니라 자유무역을 통해 사적인 부를 늘리려는 자유주의 경제사상도 물질적인 풍요를 추구한다는 점에서 이와 다르다.

사치스런 소비나 지출도 자연에서 벗어나지만 과도한 축재는 이보다 더욱 자연에 반한다. 기원전 4세기 아테네에는 노동 시장이나 투자를 위한 자본 시장은 없었지만, 분업과 사적인 생산 및 소유가 발전해 이미 많은 상품이 생산되고 유통되고 있었다. 이런 상황에서 시장에서 이뤄지는 축재는 정치 · 사회에 대한 경제의 지배뿐만 아니라 경제에 대한 시장의 지배라는 문제를 야기했다. 두 가지 모두 그것이 비효율적이기 때문이 아니라 자연에 반하기 때문에 문제였다.

이와 관련해 아리스토텔레스는 상품이 지닌 두 가지 가치로 사용가치와 교환가치를 지적했다. 그는 서양에서 처음으로 사용가치를 규정하면서 사용가치가 진정한 가치라고 주장했는데, 소크라테스나 플라톤과 달리 사용가치와 교환가치를 대립적으로 설정했다. 그에게 사용가치와 교환가치는 각각 자연과 인공에 상응한다.

> 모든 소유물의 용도는 두 가지다. … 하나는 그것과 불가분의 연관이 있고, 다른 하나는 그렇지 않다. 예를 들어 신발

은 신을 수도 있고, 다른 것과 교환할 수도 있다. 두 가지 다 신발의 용도다. 그런데 돈이나 식량을 받고 … 신발을 교환하는 사람은 신발을 … 원래의 의도에 따라 사용하는 것은 아니다. 왜냐하면 신발은 원래 교환하려고 만든 것이 아니기 때문이다(Pol. 1257a, b).

교환가치를 가격으로 보느냐 화폐로 보느냐에 따라 이 구절은 서로 연결된 두 가지 주장을 담고 있다. 그리고 이를 통해 아리스토텔레스는 현재도 해결되지 않은 다음과 같은 두 가지 문제를 제기한 셈이다. ① 화폐를 추구하는 경제활동이 자연스럽거나 정상인가? ② 시장의 가격이 사용가치나 진정한 가치를 반영하는가?

원래 화폐는 물자를 확보하기 위한 교환을 돕기 위해 인위적으로 만들어진 수단이었다. 그런데 시간이 지나면서 화폐가 목적으로 '발전'했다. 그 결과 수단으로서의 화폐와 목적으로서의 화폐가 공존하고, 사용가치를 목적으로 하는 활동과 화폐를 목적으로 하는 활동이 혼재하게 되었다.

화폐와 화폐를 목적으로 하는 활동은 근대에 들어 긍정적으로나 부정적으로나 중상주의, 카를 마르크스(Karl Marx), 존 메이너드 케인스(John Maynard Keynes)로부터 주목을 받았다. 특히, 마르크스에서 이런 생각은 상품회로[C-M-C, (C:상품 M:화폐)]와 자본회로[M-C-M']로 발전해 자본주의의 모순을 형성했다(Meikle, 1979; 홍훈, 2006b). 두 회로는 상품과 화폐라는 공동 요소들로 연결되어 서로 쉽게 구분되지 않는다.

양자의 공존은 현재까지도 보편적인 의미의 경제와 상업사회, 시장경제의 근원적인 갈등을 드러낸다. 화폐를 목적으로 하는 경제 활동이 지배하게 되면, 책을 원하는 사람은 돈이 없고, 돈이 있는 사람은 책을 원하지 않게 된다. 여기서 아리스토텔레스는 사용가치가 목적이고 화폐가 수단이므로 화폐를 목적으로 하는 경제 활동이 자연에 반한다고 지적했다.

나아가 그는 화폐를 목적으로 삼는 축재 방식 중에서 고리대[M-M']가 가장 자연에 반한다고 웅변했다. 고리대가 의식주의 생산이나 거래와 무관하게 단지 화폐의 증식에 의존하기 때문이다. 나무에 열매가 열리고 동물이 새끼를 낳는 것은 자연스럽지만, 돈이 "이-자" 혹은 "이-식"을 낳는 것은 자연에 반한다. 때문에 고리대는 폴리스에 가장 큰 위협이 된다. 물론 그는 이자를 주고받지 않았던 시대에 살고 있었다.

그는 돈과 같은 수단의 극대화가 아니라 덕성과 탁월성

등 목적의 극대화를 내세웠다. 의사가 치료하는 환자는 많을수록 좋으나, 검사, 투약, 수술 등 치료 방법은 많지도 적지도 않아야 한다. 무엇보다 의사가 극대화할 것은 수입이 아니라 치료하는 환자의 숫자이다. 이런 이유로 소피스트는 철학자가 아니고 용병은 전사가 아니다.

의사, 전사, 관료, 교사 모두에게 진료, 승리, 행정, 교육보다 근원적이면서 다다익선인 덕목은 용기나 절제와 같은 덕성이다. 이들에게 무차별적으로 요구되는 것이 덕성이라면 이들이 무차별적으로 경계해야 할 것이 돈이다. 즉 '덕성 〉 사회적 기능 〉 화폐'인 것이다. 돈이 다양한 사회관계들과 기능들을 모두 돈벌이로 동질화해 전락시킬 수 있기 때문이다. 아리스토텔레스에게 다른 사람을 주인으로 섬기는 자연스런 노예(奴隸)는 있어도, 돈을 주인으로 섬기는 자연스런 수전노(守錢奴)는 없다.

그렇지만 19세기 초 산업혁명과 함께 등장한 자본주의는 물질과 이윤의 극대화로 그가 주창한 덕성의 극대화와 정반대로 나아갔다. 특히 그가 비판한 고리대는 산업자본에 근거를 둔 금융자본으로 발전했다. 19세기 말~20세기 초와 20세기 말~21세기 초는 고리대의 절정기였다. (금융)자본주의를 설명한 마르크스와 루돌프 힐퍼딩(Rudolf Hilferding)은 이를 비판하기도 했다.

반면 근대 경제사상은 폴리스가 아니라 시장을 자연과 자유의 장으로 삼아 이런 현실을 정당화했다. 자연법 개념을 이어받은 애덤 스미스 이래 이기심은 '인간의 본성'이었고, 이기적인 개인들이 모인 시장은 '자연상태'였다. 자연가격, 자연임금, 자연이자율, 실업의 불가피성을 말하는 자연실업률, 무한정의 축재와 시장이 자연스럽다고 주장하는 신자유주의가 이를 표현한다. 여기서도 자연은 신을 거쳐 이성과 통하지만 그 의미는 아리스토텔레스의 것과 다르다.[4)]

시장주의에 의하면 사람들은 시장에서 계약 및 교환의 주체로서 자유롭고 동등한 기회를 부여받는다. 토머스 홉스(Thomas Hobbes)가 17세기 중반에 던진 '만인에 대한 만인의 투쟁'이라는 질문에, 경제학은 '만인에 대한 만인의 이용'으로 답한다. 서로가 서로를 이용하더라도 동등

---

4) 고전기 그리스에서 이성과 통하던 자연의 자리를 중세에는 기독교의 유일신이 차지했다. 그런데 중세에서 벗어난 르네상스는 인간의 재탄생이자 고대 그리스의 복원이었다. 그것은 계몽주의(Les Lumières)가 말하듯이, 신에게서 나오던 빛(아우구스티누스의 조명론)이 인간에게서 나오는 이성의 빛이었다. 이후 등장한 존 로크 등의 자연법에는 자연, 신, 이성이 서로 얽혀 나타나면서 이성이 보다 세속화되었다.

하게 경쟁적으로 이용하기만 하면, 수탈, 착취, 절도, 사기 등의 문제가 발생하지 않는다는 것이다.

나아가 경제학은 (금융)자본주의가 물적인 부를 증진시킨다고 주장한다. 이 주장은 주식이나 파생 상품에 대한 투자 · 투기를 포함해 모든 경제 행위의 목적이 화폐가 아니라 효용이라는 입장을 근거로 삼는다. 이는 [M-C-M′]과 [M-M′]을 [C-M-C′]로 환원하는 것과 같다. 이 입장에서 화폐는 상품과 별도로 존재하지도 않고 중요하지도 않다. 화폐의 기능은 실물 부문을 반영해 물가를 결정하는데 그치기 때문이다. 밀턴 프리드먼(Milton Friedman)의 통화주의와 연방준비은행도 화폐를 인플레이션과 연관시킬 뿐이다. 이런 논리가 1980년 이후 신자유주의라는 이름으로 지배적인 담론이 되었다.

그런데 이런 상황은 아리스토텔레스가 현대에 맞지 않는다는 판단을 낳기보다 오히려 플라톤 등 당시 사상가들과 달리 그가 시장과 화폐의 파괴적인 성격을 포착했음을 보여준다. 그가 간파한 화폐라는 존재는 여전히 수수께끼로 남아 있다. 가상화폐는 이에 대한 추가적인 증거다. 또한 토마 피케티(Thomas Piketty) 등이 지적했듯이, 1980년대 이후의 소득 불평등 악화는 신자유주의에서 비롯되었고, 그 핵심은 금융 및 이와 연동된 부동산이다. 이런 이유로 2008년 글로벌 금융위기 이후 지대, 이자, 부동산이 나 주식의 수익이 의심을 받고 있다. 이것은 고리대에 대한 그의 생각이 골동품이 아님을 보여준다.

이런 맥락에서 “가치를 누가 창출하고 누가 가치를 가져가느냐”는 고전적인 문제가 부활하고 있다(Mazzucato, 1992). 더구나 최근에는 음의 이자율 등으로 금융 부문의 불안정성이 지속되고 있다.

교환, 가치, 가격

사용가치와 교환가치의 두 번째 문제(시장의 가격이 사용가치나 진정한 가치를 반영하는가?)를 통해 아리스토텔레스는 2000년 후 스미스가 『국부론』에서 명시한 사용가치와 교환가치의 역설을 앞서 지적했다. 이 역설에 의하면 다이아몬드는 필수품이 아닌데 비싸고 필수품인 물은 싸다. 아리스토텔레스는 이를 규명하기 위해 스미스보다 근본적으로 파고들어 통약가능성(commensurability)의 문제를 제기했다.

두 의사가 아니라 의사와 농부와 같이 서로 다르고 동등하지 않은 사람들 사이에 거래가 발생한다. 그러나 교환이 일어나기 전에 물론 이들은 동일해져야 한다. … 따라서 교환될 수 있는 모든 물건들은 불가결하게 비교가 가능해야 한다. … A가 농부, C가 식량, B가 제화업자, D가 그의 물품이라면 사람 대 사람, 물건 대 물건의 비율이 맞을 것이다. … 수요가 모두를 묶어준다는 것은 서로를 필요로 하지 않으면 교환을 하지 않는다는 … 사실로 알 수 있다… 그래서 화폐가 측정자로서 모든 물건들이 통약되도록 만들어 이들을 동등하게 만든다. 왜냐하면 교환이 없으면 거래가 없고, 동등함이 없으면 교환이 없으며, 통약될 수 없으면 동등함이 없기 때문이다(NE, 1113a.5-b.5).

위 구절에서 제기된 통약은 교환되려면 서로 이질적인 두 사용가치가 동질화되고 교환의 당사자들이 동등해져야 하는 것을 말한다. 근대에 교환과 관련해 통약 개념을 발전시킨 사람은 마르크스였으나 아리스토텔레스가 그에 앞서 이를 고민한 것이다.

그런데 아리스토텔레스보다도 앞서 통약을 포괄적으로 논의한 것은 피타고라스학파였다. 이들은 기하학에 기초해 정의, 분배, 양형, 건축미, 화성 등 만물에서 공통분모를 찾아 등가(equivalence)를 설정하고 비율(analogia

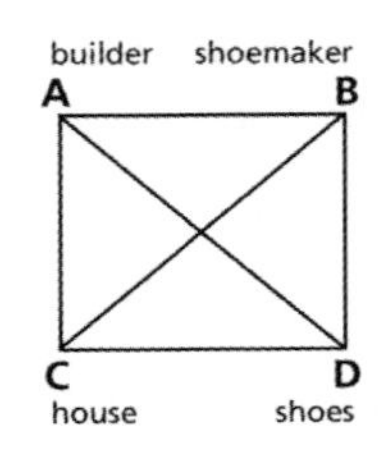

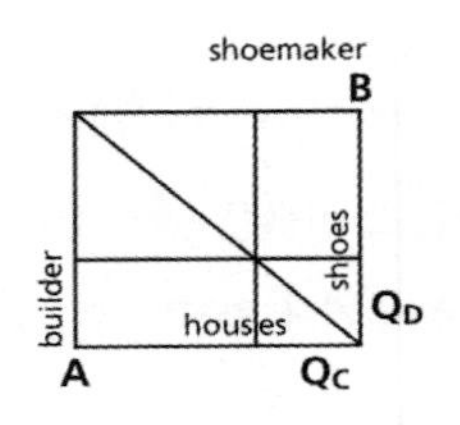

그림 1-1 교환과 통약을 묘사한 도표와 당시 주화의 모습

proportion)을 구했다. 가령, 네모나 원과 같이 서로 다른 모양의 토지를 비교하려면 그들의 면적을 구해야 한다.[5]

혹은 타인의 눈을 멀게 한 죄에 대해 가해자의 눈도 멀게 만드는 동해보복이 아니라 징역형이나 벌금형을 부과하려면 통약이 필요하다.

이와 같이 교환을 도형으로 표시하면 삼각형의 양변이 두 재화의 수량이 되고, 대각선은 통약을 의미한다(Ambrosi, 2018: 549, 554). 교환 비율은 분배적이거나 교

---

5) 그 결과 황금비, 팔등신, 균제미, 닮은꼴, 분재의 비율 그리고 불비례이론 등을 얻는다. 그 이후 평균을 정의의 기준으로 삼아 분배적 정의, 교정적 정의, 교환적 정의를 기하평균, 산술평균, 조화평균 등으로 표현하곤 했다,

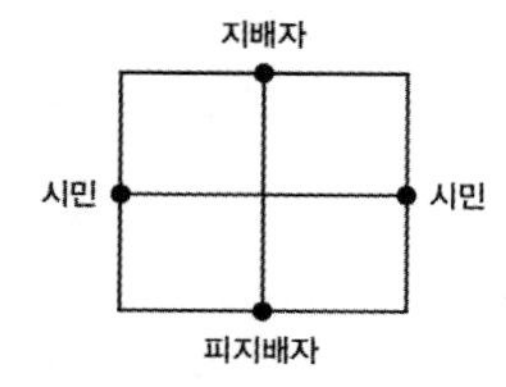

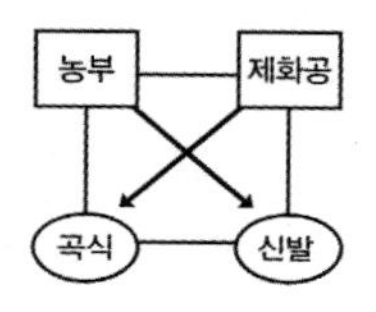

인간 관계: 농부-제화공
물적 관계: 곡식-신발
생산물: 농부-곡식, 제화공-신발
필요: 농부-신발, 제화공-곡식

그림 1-2 정치 관계(왼쪽)와 교환 관계(오른쪽) 도식

정적인 정의가 아니라 상호적인 정의를 나타내며, 이것은 양극단의 중간이다. 이런 기하학적 고민은 당시 주화에 그려져 있는데, 이는 통약의 일차적인 척도가 시장의 보편적 등가물인 화폐임을 표현한다(그림 1-1 참조).[6]

---

6) 비슷한 시기에 동양에서 맹자도 신발을 예로 교환에 대해 고민했는데, 다른 제품과의 교환가치가 아니라 신발들의 품질 차이를 문제 삼았다. 이것은 아리스토텔레스의 두 의사에 대한 비교와 비슷하지만, 그와 근대 서양사상은 품질 문제를 경시했다. 맹자는 시장의 통약보다 공동체적이거나 관료적인 위계에, 노동의 (사회적) 분업보다 장인의 질적인 차이에 관심을 두었던 것 같다. 맹자의 논의는 정약용이 『경세유표』에서 수없이 많은 직책들을 논의한 것을 연상시킨다. 그

여기서 인간관계(목수와 제화공)는 물체의 관계(집과 신발)와 밀접하게 연결되어 있다(Soudek, 1952). 이에 따라 지배관계와 같이 교환관계는 네 개의 항으로 구성되어 복합적이다(그림 1-2 참조). 전자에서 [시민/시민]의 수평적인 관계와 [지배자/피지배자]의 수직적인 관계의 결합은 임기제로 해결된다. 반면 후자에서 [농부/제화공]의 인간관계와 [식량/신발]이라는 물체들의 관계의 통약은 명확한 해결책을 찾지 못했다.7) 식량과 신발은 분업 체계에서 각자의 노동생산물이자 서로가 필요로 하는 사용가치이므로 노동가치나 효용가치 등 다양한 해석을 낳게 된다.

아리스토텔레스는 경제와 시장이 도덕과 정치에 규제되어 가격을 스스로 결정할 수 없다고 생각했기 때문에 가격의 결정 요인을 제시하지 않은 것으로 보인다. 그는 시장의 경쟁에 따른 균형 가격 대신에 도덕과 윤리, 공정성, 상호성, 배려 등에 근거한 '정의로운 가격'을 염두에 두었다. 최근의 행동경제학 연구는 경제학의 주장과 달리 가

렇지만 근대인이었던 정약용은 여러 모양의 토지를 어떻게 나누느냐는 문제로 여전제 등을 모색해 통약의 문제에 근접했다.

7) 이와 관련해 마르크스의 교환관계와 계급관계의 결합이나 현대 기업이론의 시장과 위계의 공존을 함께 고려할 필요가 있다.

격의 공정성이나 상호성에 대한 경제 주체들의 관심을 확인시켜 준다.

가령, 농부는 쌀 5말과 신발 1켤레라는 교환 비율을 원하고, 제화공은 쌀 7말과 신발 1켤레라는 비율을 원한다고 하자. 이 경우 다른 농부들과 제화공들이 가하는 경쟁의 압력이 아니라 농부와 제화공이 서로를 배려해 6:1의 비율에 이를 수 있다.

그가 강조한 인간관계, 혹은 필리아가 결합된 교환관계는 단기적인 시장교환과 구분되는 장기적인 선물교환에 부합된다. 이웃들이 돌아가면서 아기를 돌보는 것, 불황에 임금을 삭감하지 않으면 호황에 노동자의 사기가 오르는 것, 종업원의 작업을 감시해 임금을 차등하기보다 노동자에게 맡기면 생산성이 높아지는 것 등이 예다.

아리스토텔레스는 덕성이나 탁월함의 보편적인 성격을 내세우면서도 통약의 기준을 가격으로 획일화하지 않고 장, 맥락, 문화에 따라 달리했다고 해석할 수 있다. 전장의 전투 능력, 병원의 치료 능력, 선거장의 이념이나 정책, 토론장의 의견, 시험장의 학업 능력, 노동의 직무 능력과 공헌, 경기장의 경기 능력 등이 그 다양한 기준이다.

이에 비해 윌리엄 스탠리 제번스(William Stanley Jevons) 등의 근대 한계효용학파는 사용가치와 교환가치의 갈등을 한계효용으로 해소하면서 시장에서 자율적으로 형성되는 균형가격을 포괄적으로 정당화했다. 한계효용 개념은 모든 것을 쾌락과 고통 혹은 효용으로 환산하는 공리주의를 사회철학으로 삼아 시장에서 표출되는 수요를 조건 없이 받아들인다.

이런 생각을 발전시켜 경제학은 마리 에스프리 레옹 발라(Marie Esprit Léon Walras)의 논의를 근거로 '일반균형체계(general equilibrium system)'를 제시했다. 이 체계에 따르면 인간이 이기적이라는 현실에 바탕을 두고 시장의 경쟁과 규율을 거쳐 형성된 균형가격은 그대로 받아들여야 한다. 평균 노동자가 꼬박 20년을 저축해야 구입할 수 있는 아파트의 가격이든 평균노동자의 200배가 넘는 CEO의 연봉이든 마찬가지다.

이와 마찬가지로 신자유주의에 근거한 시장경제는 다보탑, 고려청자, 지리산, 아기, 장기, 공해, 마약, 성 등을 모두 상품화해서 사회, 경제, 문화, 생태 등 여러 장의 다양한 가치들을 가격이라는 하나의 기준으로 환원하고 있다. 게리 스탠리 베커(Gary Stanley Becker)와 같은 시장주의자는 모든 것에 가격을 매겨 개인들이 선택하도록 허용하는 것이 가장 효율적이라고 주장한다. 그에 의하면 '아기는 냉장고'이고, 결혼도 교환이며, 범죄도 합리적 선택의 결과이고, 미국의 시민권도 상품이 되어야 한다.

하지만 스미스가 지적했듯이, 가격은 사물이 지닌 복잡하고 추상적인 사물의 여러 차원을 하나의 구체적인 숫자로 단순화한다는 매력을 지니지만, 물건의 기능, 인간의 능력, 그리고 학생의 개성이나 소양이 지닌 다양성을 매몰시킨다. 교환가치를 관리해 사용가치를 살리려는 아리스토텔레스에게 사용가치란 다양한 용도와 기능을 통해 도덕과 정의의 실천에 기여하는 것이다. 가령, 신발은 멋이나 부의 상징이 아니라 보행과 정치적인 참여에 봉사한다.

아리스토텔레스의 입장에서 덕성과 사회적 기능이 가하는 제약 속에서 형성되는 사용가치에 대한 필요(chreia)는 쾌락의 대상으로, 주어진 욕망에 따라 소득과 가격이라는 제약 속에서 생기는 재화에 대한 수요(demand)와 구분된다. 이 구분이 가능하려면 사용가치에 대한 선택을 일괄적으로 개인의 선택에게 맡기지 않고, 상품들로부터 교환가치라는 표면을 벗겨내고 개별적인 기능을 고려해 그것의 '가치'를 판단해야 한다. 여기서 가치는 노동가치나 효용가치 등 경제적 가치를 넘어서 정치, 사회, 생태와 관련된 가치들을 포괄한다.

구체적으로 음식의 건강상 가치나 환경적인 비용, 내구소비재에 내장된 감가상각, 병원의 과잉검사와 과잉진료,

교육의 내용과 방식, 주거와 부동산의 위치 등으로 인한 가격 변동, 실물과 무관한 주식의 가격 변동, 휘발유와 플라스틱 컵의 환경적인 비용, 튤립이나 예술작품의 미적인 가치 등을 고려해야 한다. 그리고 일부 시장에서 투기로 인한 가격 상승이 규제되어야 하고. 주거, 의료, 교육 등에 대한 관리가 필요할 것이다.

따라서 아리스토텔레스의 생각은 최저임금, 교육, 주거, 의료 등과 공공재에 대한 가격 규제 등 국가의 정책과 법을 통한 가격 관리와 친화력을 지닌다. 무엇보다 그의 생각은 칼 폴라니(Karl Polanyi)의 배태성(embedded) 개념을 통해 경제의 시장화와 토지, 노동, 화폐에 대한 상품화를 유보하게 만들고, 사회적 기업, 기업 윤리나 윤리적 소비로 이어졌다.

인간, 시민, 경제인

아리스토텔레스에게 표준적인 인간은 시민이다. 시민은 삶(living)이 아니라 좋은 삶(living well)을 지향한다. 삶은 인간이 동물과 공유하는 식량, 서식처, 방어, 번식 등에 그친다. 이에 비해 좋은 삶은 인간에 고유한 의사소통, 교육, 교양 등을 요구하고 궁극적으로는 행복을 목적으로 삼는다. 이같이 동물도 아니고 신도 아닌 인간에게 좋은 삶은 용기, 정의, 절제 같은 덕성을 통해 식욕이나 성욕 등을 지배하도록 요구한다.

이런 자족적인 삶은 좋음에 위계를 낳는다. 내적인 좋음이 외적인 좋음보다 위에 있고, 내적인 좋음 중에서는 정신적 좋음이 육체적 좋음보다 위에 놓인다. 외적인 좋음은 각자의 욕구와 소득에 따라 선택되는 쾌락의 대상이 아니라 성찰을 통해 형성된 필요에 따라 그 가치가 결정된다. 우정처럼 그 자체로 좋은 것이 유용하거나 즐거운 것보다 낫고, 이와 반대로 수치스러운 것이 해로운 것이나 고통스러운 것보다 더 나쁘다.

개별적으로는 철학적 사색 〉 도덕 · 정의 〉 우정 〉 건강 〉 재화 〉 화폐의 순서다. 재화와 화폐는 외적인 좋음이므로 아래에 놓이고 화폐는 수단의 수단이므로 말단에 놓인다.[8] 의료 등의 사회적인 기능은 축재보다 상위에 있지만,

---

8) 이들은 모두 좋음을 뜻하는 'das Gute' 혹은 'good'으로 여겨져 잘 구분되지 않는다. 특히 경제학이 미친 영향으로 인해 좋음 혹은 선이 재화가 되면서 현재 'public good'은 공공선인지 아니면 공공재인지 불분명해졌다.

건강이나 장수가 좋은 삶의 궁극적인 목적이 아니므로 최상위의 행복보다 아래에 놓인다.

이런 좋음의 위계로 인해 하위에 있는 대부분의 좋음에서는 더하지도 덜하지도 않은 중용이 준칙이 된다. 빈곤과 과도한 축재 사이의 중용과 인색과 사치 사이의 중용이 그것이다. 중용과 같은 준칙은 습관을 통해 형성되고, 역량을 필요로 하며 행동을 통해 나타난다. 따라서 아리스토텔레스에서 경제를 학문의 관점뿐만 아니라 행동, 역량, 습관으로 나누어 볼 수도 있다.

먼저 일상적으로 작동하는 습관(ethos hexis)은 사용가치가 숙고를 통해 도덕과 정의를 실천하는 행위에 반복적으로 활용되면서 시민의 인격으로 형성된다. 이것은 단순히 그 시점에서 결심하거나 선택한 결과가 아니다.

인간의 활동은 제작(poesis)과 실천(praxis)으로 나뉘는데, 제작에 노동을 포함시켜 생산으로 간주할 수 있다. 생산은 활동 자체가 아니라 활동 밖에 있는 결과를 목적으로 삼는다. 반면 실천이나 행동은 결과가 아니라 활동 자체를 목적으로 삼아 내부에 목적을 담고 있다. 좋은 삶은 노동이나 생산이 아니라 행동을 지향한다.

이는 외적인 동기와 내적인 동기(extrinsic/intrinsic motivation)의 구분과 연결된다. 전자는 공부나 활동을 실적, 성적, 보상 때문에 행하는 것이고, 후자는 좋아서 행하는 것이다. 행동경제학 등의 연구는 외적인 동기로 기울어진 시장경제의 편향을 교정하기 위해 내적인 동기, 사명감(이순신), 소속감(MT), 미하이 칙센트미하이(Mihaly Csikszentmihalyi)가 말하는 몰입(flow, 모차르트)을 부각시키고 있다.

실천적 삶을 영위하려면 인간은 역량(dynamic capability)을 갖추어야 한다. 경제학자 아마르티아 센(Amartya Sen), 철학자 마사 누스바움(Martha Nussbaum) 등의 아리스토텔레스주의자에 의하면 생계 확보, 건강, 독서, 토론 능력, 교양 등은 기본 역량이고 각자 원하는 바를 실현하기 위한 추가적인 역량도 요구된다. 역량이나 힘은 기업에도 요구되며, 옷이나 집 등 사용가치 등이 지닌 좋음에도 적용된다.

경제학의 표준적인 인간은 시민이 아니라 이기적인 '경제인(homo economucus)'이다. 경제인은 주어진 목표를 위해 가장 적은 비용의 수단을 합리적으로 선택(rational choice)해 서로 경쟁하면서 경제를 효율적으로 만든다. 경제인은 개인이기 때문에 공익도 사익으로 분해한다. 슈퍼마켓의 식료품 구입과 대통령 선거 사이에 차이가 없어진다. 나아가 기업인, 정치가, 관료, 성직자 등이 내세우는 공익은 자기 이익을 포장한 데 불과하다.

소비자를 위시한 경제인은 모든 것을 효용으로 환원해 좋음의 위계를 인정하지 않는다. 아리스토텔레스에게 시민의 필요를 제약하는 것이 상위의 좋음이라면, 경제학에서 소비자의 수요를 제약하는 것은 시장의 가격과 소득이다. 경제학은 선호에 대해 중립성을 표방하면서 기호를 개인에게 방임한다(de gustibus non est disputandum). 고전음악이 대중음악보다 고상해야 할 근거는 없으며, 좋음의 위계는 귀족주의나 엘리트주의로 간주된다.

아리스토텔레스와 경제학 모두 이성에 근거한 선택을 강조하지만, 아리스토텔레스의 이성은 삶과 사회의 목적이나 상위의 가치에 대해 고민하는 두터운 이성이다. 이에 비해 경제학의 합리성은 이런 목적이나 가치에 대해 고민하지 않고 수단에 집중하는 도구적 이성이다. 경제학의 합리적 선택은 욕망을 받아들이면서 이를 충족시키기 위한 선택의 대안들을 무조건 늘리자고 주장한다. 대안을 늘리면 언제나 효용이 늘어난다고 생각하기 때문이다. 이에 비해 아리스토텔레스의 '이성적 선택(prohairesis)'과 숙고에서는 목표나 가치에 따라 수단이 조절되어야 하므로 선택의 대안들을 늘리는 것이 무조건 좋을 수 없다.[9]

공리주의에서 출발한 경제학과 시장경제는 결과, 특히

시장의 실적을 중시해 과정이나 내적인 동기를 무시하고 외적인 동기나 유인(incentives)에 집중한다. 또한 효용 극대화에 따라 일이나 공부를 좋아하는지 싫어하는지의 선호, 혹은 기호를 강조하면서 일이나 공부를 할 수 있는 역량을 경시해 왔다.

그렇지만 최근에는 내적인 동기가 생산성과 창의성을 높이고 행복을 증진시킨다는 연구가 쌓이고 있다. 또한 저개발국의 빈곤퇴치와 발전에는 주어진 대상에 대한 합리적 선택보다 선택의 대상 자체를 마련하는 역량이 요구된다. 경제학이 강조하는 인적자본은 시장의 결과와 밀착되어 있다. 한국의 교육도 인적자본과 사회자본을 형성해 경제 성장에 공헌했지만, 자아나 정의의 실현에는 공헌하지 못했고, 입시 경쟁과 학벌의 병폐를 낳고 있다.

아리스토텔레스는 행동, 역량, 기능에 근거한 객관적인 행복(eudaimonia)을 주창한다. 일부 경제학자들도 국민소득의 증가가 행복의 증가와 비례하지 않는다는 '이스털린 역설(Easterlin's paradox)'에 따라 성장주의에서 벗어

---

9) 상황에 따라 대안들이 적은 것이 대안들이 많은 것보다 더 나을 수도 있다. 이에 대해서는 심리학적인 증거(소비자가 여러 종류의 잼 선택지를 부여받았을 때 만족도가 낮은 예)도 있다.

나고 있다. 그러나 경제학과 심리학은 효용을 늘려 최대 다수의 최대행복을 추구한다는 공리주의에 따라 주관적 행복(subjective wellbeing)을 내세운다.

능력 및 기능의 다양성과 선호의 다양성이라는 양자의 차이는 논란거리다. 센, 조지프 스티글리츠(Joseph Stiglitz), 대니얼 카너먼(Daniel Kahneman) 등은 양자를 절충해 일정 수준의 일인당 소득뿐만 아니라 민주주의, 환경보존, 그리고 4~6명의 절친한 친구를 행복의 요건으로 제시했다.

아리스토텔레스의 관점에서 기업을 개별 시민과 같이 취급할 수도 있고 폴리스와 같이 취급할 수도 있다. 어떤 경우에든 기업에게는 윤리가 요구된다. 먼저 (칸트도 강조했듯이) 기업은 인간을 수단이 아니라 목적으로 대해야 한다. 또한 기업은 사회적 책임을 넘어서 지속 가능한 경영, 경제 · 사회 · 생태의 가치들에 대한 균형 잡힌 접근을 필요로 한다. 이를 위해 기업은 목적과 수단의 관계에 대한 아리스토텔레스적인 고민을 감수해야 한다. 최근에 각국에서 시행되고 있는 ESG[환경(environmental), 사회(social), 지배구조(governance)] 경영은 어느 정도 이에 부합한다.

이렇게 되면 기업은 주주뿐만 아니라 노동자, 소비자,

표 1-1 인간의 다층적인 자아

존재	자아	공식	비공식
개인	개인적 자아	소비자, 시민, 노동자	부모·자식, 형제·자매
관계	관계적 자아	상사와 부하	선배·후배, 동창
집단	집단적 자아	기업의 직원	식구, 동문, 고향 사람

지역 사회 등 모두를 고려하는 이해 당사자 자본주의를 지향하게 된다. 이탈리아와 프랑스 등 유럽에서 흔한 사회적 기업, 방글라데시의 유명한 그라민은행(Grameen Bank), 몬드라곤협동조합 등도 이에 가깝다. 이는 주주가치 극대화를 기업의 유일한 목표로 삼는 프리드먼 등의 입장과 대립된다.

아리스토텔레스는 인간의 다양성을 강조하면서도 인간이 관계적이고 공동체적인 동물(Zoon koinonikon)임을 놓치지 않았다. 그는 교환과 관련해서 에밀 뒤르켐(Émile Durkheim)이 말한 필요의 상호의존성에 따른 분업에 근거한 연대를 시사했다. 인간에게 근원적으로 필요한 것은 식량, 물, 그리고 관계다. 최근 연구는 시장경제의 개인주의가 미국의 중산층인 백인 대졸자에 국한되어 있음을 비판하면서 자아의 관계성을 부각시킨다(Markus & Kitayama, 1991, 226). 또한 기업 조직 등에서 다양한 자아의 공존이 드러난다(표 1-1 참조).

전체가 부분을 지배한다는 아리스토텔레스의 주장은 사물을 인식하는데 있어 사물의 진화와 사물의 총체성, 출현적 성격(emergence)이나 수반성(supervenience)을 내세운 것이다. 물(H_2O)이 간단한 예다. 물을 구성하고 있는 수소나 산소는 물의 성질을 가지고 있지 않다. 이것은 흄 등의 개체주의에 근거해 전체가 단순히 부분들의 합이라고 보는 경제학의 생각과 대비된다. 경제학에서 시장수요는 개인수요의 단순한 합이고 경제의 위험은 개별 주체들의 위험의 단순한 합이다. 하지만 2008년 글로벌 금융위기는 이런 생각을 반박하고 있다.

> 폴리스는 또한 본성적으로 가정과 우리 각자 모두에 앞서는 것이다. 왜냐하면 전체는 필연적으로 부분에 앞서야만 하기 때문이다. 만일 신체가 전체로서 죽게 되면, … 더 이상 발도 손도 있지 않게 될 것이다(Pol., 1253a, 15~25).

경제학이 보여주는 서양의 분석적인 사고와 대비되는 동양의 사고를 언급할 필요도 있다(Masuda & Nisbett, 2001). '호수 속의 물고기'와 '숲 속의 물고기'같은 표현처럼 서양인은 사물과 배경을 구분하는데 비해 동양인은 사물과 배경을 함께 파악한다. 내용물이 뒤섞인 비빔밥과 층층이 나눠진 샌드위치의 차이는 더 구체적인 예다.

아리스토텔레스의 입장은 역량의 차이에 따른 차등적인 자원의 제공을 주장하는데, 이는 필리프 판 파레이스(Philippe Van Parijs) 등이 주장하는 기본소득만큼 적극적이다. 그렇지만 양자 모두 가격 및 소득 그리고 선호의 차이를 이차적으로 만들어 재화들의 묶음으로서 활동의 기반을 제공할 것을 내세운다는 점에서 유사하다. 또한 행동과 여가를 중시한 아리스토텔레스는 오늘날 인공지능시대에도 부합되는 지점이 있다. 현대화폐이론은 국가가 화폐를 발행하는데 부담이 없다고 주장하면서 불황 시 공공 부문의 고용을 보장할 것을 주장한다. 이에 비해 아리스토텔레스는 생계를 위한 노동보다 정치적 활동, 도덕적인 실천과 여가 속의 사색에 더 높은 가치를 부여했다. 이 때문에 그의 주장은 고용 보장보다 소득 보장에 더 부합된다.

참고문헌

홍훈(2006a). 사회관계에 대한 아리스토텔레스의 사상: 마르크스주의 관점. ≪마르크스주의연구≫, 3권 1호, 185~231.

홍훈(2006b). 아리스토텔레스의 도덕적인 가계경제와 마르크스의 자본주의 생산. ≪서양고전학연구≫, 26집, 153~191.

홍훈(2007). 『경제학의 역사』. 박영사.

홍훈(2020). 『경제학자의 인간수업』. 추수밭.

Amartya, S.(1992). *Inequality reexamined.* Russell Sage Foundation: Clarendon Press.

Ambrosi, G. M.(2018). *Aristotle's geometrical accounting. Cambridge Journal of Economics, 42*, 543~576.

Aristotle(1952). *The politics of Aristotle*(Pol). trans by E. Barker(ed.). Oxford: Oxford University Press. 김재홍 옮김(2017). 『정치학』. 길.

Aristotle(1966). *Ethica nichomachea*(NE). *The works of Aristotelis:* Vol. Ⅸ. trans by W. D. Ross. Oxford: Oxford University Press. 이창우 · 김재홍 · 강상진 옮김(2006). 『니코마코스 윤리학』. 이제이북스.

Crespo, R. F.(2006). The ontology of 'the economic': an Aristotelian analysis. *Cambridge Journal of Economics, 30*, 767~781.

Dierksmeier, C. & Pirson, M.(2009). Oikonomia versus chremastike: Learning from Aristotle about future orientation of business management. *Journal of Business Ethics, 88(3)*, 417~430.

Markus, H. R. & Kitayama, S.(1991). Culture and the self: Implications for cognition, emotion and motivation. *Psychological Review, 98(2)*, 224~253.

Martha, C.& Nussbaum, M.(2015). *Creating capabilities: Human development approach.* Belknap Press. 한상연 옮김(2015). 『역량의 창조: 인간다운 삶에는 무엇이 필요한가』. 돌베개.

Masuda, T. & Nisbett, R.(2001). Attending holistically versus analytically: Comparing the context sensitivity of japanese and americans. *Journal of Personality and Social Psychology, 81(5)*, 922~934.

Mazzucato, M.(1992). *The value of everything*. PublicAffairs. 안진환 옮김(2020). 『가치의 모든 것』. 민음사.

Meikle, S.(1979). Aristotle and the political economy of the polis. *The Journal of Hellenic Studies, 99,* 57~73.

Miller, F. D. Jr. & Keyt, D.(1991). *A companion to Aristotle's politics*. Cambridge University Press.

Soudek, J.(1952). Aristotle's theory of exchange: An inquiry into the origin of the economic analysis. *Proceedings of the American Philosophical Society, 96*, 55~59.

경제학이 답하다

현대사회에서 폴리스와 같은 공동체가 존재할 수 있을까요?

네 좀 어려운 질문이네요. 그러니까 폴리스가 현대사회에 어떻게 적용될 수 있겠냐는 건데. 아까 얘기했던 대로 폴리스의 규모가 몇 만 명 수준이라고 하니까. 요새로 예를 들면 좀 큰 대기업 수준이고, 지금 국가 단위인 몇 천만 명은 아니고요.

그러니까 폴리스는 민주주의라도 직접 민주주의에 가까울 것이고, 또 사회주의, 공산주의를 얘기하지만 그런 국가 단위의 수준은 아닐 것 같고요. 오히려 오웬 등이 말한 공상적 사회주의, 또는 프루동이 생각하는 생산 공동체에 더 가까울 수 있을 것 같아요. 그래서 요새 기업 윤리를 얘기하는 사람들은 폴리스를 기업에 상응한다고 보는 것 같습니다.

아리스토텔레스의 입장에서 신고전파 근대경제학,

그리고 최근 논의되고 있는 기본소득과 현대 화폐에 대해서 어떤 시각을 가져야 할까요?

미시경제학 책을 펴보면 화폐라는 단어가 등장하지 않아요. 미시경제학이 뭐냐면 사람들이 시장에서 선택하고 교환하는 것을 설명하는 거거든요. 근데 여러분들이 매일 화폐, 돈 갖고 물건 사는데 정작 미시경제학 책 펴보면, 화폐가 없어요. 실제로 확인 한 번 해 보세요. 구글이나 검색창 통해서. 교과서에서 머니(money) 한 번 찾아보세요.

화폐는 사소한 거라는 거죠. 그리고 심지어 1960년대, 1970년대에는 시장경제학자들이 "화폐는 중요한가?" 라는 질문에 중요하지 않다고 답을 합니다. 그만큼 화폐를 의미 없는 것으로 축소해 놨고, 화폐는 재화로 환원되고, 재화는 효용으로 환원되고. 주식 투자해서 돈 버는 건 돈 자체가 목적이 아니고, 옷 사 입고 여행가서 효용으로 바꾸고요. 그리고 주식 투자를 설명하는 자산 투자 모형을 보시면 100%는 아니지만 대부분 당신이 앞으로 20만 원 벌 것으로 예상된다, 그것이 기대되는 당신의 수익이다. 그런데 여기서 끝나지 않고 그게 기대되는 효용이라는 식으로 계속 파고 들어가죠. 그래서 화폐를 제거하려는 노력은 좀 심하게 얘기하면 시장경제학의 중요한 목표 중에 하나입니다.

기본소득은 자유를 누릴 수 있도록 모두에게 조건 없이 국민 총생산의 25% 정도에 해당되는 소득을 제공하자는 것입니다. 노동이나 고용이라는 조건이 붙어있지 않다는 점에서 노동보다 여가와 사색을 강조한 아리스토텔레스에 부합된다고 볼 수 있습니다. 이에 비해 현대화폐이론은 인플레이션을 고려한다는 조건 하에서, 그리고 적어도 기축통화의 경우에는, 통화를 필요한대로 찍어 공공사업 등 일자리를 보장할 것을 촉구합니다. 현대화폐이론은 소득보장이 아니라 고용보장을 요구하므로 아리스토텔레스와 거리가 있다고 볼 수 있습니다.

아리스토텔레스가 말하는 화폐는 정치 경제 공동체에서 어떤 기능을 하고 있었나요?

화폐에 대해서 아리스토텔레스는 빤한 얘기를 해요. 주류 경제학에서도 똑같은 얘기를 하고요. 몇 천 년 동안 "화폐가 왜 생겼냐"고 물었을 때 가장 많은 사람들이 대답한 것은 "교환을 하다가 불편해서 생겨났다"는 겁니다.
아까 애기한 대로 화폐가 어떻게 생겼든 아리스토텔레스가 말하는 것은 화폐가 원래 수단으로 생겨났는데 목적이 되어 화폐가 괴물이 될 가능성이 있다는 통찰입니다.
그리고 이차적인 애기인데 요새 와서 드는 생각은 '이 세상의 근원적인 문제들이 이중적이 아닌 게 어디 있었나'하는 것입니다. 사회 문제가 그렇게 단순하게 양파를 까듯 까놓으면 생각한 대로다, 이렇게 되는 게 아니라는 거죠. 인종 문제든 자본주의 이념이든 말이죠. 화폐의 이중성, 이게 도구인지 목적인지 화폐가 혼동이 돼야만 화폐가 계속 존속할 수 있습니다. 그 혼동을 만들기 위해서 이념을 만들어내야 하는 거고, 시장경제도 넓게 보면 마찬가지고요. 이런 상황에서 사회 문제를 어떻게 끄집어내고 해결하는지가 진보 경제학자들의 과제라고 생각합니다.

아리스토텔레스

아리스토텔레스(고대 그리스어: Ἀριστοτέλης, 그리스어: Αριστοτέλ ης, 기원전 384년~322년)는 고대 그리스의 철학자로, 플라톤의 제자이자 알렉산더 대왕의 스승이다. 물리학, 형이상학, 시, 생물학, 동물학, 논리학, 수사, 정치, 윤리학, 도덕 등 다양한 주제로 책을 저술했다. 소크라테스, 플라톤과 함께 고대 그리스의 가장 영향력 있는 학자였으며, 그리스 철학이 현재의 서양철학의 근본을 이루는 데에 이바지했다. 아리스토텔레스의 글은 도덕과 미학, 논리와 과학, 정치와 형이상학을 포함하는 서양철학의 포괄적인 체계를 처음으로 창조했다.
그의 스승인 플라톤과 같이 아리스토텔레스의 철학은 보편성을 향해 있다. 하지만 아리스토텔레스는 원형을 추구했던 플라톤과 달리 특정한 구체적 사물에서 보편성을 발견하였고 그것을 사물들의 본질(essence of things)이라 칭하였다. 따라서 아리스토텔레스에게 철학적인 방법이란 특정한 현상에 대한 연구로부터 본질에 관한 지식에 이르기까지의 과정을 포괄한다. 플라톤의 방법이 선험적인 원칙으로부터의 연역 추론에 기반해 있는 것이라면, 그의 방법은 귀납적이면서 연역적이라 할 수 있다.
아리스토텔레스의 용어 중 '자연 철학(natural philosophy)'이라는 말은 자연계의 현상을 탐구하는 철학의 한 부분이며, 이는 현대의 물리학, 생물학 등의 분야를 포괄한다. 일부 현대 철학은 자연계에 관한 경험적인 연구를 과학적 방법이라는 용어를 활용하여 제외시키는 경향이 있으나, 아리스토텔레스의 철학적인 활동 분야는 지적 탐구(intellectual inquiry)의 모든 분야를 넘나든다.

02
애덤 스미스와 '애덤스미스 문제'

근대 상업사회의 보이지 않는 손은
'사랑과 애정의 조화로운 유대'를 가리키지도 않지만,
동감의 원리에 따라 움직이는 도덕적 인간들의 관계를
가리키지도 않는다.

애덤 스미스의 초상화. 1787. Tassie, J.

박순성

동국대학교 북한학과 교수다. 서울대학교 경제학과를 졸업하고 프랑스 파리10대학에서 경제학 박사 학위를 받았다. 북한연구학회 편집위원장, 한국사회경제학회 편집위원장 등을 지냈다. 참여연대 평화군축센터 소장, 민주정책연구원 원장을 역임했다. 현재는 남북 화해와 협력, 북한 주민 인도적 지원과 인권개선운동을 전개하는 민간단체 '좋은벗들' 이사를 맡고 있다. 저서로 『북한 경제와 한반도 통일』(2003), 『아담 스미스와 자유주의』(2003), 『한반도평화보고서』(공저, 2010) 등이 있으며 역서로 『애덤 스미스의 지혜』(1998), 『윤리학과 경제학』(2009) 등이 있다. 논문으로는 "한반도 평화를 위한 실천 구상: 정전체제, 분단체제, 평화체제"(2018), "고전적 자유주의와 경제민주화"(2012), "한반도 통일과 민족, 국민국가, 시민사회"(2010) 등이 있다.

길을 가다가 "고전에서 삶의 길을 찾다"라는 홍보용 문구에 부딪친다면, 우리들 대부분은 잠시 멈추어 서서 몇 번 고개를 끄덕이고는 가던 길을 계속 걸을 것이다. 고전 앞에 '경제학'이라는 단어가 붙어 있으면 어떨까? 우리가 살고 있는 세상에 깔려 있는 수많은 길들과 경제학이 맺고 있는 강력한 동맹 관계는 우리에게 경제학에 더욱 친해지라고 요구한다. 경제학 고전은 우리가 현재 삶에서 성공할 수 있는 최상의(새로운?) 길을, 정말 기적과도 같은 방법을 보여줄지도 모른다.

그러나 우리가 인생에서, 그리고 지금 바로 이 순간 길을 잃고 헤맬 때, 고전은, 경제학 고전은 우리에게 삶의 길을, '새로운 삶'의 길을 찾도록 해 줄 것인가? 21세기 지구촌에서, 수많은 사람들이 살아가야만 하는 '경제 생활의 길'은, 경제학의 길은 300년 전에 태어난 애덤 스미스(Adam Smith, 1723~1790)가 집필한 『국부론(The Wealth of Nations)』(1776)보다는 경제 성공 신화나 대중 경제 서적, 그리고 대학 경제학 교과서가 더 잘 보여줄 것이다. 하지만 오늘 우리가 (그 자체로 완전하고 충분할지도 모르는) 경제학 고전인 『국부론』만이 아니라 『도덕감정론(The Theory of Moral Sentiments)』(1759)을 구태여 함께 읽으려고 하는 이유는 '새로운 삶'의 길에, '새로운 경제학'에 우리 스스로가 관심을 기울이기 때문이겠다.

그런데 종종 우리는 우리가 길을 헤매고 있다는 사실을 스스로 깨닫지 못한다. 우리는 혼자 살아가지 않고 다른 사람들과 함께 거대한 사회 속에서, 약간 과장해서 말한다면 지구촌 전체와 어울려 살아가고 있다. 다른 이들과 함께 살아가고 있기에 느끼는 안정감은 자신만의 불안과 불행에도 불구하고 언제나 우리에게 '바른 길을 가고 있다'는, 또는 '다른 길은 없다'는 믿음을 제공한다. 사실 우리가 『도덕감정론』을 펼쳐 놓고 『국부론』을 읽는 것은 우리의 무의식이 우리에게 묻고 있기 때문이 아닐까? 우리는, 우리 모두는, 지구촌 전체는 혹시 길을 잃어버리지 않았는가? 길을 헤매고 있음을 깨달으면 길을 찾을 수도 있을 것이다.

우리 자신 속에 억눌려 있는, 그리고 함께 살아가는 사람들 모두가 가슴 속 깊이 감추고 있는 불안과 불행이 우리 내부에서, 그리고 사람들 사이에서 갈등과 분열로 드러나고 있을 때 우리는 고전을(당연히 경제학 고전도) 읽는다. 고전을 읽고 우리 자신이 헤매고 있음을 깨닫고 우리가 함께 길을 찾아 나설 때, 삶의 길은 다시 보이기도 하고 새로 만들어지기도 한다.

새로 태동한 근대 상업사회의 혼란 속에서 '얼이 빠져

길을 걸어 다니던' 스미스가 평생에 걸쳐 한 일들 속에서 우리가 길을 찾아낼지도 모른다는 기대가 우리의 출발점이다.

아버지 없는 세상

'경제학의 아버지'라고 불리는 스미스는 1723년 스코틀랜드 동부 바닷가의 작은 도시 커콜디(Kirkcaldy)에서 유복자로 태어났으며 아버지의 이름을 그대로 물려받았다. 스미스는 글래스고대학교에서 프랜시스 허치슨(Francis Hutcheson)으로부터 도덕철학을 배웠고 옥스퍼드대학교 발리올칼리지로 유학했다. 고향으로 돌아온 스미스는 에든버러대학교에서 수사학 등에 관한 대중강의를 하였으며, 이후 글래스고대학교에서 도덕철학 교수가 되었다. 옥스퍼드대학교에서 데이비드 흄(David Hume)을 읽었던 스미스는 자신보다 12살이나 많은 흄과 절친한 관계를 유지하기도 했다.

스미스는 1759년 『도덕감정론』의 발간으로 유럽에서 저명인사가 되었는데, 1764년 글래스고대학교 교수직을 내려놓고 귀족 자제의 교육여행(Grand Tour)을 위한 개인 교사가 되어 유럽 대륙을 다녀왔다. 스미스는 프랑스에서 중농학파를 비롯한 당대 유럽의 저명한 지식인들과 교류하였고, 1766년 스코틀랜드로 돌아온 뒤에는 주로 고향에 머물면서 『국부론』을 집필하여 1776년 발간하였다. 스코틀랜드 계몽주의를 이끈 지식인으로 인정받았던 스미스는 말년에 이르기까지 『도덕감정론』을 수정하고 보완하여 1790년 『도덕감정론』 6판을 출판했다. 이는 그의 마지막 지적 작업이었다.

『도덕감정론』 6판은 '덕성의 성격'을 다루는 6부를 완전히 새로 증보했는데(도덕철학 체계들을 다루는 기존의 6부는 7부가 되었다), 우리는 여기에서 말년의 스미스가 갖고 있던 관조적이면서도 복잡하고 미묘한 세계관을 발견한다. 다소 길지만, 스미스의 인간 세상에 대한 깊은 통찰을 담고 있는 글을 읽어 보자.

> 우리의 선한 의지(good-will)는 어떤 경계에도 제한받지 않고 무한한 우주에까지 미칠 수 있다. … 이러한 보편적 자혜(universal benevolence)는 … 우주의 거주민 모두가 저 위대하고 자애로우며 전지한 존재의 직접적인 돌봄과 보호 하에 있다는 점을 철저히 확신하지 못한 사람들에게는 확고한 행복의 원천이 될 수 없다. 이 전지한 존재는 자연의 모든 운

동을 지휘하며 자신이 지닌 불변의 완전성에 의해 우주 가운데 가능한 최대의 행복을 언제나 유지하기로 결심하고 있는 존재다. 이러한 보편적 자혜의 관념과 반대로, 아버지 없는 세상(a fatherless world)이라는 바로 그런 의구심은 무한하고 이해할 수 없는 공간의 모든 미지의 영역이 오로지 끝없는 고통과 비참함만으로 채워질 것이라는 생각 때문에 모든 성찰 가운데 가장 음울한 것임에 틀림없다(TMS Ⅵ.ⅱ.3.1~2).[10)]

한편에는 자애롭고 전지전능한 존재의 돌봄과 보호에 의해 사회 구성원들 모두(남편을 잃은 여인과 아버지 없는 아이들까지)에게 최대 행복이 주어지고 있는 세상이, 다른 한편에는 보편적 자혜를 베푸는 '아버지 같은 존재'가 없기 때문에 한없이 고통스럽고 비참한 세상이 존재한다(TMS Ⅱ.ⅱ.3.12). 스미스는 이 두 개의 세상에 대한 관

---

10) 이 글의 『도덕감정론』과 『국부론』 인용문은 국내 번역본들(참고문헌 참조)을 기본으로 필자가 일부 수정한 것이다. 'TMS Ⅵ.ⅱ.3.1'과 'WN Ⅳ.2.9'는 1976년 이후 스미스 연구자들 사이에서 사용되는 글래스고대학교 출간 스미스 저서로부터 가져온 인용문의 출처를 표기하는 방법이며, 각각 '『도덕감정론』 6부 2편 3장 첫 번째 문단'과 '『국부론』 4편 2장 아홉 번째 문단'을 가리킨다.

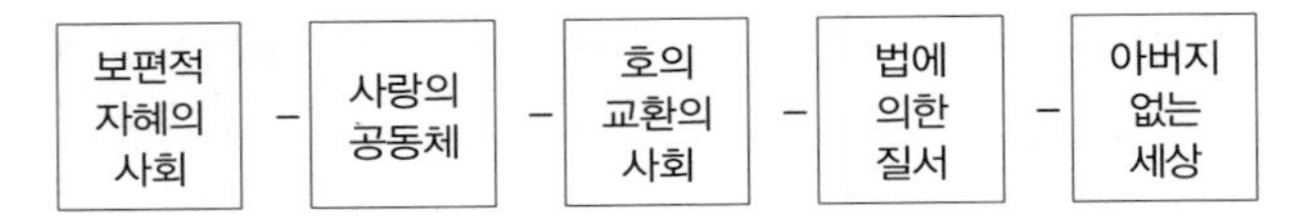

그림 2-1 『도덕감정론』의 세계관

념 사이에서 균형을 잡는 "현명하고 고결한 사람(a wise and virtuous man)"이 되고자 한다(TMS Ⅵ. ii.3.2).

말년의 스미스를 사로잡았던 인간 세상에 대한 대립적 관념들은 『도덕감정론』의 초판에서는 다소 완화된 모습으로 평이하게 소개되고 있다. 2부(공로와 과오, 또는 보상과 처벌의 대상) 2편(정의와 자혜) 3장에서 스미스는 세 유형의 사회, 즉 사랑과 애정의 조화로운 유대로 사람들이 결합되어 있는 사회, 사회 자체의 효용을 의식하는 사회 구성원들이 합의된 가치 평가에 따라 호의(good offices)를 돈벌이 방식으로 교환함으로써 유지되는 사회, 적어도 사회 구성원들 서로 간에는 정의에 의해 불의가 억제되는 사회를 제시하고 있다(TMS Ⅱ. ii.3.1~3). 보편적 자혜가 작동하는 이상적 우주와 고통에 가득 찬 아버지 없는 세상은 세 유형을 벗어난 양 극단의 관념이라고 말할 수 있겠다.

『국부론』은 사람들이 자신의 이익을 위해 호의를 교환하면서 살아가는 상업사회(a commercial society)를 다룬다. 사람들은 분업이 완전히 확립되면 자신의 생산물 중 자신이 소비하지 않는 잉여분을 타인의 생산물과 교환하여 자신이 필요로 하는 것을 얻는다. "이리하여 모든 사람은 교환에 의해 생활하며, 즉 어느 정도 상인이 되며 사회 자체는 정확히 말해서 상업사회가 된다(WN Ⅰ.ⅳ.1)." 『국부론』의 상업사회는 『도덕감정론』에서 제시된 세 가지 사회 유형 중 두 번째, 호의의 교환에 의해 유지되는 사회임이 분명하다. 『도덕감정론』과 비교하면 『국부론』이 상대적으로 좁은 관점(정치경제학)에서 훨씬 폭넓은 주제(상업사회의 다양한 정치·경제·사회 문제)를 다루고 있긴 하지만, 스미스의 두 저서는(일부 스미스 연구자들이 주장하듯이 전체와 부분이라는 방식으로, 또는 더 큰 상위체계의 두 하위체계라는 방식으로) 연결되어 있을 뿐만 아니라 일관된 사회사상에 기반을 두고 있다.

그러나 후대의 경제학자들과 사회사상가들 중 일부는 『도덕감정론』과 『국부론』의 관계에 대해 의문을 제기하기도 했다. 그들의 주장들을 다소 단순하게 요약하면 『도덕감정론』은 인간의 이타적 본성 또는 동감으로부터 도덕주의적 도덕철학을 세웠으며, 『국부론』은 인간의 이기적 본성으로부터 정치경제학의 체계를 수립했다는 것이다. '애덤 스미스 문제(Adam Smith problem)'라고 명명된 두 저서 사이에 존재하는 불일치 또는 분열(dichotomy)은 인간 본성에 대한 스미스의 관점에서(아마도 프랑스 중농학파의 유물론으로부터 영향을 받아서) 일어났던 '전환'을 확인시켜 주거나 스미스가 가지고 있던 인간 본성에 대한 상이한 두 관점 사이의 갈등을 보여 준다.

『국부론』 발간 200주년을 맞아 스미스 전집의 첫 번째 책으로 발간된 『도덕감정론』의 편집자 라파엘과 맥파이는 긴 서문에서 두 저서의 불일치 문제가 무지와 오해에서 비롯된 '가짜 문제'임을 밝히고 있다(TMS 20~25). 1976년 이후 현재까지 거의 반세기 가까이 이 문제들을 다루고 있는 스미스 연구자들은 대체로 라파엘과 맥파이의 견해에 동조하고 있지만, 여전히 이 문제는 완전히 해결되지도, 봉인되지도 않았다. 무엇보다도 애덤 스미스 문제는 『도덕감정론』과 『국부론』을 더욱 깊이 이해하려고 하는 연구자들이 스미스의 세계로 들어가기에 가장 좋은 입구이기 때문이며, 여전히 경제학과 도덕철학의 관계를 다루는 연구자들에게는 가장 흥미로운 주제이기 때문이다. 당연히 오늘날 우리에게도 좋은 길잡이가 될 것이다.

보이지 않는 손

『도덕감정론』은 보편적 자혜가 충만한 이상향과 아버지 없는 세상 사이에 존재하는 세 유형의 사회들을 다루고 있다. 사회 유지를 위한 최소한의 조건(위대하고 거대한 인간 사회라는 구조물을 지탱하는 중추적인 기둥)으로 정의만이 작동하는 사회(TMS Ⅱ.ⅱ.3.4)보다는 사랑과 애정에 기반을 둔 조화롭고 행복한 사회를 지향하는 가치관, 그리고 도덕적 덕목을 높이 평가하고 사람들에게 권유하는 도덕주의적 관점을 전체적으로 보여준다. 반면 『국부론』은 사적 이익(private interest)으로부터 나오는 개인들의 경제 생활이 교환을 통해 유지되는 상업사회의 작동을 과학적으로 분석하고 있다. 이처럼 스미스의 도덕철학과 정치경제학 사이에는 뚜렷한 경계선이 존재한다. 한편에는 동감(sympathy)과 도덕적 덕목이 존재하고 다른 한편에는 사적 이익과 경제적 법칙이 존재한다. 우리의 행동은 동감과 사적 이익이라는 두 동기 사이의 경계를 쉽게 넘나들 수 없고, 도덕적 덕목은 이타적 가치를 지향할 때에 결코 경제적 법칙을 따르지 않는다.

이러한 차이와 분열에도 불구하고 앞서 보았듯이 『국부론』의 세계는 『도덕감정론』의 세계관 속에 존재한다.

더욱이 분석의 범위가 차이가 나지만 『국부론』과 『도덕감정론』은 '보이지 않는 손(an invisible hand)'이라는 동일한 은유를 사용하여 개인들의 경제 행위로부터 형성되는 사회 질서와 인간의 경제적 생활에 대해 서술하고 있다. 많은 연구자들은 '보이지 않는 손'을 스미스의 정치경제학과 도덕철학을 연결해 주는, 심지어 일치시켜 주는 핵심 고리로 해석한다.

이제 두 저서에 등장하는 보이지 않는 손이 포함된 구절을 살펴보자.

> 토지의 생산물은 어느 시대나 그것이 유지할 수 있는 만큼의 주민들을 유지할 뿐이다. 부자는 다만 생산물 더미에서 가장 귀중하고 쾌적한 것을 선택할 뿐이다. 그들은 … 자신들의 자연적인 이기심과 탐욕에도 불구하고 … 자신들이 이룬 모든 개량의 생산물을 가난한 사람들과 나누어 가진다. 그들은 보이지 않는 손에 인도되어, 대지가 모든 주민들에게 평등한 몫으로 나누어졌을 경우에 일어났을 생활필수품의 분배와 거의 똑같은 분배를 하고, 이리하여 구체적으로 의도하거나 알지 못하면서도 사회의 이익을 증진시키고 종족 증식의 수단을 제공한다. 신(Providence)이 대지를 소수의 영주들에게 나누어주었을 때, 신은 이 분배에서 제외되

었다고 생각되는 사람들을 망각하지도 방기하지도 않았다 (TMS Ⅳ.1.10).

각 개인이 자기 자본을 국내 산업 육성에 사용하고 또 국내 산업의 생산물이 최대의 가치를 갖도록 이끄는 데에 최선을 다해 노력한다면, 각 개인은 필연적으로 사회의 연간 수입이 자신이 할 수 있는 한 최대의 가치를 갖도록 노력하는 것이 된다. 사실 그는 일반적으로 공공의 이익을 증진시키려고 의도하지도 않고, 공공의 이익을 그가 얼마나 촉진하는지도 모른다. … 이 경우 그는, 다른 많은 경우에서처럼, 보이지 않는 손에 이끌려서 그가 전혀 의도하지 않았던 목적을 달성하게 된다. … 자기 자신의 이익을 추구함으로써, 그는 종종 사회의 이익을, 자신이 진실로 그것을 증진시키려고 의도하는 경우보다 더욱 효과적으로 증진시킨다(WN Ⅳ.2.9).

『국부론』과 『도덕감정론』에서 각각 한 번씩(만!) 나타나는 보이지 않는 손은 개인의 의도 · 지식 · 행동과 사회 전체의 질서 사이에 존재하는 괴리와 역설을 보여준다. 개인들의 의도와 지식이 갖는 한계에도 불구하고, 개인들은 자신들이 바라는 대로 행동함으로써 사회 전체의 질서를 유지한다. 더욱이 사적 이익 증대를 위한 노력은 공적 이익 증대를 위한 노력보다도 더욱 효과적으로 공적 이익을 증대시킨다. 스미스는 이미 오래 전부터 동・서양의 지혜 속에 들어와 있던 인간 사회의 오래된 역설, 자연의 모순적 섭리를 보이지 않는 손을 통해 보여주고 있다.

우리의 관심은 두 저서에서 등장한 보이지 않는 손의 원리가 혹시도 보여주고 있을지도 모르는 도덕철학과 경제학의 차이에 있다. 일단 인용된 구절을 놓고 보면 『도덕감정론』은 분배의 문제에, 분배에서 배제된 사람들의 안위에 관심을 기울이고 있으며, 『국부론』은 생산의 문제에, 자본을 가진 사람들의 개인 이익 증대와 그들이 가져올 사회 이익 증대에 주목한다는 것을 알 수 있다. 동일한 은유를 사용해 개인과 사회의 관계를 보여주고 있는 가장 상징적인 두 구절에서 스미스는 도덕철학과 경제학이 세상을 바라보는 방향의 차이, 관점과 지향의 차이를 드러내고 있는 것이다.

이러한 차이는 보이지 않는 손의 은유가 등장하는 구절 각각을 더 큰 맥락 속에서 해석할 때 더욱 두드러진다. 먼저 『도덕감정론』에서 보이지 않는 손의 구절을 포함하고 있는 긴 문단은 효용(utility)이 도덕적 판단에 미치는 부정적 영향을 분석하는 4부에 등장한다. 바로 그 문단의 도입부에서 스미스는 사람들이 부와 권세의 즐거움을 추구하도록 만드는 것이 자연의 기만(deception)이라고 말한다. 이 문단은 마지막 문장들에서 소외된 사람들도 인간 삶의 참된 행복을 누리는 데에서 열등하지 않고 상이한 계층의 사람들이 몸의 안락과 마음의 평화에서 거의 같은 수준에 있다고 마무리한다. 보이지 않는 손의 '조화로운 세계'는 비록 '사랑과 애정의 조화로운 유대로 사람들이 결합되어 있는 사회'는 아니지만 자기 이익만을 추구하는 사람들이 서로 갈등하고 분열함으로써 무너지고 마는 세계도 아니다. 『도덕감정론』의 보이지 않는 손은 사람들에게 물질적 부가 아니라 누구라도 누릴 수 있는 진정한 행복을 찾으라고 말한다. 그런데 이는 모든 도덕철학의, 종교의, 심지어 지배자와 가진 자들의 이데올로기가 아닌가?

한편 『국부론』 4편(정치경제학 체계들에 대하여) 2장에서 보이지 않는 손이 등장하는 문단은 사회 이익의 증진과 관련하여 허세를 떠는 사람들이나 투자와 관련해 개별 자본가보다 더 나은 판단을 할 수 없는 정치가와 입법자들을 비판하는 문단으로 이어진다. 중상주의를 비판하는 맥락에서 등장한 보이지 않는 손은 국내 시장에 정부가 독점권을 부여해서는 안 된다는 주장을 매우 효과적으로 제시하고 있다. 누군가에게 독점권을 주는 것은 사적인 개인들에게 자본 사용과 관련된 지시를 하는 것이다. 보이지 않는 손은 스미스가 인민(국민)과 국왕(국가) 모두를 부유하게 하는 데 가장 효율적이라고 적극 옹호하는 자유주의적 정치경제학 체계의 가장 단순하면서 이상적인 무기다. 자유주의 경제체제는 개인(자본가?)의 경제적 이익과 자유가 사회의 질서와 이익에 가장 잘 결합되도록 만들어 주는 체계다.

그런데 국민과 국가의 부라는 관점에서 경제 질서를 바라볼 때, 우리는 스미스가 『국부론』 서문에서 주목하는 역설적(?) 현상을 놓칠 수 없다.

> 문명화되고 번영하는 나라들을 보면, 반대로, 수많은 사람들이 전혀 노동을 하지 않으면서 그들 중 많은 수가 절대 다수의 일하는 사람들보다 10배, 때로는 100배의 노동생산물을 소비함에도 불구하고, 사회의 총 노동생산물이 너무나 거대하기 때문에, 모든 사람들은 풍부하게 공급을 받고 가장 저급의 가장 빈곤한 노동자라도 자신이 절약하고 근면하다면 어떤 야만인이 얻을 수 있는 것보다 더 많은 생활필수품과 편의품을 얻을 수 있다(WN I & P.4).

스미스는 여기에서 자신이 정치경제학의 핵심적인 분

석 대상으로 삼고 있는 근대 상업사회에 대한 하나의 문제를 제기하고 있다. 근대경제학의 전통적인 틀에서 보면 이는 성장과 분배의 관계에 대한 질문이라고 할 수 있다. 『국부론』에서뿐만 아니라 『도덕감정론』에서도 스미스는 이 질문에 대해(다소 미묘한 방식이긴 하지만, 그리고 분배에 대한 관심을 내려놓지는 않지만) 성장을 강조하는 답변을 내어놓는다. 이 질문과 답변은 지금 우리에게도 매우 중요하며, 또한 경제학과 도덕철학의 관계와 관련해서도 분명한 입장을 제시하고 있는 것이다.

스미스의 정치경제학과 도덕철학, 즉 『국부론』과 『도덕감정론』은 서로 다른 곳들(극단적으로는 거짓 행복과 진짜 행복, 또는 경제적 이익과 도덕적 가치, 현실적으로는 부유한 자와 소외된 자, 또는 성장과 분배)을 바라보면서도 서로 맞닿아 근대 상업사회를 지지하는 이론 체계로 해석될 여지를 제공하기도 한다. 바로 이런 맥락에서 스미스를 연구하는 상당수의 경제학자들과 사회경제사상가들은 심리적 · 규범적인 부담 없이, 그리고 이론적 · 분석적인 엄밀함에 구애받지 않고 『국부론』의 자유주의 경제체제를 옹호하기 위해 『도덕감정론』을 '이데올로기적으로' 이용하게 된다. 『도덕감정론』의 도덕철학은 『국부론』을 뒷받침하기 위한 도덕이론 또는 사회심리학으로 그 지위가 내려간다. 아래에서 우리는 스미스 연구자들 사이에서의 이러한 경향이 전개되는 방식을 확인하고, 그에 대한 비판을 제시하려고 한다.

동감의 원리와 교환의 원리

우리의 주장에 대한 이해를 돕기 위해 여기서 잠시 『도덕감정론』과 『국부론』의 전체 구성과 논리를 살펴보자.

『도덕감정론』은 전체 7부로 구성되어 있다. 각 부는 행위의 적정성(1부), 공로와 과오, 또는 보상과 처벌의 대상(2부), 우리 자신의 감정과 행위에 관한 판단의 기초와 의무감(3부), 효용이 승인의 감정에 미치는 영향(4부), 관습과 유행이 도덕적 승인과 부인의 감정에 미치는 영향(5부), 덕성의 성격(6부), 도덕철학의 체계들(7부) 등을 주제로 다룬다. 스미스는 1부와 2부에서 사람들이 동감에 따라 타인에 대한 도덕적 판단(적정성과 보상/처벌 여부)을 형성하는 원리들을 설명한 후, 3부에서 도덕적 판단이 자기 자신에 대해 작동하는 방식과 도덕적 의무감이 생겨나는 원리를 설명한다.[11] 4부와 5부는 일반적으로 세상 사람들 사이에 존재하는 효용의 관념과 관습·유행이 야기하는 도덕적 판단의 실패와 불안정성을 설명한다. 6부는 신중, 자혜, 자기 절제라는 덕성을 다루고, 7부는 덕성과 도덕적 승인에 관한 도덕철학 체계들을 비판적으로 검토한다.

『국부론』은 전체 5편으로 구성되어 있다. 우리는 각 편의 제목만으로도 스미스의 정치경제학이 다루는 주제를 잘 파악할 수 있다. 각 편의 제목은 노동생산력을 향상시키는 원인들과 노동생산물이 상이한 계층들 사이에서 자연적으로 분배되는 질서(1편), 자본(stock)의 성질 · 축적 · 사용(2편), 여러 나라들에서 나타나는 상이한 국부 증진 과정(3편), 정치경제학의 체계들(4편), 국왕 또는 국가의 수입(5편) 등이다. 『국부론』 1편은 분업, 시장, 화폐, 상품 가격 등을 다루고 상이한 계층들의 소득인 임금, 이윤, 지대를 다룬다. 2편은 자본에 관한 이론이며, 3편은 유럽에서 전개되었던 자본주의 경제 체제의 발전에 관한 분

---

11) 스미스의 도덕철학은 일반 사람들의 도덕적 판단에서 작동하는 동감의 원리로부터 불편부당한 관객(impartial spectator)의 도덕적 판단으로 나아가고, 자기 자신에 대한 도덕적 판단의 원리를 거쳐 이상적인 내면 존재 또는 양심의 개념으로 나아가며, 마침내 자기애(self-love)와 오만과 망상(자기애가 빠져들 수도 있는)을 극복하는 도덕성의 일반 규칙들과 도덕적 의무감이라는 개념에 도달한다.

석이다. 4편은 중상주의에 관한 아주 상세한 비판적 분석(1~8장)과 중농주의에 대한 간결한 비판(9장)으로 구성되어 있다. 5편은 국가의 재정(국가의 지출과 수입, 공채)에 관한 이론과 일종의 정치경제학적 국가론을 담고 있다.[12)]

여기서 스미스의 도덕철학과 정치경제학 체계 각각의 기초적인, 또는 함축된 사상 · 이론들 전체를 비교하고 그것들 사이의 상호연관성과 정합성을 검토하는 작업은 불가능하지만, 최소한 두 체계의 출발점이자 근간이 되는 동감의 원리와 교환의 원리를 검토하고 비교하는 일은 시도해 볼 수 있다. 사실 많은 스미스 연구자들은 두 원리 사이에 존재하는 형식적 유사성과 내용적 일관성을 발견해 냄으로써 『도덕감정론』과 『국부론』의 일치성을 증명한다.

『도덕감정론』은 스미스의 근본적이고 심오한 인간관을 매우 평이하게 서술한 문단으로 시작한다. ① 인간은 이기적(selfish)이면서도 다른 사람의 행 · 불행에 관심을

12) 『국부론』 전체에 대한 가장 간결한 소개는 『국부론』 서문이다. 다소 어렵지만 정곡을 찌르는 소개는 조지프 슘페터(Joseph Schumpeter)의 『경제분석의 역사 1』(1954/2013), 2부 3장 4절 소절 5, '스미스와 『국부론』'에서 확인할 수 있다.

갖는다. 인간은 자기애를 가지고 있고 자기 이익을 추구하지만 동시에 다른 사람의 행복도 필요로 한다.[13] ② 이러한 인간의 본성은 타인에 대한 연민과 동정심으로, 나아가 모든 타인의 감정에 대한 동감(sympathy)으로 나타난다. 이러한 감정의 존재는 너무나 명백하기 때문에 증명하지 않아도 된다. ③ 이러한 감정은 결코 고결하고 자비로운 사람에게서만 나타나는 것이 아니라 사회의 법률을 가장 심각하게 어기는 무도한 악한에게서도 나타난다. 사람들 간의 인간 본성에는 거의 차이가 없다.

동감은 사람들이 도덕적 판단을 내리도록 만드는 출발지점이자 동시에 사람들이 도덕적 행동을 하도록 만드는 원천이다. 단순화의 위험이 있지만, 『도덕감정론』에서 제시된 동감의 원리를 거칠게 요약해 보자. 먼저 사람들은

---

13) 많은 연구자들이 부정하지만, 스미스는 『도덕감정론』에서 자기 이익을 추구하는 자기애와 이기심(selfishness)을 거의 동의어로 사용한다. 이기적 열정(selfish passions)은 사회적 열정과 비사회적 열정의 중간 지대에 있다. 간단히 말해 사회적 열정은 친절과 존경 등이고, 비사회적 열정은 증오와 분노 등이다. 하지만 사회적 열정은 이타적 열정만을 가리키는 것이 아니며, 비사회적 열정 역시 자기 자신에게만 사로잡혀 있는 이기적이고 배타적인(egoistic) 열정만을 가리키는 것이 아니다.

다른 사람들의 감정이나 행동에 대해 자신이 같은 감정을 느낄 때에 그들의 감정이나 행동이 적정하다고 판단한다. 만일 누군가의 행동으로부터 영향을 받은 사람이 감사 혹은 분노의 감정을 느끼고 그러한 감정에 우리가 동감을 느낀다면, 우리는 그 누군가가 보상이나 처벌을 받아 마땅하다고 판단한다. 이는 역지사지의 원리이자 전통적인 도덕의 황금률과 동일하다. 동감은 결코 타인의 원래 감정만큼 생생하거나 분명할 수 없지만, 스미스는 여기에 불편부당한 관객이라는 개념을 도입함으로써 이 문제를 극복한다. 불편부당한 관객은 단순히 여러 사람들 사이에서 중립적 · 중간적 위치에 있는 사람이거나 평균적 감정을 나타내는 사람이 아니다. 불편부당한 관객은 감정과 행동의 당사자가 처한 상황에 대한 완전한 정보를 가짐과 동시에 상상력을 통해 그의 처지에 완전히 들어감으로써 당사자의 감정과 동기에 대해 이상적인 동감을 가지고 완벽한 도덕적 판단을 내리는 존재다.

사람은 타인에 대해 내리는 도덕적 판단을 자기 자신에게도 내린다. 우리는 행위자이면서 동시에 관객이 되고, 당사자이면서 동시에 심판자가 된다. 이러한 자신의 분리를 통해 자신에 대해서도 동감의 원리에 따른 도덕적 판단을 (오히려 다른 사람에 대해서보다도 더욱 잘) 내릴 수 있다. 우리가 자신에 대해 불편부당한 관객이자 심판자가 될 때, 스미스는 이 심판자를 '내면의 이상적 사람(ideal man within)'이라고 부른다. 사람들은 사회화 과정을 통해 경험적으로 이상적 사람을 내면에 형성하지만, 그는 결코 자신이 살아온 사회의 가치를 그대로 반영하거나 인생 경험의 평균적 결과에 따라 도덕적 판단을 내리지 않는다. 도덕적 관점에서 볼 때 우리가 진정으로 원하는 것은 사람들로부터 현실에서 칭찬받는 것보다는 실제로 칭찬받을 만한 사람이 되는 것이다. 내면의 이상적 사람은 자신 속에 있는 불편부당한 관객, 양심, 도덕성, 의무감, 일반적 도덕규칙, 도덕적 덕목 등을 의미한다. 우리는 자신의 감정과 행동을 인도하는 도덕적 기준을 내면에 가지고 있는 것이다.

경험주의적 관점에서 불편부당한 관객이나 내면의 이상적 사람을 논리적으로 도출해 내는 것은 결코 쉬운 일이 아니다. 스미스는 자신의 동감의 원리가 '옳음의 문제(a matter of right, 도덕의 철학, 윤리학)'가 아니라 '사실의 문제(a matter of fact, 도덕의 과학)'에 관련되어 있다고 강조한다. 이러한 스미스의 주장에도 불구하고 우리는 불편부당한 관객이나 내면의 이상적 사람이라는 관념을 상상하고 만들어 낼 수는 있지만, 왜 (일상의 평범한 사람들이 아닌) 그들의 도덕적 판단이 우리의 감정과 행동을 규제해야 하는지, 또는 규제할 수밖에 없는지 설명하고 추론할 수 없다. 스미스 자신도 『도덕감정론』에서 우리가 일상에서, 심지어 인생 전체에서 경험하는 도덕적 실패를, 자연의 기만(deception)을, 우리 자신의 이기적 관심과 오만이 낳는 자기기만(self-deceit)을 끊임없이 언급하고 있다. 『도덕감정론』은 인간 세상에 만연한 도덕적 실패들 속에서도 도덕적 판단과 덕목을 옹호하기 위한, 보통 사람들의 도덕적 가능성을 납득시키기 위한 이야기들로 가득 차 있다. 『도덕감정론』은 흄이 열었던 근대 도덕철학의 길목을 지났지만 그 길을 끝까지 나아가지는 못한 것이다.

『국부론』 1편은 분업으로부터 시작한다. 노동생산력의 개선 · 증진은 분업의 결과다. 분업은 인류 지혜의 결과가 아니라, 교환 성향이라는 인간 본성의 의도하지 않은 결과다. 사람들은 본성 덕분에 자신들이 서로 필요로 하는 호의(mutual good offices)를 교환하지만, 이러한 본성은 자기 이익을 추구하는 사람들로 하여금 의도치 않게 분업을 발전시키게 만든다. 나아가 교환이 분업을 낳았다면, 교환의 범위, 곧 시장의 크기는 분업의 정도를 결정한다. 스미스는 핀 공장 내부의 (기술적) 분업으로부터 경제학적 이론을 세워 나가지만, 사실 분업은 철학자들에게는 익숙한 사회 질서의 근거다. 어떤 의미에서 사회적 분업을 경제적 분업으로, 심지어 기술적 분업으로 환원해 근대 상업사회의 경제적 성취를 설명하려는 스미스의 시도는 경제학의 특징과 한계를 가장 잘 보여주는지도 모르겠다.

스미스의 교환 성향에 대해 가장 많이 언급되는 것은 역시 이기심이다. 『국부론』의 가장 유명한 구절들을 직접 살펴보도록 하자.

> 문명사회에서 사람은 언제나 무수한 사람들의 협력과 도움을 필요로 하지만, 그는 평생 동안 몇 사람의 친구를 만들 수 있을 뿐이다. … 인간은 항상 다른 동료의 도움을 필요로 하는데, 단지 그들의 자혜(benevolence)로부터만 그것을 기대하는 것은 헛된 일이다. 만약 그가 그에게 유리하도록 다른 사람들의 자기애(self-love)를 끌어올 수 있고 그리고 그가 사람들로부터 원하는 것을 사람들이 해주는 것이 그들 자신의 이득(advantage)이 된다는 것을 설득할 수 있다면, 그는 성공할 가능성이 한층 높을 것이다. 다른 사람과 어떤 종류의 거래를 제안하는 사람은 누구든지 이렇게 한다. 내가 원하는 그것을 나에게 주시오. 그러면 당신은 당신이 원하는 이것을 가질 것이오. 모든 그러한 거래의 의미는 바로 이것이다. … 우리가 매일 식사를 마련할 수 있는 것은 푸줏

> 간 주인과 양조장 주인, 그리고 빵집 주인의 자혜 때문이 아니라 그들 자신의 이익(interest)에 대한 그들의 고려 덕분이다. 우리는 그들의 인류애(humanity)가 아니라 그들의 자기애에 호소하고, 그들에게 우리 자신의 필요에 대해 말하지 않고 그들의 이득(advantage)에 대해 말한다(WN Ⅰ. ii .2).

이 인용문은 스미스의 정치경제학이 인간의 이기심 위에 세워진 체계라는 것을 보여주는 전형적 증거로 제시된다. 그러나 여기에서 우리가 주목해야 할 것은 오히려 '다른 사람의 이익에 대한, 다른 사람의 자기애에 대한 우리의 호소'다. 우리가 자신의 이익만 고려하지 않듯이, 다른 사람도 자신의 이익만 고려하지 않는다. 교환은 나의 자기애(이익)와 너의 자기애(이익)를 동시에 실현하는 것이지만, 이는 오직 내가 너의 이익을 고려하고 네가 나의 이익을 고려할 때에만 가능하다. 교환의 원리는 동감의 원리로부터 멀리 떨어져 있지 않다. 『국부론』(분업)의 출발점과 『도덕감정론』(도덕 판단)의 출발점은 모두 '자신에 대한 사랑'과 '타인에 대한 관심'의 상호작용이다. 표현의 차이와 언어의 부정확성 때문에 발생하는 오해에도 불구하고, 교환의 원리와 동감의 원리가 똑같이 가리키고 있는 것은 나와 너의 소통(대화)이며, 또한 우리 자신 속의 자기애와 동감의 이중주다.

이러한 일치는 스미스가 교환에서 작동하는 법칙(교환의 비율, 합의된 가치평가)을 논의할 때에도 나타난다. 사냥꾼들이 자신들이 잡은 물개와 사슴을 서로 바꿀 때, 그들은 자신들을 동등한 사람으로 생각하며, 자신들의 노동이 지닌 가치를 동일하게 평가한다(WN Ⅰ. vi.1). 이러한 동료 의식은 교환의 원리, 동감의 원리에서도 기초가 된다. 『국부론』에서 스미스는 이러한 평등주의를 분명하게 표현하고 있다. 철학자와 거리의 짐꾼 사이의 차이는 미미하며, 오히려 재능의 차이는 교환과 분업을 통해 형성된다. 그리고 이러한 상이한 재능들은 교환을 통해 '공동의 자원(a common stock)'이 된다(WN Ⅰ. ii.5). 스미스는 근대 사회사상이 공통적으로 가지고 있는 분석적 평등주의(analytic equalitarianism)를 『도덕감정론』뿐만 아니라 『국부론』에서도 잘 보여준다(Schumpeter, 1954/2013).

동감의 원리와 교환의 원리 사이의 일치성, 엄밀하게 말해 형식적 유사성은 여기서 끝난다. 상업사회가 발전하고 사람들이 상인이 될 때, 교환의 법칙은 더 이상 평등주의의 틀에 머무르지 않는다. 이때는 수요와 공급의 시장 법칙이 작동한다. 시장기구(market mechanism)는 결코 인격적이지 않다. 또한 수요와 공급이 일치한 경우에 성

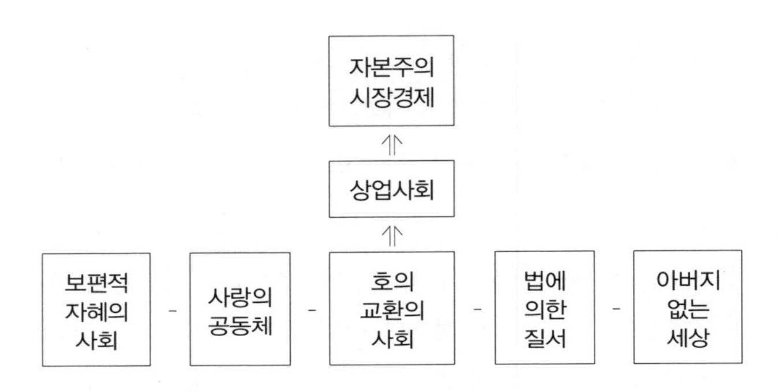

그림 2-2 교환의 원리와 자본주의 시장경제

립되는 자연가격은 도덕적 이상을 기준으로 삼아 결정되는 규범 판단의 결과가 아니라 시장기구를 통해 강제된 가치평가의 결과다.[14] 더구나 현실의 시장체제(market system)는 지금의 언어로 표현하자면 자본주의 시장경제다. 스미스가 『국부론』 1편 후반부에서 분석하듯이 상품의 가격은 임금, 이윤, 지대의 몫으로 구성되어 있다. 임금, 이윤, 지대의 자연율과 상품의 자연가격은 상호 결정되며, 이는 전적으로 자본주의 시장경제라는 체계의 작동

14) 설혹 시장체제에서 작동하는 가치평가가 효용의 원리에 의한 사람들 간의 합의된 평가라고 하더라도, 이는 스미스가 『도덕감정론』 4부에서 비판하는 도덕의 실패에 불과하다.

원리에 따라 이뤄진다. 시장체제에서 작동하는 교환의 법칙에 자기애와 동감의 이중주가 들어올 자리는 없다. 근대 상업사회의 보이지 않는 손은 '사랑과 애정의 조화로운 유대'를 가리키지도 않지만, 동감의 원리에 따라 움직이는 도덕적 인간들의 관계를 가리키지도 않는다.

체계의 정신과 정치적 지혜

스미스의 정치경제학은 분명 『도덕감정론』에서 제시되었던 '상호 호의의 교환에 의해 유지되는 사회'를 다루고 있다. 그런데 현실의 상업사회에서 실제로 일어나는 상업행위는 합의된 가치평가(교환의 원리)에 따르지 않고 시장체제에서 실제로 작동하는 상품의 시장가격(자연가격보다 높거나, 낮거나, 같은)에 따른다(자본주의 시장경제에서 작동하는 교환가치의 법칙). 『국부론』이 중점적으로 분석하는 세계는 도덕철학에서 제시된 세계들 중의 하나로부터 시작되었지만, 이미 다른 법칙이 작동하는 체계다. 교환, 분업, 시장으로부터 상업사회가 나왔지만, 상업사회는 정치경제학이라는 '정치가와 입법자의 과학의 한 분과'가 다루어야 할 하나의 '체계'다. 스미스의 표현을 빌린다면, 상업사회라는 체계는 도덕철학이 아니라 자연철학의 대상이다.

중상주의와 중농주의를 비판하는 『국부론』의 정치경제학은 '완전한 자유와 정의의 자연적 체계(the natural system of perfect liberty and justice)', '평등, 자유, 정의의 자유로운 구상(the liberal plan of equality, liberty and justice)', '완전한 정의, 완전한 자유, 완전한 평등의 체제(the establishment of perfect justice, of perfect liberty, and of perfect equality)', '자연적 자유의 분명하고 단순한 체계(the obvious and simple system of natural liberty)' 등을 상업사회의 이상적 모습으로 제시하고 있다. 스미스에 따르면, 현실의 상업사회에 존재하는 특혜와 제한들이 정치가와 입법자들에 의해 제거된다면 이러한 자연적 체계는 저절로 수립될 것이다(WN Ⅳ.vii.c.44; Ⅳ.ix.3; Ⅳ.ix.17; Ⅳ.ix.51).

그러나 스미스는 자본주의 시장경제의 폐해와 모순을 중상주의와 중농주의 체계에 전적으로 돌리고 있지 않다. 스미스는 국왕의 야망과 상인 · 제조업자의 독점욕이 유럽에서 평화를 위협하는 원천이었다고 언급하면서도(WN Ⅳ.iii.c.9), 자본주의 시장경제 자체에 내재한 모순을 열거하는 데에 망설임이 없다. 게으르고 무능한 지주들, 빈곤과 고통 속에서 남을 위해 일하면서도 정부 정책에 자신의 목소리를 낼 수 없는 노동자들, 사회를 기만하고 억압하여 자신의 이익을 추구하는 상인들과 제조업자들, 이들이 스미스가 『국부론』에서 다루는 3대 계급이다(WN Ⅰ.xi.p). 『국부론』은 마치 '아버지 없는 세상'과 같은 자본주의 시장경제를 다루면서 노동자들의 복지에 대해 관심을 기울이고, 분업의 부정적 결과에 주목하고, 상업 부양을 위한 공공사업과 교육을 위한 공공기관 육성을 담당해야 할 정부의 의무를 강조하고 있다. 『도덕감정론』이 규범적인 도덕철학에 갇혀 있지 않고 현실의 인간과 세상을 분석한 것처럼, 『국부론』도 분석적인 정치경제학에 머무르지 않는다. 스미스는 『국부론』에서 분석적 평등주의를 넘어서서 규범적 평등주의로까지 나아간다.[15] 도덕철학과 경제학은 한편으로는 분리되었지만 다른 한편으로는 여전히 분리되지 않는 것이다.

그런데 식민지에서 자유무역을 수립하기 위한 정부의 방법에 대해 스미스가 던진 질문과 우회적 답변은 매우 흥미롭다. 스미스는 식민지 무역의 즉각 개방이 가져올 불

---

15) "현명하게 완화시킨 루소주의도 스미스 경제사회학의 평등주의적 경향 속에 분명하게 들어 있다"(Schumpeter, 1954/2013: 347).

편과 손실, 무질서를 언급하면서 "완전한 자유와 정의의 자연적 체계는 어떤 방식으로 점차 회복되어야 할 것인가" 라고 묻고, "우리는 미래의 정치가들과 입법자들의 지혜에 맡겨 결정하도록 해야 한다"고 답한다(WN Ⅳ. vii.c.44). 사실 나쁜 제도는 그 자체로 이미 아주 위험한 무질서를 낳을 뿐만 아니라, 더욱이 훨씬 더 큰 위험과 무질서를 야기하지 않고는 쉽게 고쳐지지 않는다. 바로 이러한 '이중의 해악' 때문에 나쁜 제도를 고치는 데에는 정치적 지혜가 필요한 것이다. 우리는 여기에서 『도덕감정론』 6판 6부로 다시 돌아가게 된다. 말년의 스미스는 점진적으로 자연적 체계를 수립해야 하는 정치가와 입법자의 지혜를 이야기한다.

일반적으로 신중한 사람은 공적 업무를 담당하지 않으려고 하지만(TMS Ⅵ. ⅰ.13), '고차원적 신중(superior prudence)'을 지닌 정치가와 입법자들은 강한 자혜와 공공정신에 따라 조국에 대한 사랑을 실천한다(TMS Ⅵ. ⅰ.15; Ⅵ. ⅱ.2.11). 정치공동체(헌정 체제) 존중과 시민복지 증진이라는 애국심의 두 원리는 대중 불만과 무질서의 시대에는 서로 엇갈리게 된다. 구질서의 권위 회복과 혁신 정신의 실천이라는 두 선택 사이에서 정치가와 입법자는 고도의 정치적 지혜(political wisdom)를 발휘해야

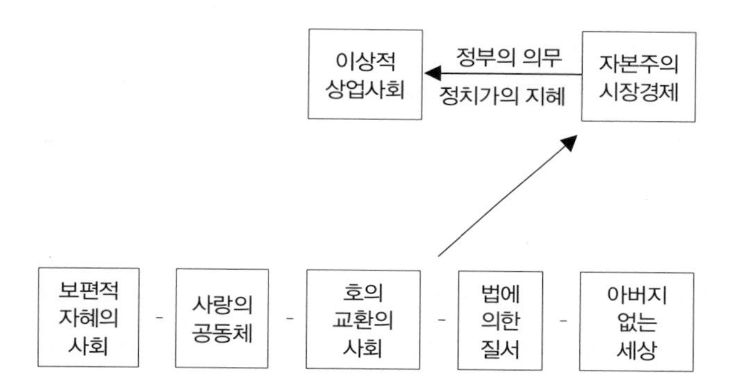

그림 2-3 이상적 상업사회와 정치가의 지혜

만 한다(TMS Ⅵ. ii.2.12). 정치적 지혜는 체계의 정신(spirit of system)이 제시하는 이상적 체계의 헛된 아름다움에 빠지지 않도록 해야 하며, 인간애와 자혜가 공공정신을 뒷받침하도록 해야 한다(TMS Ⅵ. ii.2.15~16). 정치가와 입법자는 체계의 인간(man of system), 즉 스스로를 매우 현명하다고 생각하며 완벽한 정책과 법이라는 관념에 사로잡혀 시민들을 자신의 계획에 따라 마음대로 움직일 수 있다고 생각하는 체계의 신봉자가 되어서는 안 된다. 스미스는 혼란스러운 현상을 설명할 수 있는 규칙적 체계의 아름다움을 과학적 정신의 관점에서 강조했지만,[16] 정치의 영역에서는 체계의 정신과 체계의 인간을 철저하게 조심하고 있는 것이다.

『도덕감정론』 6판 6부에서 제시된 스미스의 정치철학은 스미스가 젊은 시절에 제시하였던 규칙(rules) 또는 법(laws)의 분류에 주목하게 만든다. 신의 법(the laws of the Deity)으로 간주되는 도덕성의 일반 규칙(general rules of morality)을 다루는 3부 5장에서 스미스는 도덕 규칙(신의 명령과 법), 자연의 규칙(자연의 운동 법칙), 국가의 규칙(정치공동체의 법)을 구분한다. 스미스는 『도덕감정론』 1판의 마지막 문단의 끝 부분에서 "법과 통치의 일반원리들"과 "정의뿐만 아니라 행정 · 공공수입 · 군비에 관련된 것들과 법의 여타 대상들에서 나타난 역사와 사회에 따른 변천"을 별도의 저술에서 설명하겠다고 말한다. 그리고 6판 첫머리에 있는 '공지'에서 행정 · 공공수입 · 군비에 관련해서는 『국부론』에서 부분적으로 다루었다고 말한다. "공지"의 마지막 문장에서 "내가 할 수 있는 것을 하는 책임(the obligation of doing what I can)"을 언급할 때, 아마도

---

16) 스미스는 『국부론』에서 '공통 원리 몇 개에 의해 연결된 상이한 관찰들의 체계적 정돈이 지닌 아름다움(the beauty of systematical arrangement of different observations connected by a few common principles)'을 언급하고 있다(WN V.i.f.25).

스미스는 '법과 통치의 일반원리'에 대한 저서를 마쳐야겠다는 생각을 하고 있었을지도 모르겠다.

여기에서 스미스의 사상체계에 대해 하나의 가설적 해석을 제시하는 것으로 글을 마쳐야 할 것 같다. 스미스는 사람들의 자유로운 행동을 이끄는 도덕 규칙을 『도덕감정론』에서, 그리고 상업사회의 운동 법칙을 『국부론』에서 다루고 난 뒤, 현실 세계에서 이 두 법칙과 함께 작동하는 정치공동체의 법과 정치 자체를 다루는 저서를 쓰려고 했었다. 시민사회와 경제사회, 정치사회라는 삼분할 체계로 이해되는 근대시민사회에 대한 포괄적 사상체계를 세우려고 했던 스미스의 구상은 결국 후대의 책임으로 남게 되었다. 우리는 스미스가 남겨 놓은 두 저서를 읽을 때, 스미스가 구상했다고 충분히 생각할 수 있는 근대 시민사회에 대한 포괄적인 사상 체계의 틀 속에서 읽어야 할 것이다.

도덕철학이나 정치경제학의 체계 내부에 갇히지 않으려는 노력, 그리고 도덕(자유의 세계)과 경제(자연 법칙의 세계), 정치(가능성의 세계) 사이의 경계를 의식하면서도 경계를 넘어서려는 태도, 이를 통해 우리는 우리의 혼란을 깨닫고 마침내 길을 찾아 낼 수 있지 않을까?

참고문헌

김광수(2015). 『애덤 스미스』. 파주: 한길사.

박순성(2003). 『아담 스미스와 자유주의』. 서울: 풀빛.

이근식(2006). 『애덤 스미스의 고전적 자유주의』, 서울: 기파랑.

Heilbroner, R. L.(1999). *The worldly philosophers*. Touchstone. 장상환 옮김(2008). 『세속의 철학자들: 위대한 경제사상가들의 생애, 시대와 아이디어』. 이마고.

Schumpeter, J. A.(1954). *History of economic analysis*. Oxford University Press. 김균 외 옮김(2013). 『경제분석의 역사 1』. 한길사.

Sen, A(1987). *On ethics and economics*. Basil Blackwell. 박순성 · 강신욱 옮김(2009). 『윤리학과 경제학』. 한울.

Smith, A(1759). *The theory of moral sentiments*. in D. D. Raphael & A. L. Macfie(1976, eds.). Oxford University Press. 박세일 · 민경국 옮김(1996). 『도덕감정론』.비봉출판사; 김광수 옮김(2016). 『도덕감정론』. 한길사.

Smith, A(1776). *An inquiry into the nature and causes of the wealth of Nations*: vol. Ⅰ & Ⅱ. In R. H. Campbell & A. S. Skinner(1976, eds.). Oxford University Press. 유인호 옮김(1978). 『국부론 Ⅰ & Ⅱ』. 동서문화사; 김수행 옮김(2007). 『국부론 상 & 하』. 비봉출판사.

경제학이 답하다

애덤 스미스가 대안적 사회상에 관해 발전시킨 아이디어가 있을까요?

스미스가 『국부론』에서 다루고 있는 18세기의 상업사회를 생각하면, 그 속에서 현재 우리가 직면하고 있는 환경의 문제, 성평등의 문제, 다층적인 불평등의 문제, 지구촌 차원의 연대의 문제 등에 관한 문제의식을 발견하기가 쉽지는 않을 것 같습니다. 그런 의미에서 보면 애덤 스미스는 1700년대에 머물러 있는 사상가입니다. 우리가 가지고 있는 어떤 고민들에 대해서 애덤 스미스가 줄 수 있는 지혜는 상당히 추상적이고 유형적이라고 생각됩니다. 제가 드릴 수 있는 말은 이 정도 같습니다.

스미스 연구자로서, 제가 생각하기에 우리가 지금 해야 할 작업은 현실 상황의 문제 목록을 잘 작성하고 그리고 분류하는 것입니다. 이런 것들을 묶은 다음에 우리는 어떤 정치가의 지혜를 발휘할 것인가를 고민해야 됩니다. 그런데 여기서 말하는 정치가는 최고 권력가나 최고 지도자만을 의미하지 않습니다. 스미스는 "좋은 정치가는 어디에서 오느냐"라는 질문을 던지는데, 좋은 정치가는 적절하게 교육을 받을 수 있고 공공이익에 관심을 갖는 중류층으로부터 온다고 말합니다. 중류층은 어릴 때 공부를 할 수 있는 여유, 그런 여유 속에서 고민을 함으로써 세상에 대한 지혜를 많이 경험하고 또 정치적 성공을 자신의 뜻으로 세우는 계층이라고 할 수 있습니다. 그런데 어떤 의미에서는 정치적 성공을 추구하는 것도 『도덕감정론』에 따르면 자연의 기만에 해당한다고 할 수 있겠습니다.

애덤 스미스는 객관화를 강조하며 불편부당한 관객에 대해 이야기하는데, 이것이 가능할까요? 또 분과학문이 일부분만 단편적으로 바라보는 현상을 극대화했다는 생각이 들기도 합니다. 애덤 스미스는 스스로 자신의 사고와 사상, 저작을 수정하고 보완하려는 노력을 한 적 있나요? 또한 리스트와 같은 사상가의 "강자의 논리로서 자유무역론을 얘기하는 것 자체가 얼마나 비현실적이고 왜곡된 것이냐"라는 비판에 대해서는 어떻게 생각하시나요?

첫 번째 부분은 저도 굉장히 흥미롭게 받아들이고 있습니다. 과연 불편부당한 관객 혹은 자기 내면의 이상적인 인간과 같은 이러한 존재가 실제로 우리 자신 속에 존재하고 있을까요? 그런데 이러한 존재는 어떤 의미에서 자기 분열을 전제로 하는 거잖아요. 그래서 자신을 객관화한다, 상대화한다, 이런 의미인데, 저는 분열할 줄 아는 인간만이 도덕적인 인간이 될 수 있다는 아이디어를 매우 흥미롭게 생각합니다. 애덤 스미스가 『도덕감정론』에서 거리(영어로 distance), 거리 두기에 대한 이야기를 많이 하거든요. 거리 두기를 하면 타인에 대해서도 다르게 보지만 자기 자신도 다르게 보게 되잖아요. 이러한 스미스의 아이디어는 저에게 많은 상상력을 불러일으킵니다.

분과 학문의 폐해는 분과 학문 자체의 폐해라기보다 분과 학문을 하는 연구자들의 폐해다, 저는 이렇게 생각을 합니다. 분과 학문으로 모든 것을 재단하려는 태도가 잘못된 것이지 분과 학문에 깊이 들어가서 연구하지 않는다면 많은 것이 불가능해집니다. 특히 현대 사회는 더욱 그런 사회이지요. 간디가 한 말인데, 인간은 떨어지는 물방울 하나도 제대로 묘사할 수 없는 존재이죠. 그래서 모든 사물을 바라볼 때는 다양한 관점에서 바라보고 또 종합할 줄 알아야 합니다. 사실 분과 학문은 그런 관점에서, 사물에 대한 다양한 관점을 형성하는 출발점이라고 생각합니다. 우리는 어떤 특정한 관점에서 사물을 바라볼 수밖에 없고 또 어떤 특정한 가치관에서 미래를 꿈꾸어야 하는데, 문제는 자신의 관점과 가치관에 사로잡혀서 '자신의 것만이 옳다'고 생각하는 것입니다. 그래서 분과 학문을 하되 분과 학문에 갇히지 말자, 경계를 인식하되 경계를 넘어설 줄도 알고 경계 너머에 있는 사람의 이야기도 듣고 깨달아야 한다, 이것이 소크라테스가 말하는 '너 자신을 알라'라는 격언의 한 가지 의미라고 생각합니다.

스미스는『국부론』에서 흥미로운 주장을 하나 합니다. "유럽 사회에서 혹은 인간 역사 전체에 걸쳐서 인간 사회의 평화를 방해하는 집단이 있다면 왕과 상인이다." 이걸 약간 과장한다면, 스미스는 평화주의자라고 할 수 있겠습니다. 그런데『국부론』에서 스미스는 "국방을 위해서는 유치산업도 보호해야 한다"고도 합니다. 또 장기적으로 나라가 발전하려면 이런저런 산업을 보호해야 된다는 주장도 하고 있습니다. 그런데 중상주의를 주장하다가 자유주의를 주장하면, 이게 강자의 논리일까 혹은 약자를 위한 논리일까, 약간 애매한 부분이 있습니다. 사실 중상주의는 강자의 논리라고 할 수 있습니다.

스미스는 중상주의를 '금이 부'라는 원리에 기반을 두고 있다고 비판합니다. 이 원리에 따르면, 중상주의의 국가전략은 '너희 이웃을 가난하게 하라'는 것으로 요약됩니다. 왜냐하면 금의 양은 제한되어 있으니 내가 금을 많이 가지려면 다른 사람의 금을, 화폐를 가져와야 되기 때문이지요. 자유주의 원리는 그렇지 않죠. 이런 의미에서 스미스의 자유주의는 강자의 논리가 아니라고 할 수 있습니다.

그런데 한편 스미스는 자유주의 논리에 의해서 식민지 개발과 발전을 이야기하고 있는데, 이는 식민지 주민들의 관점에서 보면 강자의 논리라고 할 수 있겠지요. 그런데 스미스는 아메리카 식민지에 대해서 이런 이야기도 해요. 아메리카 식민지가 잘 발전하려면 언젠가는 독립을 시켜줘야 한다. 그런 의미에서 반드시 강자의 논리라고 할 수도 없겠지요. 강자의 논리와 약자의 논리가 뒤섞여 있기는 한데, 중상주의를 비판할 때는 분명히 강자의 억압과 규제와 제한을 비판하는 측면이 강하고, 자유주의의 관점에서는 '완전한 정의, 완전한 자유, 완전한 평등의 체계를 세우면 사회 구성원들 사이에서 부가 잘 발전할 것이다' 이런 신념을 강조하고 있습니다.
그렇지만 반대로 제가 앞에서 한번 언급한 『국부론』의 서문에 나와 있는 '부의 불평등한 분배에도 불구하고 경제 성장을 통해 모두가 다 잘 살게 될 거다'라는 주장은 굉장히 이데올로기적인 해석이 가능한 주장이잖아요. 그런 관점에 대해서는 스미스를 충분히 비판해야 할 것입니다.

중국이 2000년대 초에 세계 경제에 등장하면서 애덤 스미스의 사상에 주목했습니다. 조반니 아리기 같은 세계체제론자는 "보이지 않는 손은 실상 보이는 손이다"라며 중국의 시장을 호의적으로 평가했고요. 이런 세계체제론자들의 애덤 스미스 평가에 대해 어떻게 생각하시나요?
보이지 않는 손이 정확하게 시장을 가리키는 것이냐, 보이지 않는 손에 의해서 표현되는 상업사회 질서 속에는 국가의 자리나 역할이 존재하는 것이냐, 이런 질문으로 단순화할 수 있을 것 같습니다. 스미스를 완전하게 신자유주의적으로 해석하는 사람들에게 『국부론』 5편에 나오는 국가는, 그리고 공공사업을 하거나 공공교육을 담당하는 정부의 역할은 정말 아주 작은 부분이고 실제로 보이지 않는 손의 질서 속에는 국가는 존재하지 않는다, 이렇게 극단적인 해석이 가능할 것 같아요. 또 다른 하나의 극단에서는 결국 자본주의 역사를 보면 국가가 기본적인 법 · 제도를 만들고 상업사회가 잘 발전하는 그 주요한 원인으로서 법과 정치적 질서의 안정성이 중요하기 때문에 좋은 국가가 있어야만 상업사회가 잘 발전한다, 따라서 곧 국가가 보이지 않는 손의 지상의 대리자다, 이런 해석도 가능하겠죠. 그런데 이 중간쯤에 있는 자유주의자이면서도 세계무역이론을 하는 제이콥 바이너 같은 사람들은 보이지 않는 손이라는 질서가 이렇게 큰 질서라면 그 속에 국가의 역할이 분명히 있다고 말합니다. 그런데 국가의 역할이 보이지 않는 손의 틀 속에 있을 경우도 있지만 벗어나는 경우가 있는데, 벗어나는 것은 보이지 않는 손에서 말하는 공익을 위한다고 하는 헛된 망상을 가진 정치가와 입법자들의 행동들을 가리키는 것 같아요. 그런데 이러한 행동들이 없어야 한다는 것이 스미스의 주장입니다.
저는 국가가 그래도 꽤 큰 역할을 해야 한다고 봅니다. '보이지 않는 손' 내부에 갇혀 있는 국가나 '보이지 않는 손'과 동일시되는 국가가 아니라 독립적 성격을 갖는 국가가 적절한 역할을 해야 한다고 생각합니다. 다만 이러한 국가는 반드시 『도덕감정론』에서 스미스가 언급한 공화국을 지키려는 덕목과 지혜를 갖춘 정치가와 시민들로 운영되는 국가여야겠지요. 도덕국가라는 표현을 쓸 수도 있는데, 이러한 도덕국가는 스미스 식으로 이상적으로 표현하자면 '하층 계층을 포함한 모든 시민들이 적절한 시민교육을 받고 국가 운영에 참여하는 형태의 국가'라고 할 수 있겠습니다. 상업사회와 도덕국가의 이상적 결합을 위한 사회과학의 발전을 위한 과제를 스미스가 우리에게 던지고 있다고 생각합니다.

애덤 스미스

애덤 스미스(Adam Smith, 1723~1790)는 스코틀랜드 출신의 영국의 정치경제학자이자 윤리철학자다. 1759년 유럽에 명성을 떨치게 된 『도덕감정론』을 발표했다. 1764년부터 타운센드가의 아들을 데리고 가정교사를 하며 유럽여행을 시작한다. 2년에 걸쳐 프랑스 등지를 여행하며 여러 나라의 행정 조직을 시찰하고 중농주의 사상가들과의 접촉을 통해 이들의 사상과 이론을 흡수하였다. 귀국 후 저술활동에 전념하여 1776년 그 유명한 『국부론』을 발표해 국가가 여러 경제 활동에 간섭하지 않는 자유 경쟁 상태에서도 '보이지 않는 손'에 의해 사회의 질서가 유지되고 발전된다고 주장하였다. 이 책은 경제학 사상 최초의 체계적 저서로 그 후의 여러 학설의 바탕이 된 고전 중의 고전이다.

스미스는 1778년 스코틀랜드의 관세 위원이 되고, 1787년 글래스고 대학교 학장을 지냈다. 고전경제학의 대표적인 이론가인 스미스는 일반적으로 경제학의 아버지로 여겨지며 자본주의와 자유무역에 대한 이론적 심화를 제공했다.

03
데이비드 리카도와 『정치경제학 원리』

"리카도는 마치 종교재판이 스페인을 정복했듯이 그렇게 완전하게 영국을 정복했다." 케인스의 말이다.

데이비드 리카도의 초상화. 1821. Phillips, T.

박만섭

고려대학교 경제학과 교수다. 학생들에게 대부분의 경제학 교과서가 취하는 시각과 다른 시각으로 경제와 경제학을 보도록 가르치고 있다. 정치경제학, 경제와 철학, 자본과 분배, 화폐와 성장 등에 관하여 연구한다. 현재 자본과 분배의 이론에서 재생산과 잉여를 중심 개념으로 하는 접근법에 관한 저서를 집필하고 있다. 저서로 『포스트케인지언 내생화폐이론』(2020), 번역서로 『스라파와 가격이론』(2013), 편집서로 『경제학, 더 넓은 지평을 향하여』(개정판, 2012), 『케인즈의 경제학』(2002) 등이 있다.

"아마도, 경제학에 입문한 가장 탁월한 지성", "이 심오한 책이 정녕 19세기 영국에서 써졌단 말인가? 그게 과연 가능했을까? 나는 영국에서 사고능력이 이미 사멸했다고 생각했다. 영국 사람이, 그것도 상아탑의 나무 그늘이 아니라 사업과 정치의 번잡함 속에 있던 사람이, 유럽의 모든 대학과 한 세기 동안의 사상이 머리카락 한 가닥 정도의 진보도 이루지 못했던 곳에서 큰일을 이루어냈다."

"능력은 있으나 생각의 방향이 완전히 틀린, 경제과학의 마차를 잘못된 길로 올려놓은", 그리고 "영국 경제학자들을 바보들의 천국에서 살도록" 만든 경제학자. 고전학파 경제학은 "1780년 이후에는 수 세대에 걸쳐 불모의 아류만을 생산해 냈을 뿐"인데 그렇게 되도록 경제학에 누구보다도 "엄청난 피해를 가져온" 경제학자.

이렇듯 완전히 상반되는 평가의 대상은 영국의 경제학자 데이비드 리카도(David Ricardo, 1772~1823)다. "경제학의 역사에서 리카도만큼 논란이 많은 사람은 없다."[17]

---

17) 이 글에서 큰따옴표에 있는 문장이나 표현은 다른 사람의 것을 인용한 것이다. 글의 전개상 꼭 필요하다고 생각되는 경우를 제외하고는 출처를 본문에 밝히지 않고 참고문헌에 명시했다. 리카도가 활동하던 당시 사람들이 한 말과 글의 인용은 리카도(Ricardo, 1951)의 Vols. III, VI, VII, X, Henderson(1997), King(2013), Weatherall(1976)

리카도는 37세였던 1809년에서야 처음으로 경제에 관한 자신의 의견을 신문 기고를 통해 대중에게 알렸다. 이후 그가 자신의 시간을 본격적으로 '경제학적 분석'에 할애한 기간은 1823년 51세의 나이로 타계할 때까지 인생의 1/4 정도밖에 되지 않았다. 그것도 "상아탑에서가 아니라 사업과 정치의 번잡함 속"에서. 그러나 그 짧은 기간에 그가 세상에 내놓은 경제학은 이후의 경제학 전개에 (긍정적이든 부정적이든) 깊은 흔적을 남겼다.

영국의 경제 문제에 대한 연대기

그를 둘러싼 논란은 그의 경제 이론뿐만 아니라 그가 주장했던 경제 정책과도 밀접히 연결되어 있다. 실제로 리카도가 피력한 경제 이론들은 당시 영국에서 발생했던 주요 경제 사건들과 나란히 나타난다.

1809년 리카도의 신문 기고는 당시 영국이 겪고 있던 높은 인플레이션을 다뤘다. 리카도는 인플레이션의 기본

에서 가져왔다.

원인을 영국은행(Bank of England)이 1797년부터 시행해 온 정책, 즉 지폐를 금과 태환하지 않기로 한 정책에서 찾았다. 인플레이션은 지폐의 과다 발행 때문이고, 지폐가 과다 발행된 이유는 금 태환을 통해 지폐 발행 규모를 제한하는 장치가 사라졌기 때문이라 주장했다. 이후 추가적인 신문 기고와 소책자를 통해 리카도는 이 논쟁에서 '지금주의자(地金主義者, Bullionists)'라 불리는 견해의 대표자로 활약한다. 그가 자신의 주장을 뒷받침하기 위해 사용한 이론은 현재에도 지대한 영향을 발휘하고 있는 '화폐수량설'이다. 그의 주장은 의회의 주목을 받았고, 의회는 그의 주장을 대폭 반영한 『지금 보고서(Bullion Report)』를 출간했다(그러나 실제로 금 태환이 재개된 것은 1821년이었다).

1815년 영국의 '곡물법(Corn Laws)'은 곡물 수입에 매우 높은 관세를 부과하여 실질적으로 곡물의 수입을 막았다. 리카도는 곡물법의 폐지를 주장했다. 인구가 증가하면 양식으로 사용되는 곡물의 소비량도 증가한다. 곡물 수입이 실질적으로 불가능한 상태에서, 국내의 곡물 생산이 증가해야 하고 이는 궁극적으로 지대의 증가로 이어진다(이것을 증명하기 위해 리카도는 '차액지대이론'을 사용한다). 리카도에게 지대의 증가는 곧 이윤율의 하락을 뜻한다(그의 가치-분배 이론은 이를 증명하기 위한 것이다). 이윤율 하락은 경제 성장의 속도를 늦춘다. 따라서 곡물법으로 지주 계급은 이득을 보지만 국가 전체의 시각에서 보면 손실이다. 그러나 당시 의회를 좌지우지하던 사람들은 지주 계급이었고, 곡물법은 1815년 의회를 통과해 1846년까지 유지되었다.

이 문제와 관련해 리카도는 그의 절친한 친구이자 가장 유능한 비판자였던 토머스 로버트 맬서스(Thomas Robert Malthus)와 열정적인(그러나 항상 상호 존중이 깃든) 논쟁을 벌인다. 지대 결정에 대해서는 두 사람이 견해가 같았다. 그러나 이윤율 결정에 대한 맬서스의 이해는 리카도와 매우 달랐다. 맬서스는 이윤율이 자본에 대한 수요와 공급, 근본적으로는 경제 전체에서 상품에 대한 수요와 공급의 상호작용으로 결정된다고 주장했다. 경제 전체 차원에서 시장에 공급된 상품들이 전부 수요되지 못하는 상태, 즉 '총체적 공급과잉(general glut)'이 발생할 수 있고, 그 결과 이윤율이 하락한다고 주장했다. 이에 반해 리카도는 '세의 법칙(Say's Law)'에 기초해 총체적 공급과잉이 불가능하다는 주장을 펼쳤다. 논리력을 앞세운 리카도는 논쟁에서 언제나 맬서스의 우위에 있었다.

이 두 경제학자의 논쟁은 경제학적 분석에서 가장 중요

한 두 가지 주제, 즉 '경제 성장'과 '가격-분배'에 관련된다. '가격-분배'는 미시경제학적 분석의 기본 주제고, '경제 성장'은 거시경제학적 분석의 기본 주제다. 곡물법으로 촉발된 이윤율 결정 논쟁에서 리카도와 맬서스가 각자 제시한 상반된 시각은 그들 이후, 그리고 지금까지 경제학적 분석에서 전개되는 두 가지 상반되는 비전을 대표한다.

이 논쟁을 통해 리카도는 경제학의 역사에서 순수이론적 분석의 대가로 위상을 높였다. 이때 그가 주창한 '비교우위설'은 지금까지도 국제무역이론의 토대를 이룬다. 비교우위설을 위해 리카도가 사용했던 예는 현재 거의 모든 경제학 교과서의 도입부에서 경제적 문제와 경제학적 분석의 대표적 예로, 표현만 다를 뿐 내용상 거의 '복사' 수준으로 사용된다.[18] 비교우위설에 대한 평가를 확인하게 해주는 사실이다.

영국은 나폴레옹이 이끄는 프랑스와의 13년에 걸친 전쟁을 1815년에 끝낼 수 있었다. 영국 정부는 전비를 마련하기 위해 엄청난 규모의 국채를 발행했고, 시간이 지나면서 그에 따른 재정 부담은 점차 더 심각해졌다. 1819년 하

---

18) 맨큐(Mankiw, 2021) 제3장, '상호 의존관계와 교역이득'을 예로 들 수 있다.

원의원이 된 리카도는 국가 재원을 국채가 아닌 재산세를 통해 마련하자고 제안하면서, 당시 이미 부담이 되고 있던 국채 원금과 이자를 재산세를 통해 4~5년 안에 완전히 갚을 수 있다고 주장했다.[19] 이와 관련해 리카도는 1820년 『브리태니커 백과사전(Encyclopædia Britannica)』에 실린 논문에서 정부 재원을 마련하기 위한 두 가지 방법인 국채 발행과 조세가 나라 전체의 소비에 미치는 영향에 아무런 차이가 없음을 주장했다. 이런 리카도의 생각은 150년 정도 지난 뒤 후세의 경제학자들에 의해 독립적으로 재발견되어, '리카도 동등성(Ricardian Equivalence)'이라는 개념으로 공식화된다.

리카도는 생애 마지막에 자신이 경제학자로서 최초로

---

19) 리카도는 현실적인 일에서 '스승' 역할을 했던 친구 제임스 밀(James Mill)의 끈질긴 권유에 따라 '부패한 선거구(rotten borough)'의 하나였던 아일랜드의 포트알링턴(Portarlington)의 의원직을 '구매'한다. '부패한 선거구'는 선거인단의 수가 워낙 적어 (포트알링턴의 경우 12명) 가장 높은 가격을 제공하는 사람을 의원으로 선출하던 선거구였다. 당시 이런 선출 방식은 관행으로 인정되었다. 시작은 그랬지만, 리카도의 활동은 의원으로 있던 5년 동안 107번의 의회 연설을 할 정도로 열정적이었다. 특히 리카도는(그의 생전에 성공하지는 못했지만) 무기명투표, 의원 임기 단축(당시 의원 임기는 7년), 투표권 확장 등의 국회 개혁에 앞장섰다.

다루었던 경제 문제를 다시 한 번 되돌아보았다. 사후 출간된 논문에서 그는 영국은행이 통화 발행과 상업적 사업이라는 두 가지 역할을 동시에 담당하는 것을 비판하면서, 통화 발행을 전문으로 하는 국책은행의 설립을 주장했다(당시에 영국은행은 민간 부문의 공동 출자로 이루어진 민간 은행이었다). 그의 주장은 20여 년이 흐른 후 부분적으로나마 실현되었다. 1844년 의회를 통과한 은행조례에 따라, 영국은행은 통화를 발행하는 업무를 맡는 '발권국(Issue Department)'과 민간인을 상대로 예금 유치와 어음 할인 등의 사업을 하는 '금융국(Banking Department)'으로 분리되고, 두 부서는 서로 독립적으로 운영되기 시작했다.[20)]

당대에 발생한 경제적 사건들에 대해 리카도는 '경제학자'로서 적극적으로 대응했다. 그리고 각 사건에 대한 그의 분석은 경제학의 역사에 한 획을 긋는 것들이었다. 로널드 하트웰(Ronald Hartwell)은 리카도를 "실천적 경제

---

20) 1810년 영국은행의 금 태환 중지를 둘러싼 '지금 논쟁(Bullion Controversy)', 그리고 1844년의 은행조례를 둘러싼 '통화학파(Currency School)'와 '은행학파(Banking School)' 간의 논쟁은 박만섭(2020) 3장을 참고할 것.

학자"로 부르면서 "리카도의 저술은 영국의 경제 문제에 대한 훌륭한 연대기적 안내서"라고 평가했다(Hartwell, 1971). 그의 평가에 어느 정도 고개를 끄덕일 수 있지 않을까?

악덕의 경제학자

그러나 이와 매우 상반되는 평가가 있는데, 이는 '리카도적 악덕(Ricardian Vice)'이라는 조지프 슘페터(Joseph Schumpeter)의 유명한 표현으로 압축된다.

> (리카도는) 일반적 체계를 잘게 부분으로 나눈 후 그것들을 가능한 한 커다란 묶음들로 만들어 냉장고에 넣어서 가능한 한 많은 것들이 꽁꽁 얼어버려 '주어져 있는' 것이 되도록 만들었다. 그런 후에는 단순화 가정들을 하나하나 쌓아가면서 일방통행의 간단한 관계를 설정해서 결국에는 원하는 결과가 거의 동어반복처럼 나타나게 했다. … 그가 암묵적으로 설정한 가정 위에서, (그의 이론은) 그냥 참이 아니다. 그것은 부정할 수 없이, 사실 거의 아무 일도 아닌 것처럼, 참이다. 그것은 결코 반박될 수 없는, 의미 외에는 아무것도 결

> 핍되어 있지 않은 탁월한 이론이다. 그런 특성을 가진 결과를 현실적인 문제의 해결에 적용하는 습관을 나는 '리카도적 악덕'이라 부르겠다(Schumpeter, 1954: 472~473).

리카도의 분석 방식은 현대식으로 말하면 '모형 만들기(model-building)'다. 리카도의 '모형'에서 경제가 처한 역사적이고 사회적인 맥락은 모두 잘려 내버려지고, 불변적이고 일반적인 관계만 앙상한 뼈대처럼 남는다. 경제 현실은 모형 안에 들어갈 때 이미 엄청나게 단순화되어 있다. 그에 덧붙여, 리카도적 분석은 변수 간의 관계에 대담한 가정을 적용한다. 다음과 같은 예들은 비판자들이 먹잇감으로 택하기에 적격이다. 노동자들이 받는 임금은 생계비 수준으로 '주어져 있고' 분석 대상이 되는 기간 내에서 변동하지 않는다. 분석의 일차적 단계에서 생산에 사용되는 자본은 순전히 노동자들에 지급되는 임금만으로 구성된다고 가정된다. 그러나 그렇게 얻은 결과는 좀 더 일반적인 자본 구성에서도 원칙상 그대로 적용된다. 정책 제안은 분석의 결과로부터 아무런 주저 없이 제시된다.

그의 논리는 언제나 일목요연하고 명쾌하다. 그러나 비판자들의 눈에 이것은 지나친 단순화의 결과이며 무모한 현실 적용이다. 리카도의 분석 방식은 "경제 체계에 존재하는 마찰을 무시할 뿐만 아니라 그것이 장기(long-run)에 즉각적으로 적용된다고 습관적으로 추론"하는 두 가지 특징이 있다. 이 특징들은 다음과 같은 이유에서 중요하다. 이는 "고전학파 경제학의 의식에 깊은 상처를 각인했다. 이 상흔의 기원이 되는 체계를 알지 못하고서는 고전학파 경제학 문헌을 읽고 이해하는 일은, 간단히 말해, 불가능하다"(O'Brien, 2004: 49). 리카도는 경제학의 역사에서 결코 무시될 수 없는 중요한 경제학자다. 그러나 비판자들에게 그 중요성은 부정적인 의미에서 그렇다.

국채 문제를 해결하기 위해 리카도가 하원의원 시절 제안한 재산세 정책은 다른 동료 의원들의 눈에 과도한 단순화에서 시작해 무모한 정책 제안에 이르는, 즉 현실과 동떨어진 리카도의 '유토피아적' 성향의 구체적 표현이었다. 의회 토론에서 헨리 브로엄(Henry Brougham) 의원은 리카도를 조롱했다. "경애하는 의원님, 의원님께서는 마치 다른 행성에서 내려온 것처럼 주장하시는군요."

경직된 집안 전통, 자유로운 사고

긍정적이건 부정적이건, 리카도가 탁월한 논리력과 추상

적 사고능력을 지녔다는 사실을 부정하는 사람은 없다. 리카도에게 경제학은 "수학과 같은 엄밀한 과학"이었다. 그런 엄밀성을 확보하지 못하는 사람들은 "사실만을 이야기하고 이론은 아무것도 아니라 말한다. 그런 사람들은 실은 사실을 걸러내는 일마저도 하지 못한다. 그런 사람들은 너무 쉽게 속임수에 당한다. 그럴 수밖에 없는 것이, 그들에게는 기대어 판단할 기준이 없기 때문이다."

이런 리카도의 능력은 교육을 통해 획득된 것이 아니다. 리카도는 정식 교육을 받지 못했다(그렇다고 당대의 부유층이 그랬던 것처럼 개인 교사를 통한 교육을 제대로 받은 것도 아니다). 생애의 말년에 리카도는 소설가 마리아 에지워스(Maria Edgeworth)에게 다음과 같이 말했다. "아버지는 내게 거의 교육을 시키지 않았어요. 내가 사업가 이상이 되리라 생각하지 않으셨기에 그저 읽고 쓰고 숫자 계산 정도를 할 수 있으면 충분하다고 생각하셨지요."

리카도의 아버지 에이브러햄 리카도(Abraham Ricardo)는 당대 유럽에서 가장 번성하던 상업 중심지 중 하나인 암스테르담에서 태어나 1760년 사업차 런던으로 이주했다. 에이브러햄은 런던증권거래소에서 네덜란드 회사를 대표하여 당시 유대인들에게 할당되었던 12명의 증권 중개인 중 한 명으로 활동했다. 그는 셋째 아들 데이비드 리카도가 태어난 해인 1772년 영국으로 귀화했으나 종교적으로는 유대교 전통을 철저히 따랐다(그는 영국에 있던 유대교의 두 개 분파 중 세파르디 분파에 속했다).

아버지 에이브러햄이 일상생활 속에서 어떤 사람이었는지는 데이비드의 남동생 모세스 리카도(Moses Ricardo)의 묘사에서 여실히 드러난다. "(아버지는) 지적이었지만 교육 받은 사람은 아니었다. 그는 매우 편견이 강했으며 편견에 기대어 종교, 정치, 교육 등에서 선조들의 견해를 그대로 아무런 성찰 없이 받아들였다. 그는 이런 규칙을 자신뿐만 아니라 자식들에게도 강요했다."

논리적이고 독립적이었던 리카도는 아버지의 이런 성향을 잘 받아들이지 못했다. 모세스는 리카도의 사고방식이 갖는 특징이 오히려 아버지와의 갈등 속에서 형성되고 견고해졌다고 생각했다. 모세스의 말을 빌리면, 리카도는 "중요한 주제에 대해서는 그것을 철저하게 살펴보지 않고서는 결코 그냥 받아들이지 않았다. (아버지의) 강한 편견을 거스르는 과정에서 리카도는 그의 뚜렷한 특성이 된 사고의 자유와 독립성을 키울 수 있었다. … 어렸을 때 리카도는 추상적이고 일반적인 추리에 심취했다. 그런 취향을 기를 수 있는 환경은 전혀 조성되어 있지 않았다. 오히려 그는 '긍정적 효과의 의욕 꺾기(positive discouragement)'

에 거스르는 긍정적 태도를 지니고 있었다."

경직된 유대교 전통 속의 아버지와 독립적 정신의 리카도 사이에 쌓여가던 갈등은 리카도가 21살 때 터지고야 말았다. 리카도는 퀘이커 교도와 결혼했고, 에이브러햄은 유대교 규율에 따라 리카도를 가문에서 축출했다. 그러나 얄궂게도 아버지와의 절연은 리카도가 런던증권거래소에서 전설적인 인물이 되는 과정을 가속하는 계기가 된다.

증권거래의 귀재

리카도가 14살이 되자 에이브러햄은 그에게 증권거래소에서 자신의 조수 역할을 맡겼다. 리카도 위로 형이 둘이나 있음에도, 또 리카도가 아직 14살이라는 어린 나이임에도 그에게 이런 일을 맡긴 것은 리카도의 '읽고 쓰고 계산하는' 능력에 대한 에이브러햄의 강력한 믿음 때문이었을 것이다. 아버지의 믿음대로 증권거래소에서 리카도의 능력은 많은 사람에게 인정받았다. 21살 때 아버지로부터 독립했을 때 리카도 자신의 자본은 당연히 보잘것없었다. 그렇지만 그에게는 아버지 조수로 쌓아온 정직함과 능력에 대한 평판이라는 자본이 있었다. 그의 앞에 금방 재정적 후견인이 나타났다. 이제 리카도의 런던증권거래소 활동이 본격적으로 시작된 것이다. 1815년 런던증권거래소의 번잡함을 뒤로 하고 지방의 '젠틀맨'으로 은퇴할 때 그는 영국에서 가장 부유한 사람 중 한 명이 되어 있었다.

리카도가 활약하던 시기에 런던증권거래소에서는 거래중개인(stock broker)과 전문거래인(stock jobber)이 구분되었다. 중개인이 고객을 대변해 고객의 자금으로 증권을 거래하는 반면, 거래인은 '시장조성자(market maker)'로서 본인의 자금을 운용하면서 주로 (현대적인 용어로) 선물 옵션을 거래했다. 증권 거래는 증권의 가격과 결제일에 대한 협상 형태로 이루어졌는데, 수익이 컸던 것은 결제일에 대한 협상이었다. 당시에 결제일 협상 물량은 가격 협상 물량의 10배에 가까웠다.

선물 옵션이 갖는 투기성으로 인해 한편으로 많은 사기성 사건들이 발생하기도 했지만,[21] 성공의 경우 돌아오는 수익은 매우 컸다. 전문거래인으로서 리카도의 탁월함은

---

21) 1690년대 후반 런던에서는 공동출자 주식회사들의 신주 발행이 대규모로 이루어졌다. 이때 전문거래인이었던 차일드 경(Sir Josiah Child)은 서인도회사 주식의 가격을 조작하여 큰돈을 벌었다. 그리고 1720년에 발생한 '사우스씨 버블'(South Sea Bubble) 사건은 런던증권거래소에 대한 신뢰에 깊은 흠집을 남겼다.

단연 돋보였다. 리카도 자신은 증권 거래에서 성공한 것이 다음과 같은 자신만의 '황금률'을 지켰기 때문이라고 말했다. "손해는 되도록 빨리 끝내라", 그리고 "이익은 계속 이어지게 하라." 이 황금률은 너무나 상식적이어서 특별나 보이지 않는다. 그러나 상식적인 만큼 이 황금률은 '진리'에 가깝다. 문제는 그런 '진리'를 실현하는 실천적 '지혜'였다. 리카도의 말에 의하면, 그가 증권 거래에서 돈을 번 것은 "사람들이 일반적으로 사건의 중요성을 과장한다는 사실을 관찰했기 때문이다. 조금이라도 가격이 상승할 이유가 발견되면 사람들은 증권을 매수했다. 왜냐하면 지나친 가격 상승으로 이득을 실현할 수 있을 것이라 확신했기 때문이다. 주식 가격이 하락하면 주식을 매도했다. 상황에 비추어 볼 때 가격이 더 하락하지 않을 것으로 보이지만, 사람들이 걱정과 극도의 불안을 느낄 것이기 때문에 결국 가격이 더 하락할 것으로 판단했다." 리카도의 이런 능력을 그의 친구 존 맬리트(John Lewis Mallet)는 다음과 같은 묘사로 확인해준다. "(리카도는) 시장 기류의 변화 속에서 여러 증권의 상대가격에서 발생할 우연한 차이를 남보다 훨씬 빠르게 인지했고, 그런 차이에 관한 판단의 이점을 최대로 이용하는 것으로 정평이 나 있었다. 한 가지 증권을 매도하고 다른 증권을 매수해서 하루에

200~300파운드의 수익을 남겼다."[22] 1802년 리카도가 처남 조사이아 윌킨슨(Josiah Henry Wilkinson)에게 보낸 편지에서 자신을 "행운의 여신이 가장 아끼는 사람 중의 한 명"이라고 칭한 것은 리카도의 겸양에서 비롯한 것이었으리라.

전문거래인으로서 활동이 리카도의 초기 자본을 마련하는 데 이바지했다면, 리카도를 당대 최고의 부유층으로 만든 것은 '국채 중계인(loan contractor)'으로서의 활동이었다. 1720년 이전에 영국의 국채는 거의 전부 임의 계약에 따라 대형 공인 회사들이 매수했다. 그러나 '사우스씨 버블(Southsea bubble)' 사건을 계기로 국채 계약은 다른 방식으로 바뀌었고, 19세기에 접어들면서 경쟁 입찰 형식의 국채 중계인 제도가 정착되었다. 이전까지 '커피하우스'의 방식으로 운영하다가 1773년에 회원제 클럽의 형태로 운영 방식을 바꾼 '증권거래소(stock exchange)'의 발족은 국채 중계인 서비스의 궁극적인 제도화를 의미했다.[23]

---

22) 현재 가치로는 소극적으로 환산하더라도 약 10만~15만 파운드에 달하는 금액이다.

23) 국채 계약중개인 제도에 대한 설명으로 스라파(Sraffa, 1951b)를 보라. 커피하우스와 런던증권거래소의 역사를 살펴보고 싶은 독자는

나폴레옹 전쟁을 위해 영국 정부는 막대한 비용을 마련해야 했다. 런던증권거래소는 이 자금 조달에서 주도적인 역할을 했다. 리카도가 국채 계약중개인으로 처음 이름이 기록된 때는 1806년이다. 그 해는 낙찰에 실패했으나, 1807년에는 경쟁자를 물리치고 1400만 파운드의 국채를 계약하는 데 성공했다. 다시 리카도가 국채 계약에 성공한 것은 1811년이었고, 이후 리카도는 1815년까지 매년 낙찰을 받았다. 리카도의 이름이 런던증권거래소에 길이 새겨진 것은 1815년의 국채 계약중개에서였다. 낙찰자가 결정된 것은 워털루 전투(6월 18일)가 일어나기 나흘 전이었다. 국채는 총 3600만 파운드 규모로 발행됐고, 네 그룹이 응찰했다. 그들의 응찰 가격은 모두 같았다. 담합에 대한 의심이 있었지만, 국채는 네 그룹에 동일한 비율로 나뉘어 낙찰되었다. 낙찰 후에 승전 소식이 런던에 도착하자마자 국채 프리미엄은 6%까지 올랐고 가을에 가서는 13%까지 치솟았다.

이 국채 계약중개로 얻은 수익은 리카도가 단일 거래로 얻은 수익 중 가장 큰 규모였다. 리카도 자신도 "아마도 런

각각 미치(Michie, 1999)와 코원(Cowan, 2005)을 읽으면서 즐거움을 얻을 것이다.

던증권거래소의 역사상 이것보다 더 수익이 높았던 국채는 없었다"라고 맬서스에게 털어놓았다. 제임스 밀(James Mill)은 "(자네는) 지금 '온 누리에 축복을! 내가 얼마나 부자가 됐는지 아무도 모를 거야'라는 기분에 들떠 있을 것"이라고 편지를 보냈다. 이에 리카도는 "나의 모든 물욕과 내 곁에 있는 사람들의 적절한 정도의 욕망을 충분히 만족시킬 정도로 부자가 되었다네"라고 답했다. 리카도 사후 한 신문에는 "이 거래 하나로 … 리카도는 백만 파운드에 가까운 돈을 낚아챘다고 알려져 있다"라는 약간은 질투 섞인 기사가 실리기도 했다.

이 국채 계약중개를 성사시킨 후 리카도는 런던 증권계에서 은퇴한다. 이미 1년 전에 은퇴 후 거주지로 개트콤(Gatcomb)의 저택을 사들인 리카도는 맬서스에게 다음과 같은 편지를 보냈다. "이 달콤한 집에서 증권거래소와 거기서 얻었던 즐거움을 아쉬워하는 한숨을 내쉬는 일은 없을 것이네." 그 달콤함 속에서 리카도는 그가 '가장 애호하는 과학'에 좀 더 많은 시간을 할애할 수 있었다.

가장 애호하는 과학

1799년은 리카도가 27세가 되는 해였다. 여름에 영국 남부의 바스(Bath)로 휴양을 간 리카도는 우연한 기회로 애덤 스미스(Adam Smith)의 『국부론』을 접한다. 그 당시까지 리카도의 지적 관심을 끌었던 분야는 수학, 화학, 지질학, 광물학이었다. 25살 때 집에 조그만 실험실까지 차려놓을 정도였다. 『국부론』을 접한 이후 경제학은 그가 '가장 애호하는 과학'이 된다. 그러나 본격적인 '경제학자'로서 리카도의 활동은 아직도 더 많은 시간이 지난, 그가 증권계에서 은퇴한 1815년에서야 시작이었다. 『이윤에 관한 시론(Essay on Profits)』이 1815년에, 그리고 리카도의 최고작으로 평가받는 『정치경제학 원리(Principles of Political Economy)』가 1817년에 출간된다.[24)]

---

24) 『정치경제학 원리』는 1819년에 2판이, 1821년에 3판이 발간되었다. 이 책에서 가장 많은 논란을 일으킨 부분은 가치의 문제를 다룬 제1장(On Value)이다. 판을 거듭하면서 가장 많은 수정이 가해졌기 때문이다. 또 3판은 기계의 도입이 노동자들의 고용에 어떤 영향을 주는지를 분석한 장(On Machinery)을 새로이 포함시켜 후세의 경제학자들에게 또 다른 논의의 대상을 제공한다. 『이윤에 관한 시론』은 『정치경제학 원리』로 가는 출발점이었다. 2년이라는 짧은 기간에 리

경제의 작동 방식을 수요와 공급의 상호작용으로 설명하는 접근법은 오늘날의 경제학도 대부분에게 매우 친숙하다. 한 상품의 가격은 그 상품의 수요곡선과 공급곡선의 교차로 결정된다. 생산요소 서비스의 가격, 즉 임금, 이자율, 지대도 각각 노동, 자본, 토지 서비스에 대한 수요와 공급의 작동에 따라 결정된다. 그러나 리카도가 이해하는 경제의 작동 방식은 이와 완전히 다르다.

스미스가 생각했던 것처럼, 경제 활동은 노동 분업에 기초하여 진행된다. 경제는 크게 농업 부문과 제조업 부문으로 나뉘고 사회는 노동자, 자본가, 지주의 세 사회계급으로 구성된다. 이런 사회 구성은 당시의 영국 사회를 정확히 반영한다.

각 사회 계급에는 임금, 이윤, 지대의 형태로 소득이 발생한다. 각 소득의 결정 과정에서 수요와 공급은 지대의 경우를 제외하고 아무런 역할도 하지 않는다. 먼저 임금은 노동자들의 생계를 유지하는 데 필요한 소비 수준에서 결정된다. 여기서 '생계'는 생리적인 필요뿐만 아니라 적절한 수준의 정치 · 사회 · 문화적 필요도 포함한다. 즉, 임금은 노동에 대한 수요와 공급에 의해서가 아니라 생

카도가 이룬 성과는 놀라울 따름이다.

리 · 정치 · 사회 · 문화적 과정에서 결정된다. 리카도가 살던 시기는 이미 오래전부터 진행되어 온 인클로저(Enclosure) 운동으로 유휴 노동이 넘쳐나던 시절이었다. 생산에 필요한 노동은 차고도 넘쳤다.

지대 결정에 대한 설명으로 '차액지대(differential rent) 이론'은 보통 리카도의 이름과 연계된다(그러나 맬서스를 포함한 당시 몇몇 학자들이 앞서 제시한 지대이론을 리카도가 따랐다고 하는 것이 더 정확한 말이다). 생산이 증가하면 생산에 필요한 토지의 양도 증가한다. 토지가 생산성에 차이가 있는 구획으로 나뉘어 있으면 생산성이 가장 높은 구획부터 차츰 낮은 구획으로 토지 사용의 외연이 확장(extend)된다. 현재의 생산을 위해 마지막으로 투입된 토지 구획을 '한계토지(marginal land)'라 부른다. 한계토지는 생산에 투입된 구획 중에서 생산성이 가장 낮다. 지대는 한계토지 이전에 투입된 구획들에 발생한다. 이 구획들 각각의 생산성이 한계토지의 생산성을 상회하는 크기가 그 구획에 발생하는 지대의 크기다.

만일 사용할 수 있는 토지가 모두 생산성이 같다면 어떨까? 이때 생산을 늘리기 위해서는 다른 투입물, 즉 노동을 더 많이 투입해야 할 것이다. 생산 규모가 커질수록 토지 단위 면적당 더 많은 양의 노동이 투입되어야 한다. 즉 노동을 더 집약적(intensive)으로 사용해야 한다. 토지의 양이 한정되어 있으므로 노동 1단위당 생산량, 즉 노동의 생산성은 생산이 증가할수록 낮아진다. 현재의 생산을 위해 마지막으로 투입된 노동 단위(한계노동)보다 그 이전에 투입된 노동 단위들은 생산성이 높다. 그 생산성 차이가 지대로 지급된다. 차액지대이론에서 지대는 토지에 대한 수요와 공급에 따라 결정된다. 토지 수요는 상품 생산량과 같이 움직인다. 토지 공급은 생산성이 서로 다른 토지 구획들이나 생산성에 차이가 없는 고정된 양으로 주어진다. 토지 공급의 첫째 경우에 따른 지대를 외연지대(extensive rent), 둘째 경우에 따른 지대를 내연지대(intensive rent)라 부른다.

생산이 시작하는 시점에 발생하는 필요불가결한 지출을 리카도는 '필요소비(necessary consumption)'라 불렀다. 필요소비의 첫째 예는 임금이다. 스미스처럼 리카도도 노동이 생산의 근원이라 생각했다. 필요소비의 다른 예는 재료, 도구, 기계 등의 물질적 생산수단에 대한 지출이다. 총생산에서 필요소비를 뺀 양을 '순생산물(neat product)', 혹은 '잉여(surplus)'라 부른다. 차액지대이론에 따라 한계토지에서는(혹은 한계노동에 대해서는) 지대가 발생하지 않는다. 이 말은 한계토지(한계노동)를 사용하는 생산에서는 잉여가 이윤으로만 구성된다는 것을 뜻한다. 소득분배와 경제 성장과 관련해 중요한 변수는 '이윤율'이다. 이윤율은 필요소비에 대한 이윤의 비율이다. 한계토지(한계노동)를 사용하는 생산에 대해 다음 식이 성립한다.

$$\text{이윤율} = \frac{\text{이윤}}{\text{필요 소비}} = \frac{\text{생산} - \text{필요소비}}{\text{필요 소비}}$$

이윤율 결정에 대한 분석의 일차적 단계에서 리카도는 세 가지의 중요한 가정을 한다. 첫째, 필요소비는 임금으로만 구성된다. 즉, 생산이 물질적 생산수단 없이 순전히 노동만을 사용해 이루어진다. 이 가정은 곧 임금 결정에 대한 리카도의 시각에 따라, 필요소비의 양이 주어져 있음을 함축한다. 둘째, 생산과 필요소비가 동질적인 양으로 나타나는 생산 부문이 존재한다. 농업이 그런 경우다. 농업의 생산물은 '곡물'이다. 임금은 노동자들의 생계를 위한 것이므로 곡물만으로 구성된다고 생각할 수 있다. 여기에 리카도의 첫째 가정을 적용하면 농업은 바로 둘째 가정에 해당하는 산업 부문이 된다. 셋째 가정은 총생산에 관한 것으로, 경제의 생산능력이 노동 분업 수준, 즉 생산

기술 상태와 자본축적의 수준에 의해 결정된다는 것이다. 물론 생산기술 상태와 자본축적 수준은 시간과 함께 변화하지만, 리카도는 분석의 대상이 되는 기간에 이들 요소가 주어져 있다고 가정한다. 이것은 곧 경제의 총생산(사회적 생산물, social product)이 주어져 있다는 것을 함축한다. 따라서 농업에서 생산되는 곡물의 양도 주어져 있는 양이다.

이 세 개의 가정을 모두 적용하면, 이윤율 식은 다음처럼 표현된다.

$$r_c = \frac{Q_c - N_c}{N_c}$$

여기서 Q_c 는 한계토지(한계노동)를 사용하는 농업의 생산 활동에서 발생하는 생산량, N_c 는 그 생산 활동에 투입되는 필요소비, r_c 는 이윤율이다.

이 식은 단독으로 이윤율을 결정하기에 충분하다. 우변에 나타나는 두 양은 이미 알려져 있는 양이고, 두 양이 동질적인 양, 즉 '곡물'이므로 가감승제의 연산을 두 양 사이에 적용할 수 있다. 위 세 가정의 궁극적인 목표는 이윤율을 '가격'의 문제를 거치지 않고 순전히 물리적인 양들 사이의 비율로 구할 수 있도록 한다는 데 있다. 만일 이 식에 나타나는 양들이 서로 이질적이라면 가격과 가치의 문제를 피할 수 없다. 이 식의 또 다른 중요성은 이 식이 현대 경제학의 이해와 대비된다는 것이다. 위 방식에 따라 결정되는 이윤율은 자본 서비스에 대한 수요와 공급과는 아무런 관련이 없다.

상품가격의 결정을 논하기 위해서는 리카도를 위시한 모든 고전학파 경제학자들이 당연한 것으로 받아들인 한 가지 개념을 먼저 논의할 필요가 있다. 자본가들은 주어진 상황에서 가장 높은 이윤율을 얻는 생산 활동에 자본을 사용한다는 것이다. '자유경쟁(free competition)' 상태는 자본이 상대적으로 더 높은 이윤율을 보장하는 생산 쪽으로 흘러 들어가는 데 아무런 장애가 없는 상태다.[25] 모든 생산 활동에서 이윤율이 균등(uniform)해지면 자본의 흐름이 멈춘다. 스미스는 이 과정을 시장가격(market price)이 자연가격(natural price) 쪽으로 '끌려간다(gravitate)'

---

25) 자유경쟁 개념은 현대의 경제학에서 사용하는 '완전경쟁(perfect competition)' 개념과는 다르다. 자유경쟁은 단지 자본의 흐름에 대한 장애가 없다는 조건만을 내세운다. 반면 완전경쟁은 무한히 많은 수요자와 공급자를 가정한다. 그 결과, 수용자와 공급자는 모두 '가격수용자(price-taker)'가 된다. 자유경쟁에서는 경제활동자가 반드시 가격수용자일 필요가 없다.

고 표현했다. 리카도가 고려하는 상품의 가격은 모든 생산에서 이윤율이 균등할 때 형성되는 가격, 즉 자연가격, 혹은 그의 표현대로라면 '생산가격(price of production)'이다.

이제 경제의 다른 생산 부문인 제조업을 살펴보자. 농업의 경우와 비슷하게(한계토지 혹은 한계노동을 사용하는) 제조품 활동에서 이윤율은 다음 식으로 표현된다.

$$r_m = \frac{pQ_m - N_m}{N_m}$$

여기서 아래첨자 m은 제조업을 표현한다. 농업의 경우와 다른 점은 제조품의 물리적 생산량 Q_m에 제조품의 가격 p가 곱해진다는 것이다. p는 제조품 1단위와 교환되는 곡물의 양이다. p는 제조품의 물리적 양 Q_m을 곡물의 양으로 표현된 가치 pQ_m으로 바꾼다. 이제 우변의 양들은 모두 곡물의 양이다. '가치'는 이질적인 양들을 한 종류의 양으로 표현하는 수단이다.

농업의 경우와 마찬가지로 Q_m과 N_m은 알려져 있는 양이다. 식의 좌변에 있는 이윤율도 이미 알려져 있다. 농업에서 결정되는 이윤율과 같기 때문이다. 즉,

$$r_m = r_c$$

이 된다. 그렇다면 위 식은 곡물에 상대적인 제조품의 가격을 구하는 식이 된다. 이 결과는 다음의 이유로 매우 중요하다. 상품의 교환 비율, 즉 가격은 각 상품의 생산에서 이윤율이 균등해지는 과정을 통해 결정된다. 상품가격의 결정에 그 상품에 대한 수요와 공급은 어디에서도 나타나지 않는다.

리카도 이론 체계에서 이윤과 지대는 잉여에 속한다.[26] 그렇다면 지주와 자본가 사이의 갈등은 필연적이다.[27] 잉여의 크기는 총생산과 필요소비가 주어지면 그에 따라 주어지는 양이다. 주어져 있는 양이 지대와 이윤

---

26) 지대는 한계토지(한계노동) 이전에 투입된 토지(노동)를 사용하는 생산에서 발생한다. 여기서 생산되는 상품의 양을 Q'로 표현하면, 한계토지(한계노동)보다 생산성이 높으므로, $Q' > Q$. 지대는 $p(Q' - Q)$. 지대를 R로 표현하면, 식을 달리 정렬하여 $pQ' - N = rN + R$을 얻을 수 있다. 즉, '잉여 = 이윤 + 지대'다(농업의 경우도 동일).

27) 임금이 임금률(w)과 노동 사용량(L_c, L_m)의 곱이라는 사실을 적용하면 임금률과 이윤율 간의 상충 관계도 도출할 수 있다. 농업의 이윤율 식으로부터 $Q_c = (1+r)N_c = (1+r)(wL_c)$. Q_c / L_c는 노동생산성으로 생산 기술에 의해 주어져 있음을 상기하라.

으로 나뉜다면, 당연히 한쪽이 증가하면 다른 한쪽은 감소할 수밖에 없다. 곡물법은 당시 기득권 세력인 지주 계급이 자신들의 소득을 유지 혹은 증가시키기 위한 수단이었다. 리카도가 봤을 때 그 결과는 이윤의 감소와 그에 따른 자본축적의 둔화로 이어질 수밖에 없었다. 이 상황이 계속되면 이윤율이 너무 낮아져서 자본가들이 생산을 확장할 유인을 찾지 못하는 상황이 발생한다. 경제는 성장이 멈춘 정체 상태에 빠진다.

맬서스의 현실과 리카도의 논리

한편 맬서스는 곡물법 시행에 찬성했다. 그는 상품가격이 상품에 대한 수요와 공급에 따라, 그리고 이윤율이 자본에 대한 수요와 공급에 따라 결정된다고 주장했다. 맬서스와 리카도 사이의 이런 시각의 차이는 '총체적 공급과잉'에 대한 논쟁으로 확장된다. 맬서스는 경제 전체적으로 '유효수요(effectual demand)'가 공급에 미치지 못할 수 있다고 주장했다. 경제 전체 차원에서 상품가격의 하락과 이윤율의 하락은 총체적 공급과잉 때문이다. 이런 설명에서는 지주와 자본가 사이의 갈등은 필연적이 아니다. 맬서스는 지주 계급에 속했다.

이 논쟁에서 이론적 승자는 리카도였다. 논리에 따른 당연한 결과였다. 리카도와 맬서스 모두 '세의 법칙(Say's Law)'을 믿었다. 세의 법칙은 다음과 같은 논리적 추론의 결과다. ① 생산을 하면 소득이 발생한다. ② 경제 전체에서 소득의 크기는 생산량 크기와 같다. ③ 소득은 언제나 모두 소비나 투자를 위해 사용된다. ①부터 ③까지의 논리를 따라가면 경제 전체에서 수요(소비와 투자)는 언제나 공급(생산)과 같다는 결론이 나올 수밖에 없다. 경제 전체에서 공급은 수요를 창출한다. 총체적 과잉생산은 불가능하다. 맬서스가 현실의 관찰에 더 뛰어났다면, 리카도는 논리에서 그를 압도했다.[28)]

---

28) 잘 알려져 있듯이, 존 메이너드 케인스(John Maynard Keynes)는 유효수요(effective demand) 부족을 강조한 맬서스를 리카도보다 더 높게 평가했다. 세의 법칙에서 ③은 결정적이다. 유효수요와 관련한 케인스의 비판도 ③에 관한 것이다. 그러나 스미스를 포함한 모든 고전학파 경제학자들은 ③을 의심의 여지가 없는 '사실'로 받아들였다. 그들에게는 ③의 결과를 가져올 메커니즘을 설명하는 '이론'이 필요하지 않았다. 이론이 만들어진 것은 1870년대 이후 발전한 경제학에서였다. 케인스는 리카도를 비판한다고 했지만, 정작 그가 비판한 것은 후자의 이론이었다.

무모한 시도, 원을 정사각형으로 만들기

그러나 맬서스는 리카도에게 매우 유용한 비판자였다. 맬서스는 위에서 언급된 리카도의 가정들도 매섭게 비판한다. 생산물과 필요소비가 동질의 양으로 구성된 산업은 현실에 존재하지 않는다. 물질적 생산수단을 사용하지 않는 생산도 아주 원시적인 경우를 제외하고는 찾아보기 힘들다. 이 비판에 직면한 리카도는 계속 가치의 문제를 우회할 수 없었다. 『정치경제학 원리』는 가치의 문제에 정면으로 도전한다.

리카도가 택한 방법은 상품들의 가치를 그 상품에 투하(혹은 체화, embodied)되어 있는 노동의 양으로 측정하는 것이었다. 한 상품을 생산하는 데에는 노동과 물질적 생산수단들이 투입된다. 이때 투입되는 노동은 '직접(direct)' 투입된 노동이다. 그런데 각 물질적 생산수단도 현재보다 한 단계 이전의 생산단계에서 노동과 (문제의 상품을 생산하는 데 사용된 것과 같거나 다른) 물질적 생산수단들로 생산된 상품이다. 동일한 논리가 이 이전 생산단계에 사용된 물질적 생산수단들에게도 적용된다. 이런 식으로 이전 단계로 연속되는 생산과정에 투입되는 노동을 확인할 수 있다. 이 노동의 합을 '간접(indirect)' 노동이라 부른다. 한 상품에 투하된 노동(labour embodied)은 그 상품을 생산하기 위해 직접 혹은 간접으로 투입된 노동이다.

처음에 리카도는 상품들 사이의 교환 비율이 각 상품의 투하노동에 비례한다고 생각했다. 그러나 곧 반드시 그렇지는 않다는 것을 발견한다. 각 상품의 투하노동량에 변화가 없더라도 각 상품을 생산하는 데 드는 시간, 직접노동과 간접노동 사이의 비율, 혹은 기계 같은 고정자본의 회전율(turnover rate)이 달라지면 상품 교환 비율도 달라진다. 나아가, 리카도에게는 엎친 데 덮친 격으로 위의 모든 것이 일정하더라도 임금률이 달라지면 교환 비율도 변화한다. 이것은 투하노동이 상품의 가치를 측정하는 진정한 기준이 되지 못함을 뜻했다.[29] 진정한 가치기준은 생산기술이나 소득분배 중 어떤 것이 변하더라도 그 자체의 가치는 변하지 않는 그 무엇이어야 한다. 리카도는 세 판에 걸친 『정치경제학 원리』, 그리고 그가 죽기 몇 주 전에 쓰기 시작했

---

29) 이런 발견에도 불구하고 리카도는 투하노동에 따른 교환 비율과 이런 요소를 반영한 교환 비율 사이의 차이가 그리 크지 않다고 생각했다. 그가 사용한 예에서는 7% 정도의 차이밖에 나지 않는다. 후세의 한 경제학자는 이를 조롱하며 리카도의 가치이론을 '93% 노동가치설'이라 불렀다.

지만 미완의 원고로 남긴 논문에 이를 때까지 그런 진정한 가치기준, '불변가치척도(invariable measure of value)'를 찾기 위해 온 힘을 다했다.[30)]

그러나 그의 시도는 실패했다. 후세의 경제학자들이 확인해주듯이, 불변가치척도는 원래부터 불가능하기 때문이다. 이미 실패가 예정된 이런 리카도의 노력을 칼 마르크스(Karl Marx)는 "원을 사각형으로 만들려는" 시도라 불렀다.[31)]

리카도 경제학의 영향

"리카도는 마치 종교재판이 스페인을 정복했듯이 그렇게 완전하게 영국을 정복했다." 케인스의 말이다. 리카도 사

---

30) 『이윤에 관한 시론』에서 『정치경제학 원리』의 여러 판에 이르기까지 리카도의 가치이론이 어떻게 형성되고 변화했는지(아니면 본질적으로 변화가 없었는지)에 대한 가장 권위있는 논의는 『정치경제학 원리』에 대한 스라파의 서문에서 찾아볼 수 있다(Sraffa, 1951a).

31) 1960년에 이르러서야 불변가치척도에 대한 부분적 해법이 발견된다. 스라파의 '표준상품(Standard Commodity)'은 소득분배의 변화에 대해서 불변인 가치척도다(Sraffa, 1960).

후 적어도 30여 년 동안 (적어도 영국에서는) 어떠한 경제학자도 긍정적이건 부정적이건 리카도를 언급하지 않고 자신의 견해를 말할 수 없었다. 제임스 밀, 매컬록, 드 퀸시, 휴얼 등은 리카도의 충실한(그러나 여러 면에서 리카도의 이론을 제대로 이해하지 못한) 신봉자들이었다. 토런스는 리카도의 접근법에 동조하면서도 그의 노동가치론에 날카로운 비판을 가했다. 반면 베일리, 시니어, 롱필드 등은 리카도 이론을 통째로 부정했다.

산업혁명이 본격적으로 모습을 드러내기 시작한 19세기 초 영국에서는 생산에 도입된 기계들로 인해 거리로 쫓겨나게 된 노동자들이 기계를 부숴버리는 러다이트 봉기가 곳곳에서 일어났다. 이 봉기는 유혈로 진압되었다. 1820년대를 넘어서면서 노동운동은 로버트 오언(Robert Owen)을 중심으로 좀 더 조직화됐다. 이론으로도 무장했다. 이들이 기댄 이론은 리카도의 노동가치설이었다. 투하노동 개념을 모든 생산이 궁극적으로 노동에 의해 이루어진다는 의미로 해석했다. 결론은 더 과격했다. 그러므로 노동이 모든 생산을 소유해야 한다는 것이다. 리카도적 사회주의(Ricardian Socialism)는 리카도의 이론을 자신들의 목적을 위해 한껏 비틀었다.

리카도 이후의 이런 발전들은 존 스튜어트 밀(John

Stuart Mill)의 시대에 이르러 '종합'된다. 그러나 그 종합에는 리카도 자신의 시각과는 멀리 떨어진, 오히려 리카도라면 전혀 받아들이지 않았을 내용이 많이 들어가 있었다. 이런 변화를 비판적으로 바라보던 마르크스는 경제학적 분석의 방향을, 구체적 내용은 매우 다르지만, 기본적으로 리카도가 추구했던 접근법의 틀 속으로 다시 되돌리려 했다. 그러나 경제학의 마차는 이미 리카도에서 한참 멀어져 있었다.

참고문헌

박만섭(2020). 『포스트케인지언 내생화폐이론』. 서울: 아카넷.

Cowan, B. W.(2005). *The social life of coffee: The emergence of the British coffeehouse*. New Haven: Yale University Press.

Hartwell, R. M.(1971). 'Introduction' to David Ricardo. In *Principles of political economy and taxation*. Harmonsworth: Penguin.

Henderson, J. P.(1997). *The life and economics of David Ricardo*. Boston, MA: Kluwer.

Keynes, J. M.(1973). *The collected writings of John Maynard Keynes. Vol. VII: The general theory of employment, interest and money*. London: Macmillan.

King, J. E.(2013). *David Ricardo*. London: Palgrave Macmillan.

Mankiw, G.(2021). *Principles of economics*(9th ed). Singapore: Cenage Learning Asia.

Michie, R. C.(1999). *The London stock exchange: A history*. Oxford: Oxford University Press.

O'Brien, D. P.(2004). *The classical economists revisited*. Oxford: Oxford University Press.

Ricardo, D.(1951). *The works and correspondence of David Ricardo*. P. Sraffa. & M. H. Dobb(eds). Cambridge: Cambridge University Press.

Schumpeter, J. A.(1954). *History of economic analysis*. London: Allen & Unwin.

Sraffa, P.(1951a). 'Introduction', In Sraffa, P & Dobb. M. H.(eds.). *The works and correspondence of David Ricardo*, vol. I.

Principles of political economy and taxation. Cambridge: Cambridge University Press.

Sraffa, P.(1951b). 'Addenda to the Memoir'. In P. Sraffa & M. H. Dobb(eds.). *The works and correspondence of David Ricardo,* vol. X. Cambridge: Cambridge University Press.

Sraffa, P.(1960). *Production of commodities by means of commodities: Prelude to a critique of economic theory.* Cambridge: Cambridge University Press.

Weatherall, D.(1976). *David Ricardo: A biography.* The Hague: Martinus Nijhoff.

경제학이 답하다

건강보험 재정 적자를 보유세를 통해 해결을 하려는 움직임이 있습니다. 만약에 리카도가 살아있다면 어떻게 판단했을까요?

리카도라면 보유세에 '원칙적으로는' 찬성했을 겁니다. 나폴레옹 전쟁으로 엄청나게 증가한 국채를 변제하기 위해 리카도가 주장했던 게 재산세였으니까요. 재산세는 말 그대로 재산에 부과하는 세금입니다. 어찌 보면 방금 말씀하신 보유세와 정확하게 일치하는 것이지요. 당시 영국 정부의 국채가 약 6억5100만 파운드였습니다. 이 국채를 단기간에, 그리고 확실하게 변제하기 위해 재산에 세금을 매기자고 한 것이지요. 리카도는 처음엔 25%의 세율을 제시했습니다. 재산의 첫째 형태는 국채 자체입니다. 따라서 국채 보유자로부터 1억6300만 파운드를 세금으로 걷을 수 있지요. 재산의 다른 중요한 형태는 지주들이 지닌 영지였습니다. 국채의 나머지 4억8800만 파운드의 대부분을 지주 계급에게서 징수할 수 있다고 주장했습니다. 이렇게 하면 단기간에 국채를 다 변제할 수 있다는 것이지요. 물론 한 번에 다 징수할 수는 없고, 일정 기간에 걸쳐 매달 분납 형식의 징수를 제안했습니다. 징수 기간에 대해서 리카도는 약간씩 입장을 바꿉니다. 처음에는 2~3년 안에 하자고 했다가 나중에는 5년으로 제시합니다. 리카도는 영국 안에서 빚을 진 사람이 있다면 그 사람은 영국 안에 있는 그 누군가에게 빚을 진 것이고, 빚을 준 사람은 그 빚을 재산으로 갖고 있는 것이니까, 그 재산에 과세를 한다면 빚을 갚은 재원을 구하는 데 아무런 문제도 없다고 얘기합니다. 그래서 만일 리카도가 지금 살아있다면 당연히 지금 말씀하신 보유세에 전적으로 찬성을 했을 거라고 생각이 됩니다.

리카도는 국채 보유자가 국채를 변제하기 위한 재산세의 많은 부분을 감당해야 한다고 생각하고 있습니다. 그런데 지금 말씀하신 건강보험 재정 적자에 대해서는 약간 상황이 다른 것 같습니다. 그래서 위에서 '원칙적으로는' 이라고 말씀드린 것입니다. 건강보험 재정 적자가 영국이 전쟁을 위해 발행한 국채에 상응하는 위급성을 지녔는가에 대해서는 논쟁이 있을 듯합니다.

제가 지금 정확히 기억은 나지 않지만, 영국에서는 일회성 재산세 형태로 과세한 적이 2차 세계대전 후에 한 번 있었습니다. 그런 시도들이 영국에서 있었다는 사실을 볼 때, 우리나라에도(과세의 명분과 위급성이 명백하다면) 보유세 형태의 과세가 충분히 효과가 있지 않을까요? 리카도 자신이 부르주아임에도 불구하고 유산자에 대한 재산세를 주창했다는 사실이 그의 인격을 보여주는 것 같아 흥미롭습니다.

얼핏 리카도의 생애에 노동가치설을 비춰봤을 때, 증권 투자의 귀재였고 부르주아였던 사람이 노동가치설에 착목했다는 게 의외입니다. 어떻게 거기까지 도달할 수 있었을까요?

질문하실 때 갖고 계신 생각은 아마 이런 것일 것 같은데요. 즉, 노동가치설은 노동이 굉장히 중요하다, 노동이 자본에 비해 뭔가 우위를 갖는다, 따라서 우선권을 가져야 한다는 주장을 뒷받침하는 이론이라는 생각 말입니다. 이런 생각이 사실 리카디언 사회주의자들이 주장한 내용입니다. 이들에 의하면, 투하노동가치설은 결국 모든 생산물들이 다 노동에서 창출되는 것이고 따라서 모든 재산이 다 노동자들에게 귀속되어야 한다는 결론을 가능하게 해 주는 이론입니다.

그렇지만 저는 리카도는 노동가치설에 대해 그러한 철학적인, 일반적으로 마르크스주의자들이 이야기하는 철학적인 의미를 부여하지 않았다고 생각합니다. 리카도에게 노동가치설은 순전히 분석적인 도구였습니다. 농업 부문에서는 생산물도 곡물이고 투입물도 곡물이기 때문에 그 양들을 더하고 빼고 나누기를 해서 이윤율을 구할 수 있습니다. 그런데 제조업 부문에서는 생산물은 제조품인데 투입물은 곡물이기 때문에 단순히 이 양들을 더하고 빼거나 나눌 수 없습니다. 서로 이질적인 양들이니까요. 이윤율이라는 비율을 구하기 위해서는 이 양들을 동질적인 것으로 바꿔야 합니다. 그러기 위해 제조품의 양이 얼마만큼의 곡물량에 해당하는지 구하기 위해 가격을 사용합니다. 여기서 가격은 제조품 1 단위에 상응하는 곡물의 양을 표현합니다. 제조품의 양에 이 가격을 곱하면, 그 제조품 양을 곡물의 양으로 바꿔 표현할 수 있습니다. 그러면 이제 제조업 부문에서도 농업 부문에서 한 것처럼, 동질적인 곡물량들에 대해 더하고 빼고 나누기를 해서 이윤율을 구할 수 있습니다.

리카도에게 노동가치설은 이 가격을 구하기 위한 분석적 도구입니다. 1815년에 『이윤에 관한 시론』에서 여러 단순화 가정을 통해 이윤율 결정을 설명하니까 그런 가정에 대해 맬서스가 강력한 비판을 합니다. "현실을 봐라, 너는 지금 필요소비가 임금만으로 구성된다고 가정하는데 그게 말이 되느냐, 농업 부문에서조차 생산을 하기 위해 곡물 씨앗 외에도 곡괭이도 사용하고, 가래도 사용하고, 여러 도구들을 사용하는데 어떻게 임금이 필요소비의 유일한 구성 요소가 된다고 가정하느냐. 말이 안 된다. 물질적인 생산수단들, 즉 노동자들뿐만 아니라 여러 가지 재료들, 도구들, 공장들 이런 물리적 투입물들이 필요 소비에 들어가야 한다"고 비판합니다. 그렇다면 이윤율을 구하기 위해 필요소비를 하나의 양으로 표현해야 하는데, 아까는 필요소비가 곡물 한 종류였기 때문에 아무런 문제가 없었지만, 이제는 그렇게 간단하지 않습니다. 곡물 열 단위, 더하기 가래 한 단위, 더하기 곡괭이 다섯 단위, 더하기 호미 열 단위…. 이 계산은 현재 그대로는 할 수 없습니다. 이런 계산을 할 수 있게 하는 방법으로 고안해 낸

게 바로 노동가치설입니다. 곡물, 가래, 곡괭이, 호미 들의 양을 모두 동질적인 노동의 양으로 표현하는 것입니다. 이게 바로 노동량으로 표현된 곡물 등의 '가치'입니다.

상품의 '가치'를 투하노동량으로 측정한 다음에는, 상품들이 서로 몇 대 몇으로 교환되는가 하는 교환 비율에 대한, 즉 '가격'에 대한 문제가 자연적으로 수면으로 떠오릅니다. 리카도는 『정치경제학 원리』 1판에서는 투하노동으로 상품들의 가치를 측정하면 상품 간의 교환 비율도 그 투하노동의 양에 비례한다고 생각했습니다. 그런데 여기서 맬서스가 또 비판을 가합니다. 투하노동량은 순전히 생산기술에 의해 결정됩니다. 그런데 맬서스는 생산기술에 변화가 없더라도, 소득분배가 다르면 교환 비율이 달라짐을 보입니다. 리카도는 맬서스가 지적한 문제를 해결하기 위해 1823년에 죽을 때까지 엄청난 노력을 기울입니다.

그러나 리카도는 결국 실패합니다. 노동가치설에 근거해 이윤율 결정을 설명하려는 시도가 실패하니까, 이윤율 결정에 대한 설명에서 서서히 다른 시도가 힘을 얻게 됩니다. 그것은 자본에 대한 수요(즉, 투자)와 공급(즉, 저축)에 의해 이윤율이 결정된다는, 이미 맬서스가 주장했던 이론입니다. 이런 입장은 1870년대에 들어오면서, 주관적 효용 개념과 함께 미분이라는 강력한 수학적 도구를 사용하는 현대 경제학으로 완전히 자리를 굳힙니다.

이언 스티드먼이 마르크스주의자와 로봇 앤 캐피탈리즘(Robot and Capitalism) 논쟁을 한 적이 있습니다. 노동이 없어지면 가치가 안 나오니까 자본주의가 망한다고 얘기하는데, 스티드먼은 그래도 이윤과 잉여가치는 나온다고 말하기도 합니다.

앞의 질문과 같은 맥락에서 말씀드릴 수 있겠습니다. '노동가치설'은 모든 상품을 노동의 양으로 측정합니다. 그러나 리카도에게 노동가치는 이윤율을 결정하고 교환 비율을 측정하기 위해 필요한 분석적 도구였습니다. 만일 인간의 노동 대신에 로봇이 생산에 투입된다면 '로봇 가치'로 대체할 수 있습니다. 그리고 이 '로봇 가치'는 이윤율과 교환 비율 결정에서 노동가치와 완전히 동일한 역할을 할 수 있습니다.

마르크스주의가 논의하는 '가치'는 엄청난 철학이 들어

간 매우 무거운 개념입니다. 반면, 리카도나 이언 스티드먼 같은 네오-리카디언 혹은 스라피언에게 가치는 굉장히 '가볍습니다'. 다시 말씀드리지만, 이들에게 가치는 이질적인 상품들을 하나의 동질적인 양으로 바꾸는 분석적 도구에 불과합니다. 노동이 모든 생산에 반드시 투입되므로 모든 상품들의 가치를 노동의 양으로 표현하듯이, 만일 AI가 모든 생산에 반드시 투입된다면 모든 상품들의 가치를 AI의 양으로 표현할 수 있습니다. AI가 아닌 다른 그 무엇이 그 자리를 대체할 수도 있을 겁니다. 사실 스티드먼 같은 스라피언들은 노동이나 AI 같은 어떤 '실체'를 통해 '가치'를 구하고 그것에 근거해 교환 비율을 결정하는 방식에 반대합니다. 자본주의 경제 활동에 중요한 것은 상품들의 교환 비율과 그것을 통해 결정되는 이윤율이고, 이것들은 생산기술과 임금률이 주어지면, 노동가치나 AI가치에 대한 지식이 전혀 없더라도 결정되기 때문입니다.

데이비드 리카도

데이비드 리카도(David Ricardo, 1772~1823)는 영국의 경제학자로, 애덤 스미스와 함께 영국 고전학파 경제학을 대표하는 인물이다. 런던증권거래소에서 전문거래인으로 일하면서 많은 부를 쌓은 후, 늦은 나이에 경제학 연구를 시작했다. 경제학 연구와 더불어 하원의원으로 활동하면서 영국의 당대 현실 경제에 대한 날카로운 분석과 정책방향을 제시하였다.

그의 이론적 분석 틀은 1815년『이윤에 관한 시론』과 1817년『정치경제학 원리』를 통해 정립되었다. 그에게 경제학의 제1목표는 사회적 생산물이 여러 사회계급에 어떻게 소득으로 분배되는가를 분석하는 것이었다. 임금을 설명하기 위해서 생계비설을, 지대를 설명하기 위해 차액지대론을, 이윤율을 설명하기 위해 노동가치설을 전개하였다. 그의 이론은 후에 카를 마르크스에 의해 비판적으로 발전되었다.

04
토머스 로버트 맬서스와 인구, 디스토피아

맬서스가 곡물법을 옹호하면서 주장한 것은
식량수입을 제한하는 인위적 개입 자체의 정당성이
아니라 인위적 개입을 통해서라도 도달해야 하는
균형상태다.

토머스 로버트 맬서스의 초상화. Linnell, J. 1834.

조은주

전북대학교 사회학과 부교수다. 연세대학교 사회학과를 졸업하고 같은 학교에서 사회학 박사 학위를 받았다. 비판사회학회 연구위원장, 한국사회학회 총무이사, 한국여성학회 연구위원 등을 지냈으며, 현재 한국인구학회와 한국가족학회 이사, ≪한국사회학≫과 ≪사회와역사≫ 편집위원을 맡고 있다. 생산-재생산 메커니즘과 통치성에 관심을 가지고 인구 및 가족을 연구하고 있다. 저서로 『가족과 통치: 인구는 어떻게 정치의 문제가 되었나』(2018), 『사회과학 지식의 담론사』(2019, 공저) 등이 있으며, 논문으로 "Nationalism, Mourning, and Melancholia in Postcolonial Korea and Japan"(2020, 공저), "인구구조의 변화와 새로운 법규범의 요청: 저출산·고령사회기본법 비판"(2019), "Making the 'Modern' Family: The Discourse of Sexuality in the Family Planning Program in South Korea"(2016) 등이 있다.

빅토르 마리 위고(Victor-Marie Hugo)는 그의 마지막 장편소설 『93년(Quatre-vingt-treize)』에서 1793년을 "한껏 노하여 팽창한 뇌우가 그 속에 있던 강렬한 해"였으며, "93년이라는 그 무시무시한 순간의 광대함"으로 인해 "그 순간이 그 세기의 나머지 전체보다도 위대"했다고 서술했다. 1793년은 프랑스의 루이 16세가 파리의 혁명광장(현재의 콩코드 광장) 단두대에서 처형당한 해였다. 1월 21일 루이 16세가 처형당한 그곳에서 마리 앙투아네트 역시 10월 16일에 참수되었다. 루이 16세의 처형에 충격을 받은 유럽 각국이 혁명의 파급을 막기 위해 제1차 대프랑스 동맹을 결성한 것 역시 1793년이었다. 여러 나라의 군대가 연이어 프랑스로 향했다. 프랑스 중서부의 방데에서는 반란이 일어나고 비극적인 학살이 이어졌다. 프랑스 왕당파를 지원하는 영국과 스페인의 부대가 프랑스 남동부의 항구도시 툴롱을 점령한 것도, 툴롱을 탈환하는데 결정적 역할을 한 24세의 포병 대위 나폴레옹 보나파르트(Napoléon Bonaparte)가 유명해진 것도 1793년이었다.

1793년은 "최초의 아나키스트"(고드윈, 2006)로 불리는 윌리엄 고드윈(William Godwin)이 영국에서 『정치적 정의와 그것이 일반 미덕과 행복에 미치는 영향에 관한 고찰(An Enquiry Concerning Political Justice and Its

Influence on General Virtue and Happiness)』(이하 『정치적 정의』)을 출간한 해이기도 했다. 고드윈은 성직자가 되기 위한 길을 걷다 프랑스 계몽주의 사상가들의 저서를 탐독한 후 무신론자가 된 인물이었다. 그와 1797년에 결혼한 공화주의자이자 여성해방론자인 메리 울스턴크래프트(Mary Wollstonecraft)는 1790년에 에드먼드 버크(Edmund Burke)가 프랑스혁명을 비판하는 『프랑스혁명의 성찰(Reflection on the Revolution in France)』을 출간하자마자 이를 반박하기 위해 『인간의 권리 옹호(The Rights of Men)』를 저술한 바 있다. 울스턴크래프트와 고드윈은 모두 프랑스혁명으로 상징되는 역사의 진보에 대해 확고한 믿음을 가졌다. 고드윈은 『정치적 정의』에서 인간의 본질이 이성과 자유의지에 있음을 강조하고, 영속적인 진보에 대한 굳건한 낙관을 보여주었다.

고드윈의 책이 출간되어 영국의 사상계를 뒤흔들고 있을 무렵, 프랑스의 수학자이자 정치가였던 니콜라 드 콩도르세(Nicolas de Condorcet)는 『인간 정신의 진보에 관한 역사적 관점의 개관(Sketch for a Historical View of the Progress of the Human Mind)』을 집필하고 있었다. 콩도르세는 고드윈과 마찬가지로 18세기말 유럽을 휩쓸고 있던 계몽주의 사상을 대표하는 사상가 중 한 명이었다. 프랑스혁명을 열렬히 지지했던 그는 이 책에서 불평등의 타파와 인간성의 무한한 완성, 역사의 발전에 대한 낙관주의를 설파했다.

이처럼 프랑스혁명이 전 유럽을 들끓게 하고 있던 1793년, 영국 케임브리지대학교 지저스칼리지를 졸업하고 성직자가 되었던 27세의 한 젊은 영국인이 자신이 졸업한 지저스 칼리지의 석학회원(fellow)으로 선발되었다. 그로부터 5년 후, 이 영국인은 고드윈과 콩도르세를 비롯해 사회의 진보와 역사의 발전에 대한 당대의 확고한 믿음을 표상하던 사상가들에 정면으로 맞서는 저작을 익명으로 출간한다. 그것이 바로 『인구론(An Essay on the Principle of Population)』의 초판이다. 산업혁명이 인간의 역사에서 유례없는 생산성의 향상을 가져오고 있던 시기, 프랑스혁명이 걷잡을 수 없는 역사의 전환을 예고하던 시대, 인간의 이성이 이전의 낡은 세계를 무너뜨리고 새로운 세계로의 도약을 가져다 주리라는 기대가 사람들을 사로잡고 있던 그때, 토머스 로버트 맬서스(Thomas Robert Malthus, 1766~1834)는 그 낙관과 대결하면서 미래에 대한 암울한 전망을 제시한 이례적인 인물이었다.

인구론: 역사의 진보에 대한 물음

맬서스는 1766년 2월 13일 영국 서리(Surrey)에서 부유한 농장주 대니얼 맬서스(Daniel Malthus)의 아들로 태어났다. 아버지는 과학과 문학을 비롯한 다양한 분야에 왕성한 지적 호기심을 가지고 있었으며 장 자크 루소(Jean Jacques Rousseau)를 열렬히 존경하는 인물이었다. 18세가 되던 1784년, 맬서스는 케임브리지대학교 지저스칼리지에 입학해 1788년에 졸업했다. 졸업 후 그는 성직자가 되었다. 프랑스에서 파리 시민들이 바스티유 감옥을 습격한 날로부터 닷새 후인 1789년 7월 19일, 맬서스는 오크우드(Oakwood)에서 첫 번째 설교를 했다. 그로부터 4년 후, 프랑스의 루이 16세가 단두대에서 처형당한 1793년에 맬서스는 지저스칼리지의 연구원에 선발되었다. 그 후 5년이 지나 『인구론』을 출간한 맬서스는 다시 5년이 지난 1803년에 『인구론』 개정판을 출간했고, 38세가 되던 이듬해 결혼한 후 1805년 헤일리버리(Haileybury) 이스트인디아칼리지의 역사 및 정치경제학 교수로 임용되어 사망할 때까지 약 30년간 재직했다. 그는 영국 최초의 정치경제학 교수이자 최초의 직업 경제학자였다.

1798년에 출판된 『인구론』 초판의 정식 제목은 『인구의 원리에 관한 소론, 그것이 미래의 사회개선에 미치는 영향을 고드윈, 콩도르세 및 여타의 저술가들의 추론에 관한 논평과 함께 고찰함(An Essay on the Principle of Population, As it Affects the Future Improvement of Society, with Remarks on the Speculations of Mr. Godwin, M. Condorcet, and other writers)』이었다. 이 책은 당대의 많은 사람들과 마찬가지로 사회의 진보에 관한 믿음을 가지고 있었던 아버지와의 설전 끝에 저술된 것이었다. 맬서스는 초판 서문에서 다음과 같이 밝힌다.

> 이 책은 고드윈의 저서『탐구자』에 수록된 논문 "인색과 낭비"에 관한 한 친구와의 대화 덕분에 시작되었다. 우리의 토론은 미래의 사회개선에 관한 일반적인 질문으로 이어지게 되었는데, 그 대화에서 제대로 표현하지 못했던 견해를 종이 위에 옮겨 친구에게 보여줘야겠다는 생각에 처음 펜을 들게 되었던 것이다(Malthus, 1798: 9).[32]

32) 이 글에서『인구론』을 인용하는 경우 국역본의 쪽수를 표기하였으며, 번역은 맥락에 따라 일부 수정하였다. 인용을 위해 참조한 국역본은 동서문화사에서 2011년 번역된 판본이다.

제목이 분명하게 드러내고 있듯이 맬서스는 이 책을 통해 고드윈과 콩도르세 등 당시의 영향력 있는 사상가들과 프랑스혁명을 비롯해 당대를 뒤흔들고 있었던 사상, 이상적으로 추구되고 있었던 제도, 그 모든 것을 뒷받침하고 있었던 사회의 진보와 역사의 발전에 대한 굳건한 믿음을 정면으로 비판했다. 이 책은 익명으로 출간해야 했을 만큼 논쟁적인 주장을 담고 있었고, 출간 이후 엄청난 파장을 불러일으켰다.

5년 후인 1803년에 출판된 제2판은 초판을 대대적으로 개정한 증보판이었다. 자료를 대폭 보강한 제2판을 출간하면서 맬서스는 비로소 자신의 실명을 밝혔다. 책의 제목 역시 『인구의 원리에 관한 소론, 또는 그것이 과거와 현재 인간 행복에 미치는 영향에 대한 고찰, 그것이 야기하는 해악의 제거 또는 완화에 관한 전망을 포함하여 논함(An Essay on the Principle of Population; or, A View of its Past and Present Effects on Human Happiness; with an Inquiry into Our Prospects Respecting the Future Removal or Mitigation of the Evils which it Occasions)』으로 바꾸면서 초판 제목에 들어있던 고드윈과 콩도르세의 이름을 없앴다. 이후 1826년의 제6판까지 네 차례의 개정판이 더 출간되었으나, 이후의 개정판은 모두 1803년의 제2판에 부분적 수정을 더한 것이다. 따라서 맬서스의 『인구론』은 1798년의 제1판과 1803년의 제2판 이후로 나누어 보는 시각이 일반적이다. 그러나 초판 출간 이후 28년 후의 제6판에 이르기까지 『인구론』은 당시의 지배적인 사상과 제도를 전면적으로 비판한다는 점에서 일관성을 견지하고 있었다.

맬서스의 『인구론』은 무엇보다도 프랑스혁명과 함께 유럽 전역을 들끓게 만들었던 인간의 이성에 대한 신뢰와 역사의 진보라는 관념에 대한 정면 도전이었다. 『인구론』 초판이 고드윈과 콩도르세로 대표되는 저명한 계몽주의자들의 이름을 제목에 내걸고 비판한 대상은 바로 계몽주의자들의 이상, 역사의 진보에 대한 그들의 믿음이었다. 카를 마르크스(Karl Marx)가 맬서스의 『인구론』을 "프랑스혁명에 대한 열렬한 옹호자들"에 맞서서 "인간의 진보에 대한 모든 열망을 절멸시키는 묘안"이었다고 일갈한 것은 그 때문이다(마르크스, 1990: 754). 맬서스의 『인구론』은 영국의 역사가이자 벤담의 공리주의를 '돼지의 철학'이라고 칭한 것으로 유명한 토마스 칼라일(Thomas Carlyle)이 경제학을 "음울한 과학(dismal science)"이라고 표현하게 만든 계기이기도 했다(Poovey, 1998: 27).

인간 이성의 힘과 계몽이 사회를 영속적으로 진보시킬

것이라는 생각은 산업혁명과 프랑스혁명을 거치며 유럽을 휩쓸고 있었던 강렬한 믿음이었다. 이와 같은 낙관주의에 대해 맬서스는 "부분적인 개량을 진보의 무한함과 관련짓는"(Malthus, 1798: 12) 오류로 가득한 주장이라고 비판했다. 맬서스는 사회가 계몽주의자들이 사유하는 것과 같은 방식으로 작동하지 않는다고 보았다. 인간이 이성을 가진 존재이며 완전으로 나아갈 수 있는 존재라는 계몽주의의 믿음에 대해 맬서스는 인간은 이성을 가진 존재보다는 욕구를 가진 존재로 파악되어야 한다는 점을 강조했다.

『인구론』의 초판 서문에서 맬서스는 인간의 삶에 대해 자신이 제시하는 견해가 분명히 '우울한 색채'를 띠고 있다고 시인하면서, 그럼에도 그 어두운 색조는 자신의 편견이나 악의에 기인하는 것이 아니라 실제를 있는 그대로 그려냈기 때문에 생겨난 것이라고 강조했다. 맬서스의 『인구론』 초판에서 두 번 등장하던 '우울(melancholy)'이라는 단어는 제2판에서 열다섯 차례나 등장하게 된다. 맬서스는 식량생산의 속도를 훨씬 더 추월하는 인구의 증가로 인해, 즉 과잉 인구로 인해, 인간의 미래는 계몽주의자들이 생각하는 것처럼 낙관할 수 없다고 확신했다.

인간의 이성 대 자연의 법칙

맬서스의 『인구론』은 "인구는 기하급수적으로 늘어나는 반면 식량은 산술급수적으로 늘어난다"는 초판에서의 주장으로 잘 알려져 있다. 직관적으로 핵심을 간파하게 만드는 이 주장을 통해 맬서스는 이성을 통해 더 나은 사회를 이룩할 수 있다는 이상을 비판했다. 주목할 것은 인구의 과도한 증식을 경고함에 있어 맬서스가 "억제되지 않는다면(when unchecked)"이라는 전제를 유독 강조하고 있다는 점이다. 인구의 기하급수적 증가와 식량의 산술급수적 증가에 관한 초판의 유명한 구절은 물론, 제2판 이후의 개정판에서 인구의 급속한 증가를 경고하는 구절들에서도 "억제되지 않는다면"이라는 전제는 반복적으로 등장한다. 뒤집어 보자면 인구는 어떤 형태로든 자연적인 억제의 메커니즘을 가진다는 것이 바로 맬서스의 견해다. 그는 인구의 증식과 인구의 억제 모두 자연의 법칙을 결코 벗어날 수 없다고 보았으며, 과잉 인구를 억제하는 자연적 메커니즘을 적극적 억제(positive checks)와 예방적 억제(preventive checks)로 구분했다.

적극적 억제는 이미 존재하는 인구를 줄여나가는, 즉 이미 태어난 인간의 자연수명을 단축시키는 모든 요소들을 포함한다. 유해한 직업, 과도한 노동, 혹한과 혹서, 극도의 빈곤, 문제적 양육, 대도시, 그리고 질병과 전쟁, 전염병과 기근 같은 것들이 모두 과잉 인구를 억제하는 기제가 된다. 반면 예방적 억제는 과잉 인구를 사전에 미리 억제하는 것으로, 도덕적 제어(moral restraints)와 악덕(vice)이라는 두 차원을 포함한다. 인간은 대가족이 야기할 궁핍, 현재의 소득과 소비 수준, 가족 구성원에게 돌아가는 자원의 양을 고려하면서 새로 태어날 자녀를 부양할 수 있을 것인가를 고민한다. 사회적 지위 저하를 우려하고, 가족 부양이 가능한 일자리를 구할 수 있을지를 고민하며, 결혼 이후 가중될 노동에 부담을 느끼고, 자녀 교육과 부양, 경제적 독립 가능성 등 온갖 상황을 고려하게 된다. 이것이 바로 인간에게만 고유하게 나타나는 예방적 억제의 한 차원, 즉 도덕적 제어다. 맬서스는 인간이 결혼이나 자녀 출산에 대해 고민하고 이를 연기시키는 것 자체가 자연의 법칙에 따르는 도덕적 제어의 양상이라고 간주했다. 반면 생식과 분리된 방탕한 성이나 간통, 성폭행 등은 인구의 예방적 억제에 속하기는 하지만 결코 장려될 수 없는 악덕이라고 보았다.

따라서 맬서스는 인구의 지나친 증가를 막기 위해 예방적 억제, 특히 도덕적 제어를 강조했다. 그는 자녀를 부양할 능력이 갖춰진 성숙한 상태에서의 결혼을 장려해야 하며, 그렇지 못할 경우 결혼과 출산을 지연시켜야 한다고 보았다. 도덕적 제어를 강조한 맬서스의 견해는 무수히 많은 비판을 불러일으켰다. 그의 주장은 빈곤 계급의 결혼과 출산에 대한 도덕적 비난으로 받아들여졌기 때문이다.

그러나 빈곤계급의 재생산을 억제해야 한다는 주장을 『인구론』의 핵심으로 보는 것은 단순한 해석이다. 『인구론』에는 도덕적 제어를 강조하고 빈곤 계급의 재생산을 우려하는 것보다 한층 더 중요하고 음미해야 할 주장이 담겨있다. 인구의 증식과 억제는 모두 자연의 법칙에 속한다는 것, 증식과 억제의 자연 법칙에 따라 인구는 일정한 파동의 형태를 띠며 늘어나고 줄어들게 된다는 것, 증식과 억제가 서로 작용하면서 인구는 균형과 불균형의 상태를 오가는 주기적 파동을 되풀이하게 된다는 것, 이와 같이 인구의 변동은 자연 법칙에 속하는 것이므로 결코 인간의 이성에 대한 과도한 믿음과 확신에 근거해 자연의 법칙에 맞서는 인위적 개입을 시도해서는 안 된다는 주장이 그것이다.

빈곤의 원인과 해결

『인구론』은 구빈법을 정면으로 비판하는 저작이었다. 빈곤은 사회 구조나 정치 체제에 의해서가 아니라 인구 자체에 내재된 자연 법칙에 따라 생겨나는 것이라고 맬서스는 확신했다. 따라서 그는 빈곤을 완화시킨다는 목적으로 시행되는 구빈법이 그 의도와는 정반대로 인구에 대한 외재적이고 인위적인 개입으로 사태를 더욱 악화시키게 될 것이라고 주장했다. 사회에 대한 인식의 핵심은 바로 인구의 파동을 가져오는 자연의 법칙을 인식하는 데 있다는 것이 『인구론』의 주장이었다.

> 자연은 그 본래의 목적을 달성하는데 실패한 적도 없고, 실패할 수도 없다. … 자연은 우리가 자연의 목적에 상반되는 행동을 할 때면 징벌로써 항상 우리의 주의를 이러한 방향으로 다시 이끌어 왔다. 징벌은 자연의 경고가 의도된 효과를 얼마나 발휘했느냐에 따라 그 가혹성이 결정된다 (Malthus, 1798: 473~474).

맬서스의 논리는 매우 간명하다. 생존을 위한 자원이 증가하면 사람들은 더 많은 아이를 낳을 것이고 인구가 증가할 것이다. 그 결과 생존을 위한 자원은 부족해지고, 생활수준이 하락하게 되며, 그리하여 적극적 억제 혹은 예방적 억제가 작동하게 되고, 인구는 다시 줄어들게 될 것이다. 이것이 자연의 법칙이지만, 구빈법 같은 인위적 개입은 빈민에 대한 지원을 통해 인구의 자연적인 억제를 가로막아 사태를 한층 더 악화시킨다는 것이다. 즉 지원이 없다면 빈곤으로 인해 아이를 낳을 수 없을 빈민들이 구빈법의 지원에 기대어 계속해서 아이를 낳게 되고, 결국 인구를 억제하는 자연의 법칙을 작동하지 못하게 함으로써 전체 사회에 해악을 야기하게 된다.

> 첫째, 구빈법은 식량 자원이 충분히 증가하지 않은 상태에서 인구를 증가시키는 결과를 초래한다. 교구의 원조 없이는 한 가족의 생계를 부양할 능력이 없는 빈민이 구빈법 덕분에 결혼하여 가정을 이룬다. 따라서 구빈법이 사회가 부양해야 할 빈민을 만들어낸다고 볼 수도 있다. 또한 인구증가로 인해 사람들에게 돌아가는 식량의 양은 줄어들 수밖에 없으므로, 교구 보조를 받지 못하는 이들은 그들의 노동을 통해 번 돈으로 전보다 더 적은 양의 식량을 구입할 수밖에 없고, 결국은 이들 역시 교구의 원조를 필요로 하는 처지로 전락하게 된다.

둘째, 일반적으로 사회적인 가치에 기여한다고 보기 어려운 구빈원에서 소비되는 양만큼 보다 근면하고 사회에 보탬이 되는 사람들에게 돌아가야 할 식량이 줄어든다. 그로 인해 사람들은 점점 더 의존적인 상황으로 내몰린다. 구빈원에 의존하는 빈민의 생활은 더 나아지는 반면, 이러한 달라진 사회의 통화분배 상황은 식량가격의 상승을 일으켜 구빈원 바깥에 있는 사람들의 삶을 더욱 악화시킨다(Malthus, 1798: 351).

『인구론』은 "빈민들에게 청결을 강조하는 대신 불결함에 익숙해지도록 선전해야 한다. 도시의 거리들은 더욱 비좁아져야 하며, 보다 작은 집에 보다 많은 사람들이 거주하도록 하여 전염병이 창궐하도록 유도해야 한다. 시골의 경우 썩은 물웅덩이 근처에 마을을 짓고 특히 건강에 유해한 습지대에 새 정착지를 건설하도록 적극 장려해야 한다. 무엇보다도 전염병 치료약이 사용되는 것을 막아야 하며, 사회 혼란을 근절할 방안을 기획함으로써 인류에 기여하고 있다고 믿는, 인도주의적이기는 하나 잘못된 견해에 사로잡혀 있는 이들을 저지하는 것이 중요하다"(Malthus, 1798: 473) 같은 끔찍한 구절들로 악명 높지만, 이는 맬서스 자신의 주장이 아니라 자연의 법칙을 따르지 않았을 경우 초래될 참혹한 결과에 대한 그의 경고다. 한계 수준의 인구를 초과해 태어나는 모든 아이들은 "성인 사망자로 인하여 다시 식량에 여유가 생기지 않는 한 생존이 불가능"하기 때문에, "논리대로라면 사망자를 낳는 자연의 작용을 지연시키려는 어리석고 헛된 노력을 하는 대신 오히려 이를 적극 돕는 것이 보다 합당한 처사"라는 것이다.

맬서스는 구빈법 같은 제도들이 "개인적인 불행을 다소 경감시켰는지는 모르지만 동시에 해악을 훨씬 더 넓은 범위로 확산"(Malthus, 1798: 341)시켰다고 보았다. 자연의 법칙에 대한 맬서스의 확신, 인간의 이성이 자연의 법칙을 넘어설 수 있다는 믿음을 불길하고 위험한 환상으로 간주하는 그의 시각은 인구라는 역사적 개념이 왜, 어떻게 등장하였으며 그 의미가 무엇인지를 정확히 보여주고 있다.

인구 개념의 등장

인구(population)는 18세기 이전까지 존재하지 않았던 단어다. '시민'과 마찬가지로 인구 역시 특정한 역사적 시점에 이르러 비로소 등장하게 된, 특정한 사회적 조건을 배경으로 출현한 개념이다. 그럼에도 불구하고 인구 개념은 좀처럼 사회적 · 역사적 구성물로 간주되지 않는다. 구약 성서의 민수기(民數記)에서 보듯이 이미 고대 사회부터 백성들의 수를 세기 시작한 것은 사실이나, 이때 계수(計數)의 대상은 오늘날의 인구가 아니라 전쟁에 나가거나 부역에 동원할 성인 남자에 한정된 것이었다. 나이나 성별과 무관하게 영토 내에 존재하고 있는 모든 사람의 수를 세고자 하는 의지는 근대 국가 이후 비로소 생겨난 역사적 현상이었다.

인구라는 단어가 처음 사용된 것은 18세기 중반이었다. 영어권에서는 데이비드 흄(David Hume)이 1751년에 이 단어를 사용했고, 프랑스어로는 18세기 말에 사용되기 시작한 것으로 알려져 있다. 이 당시 인구는 인구감소(depopulation)의 반대의 의미를 가지고 있었다. 즉 흑사병 같은 전염병이나 전쟁, 식량난 같은 재앙이 지나간 후 사람들이 다시 태어나고 채워지고 늘어나는 것을 뜻하는 단어였다. 이처럼 처음 등장하던 무렵 인구라는 단어는 동사적 의미를 포함하고 있었으며, 사람이 많고 풍부함(populousness)이라는 뜻을 얼마간 함축하고 있었다. 이것은 중상주의 시대의 사유가 남긴 흔적이었다고 볼 수 있다. 사람이 많고 풍부하다는 것은 중상주의 시대 국력 및 국부의 근간으로 여겨졌다. 중상주의 세계는 노동에 종사할 많은 일손을 이상적인 것으로 보았다. 그러나 많은 일손, 많은 사람을 통해 풍족해지고 번영해야 하는 것은 그 사람들 자신이 아닌 국가였다(조은주, 2018: 39~41).

중상주의 시대의 이론가들은 부와 그 순환, 통상의 균형에 대해 이야기했지만 그들의 논의에는 경제적 차원에서의 인구 개념이 부재했다(푸코, 2011: 385). 18세기에 등장한 중농주의는 사람이 많고 풍부하다는 의미와 인구 개념을 단절시키기 시작했다. 그 이전까지 중상주의의 시각에 따르면 국부의 증진을 위해서는 가능한 한 많은 사람이 있어야 하고, 그들이 모두 농업과 수공업을 위한 일손이 되어야 하며, 그들에게 지급되는 임금은 가능한 한 낮아야 한다. 이를 위해서는 가능한 한 많은 곡물이 최대한 저렴하게 공급되어야 한다. 곡물이 저렴해야 임금을 최대한 낮출 수 있고, 상품의 원가를 낮춰 최대한 많은 상품을 수출할 수 있기 때문이다. 중농주의의 등장은 이러한 중상주의 세계와의 결별을 뜻했다. 식량난을 피하려면 곡물의 가치를 제대로 지불해야 하며, 사람들이 노동에 관심을 갖고 소비를 통해 상품 가격을 유지하게 만들기 위해서는 임금이 너무 낮아서는 안 된다. 이를 위해서는 인구 역시 지나치게 많아서는 안 된다.

인구는 이렇게 절대적 가치가 아닌 상대적 가치, '가능한 한 많은 수'가 아니라 '적정한 수'라는 관념과 결합하게 된다. 적정한 수의 인구란 자원과 일자리, 그리고 가격을 유지하기 위해 필요 충분한 소비에 따라 달라지는 것이다(푸코, 2011: 467). 인구는 경제를 자연성의 차원으로 이해하는 관념과 밀접하게 결합된 개념이었으며, 이를 전면적으로 보여주는 인물이 바로 맬서스였다.

개인의 욕구와 인구 변동

맬서스의 주장의 핵심은 인구의 변동은 인간의 이성으로 해결할 수 없는 자연의 법칙에 지배받는다는 것이다. 맬서스는 '인간의 이성'과 '자연의 법칙'을 대립시킴으로써 이성에 대한 확신에 가득 차있던 당대의 사상들과 대결했다. 인구는 인간의 이성을 무력하게 만드는 자연의 법칙을 함축한다. 자연의 법칙은 개별 인간의 차원에서는 생존을 위한 취식과 성적 욕구를, 사회적 차원 혹은 종의 차원에서는 인구의 증식과 억제의 메커니즘을 뜻했다. 맬서스는 "이미 애덤 스미스의 저서와 같은 훌륭한 책이 출판되어 널리 읽히고 있는 오늘날에 이르러서도 심지어 경제학자를 자처하는 사람들마저도 여전히 치안판사의 판결이나 의회의 의결 한 번에 나라의 모든 사정을 일변시킬 수 있을 것처럼 생각하고, 또한 식량 수요가 공급을 초과하는 경우에 칙령을 공포함으로써 곧 공급과 수요를 맞추고, 심지어는 공급을 수요 이상으로 늘릴 수 있을 것처럼 생각하는 것은 참으로 이상한 일"(Malthus, 1798: 349)이라고 개탄했다.

프랑스혁명이 '시민'이라는 새로운 근대적 개념과 결합해 있었다면, 맬서스가 프랑스혁명으로 상징되는 자기 시대의 지배적 사상과 대결하기 위해 전면에 내세운 개념은 '인구'였다. 인구는 백성이나 시민과 같이 복종시키거나 규율해야 할 대상이 아니라 그 내재적 본성을 잘 파악하고 숙고하여 통치해야 할 대상으로 등장했다. 훗날 프랑스의 철학자 미셸 푸코(Michel Foucault)는 인구의 부상이 권력기술의 장에 자연을 재도입하는 계기였다고 지적한 바 있다. 인구의 부상과 함께 통치에 대한 관념은 자연성에 대한 탐구와 결합했다. 이때의 자연성이란 중세 시대나 르네상스 시대와 같이 세계의 본성이라는 차원에서의 자연성이 아니라 인간들이 살거나 노동하거나 생산하고 교환하는 과정에 존재하는 자연성을 뜻한다. 인구는 바로 그 자연성을 포착하는 개념이다.

인구의 자연성은 몇 가지 중요한 특징을 가진다. 인구

는 단지 영토 내에 거주하는 개인들의 총합이 아니라 특정한 여러 변수에 따라 변화하는 실체이며, 인구는 어떤 외재적 개입이나 인위적 명령을 통해 변화시킬 수 없는 자연적 현상이다. 인구의 변동을 가져오는 유일한 요인은 개인의 욕구다(조은주, 2018: 43~46). 맬서스는 "인간 정신의 가장 고상한 노력, 문명사회를 야만 상태와 구별해 주는 모든 것은 결국 각 개인이 더 나은 삶을 위해 노력하도록 만드는 원동력인 인간의 이기심"(Malthus, 1798: 550)이라고 주장했다. 더 나은 삶에 관한 인간의 이기심, 즉 개인의 욕구는, 생존을 위한 취식이나 성적 욕구 뿐 아니라 인구 과잉을 예방하는 자연의 법칙에 따른 도덕적 제어에 이르기까지 인구를 억제하거나 증식시키는 주요한 요소다. 따라서 인구 현상에 내재된 동인에 인위적으로 개입함으로써 끔찍한 재앙을 초래해서는 안 되며, 자연의 법칙에 맞서는 무모한 시도를 중단하고 인구 현상을 면밀히 관찰해 자연의 법칙을 발견으로써 사회를 실증적으로 파악하는 것을 과제로 삼아야 한다.

맬서스는 "인간의 삶에 대해 이 책이 제시하는 견해는 우울한 색채를 띠고 있다. 그러나 이 어두운 색조는 편벽된 시선이나 부정적인 기질에서 비롯된 것이 아니라, 현실을 있는 그대로 그려내면 바로 이러하다는 확신에서 비롯된 것이다"(Malthus, 1798: 10)라고 강조했다. 현실을 있는 그대로 그려내는 것, 즉 사회에 내재하는 자연의 법칙을 발견하고자 하는 지적 태도, 그렇게 실증적으로 발견해낸 자연의 법칙을 거스르지 않고 따라야 한다는 정치적 신념, 이것이야말로 인구 개념이 가져온 중요한 역사적 의미이자 효과였다.

이처럼 맬서스는 인간의 이성이 맞설 수 없는 자연의 법칙을 강조하기 위해 인구에 주목하였으나, 동시에 인구 개념을 국가와 단단히 결합시켜 사고하고 있었다. 맬서스는 인구 현상에 대한 인위적 개입으로서 구빈법을 반대했지만, 수입 농산물에 관세를 부과하는 곡물법은 옹호했다. 곡물법 폐지를 주장한 데이비드 리카도(David Ricardo)와 맬서스 사이의 논쟁은 유명하다. 맬서스는 "완전한 자유무역에 가까이 접근해가는 것이 우리들의 목적이 되어야 할 것"이지만, "완전한 자유무역이라는 것은 좀처럼 실현될 수 없는 하나의 환상에 불과하다"고 보았다. 따라서 "자유무역이라는 원칙에서 벗어나는 정책을 제안"하기 위해 "그 이유를 분명히 설명할 의무"를 느꼈다(Malthus, 1798: 421).

맬서스는 "농업과 상업 양 부문의 균형"은 자연스럽게 형성될 수 없으며, 따라서 그 균형을 "특정 조건 하에서 인위적으로 유지"(Malthus, 1798: 410)하는 문제는 현실적으로 매우 중요하다고 생각했다. 균형을 인위적으로라도 유지하기 위해서는 각 국가의 특정 조건을 면밀히 살펴야 한다. 가령 농토의 규모나 토지의 비옥도, 토양과 기후의 성질에 따른 계절의 영향 등 각 나라가 처한 자연적 조건에 따라 식량 자급이 힘든 경우에는 식량 수입을 제한하는 시도가 바람직하지 않을 것이다. 그러나 잠재적으로 식량 자급이 가능한 규모의 영토를 갖춘 국가라면, 또 안정적인 식량 생산량이 보장되는 토양과 기후를 갖췄다면 식량 수입을 제한함으로써 균형을 조정하는 것이 필요하다고 맬서스는 주장했다. 식량 가격이 낮아지면 토지 개량 움직임을 저해하게 되며, 결국 증가하는 인구의 식량 수요를 감당할 수 없게 될 것이다. 따라서 농업과 상업, 제조업 인구가 "적절하게 혼합"되어 "서로에게 영향을 주고받으며 번갈아 발전"하기 위해 "때로는 보다 적극적인 개입만이 상품들 간의 자연적인 관계를 회복시키는 유일한 방법인 경우도 있다"(Malthus, 1798: 421)는 것이다.

결국 맬서스가 곡물법을 옹호하면서 주장한 것은 식량 수입을 제한하는 인위적 개입 자체의 정당성이 아니라 인위적 개입을 통해서라도 도달해야 하는 균형 상태의 추구라고 할 수 있다.

낙관주의에 대한 경계

맬서스의 『인구론』이 출간된 후, 노동력 확보를 위해 빈민 구제 수당을 늘리는 법안을 지지하던 정치가들은 빈민에 대한 구제가 가난한 사람들로 하여금 더 많은 자녀를 갖게 만들어 인구를 증가시키고 그 결과 하층 계급의 삶은 더욱 악화될 것이라는 맬서스의 주장을 받아들이기 시작했다. 그 결과 맬서스가 사망한 1834년에 신구빈법이 제정되어 이전의 구빈법을 대체하게 되었다. 신구빈법은 잘 알려진 바와 같이 찰스 디킨스(Charles Dickens)의 『올리버 트위스트(Oliver Twist)』를 비롯해 수많은 문학 작품과 사상가들의 저작을 통해 격렬하게 비판받았다. 그럼에도 이후 오늘날에 이르기까지 근로 의욕 저하와 경제적 의존성을 이유로 사회보장제도와 복지 정책을 비판하는 논의들은 지속적으로 확대되어 왔으며, 그 기원에는 바로 맬서스가 있다고 할 수 있다.

초판 이후 220여 년이 흐르는 동안 『인구론』은 다양한 각도에서 해석되면서 여러 분야에 영향을 미쳐 왔다.[33]

---

33) 찰스 다윈(Charles Robert Darwin)이 맬서스의 『인구론』을 읽고 자신의 연구의 실마리를 얻을 수 있었다는 이야기는 유명하다.

만일 『인구론』의 핵심을 인구 과잉에 대한 경고로 본다면 맬서스의 예측은 빗나갔다고 할 수 있을 것이다. 맬서스가 예견하지 못한 과학기술의 발전으로 인해 식량 생산의 속도와 규모는 그의 시대에는 상상할 수 없었던 수준으로 발전했다. 인구 역시 맬서스가 주장했던 바와 달리 기하급수적으로 증가하지 않았다. 서구에서 인구 증가율은 맬서스의 예측과 달리 산업혁명 이후 지속적으로 낮아졌는데, 이와 같은 현상은 인구가 증가하게 되는 원인과 그 과정에 대한 관심을 확장시켰으며 인구 증가의 복합적인 요인으로 생활 양식, 가치관, 자녀의 가치 등을 새롭게 고려하게끔 만들었다. 이 과정을 설명하는 인구변천이론(demographic transition theory)은 산업화, 도시화를 비롯한 사회경제적 변화가 출산율을 감소시킨다는 점에 주목했다. 인구변천이론은 사망률의 저하가 출산율 저하에 선행했던 서유럽의 역사적 경험을 일반화하여 인구 변천의 단계를 정식화함으로써 많은 논쟁을 불러일으켰으며 근대화 이론과 무비판적으로 결합했다는 비판을 받기도 했다. 사실 인구변천이론은 제3세계 산아제한을 목표로 하는 인구학의 부상과 밀접히 결합하며 발전한 것이기도 했다(Greenhalgh, 1996).

맬서스를 계승하면서 등장한 신맬서스주의자들은 맬

서스가 악덕에 속하는 것으로 간주하고 거부했던 피임을 적극적으로 보급함으로써 산아제한을 확산시키고자 했다. 산아제한의 역사는 근대적 피임술의 발전과 뒤얽혀 있는 것이기도 했다. 그런가 하면 미국의 마거릿 생어(Margaret Sanger)나 영국의 마리 스톱스(Marie Stopes) 등 여성 주도의 출산조절운동이 등장하면서 재생산 전반을 스스로 통제하고자 하는 여성들의 의지와 욕구가 고무되었다. 신맬서스주의자들의 산아제한운동과 여성 주도의 출산조절운동은 우생학과 결합하기도 했으며, 특히 2차 세계대전 이후 냉전질서 하에서 제3세계 경제 발전과 산아제한을 결합시키는 국제적인 프로그램의 급속한 팽창을 가져왔다(McLaren, 1992/1998: 365; Hodgson & Cotts, 1997: 137~158). 이른바 가족계획운동은 그 결실이었으며 한국은 대만 등과 함께 대표적인 '성공' 사례가 되었다.

한편 맬서스의 『인구론』의 핵심이 단순히 인구 과잉에 대한 경고가 아니라 역사의 진보에 대한 낙관을 비판하고 인구의 자연성을 강조하는 데 있었던 것으로 해석한다면 맬서스의 저작이 가지는 의미는 다르게 음미될 수 있다. 맬서스는 『인구론』 뿐만 아니라 1820년 초판 출간 후 그의 사후인 1836년 개정판이 출간된 『정치경제학 원리

(Principles of political economy)』 등의 저작을 통해, 현실에 존재하는 불안정성에 주목하면서 미래에 대한 낙관주의를 견제하는 특유의 시각을 제공했다. 인구가 증식과 억제의 자연 법칙에 따라 일정한 파동의 형태를 띠며 늘어나고 줄어들게 된다는, 즉 균형과 불균형의 상태를 오가는 주기적 파동을 되풀이하게 된다는 그의 견해는 공급과잉과 유효수요의 부족으로 인한 불황 및 경기 침체에 대한 우려와 맞닿아있는 것이기도 했다. 맬서스의 이러한 관점은 1930년대 대공황 시기 케인스의 유효수요이론을 예고하는 것이었으며, 실제로 맬서스는 케인스에게 여러 차원에서 다층적인 영향을 미쳤다(Kelly, 2020). 케인스는 "만일 19세기 경제학이 리카도가 아닌 맬서스를 계승하기만 했더라면, 오늘날의 세계는 훨씬 더 지혜롭고 풍요로운 곳이 되었을 텐데!"라고 탄식하기도 했다(Keynes, 2013: 100~101).

인구에 대한 외재적, 인위적 개입을 극도로 반대했던 맬서스로부터 케인스가 영향을 받았다는 점은 역설적이지만, 맬서스가 견지했던 낙관주의에 대한 경계가 현대 경제학에 중요한 흔적을 남겼다는 점에 주목할 필요가 있다. 1972년 발표된 로마클럽(the club of Rome)의 유명한 보고서 『성장의 한계(The Limits to Growth)』을 비롯해 미래에 대한 디스토피아적 전망이 제시될 때마다 맬서스의 이름은 계속해서 다시 소환된다. 역사의 진전과 끝없는 발전에 대한 믿음이 사람들을 사로잡고 있던 시대에 역사의 발전과 인간의 이성이 가져올 가능성을 근원적으로 회의한 그의 시각은 발전과 이성에 대한 믿음이 강렬한 시대일수록 다른 한편에서 더욱 깊어지는 디스토피아적 전망에 하나의 중요한 전례를 제공하기 때문이다.

참고문헌

미셸 푸코(2011). 『안전, 영토, 인구: 콜레주드프랑스 강의 1977~78년』. 오트르망 옮김. 난장.

윌리엄 고드윈(2006). 『최초의 아나키스트: 윌리엄 고드윈 수상록』. 강미경 옮김. 지식의숲..

조은주(2018). 『가족과 통치: 인구는 어떻게 정치의 문제가 되었나』. 창비.

카를 마르크스(1990). 『자본 I-3』. 김영민 옮김. 이론과실천. 1990.

Greenhalgh, S.(1996). The social construction of population science. *Comparative Studies in Society and History, 38,* 26~66.

Hodgson, D. & Cotts, S.(1997). Feminists and neo-Malthusians: past and present alliance. *Population and Development Review, 23(3),* 137~158.

Kelly, D.(2020). Malthusian moment in the work of John Maynard Keynes. *The Historical Journal, 63(1),* 127~158.

Keynes, J. M.(2013). *The collected writings of John Maynard Keynes vol. 10: Essays in biography.* Cambridge University Press for the Royal Economic Society.

Malthus ,T.(1798). *An essay on the principle of population.* 이서행 옮김(2011). 『인구론』. 동서문화사.

McLaren, A.(1992). History of contraception. Blackwell. 정기도 옮김(1998). 『피임의 역사』. 책세상.

Ordover, N(2003). *American eugenics: Race, queer anatomy, and the science of nationalism.* University of Minnesota Press.

Poovey, M.(1998). *A history of the modern fact: Problems of knowledge in the sciences of wealth and society.* University of Chicago Press.

경제학이 답하다

진보의 개념이 바뀌고 있는 것 같습니다. 예전에는 지속적인 물질 생산과 소비를 진보로 여겼지만, 지금은 진보를 가로막는 해악으로 여기기도 합니다. 맬서스가 살아 있다면 오늘날의 진보를 어떻게 정의했을까요? 또한 맬서스가 디스토피아를 얘기했다고 할 수 있을까요?

맬서스는 '불가역적인 성장과 발전이라는 믿음이 과연 바람직한가, 그리고 가능한가'라는 물음을 18세기에 던졌습니다. 당시 제기되기 힘든, 자기 시대와 정면으로 대결하는 물음이었죠. 오늘날의 진보를 어떻게 정의할 것인가는 매우 복잡한 문제고, 역사적으로 진보의 개념도 변화합니다. 만약 진보를 더 나은 발전, 더 나은 성장에 대한 지속적 믿음이 아니라 발전주의나 성장에 대한 근원적 비판이라고 본다면, 혹은 그렇게 재사유한다면, 맬서스 혹은 맬서스에 대한 재해석이 어떤 형태로든 진보와 연결될 수 있겠습니다.

그러나 맬서스가 정면으로 맞서고자 했던 대상이 다름 아닌 프랑스혁명이었다는 점을 덮어두기는 어렵습니다. 맬서스가 살던 시대는 혁명의 시대였습니다. 그 시대적 배경을 강조하기 위해서 제가 강연의 서두를 1793년으로 시작했는데요. 인간의 이성, 진보, 계몽, 역사를 바꿀 수 있다는 믿음, 이 모두를 상징했던 프랑스혁명에 정면으로 맞선 인물이 맬서스입니다. 그리고 프랑스혁명에 맞서기 위한 무기로 맬서스가 집어든 개념이 바로 '인구'였습니다. 맬서스는 이 세계를 더 나은 방향으로 이끌고 가겠다는 인간의 의지 자체를 비판했고, 따라서 도저히 진보와 연결시키기는 어렵다고 볼 수도 있겠습니다. 저는 맬서스의 『인구론』을 "진보에 대한 인간의 열망을 절멸시키는 묘안"이라고 했던 마르크스의 평가가 탁월하다고 생각합니다.

맬서스가 과연 디스토피아를 얘기하고 있다고 할 수 있을까? 맬서스는 인구가 일종의 순환적인 파동을 그리면서 변화한다고 보았습니다. 순환적으로 증식하고 억제되는 이 파동, 이 자연의 법칙을 만약 거스른다면 디스토피아가 온다고 얘기했던 것이죠. 구빈법처럼 자연의 법칙을 깨뜨리는 인위적인 제도나 혁명을 비롯한 집합적 힘을 통해서 이 사회를 더 나은 사회로 만들어 갈 수 있다는 믿음이 디스토피아를 가져올 것이라고 얘기한 것이죠. 그렇기 때문에 맬서스에게 있어 중요한 것은 자연의 법칙을 따르고 어떤 인위적 제도나 집합적 시도도 배격해야 한다는 것이지 디스토피아적 전망 그 자체를 핵심이라고 볼 수는 없겠습니다. 물론 오늘날의 관점에서 맬서스를 어떻게 해석하는가는 또 다른 문제입니다.

맬서스에 대한 오해를 바로잡기 위해서는 어떤 시각을 가져야 할까요? 또 오늘날 세대론에 대해서 어떻게 생각하시는지 궁금합니다.

맬서스는 흔히 인구 과잉을 경고한 학자로 알려져 있고, 과학기술의 발전을 예견하지 못해 결과적으로 틀린 주장을 했다거나 인구 과잉을 우려한 나머지 빈민 구제를 반대했던 인물로 비판받습니다. 이런 비판은 지나치게 단순한 이해에 기인하고 있습니다. 제가 말하고 싶은 것은, 맬서스를 비판할 수 없다는 게 아니라 그렇게 가볍고 손쉽게 비판할 수는 없다는 것이죠. 훨씬 더 신중하고 깊이 있게 비판해야 한다는 뜻입니다.

맬서스는 자연의 법칙과 인간의 이성을 대립시킨 학자였습니다. '인구'라는 개념을 통해 사회를 자연화시켰고, 이 자연(성)에 맞서는 인간의 어떤 기획도 오류라고 주장했죠. 이것이 맬서스가 가져온 효과입니다. 자연으로서의 사회에 관한 지식은 사회에 내재된 자연의 법칙, 자연적 원리에 관한 지식이어야 한다는 것이죠. 계몽주의나 급진주의 사상을 맬서스가 그토록 비판했던 것은 그것이 자연의 법칙으로서 사회의 내재적 원리를 탐구하는 지식이 아니기 때문입니다. 사회의, 자연의 내재적 원리에 맞서는 인간의 시도는 모두 오류이며 비참한 결과를 초래한다는 것이죠.

맬서스는 인구 과잉이 초래할 결과를 경고하면서 "인구가 과도하게 늘어난다면 결국은 그 중에서 누군가가 죽어야 하고 생존의 자원을 두고 경쟁해야만 한다"고 주장했습니다. 이것이 바로 최근의 세대론이죠. 물론 맬서스가 세대를 언급한 것은 아니지만, 한정된 자원을 둘러싸고 생존을 건 갈등이 일어난다고 봤던 맬서스적인 견해는 현재 우리 사회에 만연해 있습니다.

세대론을 짧게 얘기하기는 어렵지만 한 가지만 강조하자면, 사회에 관한 지식은 특정 효과를 발휘합니다. 수

행성(performativity), 루핑 효과(looping effect), 자기 충족적 예언(self-fulfilling prophecy) 등은 각기 맥락이 다르지만 사회에 '관한' 지식이 실은 사회 '그 자체'를 구성하거나 변형시킨다는 점에 주목하는 개념들이죠. 최근의 세대론이나 이대남, 이대녀 논의가 모두 그렇습니다. 고용불안정성이 확대된다든지 격차가 증대된다든지 하는 분석을 넘어서, 이를 한 세대와 다른 세대의 대결이라는 구도로 설명하는 지식이 결국은 세대 간 대결을 실재하게 만들어냅니다. 이대남에 관한 논의가 이대남을 존재하게 만들어내는 것이죠.

맬서스주의가 엘리트 중심의 인구 통치와 연결되는 부분이 있을까요? 앞서 신맬서스주의가 우생학, 여성 중심의 출산조절운동과 연결되기도 한다고 말씀하셨는데, 부연 설명을 듣고 싶습니다.

먼저 '통치'와 '지배'가 서로 연관되어 있으면서도 이질적인 개념이라는 점을 간단히 언급하겠습니다. 앞서 얘기했듯이 맬서스의 인구 개념은 사회를 자연화하는 도구였습니다. 사회의 자연성을 숙고하고, 사회에 내재된 자연의 법칙을 이해하면서 다스리는 것이 통치입니다. 그러므로 통치가 향하는 대상은 언제나 인구입니다. 인구는 결코 지배의 대상이 될 수 없죠. 지배는 백성 혹은 인민과 결합하는 개념입니다. 통치가 언제나 인구, 즉 사회의 자연성을 향하는 것이기 때문에, 인구(사회)의 자연성에 대한 지식은 통치술의 핵심입니다. 인구의 변동을 가져오는 개인들의 욕구, 인구 현상에 내재된 규칙성을 포함해 인구의 자연성을 실증적으로 탐구하는 지식이야말로 통치에서 관건이 되는 것이죠. 이렇게 보자면 인구의 통치는 지식과 불가분의 관계에 있는 것이고, 그런 점에서 '엘리트 중심의 인구 통치'라는 표현이 가능할 수도 있겠습니다. 그리고 맬서스가 바로 인구의 자연성을 제기하면서 사회를 자연으로 인식해야 한다고 주장한 가장 중요한 인물 중 하나였기 때문에, 맬서스는 '엘리트 중심의 인구 통치'와 연결되지 않을 수 없습니다. 논쟁의 여지가 있지만 이 정도로 짧게 답하겠습니다.

신맬서스주의와 우생학, 여성 중심의 출산조절운동, 이들 사이의 관계는 좀 복잡합니다. 우선 인구에 대한 관심은 어떤 형태로든 우생학적 사고와 결합하기 쉽습니다. 인구는 일종의 사회적 신체(social body)이기 때문에, 인구에 대한 수량적 관심은 질적 관심과 분리될 수 없습니다. 산아제한의 경우, 인구가 많아서 문제라고 하지만 사실은 단지 많은 게 문제가 아니라 가난하거나 열등한 집단, 혹은 특정한 인종이 많아지는 게 두려운 것이거든요. 인구를 억제해야 한다고 봤던 신맬서스주의와 우생학이 이질적인 흐름이기는 하지만 친연성을 가지는 이유는 이 때문입니다. 한편 여성 중심의 출산조절운동은 피임술을 보급하는 과정에서 인구억제를 주장하는 신맬서스주의와 합류하게 됩니다. 이른바 '페미니스트와 신맬서스주의의 동맹'이죠. 백인여성들의 출산조절운동이 유색인종 여성들의 임신을 어떻게 다뤘는지 비판적으로 접근하는 연구들도 있습니다. 결국 이 세 흐름이 서로 이질적이기는 하지만 역사적으로 합류하게 되는 상황이 20세기 중반에 벌어지는 것이죠. 그 배후에는 막대한 자금과 학문적 지원을 통해 제3세계 산아제한에 나섰던 미국과 서방세계의 이해관계가 있었죠. 그래야 공산화를 막을 수 있다고 보았기 때문입니다. 한국의 가족계획 역시 그런 흐름 속에서 전개된 것이었습니다.

토머스 로버트 맬서스

토머스 로버트 맬서스(Thomas Robert Malthus, 1766~1834)는 대표적인 고전학파 경제학자 중 한 명으로 성직자이자 최초의 경제학 교수였으며 영국왕립학회 회원이었다. 『인구론』의 저자로 잘 알려져있으며, 데이비드 리카도와의 논쟁으로도 유명하다.

대표적인 저작인 『인구론』을 통해 맬서스는 당대의 계몽주의 사상을 정면으로 비판하고 사회 진보에 대한 낙관적 견해에 도전했다. 그는 과잉인구를 억제하는 자연적 메커니즘을 강조하면서, 빈민을 구제하려는 일체의 제도가 결국은 인구 과잉을 불러와 파국적인 결과를 초래하게 된다고 주장했다. 맬서스의 주장은 당대에 큰 논쟁을 불러왔으며 신랄한 비판을 받았으나 1834년 영국의 구빈법이 신구빈법으로 대체되는데 직접적인 영향을 미쳤다.

맬서스는 현실에 존재하는 불안정성에 주목하면서 미래에 대한 낙관주의를 경계하는 시각을 견지했으며, 공급과잉과 유효수요의 부족으로 인한 불황 및 경기 침체를 우려하기도 했다. 이러한 그의 전망은 일찍이 대공황을 예견했으며 케인스의 유효수요이론에 영향을 미친 것으로도 잘 알려져 있다. 찰스 다윈의 진화론에 영감을 주었으며, 과잉인구에 대한 맬서스의 경고는 신맬서스주의의 등장과 전 세계적인 산아제한운동에 영향을 미쳤다.

05 프리드리히 리스트와 21세기 보호주의

더 이상 전후 자비의 화신으로 다가온 풍요로운 미국은 존재하지 않는다. 중국에 쫓기기 시작한 미국의 중국 때리기는 전방위적이다.

프리드리히 리스트의 초상화. 1841. Kriehuber, J.

김양희

동경대학교 경제학 박사다. 삼성경제연구소, 대외경제정책연구원 등을 거쳐 대구대학교 경제학과 부교수로 재직 중이다. 현재 대학을 휴직하고 국립외교원에서 개방형 직위인 경제통상개발연구부장으로 있으면서 『포스트 코로나19 국제경제 질서의 전망과 정책 시사점』(2020), 『역내포괄적경제동반자협정(RCEP)의 지경학적 기회요인과 지정학적 위험요인』 등의 보고서를 발간했다. 최근 논문은 "일본의 수출규제 강화에 대응한 한국의 '탈일본화'에 관한 시론적 고찰"(2021), "Interactions between Japan's 'weaponized interdependence' and Korea's responses: decoupling from Japan vs. decoupling from Japanese firms"(2021)가 있으며, 저서로 『코로나 19, 동향과 전망』(공저, 2020)이 있다.

프리드리히 리스트(Georg Friedrich List, 1789~1846)는 1789년 8월 6일 신성로마제국(962~1806)의 뷔르템베르크(Württemberg) 공국에서 가죽세공업자의 2남 8녀 중 차남으로 태어났다. 1789년은 프랑스혁명이 발발하고 미국에서 관세법이 발효된 역사적인 해이며, 그의 평생의 논적(?) 애덤 스미스(Adam Smith)가 사망하기 1년 전이었다. 정식 교육을 제대로 받은 적 없는 리스트는 거의 독학으로 1809년 재무부 관리 시험에 합격하고, 1811년에는 튀빙겐대학 법학과에 입학할 정도로 수재였다.

1806년부터 1813년까지 관공서의 서기나 회계사로 근무하던 리스트는 1817년 이른 나이에 튀빙겐대학교의 국가행정학(관방학) 교수가 된다. 하지만 1819년 독일 상공회의소 창립을 주도하고 뷔르템베르크 헌법 투쟁에 참여하였으며 의회에 들어가서는 의회 개혁 등의 활동 때문에 1820년 대학에서 해임되었다. 리스트는 이듬해인 1821년에는 뷔르템베르크 의회에서 공국 관료들을 신랄히 비판하며 민주적 체제 수립을 요구하는 로이틀링겐 청원을 제출하여 국가반역죄로 기소된다. 1822년에 10개월 형을 받고 투옥되었으나 도주해 파리, 스위스 등을 떠돈다. 이때 프랑스에서 그의 생애에 지대한 영향을 미친 라파예트 후작(Marquis de La Fayette)을 만나게 된다. 1824년 가족을 만나기 위해 독일로 조용히 돌아왔다가 다시 체포되어 남은 복역을 마쳐야 할 처지에 놓였으나 미국 망명을 조건으로 석방되어 라파예트 후작의 조언에 따라 가족과 함께 미국으로 망명한다.

파란만장했던 민족주의 정치경제학자

미국 펜실베이니아에 정착한 리스트는 대규모 농장 경영에 나서는 한편 미국의 제도와 경제 연구에 몰두한다. 하지만 농장 경영은 실패하고 1826년 독일어 신문 ≪레딩거 아들러(Readinger Adler)≫의 편집장이 되었다. 이듬해 리스트는 27일간 펜실베이니아공업진흥협회 부회장 찰스 잉거솔에게 편지 형식으로 12편의 짧은 논문을 보냈다. 이를 읽은 잉거솔이 필라델피아의 ≪내셔널 가제트(National Gazette)≫에 게재하도록 추천한 것이 계기가 되어 『미국정치경제론(Outlines of American Political Economy)』(1827)이라는 책자로 발간되었다. 미국체계론의 이론적 토대를 제공한 이 저작은 50개 이상의 지방지에 게재되고 단행본으로 출간되었다. 한편 리스트는 1833년에 라이프치히에 정착, 한동안 미국영사로 근무한다.

그곳에서 1835년 라이프치히와 드레스덴 간 철도 부설에 관여하고 독일의 철도망 완성을 장려했다. 그럼에도 독일에서의 정치적 압박과 미국 내 사업의 실패로 생활고에 허덕이다 영사직을 포기하고 1837년 프랑스 파리로 간다.

리스트는 파리 체류 중 『정치경제학의 자연적 체계(Le système naturel d'économie politique)』를 집필해 프랑스 학술원의 논문 공모전에서 3위를 차지한다. 이를 바탕으로 그의 사상을 집대성한 대표작 『정치경제학의 민족적 체계(Das Nationale System der Politischen Ökonomie)』(이하 『체계』)의 집필을 시작해 파리에서 기자 생활을 하는 동안 ≪알게마이네 차이퉁(Allegemeine Zeitung)≫에 몇 편의 편지로 보낸다. 같은 해 ≪라이니셰 차이퉁(Rheinische Zeitung)≫ 편집장 자리를 제안 받았으나 건강이 악화되어 그 자리는 카를 마르크스(Karl Marx)가 대신 앉는다. 『체계』는 1841년 독일에서 독일어로 출간된 뒤 큰 반향을 일으켜 18개월 만에 3쇄를 찍었다.

리스트는 1842년 『농지 제도론(Die Ackerverfassung, die Zwergwirtschaft und die Auswanderung)』을 집필했다. 또한 1843년 ≪졸베라인스블라트(Zollvereinblatt)≫ 신문을 발행해 독일 전역의 관세동맹(Zollverein) 확대와 상공회의소 설립을 주장한다. 1846년에는 미국과 러시아가 신흥 강대국으로 부상하리라 내다보고 독일과 영국의 정치가들에게 이를 견제하기 위한 양국 관세동맹 체결 필요성을 역설했다. 바로 그 해, 리스트는 재정적 핍박과 건강 악화로 힘든 나날을 보내다 11월 30일 오스트리아에서 57세의 삶에 스스로 마침표를 찍었다. 그의 파란만장했던 생애는 발터 폰 몰로(Walter von Molo)에 의해 『끝없는 길』이라는 소설로 만들어졌고 1943년에는 동명의 영화로도 제작되었다.

리스트 시대의 세계경제

역사학파 경제학자 리스트의 경제사상을 이해하기 위해서는 당대의 역사적 배경에서 출발해야 한다. 그가 독일 통일에 헌신할 수밖에 없었던 시대적 배경은 『체계』에서 다룬 여러 나라의 역사에서도 잘 드러난다. 리스트에게는 '넘사벽' 경제부국 영국의 성공배경과 그가 미국에 머물던 1825~1831년 즈음 신흥강국으로 영국을 바싹 뒤쫓고 있던 미국이 중요한 탐구 대상이었다. 그럼 『체계』에 나타난 영국, 미국, 독일 세 나라의 경제사를 리스트의 시선에서 소묘해 보자.

모든 민족의 모범과 본보기, 영국

영국은 엘리자베스 여왕(1558~1603)의 육성책에 힘입어 국내 양 사육에 그치지 않고 양모를 가공해 부가가치를 높인 모직물 수출에 나섰다. 이때 영국은 이미 다량의 공산품 수입은 금지한 반면 독일 광부들과 금속 제조업자의 유입을 촉진해 자국의 조선업을 발달시켰다. 여왕은 보조금을 통해 주변 지역에서 필요한 원자재를 수입하고 기술자들이 가공 기술을 연마하도록 했다. 제임스 1세(1603~1625)와 찰스 1세(1625~1649)의 고율의 보호관세 및 권장 조치로 영국은 이제 염색과 광택 가공도 하게 되어 더 큰 부가가치의 모직물을 수출하게 되었다. 수출하는 모직물은 영국이 필요로 하는 물품의 수입을 가능하게 해 석탄 생산과 제해권 확립이 가능해졌고 제조업의 육성 기반이 되었다. 1721년 조지 1세의 "제조 상품의 수출과 외국의 원재료 수입보다 공공복지 상태의 촉진에 더 크게 기여하는 것이 없다는 점은 분명하다"(List, 1841/2016: 83)[34]는 의회 발언은 당시 영국 무역 정책의 특징을 잘 보여준다. 영국은 모든 수입을 반대하고 화폐만 좋아하는 중상주의

---

34) 『체계』의 페이지 표시는 2016년 번역판 『정치경제학의 민족적 체계』(이승무 옮김, 지식을만드는지식)를 따른다.

국가가 아니라 제조업 육성에 필요한 원재료 수입에는 적극적인 나라였다.

영국의 무역은 영국 배로만 가능하도록 한 '항해조례(1651~1673)'는 당시 해상 무역을 장악하고 있던 네덜란드를 제압해 영국이 무역과 해운의 발전뿐 아니라 식민지의 확장에 힘입어 강력한 제국으로 부상하는 든든한 발판이 되었다. 18세기 초반에도 영국은 동인도 등의 식민지에서 들여오는 저렴하고 훌륭한 공산품을 엄격하게 금지했다. 스미스도 항해조례가 상업적으로는 영국에 이롭지 않았으나 그보다 중대한 세력을 영국에 줬음을 인정했다. 국가의 세력은 새로운 생산적 자원을 열어줄 생산역량이 되고 확보한 부를 지속할 수 있게 한다.

리스트는 물적 역량과 정신적 역량의 상호작용을 영국에서 확인했다. 영국이 이뤄낸 생산역량의 놀라운 성취는 학문과 예술 분야에서의 획득물, 식민지 수요 창출, 국내 산업 보호조치, 특허법을 매개로 한 모든 발명에의 보조금 지급, 국내 운송수단의 진흥 덕분이기도 하다. 리스트는 그 출발점이 제조업 역량 강화라고 확신한다. 나아가 그는 영국의 본원적인 자유 및 권리, 감정, 종교와 도덕, 헌법과 제도, 행정부의 능력, 지리적 위치, 운명과 행운도 성공 요인으로 꼽는다.

그에 따르면 영국의 지리적 고립도 제조업 육성에 유리하게 작용했다. 대륙에서 떨어져 있던 영국은 대륙에서 무수한 분열과 전쟁이 제조업을 파괴하고 교역에 혼란을 야기할 때도 이로부터 자유로웠다. 오히려 영국은 대륙의 분열과 전쟁, 불황을 피해 자유를 찾아 도피해 온 숙련공과 상인들, 그들이 가져온 자본으로 제조업 역량을 한층 높일 수 있었다. "대륙 정권들의 어리석음이 없었더라면 영국은 산업의 패권을 쥐기 어려웠을 것이다"(List, 1841/2016: 172).

영국을 제칠 수 있었던 미국체계론

리스트는 라파예트 후작을 따라 미국을 방문해 젊은 후발공업국의 활력 넘치는 모습을 목격하고 그의 도움으로 미국 엘리트들과 교류하게 된다. 그러던 중 헨리 클레이(Henry Clay) 국무장관이 처음 주창한 '미국체계론(American System)'을 접한다. 클레이는 1832년 2월 상원 연설에서 '미국체계론'의 핵심은 미국의 독립과 번영을 위한 정책 수단으로, 자유무역은 영국체계(British System)를 위한 것이고 보호무역은 미국체계를 위한 것이라고 주장한다. 이를 위한 주요한 정책 수단이 제조업 육성과 관세부과정책, 연방은행 설립, 전국을 잇는 사회간접자본

건설이다.

리스트가 다른 어떤 나라보다도 독일에 풍부한 교훈을 주는 나라로 묘사한 미국은 당시 상공업 발전이 빠르고 자유무역과 보호무역의 교체가 신속했던 성과가 분명하게 드러났고 민족 산업과 국가 행정의 유기적인 조화가 돋보였다. 1750년대 영국은 식민지 미국에서는 말발굽에 씌우는 편자의 제조조차 일절 허용하지 않았다. 이는 미국독립전쟁으로 이어졌다. 이리하여 전시에 융성의 씨앗이 뿌려졌던 미국의 국내 제조업은 1783년 미국 독립을 선언한 파리조약에 의해 자유무역 체제로 돌아오자 다시 휘청거리기 시작해 이 상태는 연방헌법이 제정된 1787년까지 이어졌다. 국내 산업 보호를 요구하는 청원이 의회에 쇄도했고, 자유무역을 둘러싼 국내 이해관계의 충돌로 고율의 관세 도입이 어려웠음에도 1789년에 관세법을 발효하고 해운업을 두텁게 보호한 성과는 분명히 드러났다. 1804년의 보호관세, 1812년의 금수조치와 전쟁 선포에 이어 1824년에는 수입품의 92%에 62%의 최고 관세를 부과하였다. 남부에서 '혐오 관세'라고 비난한 1828년의 관세 인상 등은 그 사이의 간헐적 관세 인하로 효과가 무력화되면서도 미국의 제조업 융성에 기여했다. 1862년과 1864년에도 이어진 관세법 도입으로 그 수준은 더욱 높아졌다.

그 결과 대서양 연안의 동부 지역에서 제조업이 번창했다. 공산품을 수입에 의존하기보다 동부를 중심으로 육성시키고 필요한 원재료는 서부에서 공급받는 동서 교역은 상승 작용을 일으켰다. 유럽 여러 나라로부터는 인구와 자본, 기술, 정신적 역량 등을 적극 받아들였다.

이처럼 미국의 경제 위기는 보호무역이 아닌 자유무역 시기에 들이닥쳤다. 리스트는 영국이 미국의 부상을 막고자 끊임없이 무력 수단이나 자유무역 이데올로기를 동원했다고 본다. 영국은 그 당시 미국이 농업 단계에 머물러 있어야 한다고 주장했으나 리스트는 미국이 영국 말을 따르다간 그 속국으로 남게 될 것이라고 경고했다.

독일은 어떻게 미국을 능가하게 되었나

독일은 1871년에서야 25개 연방국가가 프로이센을 중심으로 통일된 독일제국을 수립해 프로이센 왕 빌헬름 1세가 황제로 등극하고 오토 폰 비스마르크(Otto von Bismark)가 재상에 취임하였다. 그 전까지 독일은 무수한 왕국, 공국, 후국, 백국, 자유시 등으로 사분오열된 상태였다. 군주들은 통일이 이뤄질 경우 강력한 세습 왕권 하에서 자신의 권력이 약화되는 것을 두려워해 어떻게든 통일 국가의 탄생을 막고자 했다. 독일제국의 배경이 되는 신성로마제국은 프랑스의 철학자 볼테르의 말을 빌리자면 "신성하지도 않고, 로마도 제국도 아닌" 30여개의 소국들로 갈라져 있던 지역이다.

18세기 초반까지도 독일은 스미스의 자유무역 사상을 떠받드는 나라였다. 그런 독일의 제조업이 발전하게 된 계기는 1685년 낭트 칙령의 무효 선언 이후 이를 피해 독일로 유입된 수많은 개신교도 난민들이 가져 온 제조 능력 덕분이었다. 애초에 상공업에 종사하는 부르주아 계급이었던 이들이 독일에서 모직, 견직, 보석 세공, 모자, 장갑 제조 등에 나섰다. 제조업 촉진을 위한 최초의 정부 조치는 오스트리아와 프로이센에 의해 도입된 보호관세, 양 사육방식 개선, 도로망 개선, 기타 산업 진흥책 등이다. 이 과정에서 보호관세도 점진적으로 도입해야 함을 배웠다. 그러나 독일은 당시에도 여전히 자유무역주의의 영향 하에 있었기에 제조업이 발달하기 힘든 상황이었다.

영국과의 무역을 프랑스와의 무역으로 대체시킬 목적으로 나폴레옹이 1806년 단행한 대륙 봉쇄는 독일이 제조품 수입을 막고 자국 제조업을 일으키는 계기가 되었다. 그러나 평화가 시작되자 독일 제조업은 영국의 우수한 제품에 밀리기 시작했다. 영국은 독일 제조업의 씨를 말리고자 '약탈적 덤핑'에 나섰다. 결국 독일은 국내 제조업자들의 원성에 못 이겨 상품의 중요도에 비례해 보호관세를 부과하였다. 그러나 부과 대상에는 오스트리아, 영국, 프랑스뿐 아니라 독일의 중소 주도 포함되었다. 이것이 독일 통일의 출발점이 된 독일관세동맹(1834~1919) 체결 배경이다. 관세동맹 하에서 독일 주들은 상호 세관을 폐지하고 단일 세관을 설치해 외국에 대해 공동 관세를 부과했고 그 수입은 주별로 인구에 비례해 배분했다. 이에 통합 주의 공업은 눈부시게 발전했다.

역사의 교훈

리스트는 19세기 초반 사회적 · 개인적 역량과 국부의 강력한 상호작용에 힘입어 제조업을 육성시킨 것이 국부의 원천이었음을 반복해 보여준다. 그의 역사적 관찰에 따르면 '개인의 역량'과 시민적 자유, 제도, 법률, 행정, 대외 정책, 민족의 통일과 같은 '사회적 역량'이 '세력'과 결합할 때 비로소 국부가 창출되고 유지된다. 그 집약체가 해운업과 제해력(制海力)이다. 그러나 이는 제조업이 번성할 때 비로소 가능하다. 자유무역은 생산역량이 저급한 경제 발전의 초기에는 유익하나 일정 단계에 들어선 후에는 각종 규제와 장려 조치를 통해 외국의 자본과 기술, 기업가 정신을 이식시킨다.

리스트는 보호무역이 선진 문화와 제도의 뒷받침이 있을 때 효과적임을 베네치아, 스페인, 포르투갈의 역사에서 배웠다. 보호무역이 합목적적 무역정책과 연결되어야 민족의 부를 보장할 수 있음은 미국과 독일의 경험에서 얻었다. 특히 독일 역사는 공동 무역정책의 중요성을 일러준다. 영국에 대항한 독립전쟁으로 독자적 생산역량을 성취한 미국의 사례도 중요하다. 부와 세력의 최고 단계에 도달했을 때 자유무역으로 점진적으로 회귀해 자국 기업의 경쟁력을 유지시키는 것의 중요함도 깨우쳤다. 리스트가 보기에 이 단계에 도달한 나라는 오직 영국뿐이었다.

리스트의 경제사상

『체계』는 크게 1부 역사, 2부 이론, 3부 체계, 4부 정책으로 구성되어 있다. 그는 1부에서 이탈리아, 한자(Hansa) 동맹, 네덜란드, 영국, 스페인과 포르투갈, 프랑스, 독일, 러시아, 북아메리카 등의 경제사에 천착했다. 지금까지 살펴 본 영국, 미국, 독일 사례가 1부에 담긴 내용이었다. 이를 토대로 리스트는 국부 창출의 원천을 이론화하고 구체적인 정책 제안으로 나아간다.

민족경제와 정치경제학

리스트는 국민경제학(national economics)과 개별경제학(individual economics)을 구분하고 개인과 국가의 이해는 상충할 수 있다고 밝힌다. 다른 한편 개별 국가가 사상된 채 과도한 일반화로 빠진 만민경제학(economic cosmopolitanism)과 개별 국가의 특수한 사정과 역사를 고려한 정치경제학(political economy)도 구분한다.

그는 인민경제와 국가경제의 차이도 강조한다. 개인의 이익과 인류의 연결자, 혹은 매개자가 국가다. "인민경제(economy of the people)는 국가(state) 혹은 연방국가(confederation)가 인구, 영토 보유, 정치 제도, 문명, 부와 권력에 의해 자주의 소명을 띠고 지속성과 정치적 효력을 가진 민족(nation) 전체를 포괄할 경우에 민족경제(national economy)로 승격된다. 인민경제와 민족경제는 여기서 동일한 것이다. 그것들은 국가 재정 경제와 함께 민족의 정치경제학(political economy of the nation)을 이룬다. 독일 민족이 관세동맹을 통해 비로소 민족 정체성의 가장 중대한 특성을 이루어 냈다"(List, 1841/2016: 258).

생산역량과 제조역량

리스트는 노동만을 부의 원인으로 간주하거나 교환을 통

해 부가 창출된다고 믿었던 스미스나 장바티스트 세(Jean-Baptiste Say)에 반기를 들고 부의 원천으로 교환할 뭔가를 훌륭히 생산해 낼 수 있는 '생산역량'을 제시한다.

그는 또한 제조역량(manufactungkraft)과 이를 포괄하는 광의의 생산역량(productionkraft)을 구별한다. "한 나라의 진정한 부는 그 나라 생산력의 온전하고도 종합적인 개발이다." 한 나라는 농업, 제조업, 상업을 모두 발전시켜야 하나 특히 제조업은 그 나라의 문화와 독립에 영향을 미치기 때문에 중요하다. 국내 농업은 오로지 국내 제조업을 통해서만 경제적 방식으로 향상된다. 제조업은 상업, 해운, 개선된 경작의 기초이고 따라서 문명과 정치적 강성의 기초다. 이런 입장에 서게 되면 자연스럽게 교환가능성에 중점을 두고 농업과 제조업에 동일한 가치를 부여하는 가치이론에 반대하게 된다.

물질적 생산력과 정신적 생산력

한 국가가 부강해지려면 자연 조건 외의 보조 수단도 중요하다. 경제적으로는 농업이, 정신적으로는 교육이, 사회적으로는 제도와 법률이 그것이다. 국내 제조업이 번영하지 못한다면 이는 그 민족이 역량 배양에 필요한 보조 수단을 아직 보유하지 못했다는 증거다. 민족의 국부 창출에는 노동뿐 아니라 제도와 행정, 교육, 종교와 도덕, 예술까지 제조 역량 강화에 기여하는 모든 수단이 중요해진다. 전국 철도망은 기근 방지, 생필품의 가격 변동 완화에 기여하며, 국가 정체성과 단합을 촉진할 뿐 아니라 안보와 문화도 발전시킨다. 그는 영국에서 1825년 세계 최초로 부설된 철도가 영국의 공업화에 미친 지대한 영향력을 간파했다.

국부 생산은 물질적 생산력과 정신적 생산력의 분업에 의존한다. 전자는 국민들이 사용하는 물자를, 후자는 지식과 문화를 생산하는 힘이다. 민족경제 내에서 다양한 분업을 유기적으로 통합하는 것도 중요하다. 분업 구조는 한 분야가 마비되면 전체의 마비를 초래하는 비효율이 생기기 때문이다. 여기에서 보완적인 생산역량 간의 조화가 필요해진다. 국부 창출은 필연적으로 강력한 정부를 요구한다. 정부는 두 가지 책임이 있는데 하나는 현 세대, 다른 하나는 미래 세대를 위한 책임이다.

발전 단계별 무역 정책

리스트는 민족의 경제발전 단계를 다섯 단계로 나누고 각 단계에 부합하는 무역 및 산업 정책을 제시했다(표 5-1). 이에 따르면 제조업 육성이 필요해진 3단계에 접어들어

표 5-1 리스트의 발전 단계별 무역 정책

<table>
<tr><th colspan="2">산업 발전 단계</th><th>무역</th><th>산업·무역 정책</th></tr>
<tr><td>1</td><td>원초적 야만 시대</td><td rowspan="2">자급자족 단계</td><td rowspan="2">자유무역(농산물 수출, 공산품 수입)으로 농업 육성</td></tr>
<tr><td>2</td><td>목축 시대</td></tr>
<tr><td>3</td><td>농업 시대</td><td>체제개방 단계</td><td rowspan="2">특정 분야에 국한된 절제된 보호무역(공산품 수입 제한)으로 제조업 육성</td></tr>
<tr><td>4</td><td>농업·제조업 시대</td><td>균형성장 단계</td></tr>
<tr><td>5</td><td>농업·제조업·상업 시대</td><td>성숙 단계</td><td>자유무역(공산품 수출, 농산물 수입) 가능한 '정상국가'</td></tr>
</table>

만일 공산품 수입이 이를 지체시킨다면 수입 금지, 수입 관세, 운항 제한, 수출 보조금, 관세 환급 등의 '절제된' 보호조치는 정당화된다.

보호관세로 초래된 민족의 손실은 민족 산업 육성의 대가로 간주된다. 이는 전쟁에 대비한 산업적 독립성도 확보해 준다. 보호조치가 단기적으로는 국내 제조품의 가격을 인상시키나 장래에는 국내 경쟁에 따라 저렴한 가격을 보장한다. 단, 보호조치는 점진적이어야 한다. 과도하게 높은 관세는 국내 경쟁을 배제시키고 무감각을 조장하므로 초기부터 보호무역에 나서는 것은 어리석다. 과도한 보호조치의 실행과 과도하게 이른 도입은 민족의 복지 축소라는 부메랑이 된다. 정당한 보조금은 민족의 잠재하는 기업가 정신을 자극하기 위한 초기의 지원이다. 보호 방식도 융자와 같은 자금 지원보다 국고로의 주식 매입 등이 바람직하다.

리스트는 영국에서 생겨난 자유주의는 영국 이익에 복무하는 것으로, '국부론'이야말로 영국 역사의 산물이라는 생각에 이르자 자신이 가르치던 그 이론에 반기를 들었다. 그에게 자유주의란 영국이 자신을 향해 사다리를 타고 오르는 추격자를 밀쳐내기 위한 '사다리 걷어차기'에 불과하다. "스미스 이론은 영국에서 사용하기 위해서가 아니라 수출하기 위해 개발된 것"이므로 독일이 따라야 할 것은 영국이 말한 게 아니라 행하는 것이다. 자유는 부국의 '수단'이 아니라 '결과'다. 자유무역은 서로 발전 수준이 대등할 때 비로소 호혜적이 되며 무역 조약도 정당화되고 영속된다.

산업체제 vs 중상주의

산업체제(industrial system)의 장점은 민족경제의 번영을 위하여 제조업 역량 배양에 필요한 모든 타당한 수단을 가리키는 것이다. 리스트는 그러나 이것이 급진적이거나 부적절한 보호주의, 즉 무역흑자 달성으로 얻는 화폐 수입에 과도하게 가치를 부여하는 중상주의로 오해될 수 있음을 단점으로 제시한다. 그는 보호주의의 효율성에 방점을 찍은 자신의 사상은 보호주의라는 목표 실현에 관심이 있는 미국체계론과 다르다고 주장한다. 제조업 육성을 국부의 원천으로 여긴 그의 사상은 자유무역을 통한 금은의 축적을 국부로 여긴 중상주의와도 다르다.

영국은 리스트가 제시한 산업체제의 조건을 모두 갖춘 이상형이다. 물적 역량과 정신적 역량의 상호작용, 개인적 역량과 사회적 역량의 상호작용, 양자 간의 선순환, 유능한 제조기술자의 유입, 운송수단 발달, 경제 발전에 기여한 정치, 지리, 종교, 초기의 원재료 수입과 공산품 수출 원칙 견지, 항해조례로 대표되는 영국 산업 육성을 위한 보호무역조치 등이 그것이다.

리스트의 공헌과 한계

리스트는 경제사 연구를 토대로 국부 창출 수단은 분업이나 교환이 아니라 생산역량 강화이며, 이를 이루기 위한 일시적이고 절제된 조치로서의 보호무역주의를 주창했다.

독일인의, 독일을 위한 경제학 수립

리스트는 마르크스와 함께 독일을 대표하는 19세기 경제학자로, 후발공업국의 경제발전에 기여한 그의 사상은 사후에 더욱 빛을 발하였다. 무엇보다도 조국 독일에서 그의 사상은 철의 재상 비스마르크에 의해 유치산업 보호정책으로 구체화되었고 그가 주창한 '관세동맹(Zollverein)'은 독일 민족의 경제 통합과 유럽경제공동체(European Economic Community) 형성의 이론적 토대가 되었다. 그는 독일 철도와 상공회의소의 창시자이기도 하다. 그러나 민족경제를 중시하는 그의 사상은 의도치 않게 나치즘의 확산에도 영향을 미쳤다.

그의 사상은 직접적으로 보호무역주의, 사회간접자본 확충, 제조업 장려, 국립은행 설립, 수출 보조금을 강조하는 미국체계파인 미국 초대 재무장관 알렉산더 해밀턴(Alexander Hamilton) 등의 영향을 크게 받은 것으로 알려져 있으나 오히려 그 반대라는 주장도 있다. 리스트는 국익에 봉사하는 경제정책 운용을 주장하는 이 개념에 매료된 것으로 보인다. 1791년 12월 해밀턴은 미 의회에 제출한 '제조업에 관한 보고서(Report on Manufactures)'에서 미국이 독립과 번영을 유지하기 위해서는 유치산업 보호를 위한 관세와 보조금을 적절히 활용해야 한다고 주장하였다.

미국에서 보호주의가 실제 적용되고 있음에도 불구하고 아직 이론적 체계는 마련되지 않았던 터에 1827년 리스트의 『미국정치경제론』은 미국에 적지 않은 반향을 불러 일으켰다. 그는 이 책에서 '국가 이익'이란 '개인 이익'의 산술적 총합이 아닌 별개의 '국가의 자기 보존'으로 정의하는데, 이 개념을 먼저 제시한 이는 해밀턴과 레이몬드지만 체계화한 것은 리스트다.

1841년 발간된 『체계』를 한 마디로 요약하자면 '독일인에 의한 독일을 위한 경제학'이다. 그는 일생을 독일의 경제와 경제학 발전에 투신한 실천적 지식인이었다.

20세기 후발국의 개발전략에 이론적 토대 제공

20세기 들어서 그의 사상은 미국을 포함하여 전 세계 후발공업국으로 전파된다. 아일랜드의 산업화와 보호주의에 영향을 미쳤고, 러시아 제국의 재정상 세르게이 비테(Sergei Witte)도 그의 영향을 받아 러시아 산업화의 출발점을 시베리아 횡단철도 부설로 삼았고 보호무역주의에도 영향을 미쳤다. 19세기 말 유럽 주요국들은 대부분 보호주의를 취했다. 1840년대 헝가리의 혁명가 러요시 코슈트(Lajos Kossuth)는 리스트를 인용해 공업국과 농업국은 주종 관계에 있다고 강변했다.

영국의 저명한 경제학자 앵거스 메디슨(Angus Maddison)은 마르크스가 중상주의적 자본주의 시기의 영국과 그 피식민지인 빈국에 주로 관심을 나타낸 반면, 영국을 추격하는 서구 나라들의 정책에는 무관심했다고 지적한바 있다. 그가 리스트를 달리 평가하는 연유다.

아시아 후발국의 경제 개발 정책도 리스트에게 사상적으로 빚을 졌다. 일본의 메이지 유신 당시 대외 정책은 도요토미 히데요시의 중상주의와 리스트의 보호주의의 조합이라 하겠다. 중국 덩샤오핑의 개발 모델도 마르크스보다 리스트의 영향이 더 커 보인다. 최근 인도의 경제 개발 정책도 마찬가지다. 한국도 예외가 아니다. 장하준, 에릭 라이너트(Erik Reinert) 등은 리스트의 보호주의를 개도국에 적합한 정책으로 간주한다.

역설적이게도 리스트는 아시아 국가나 열대 지역 나라들에 대한 지독한 편견에 사로잡혀 있었다. 그는 미개한 아시아 국가들은 유럽에 제 발로 걸어 들어가야 문명화된다고 단언했다. 이렇게 보자면 아시아의 후발공업국은 리스트의 충고에 반하는 길을 걸어간 셈이라 할 수 있으나, 제조업 육성과 보호주의 채택, 강력한 국가 주도 경제 개발이라는 요소는 리스트 사상을 충실히 따른 것이다. 다만 그것이 초기에는 개발 독재의 양상을 띠는 경우가 적지 않았다.

다시 제조업의 시대, 리스트가 옳았다

리스트가 그토록 강조했던 제조업이 새삼 재조명되고 있다. 코로나 발발 직후 마스크, 인공호흡기 등의 생산 기반이 없던 나라들은 최첨단 기술도 무용지물이었으니 발을 동동 구를 수밖에 없었다. 가히 제조업 전성시대가 돌아왔다. 특히 첨단 제조업이 각광받고 있다. 반도체 세계대전이 벌어지고 있는 와중에 한국 기업이 바이든 대통령이 주재하는 백악관 회의에 초청될 수 있던 배경이 다름 아닌 반도체 '생산역량'이다. 지금 한국의 반도체 제조역량은 '전략 자산'이다.

농업(1차 산업)은 제조업을 통해서만 경제적 방식으로 향상된다는 그의 혜안은 국내 합판 산업 보호 사례에서도 잘 드러난다. 산업부 무역위원회는 2020년 9월 베트남산 합판에 5년간 9.18~10.65%의 반덤핑관세 부과를 결정했다. 이 판정의 일차적 이유는 덤핑수입에 따른 실질적인 피해 발생이나 그 너머에는 경제안보적 고려와 전략 물자 보호의 의도도 연관성도 있었다. 합판 제조업은 대형 산불과 같은 국가 재난 복구 시 필수적인 군수물자이자 탄소

중립에도 긴요한 산림 유지에 불가피한 기반이 되는 제조업이기 때문이다.

리스트의 한계, 시대의 한계

리스트가 강조한 각국 발전 단계에 적합한 산업 및 무역 정책의 실행이 현실에서는 그리 간단치 않다. 리스트의 벤치마크 대상이던 영국이나 미국의 놀라운 성취가 이들 정부의 현명한 정책 운용에서 비롯된 것인지에 대한 인과관계 검증은 힘들다. 이들과 유사한 여건 하에 유사한 정책을 채택했으나 실패한 사례도 있다. 이러한 리스트의 한계를 지적하며 존 스튜어트 밀(John Stuart Mill)은 1848년『정치경제학 원리(Principles of Political Economy)』에서 일시적 보호조치가 정당화되는 유일한 조건을 구체적으로 제시해 그의 이론을 발전시킨다.

오늘날 주류 경제학자들은 국내 유치산업이 왜 보호조치를 통해서 육성되어야 하는지 묻는다. 이것이 정당화되는 경우는 외부성이 존재하는 두 가지 경우뿐이다(Feenstra & Taylor, 2015). 첫째, 자본시장의 불완전성으로 인해 금융기관이 장래가 유망한 기업에 대한 대출 의향이 없을 경우다. 둘째, 보호조치로 특정 기업만이 아닌 산업 전반의 혁신이 기대되는 경우다. 이처럼 외부 효과가 기대되나 시장 실패가 존재하는 경우 보호조치는 정당화된다. 그럼에도 시장 실패의 존재가 곧 모든 정부 개입을 정당화시키지 못한다. 따라서 유치산업 보호가 성공하려면 보호 대상 기업이 미래에는 보호가 필요 없게끔 성장해야 되며, 그로 인해 얻는 미래 이익이 관세 부과라는 손실을 상회해야 한다.

보호주의는 모든 경제 주체에게 가뭄에 단비처럼 보이지만, 현실은 그렇게 단순하지 않았다. 영국에서 곡물법을 둘러싸고 지주와 자본가 사이에 지루한 갈등이 이어졌고, 미국에서도 고관세를 둘러싼 남과 북의 갈등이 내전의 도화선이 되었다. 무역을 둘러싼 국내 이해 당사자 간의 명백한 대립 구도야말로 국가 간 대립을 규정하는 핵심 사안임에도, 민족주의 경제학자 리스트의 시야에는 이러한 계급 갈등이 가려졌거나 애써 외면한 듯 보인다. 이 지점이 바로 마르크스가 리스트의 보호주의를 국내 부르주아를 옹호하는 논리라고 비판한 지점이기도 하다.

리스트는 합목적적인 보호 체제가 당장은 국내 가격을 인상시키나 장래에는 국내 제조업자들에게 독점권을 주지 않아 국내 가격을 인하시킨다고 했으나 실은 그 반대의 경우가 허다하다. 보호주의가 국내 정치 세력과 결탁될 경우 그 가능성은 더 높아진다. 미국 정부가 자국 자동차 산업 보호를 위해 가격 대비 성능이 좋은 일본산 자동차에 고관세를 부과했을 때, 미국의 소위 '빅3'는 그로부터 얻는 혜택을 경쟁력 제고에 쓰기보다 자동차 가격 인상으로 정부의 뒤통수를 때렸다. 미국의 자동차 산업이 보호조치에 힘입어 경쟁력을 회복했다는 얘기도 들려오지 않는다. 이미 쇠퇴의 길로 접어들어 회복이 어려워졌기 때문이다. 다만 안보 명분의 고관세 부과가 이어지고 그 대상이 확대되었을 뿐이다.

현실에서는 보호무역주의와 자유무역주의가 단계론적인 선택지도 양자택일의 문제도 아닌 배분과 조합의 사안일 경우가 적지 않다. 한국의 경우 1962년 시작된 정부 주도 경제 개발 과정에서 보호주의에 기반한 중화학공업의 수입대체 공업화는 자유주의에 기반한 외화 획득용 1차 산품 및 경공업제품의 수출주도 공업화와 병존했고, 상호 연계되었다. 상품무역에서 자유무역을 추구하면서도 금융부문에서의 외국자본 통제는 상당 기간 이어졌고, 금융시장 자유화가 본격적으로 논의되기 시작한 것은 1996년 OECD 가입을 앞둔 시점이었다.

21세기에 다시 읽는 보호주의

리스트 사후에도, 아니 그 이전에도 보호주의는 강인한 생명력을 과시했다. 주류 경제학 교과서에서 자유무역 이데올로기가 칭송되는 것과는 달리 세계경제사에서는 자유무역과 보호무역이 국내 이해당사자 간 역학 관계가 투영된 상호 길항작용에 따라 부단히 반복되어 왔다. 무역이 국내적으로 승자와 패자를 동시에 만들어내는 한 자유무역의 역사는 보호무역주의의 역사와 불가분의 관계에 있다. 다만 보호주의가 시대 변화에 발맞춰 진화하거나 변용되어 왔을 뿐이다. 그렇다면 21세기 오늘날의 보호주의는 어떤 모습일까. 필자는 21세기 보호주의의 특색으로 첫째, 국제규범 기반의 절제된 보호주의의 쇠락, 둘째, 약자가 아닌 패자(覇者)의 보호주의로의 전도, 셋째, 경제와 안보의 연계에 따른 보호주의의 진영화를 꼽는다.

보호주의의 진화와 변용

리스트가 명시적으로 보호주의 개념을 정의하진 않았으나 보호주의 조치로 수입금지, 수입관세, 운항제한, 수출보조금, 관세 환급 등을 정책 수단으로 제시했다. 사이먼 에버넷(Simon Evenett)은 19세기 리스트에서 출발해 20

세기 대공황 이후 악명을 떨친 보호주의에 이르기까지 전통적인 보호주의의 세 요소로 '상품', '수입', '관세'를 꼽았고, 그 교집합이 '상품수입관세'라고 말했다(Evenett, 2019). 그렇다면 21세기에는 어떨까. 오늘날에는 서비스라고하기에도 모호한 자국 소비자 정보의 해외유출이 규제되며, 희토류와 첨단기술의 경우 수입이 아닌 수출이 제한되고, 관세뿐만 아니라 기술이전, 투자, 제도 등도 보호주의 대상이 되는 시대가 도래했다. 이처럼 21세기의 보호주의는 "국내 기업에 우호적인 해외 경제주체 대상의 모든 종류의 차별적인 정부개입"(Evenett, 2019)이 되었다.

2021년 미국의 대중 견제 조치 대상은 고율의 수입 관세는 물론 전략물자 수출 규제, 반도체 육성을 위한 산업정책, 보조금, 정부 조달, 공급망 안정성 강화, 투자 제한, 금융 제재, 신장 위구르산 제품에 대한 특별 규제, 민간인의 미국여행 제한 등 실로 전방위적이다(US Chamber of Commerce, 2021). 이들 조치는 리스트 시대의 그것보다 훨씬 복잡하고 불투명하며 자의적인 것이다.

물론 보건, 환경, 안보 등 공공정책 목표 실현을 위한 무역제한조치를 모두 보호주의라고 힐난하기는 어렵다. WTO에서 다자주의의 예외로(마지못해!) 사후 추인한 지역무역협정(Regional Trade Agreement: RTA)도 마찬가지다. 그럼에도 이들이 해외 기업에 차별적인 경우가 적지 않다. 따라서 오늘날의 보호주의는 '무역 장벽'이나 '무역 규제'보다 포괄적인 함의를 지닌 '무역 왜곡 조치'라고 칭함이 적절할 것이다.

WTO, 규범 기반 절제된 보호주의의 쇠퇴

1929년 발발한 대공황은 이듬해 농산품뿐 아니라 공산품에도 고관세를 부과하는 '스무트-홀리 관세법(Smoot-Hawley Tariff Act)' 제정으로 이어졌다. 이 악명 높은 관세법은 캐나다와 같은 무역 상대국의 보복관세를 낳았고 그 악순환은 제법 비용을 치른 뒤에야 멈췄다. 1947년 출범한 '관세와 무역에 관한 일반협정(GATT)' 체결에 기반한 자유무역시대의 도래는 2차 세계대전 이후 유일강국으로 부상한 미국의 자비에 기댄 바가 크다. 하지만 GATT 체제 출범이 곧 모든 무역의 자유화를 의미하지는 않는다. 이후에도 공산품의 관세는 점진적으로 인하되었지만 섬유 제품과 농산품에 대한 고관세는 그다지 변화가 없었다. 즉, 보호주의의 시각에서 GATT 체제를 재해석하자면 이 시기는 선택적 자유무역의 시대였다.

GATT 체제 출범 이후 1980년대 초반 석유 파동, 글로벌 금융위기에 이르기까지, 불황이 닥치면 주요국에서 보호무역이 기승을 부리는 역사는 어김없이 반복되었다. 1995년 다자주의에 입각한 자유무역을 추진하고자 세계무역기구(WTO)가 출범한 뒤에도 스무트-홀리 관세법과 같은 악명 높은 법들이 사라졌을 뿐이지 보호주의 자체가 자취를 감춘 것은 아니었다. 국제 규범에 기반해 다소 절제되었을 뿐이다. 예컨대 WTO 회원국은 과도한 수입급증으로 자국 산업이 피해를 입거나 입을 우려가 있을 경우 WTO 규범에 합치되는 긴급수입제한조치, 반덤핑 및 상계관세 부과 등의 '무역구제조치'를 취할 수 있었다.

그러나 WTO의 총의(consensus)에 기반한 거버넌스의 한계, 강대국의 횡포 등으로 점차 WTO가 표방한 자유무역주의는 한계를 드러냈다. 결국 이 틀을 벗어나 뜻 맞는(like-minded) 소수국끼리 보다 포괄적이고 높은 수준의 자유무역을 추구하는 지역주의(regionalism)가 역설적으로 WTO 출범을 전후로 만연하며 WTO는 예측 가능한 내리막길로 접어들었다.

중국의 부상, 2008년 글로벌 금융위기 이후 미국의 쇠퇴, 트럼프의 취임을 통해 미중 분쟁이 더욱 심화되면서 기술한 WTO의 구조적 맹점과 상승작용을 일으키며 규범제정(입법 기능), 무역 협상(행정 기능), 분쟁 해결(사법 기능) 등 3대 핵심 기능 모두 형해화되었다.

WTO의 행정, 입법, 사법 기능은 모두 마비되었다. 먼저 행정 기능의 사실상 종언이다. 21세기의 신 새벽, 2001년 도하개발라운드(Doha Development Agenda) 다자무역협상이 중단된 후 두 번 강산이 변했다. 입법 기능도 역사의 뒤안길로 사라졌다. WTO는 이제 디지털 전환, 공급망, 환경, 노동, 안보 등 무역에 지대한 영향을 미치는 보호주의인지 뭔지도 모를 조치가 속속 생겨나도 이를 논의하고 규율할 규범을 만들어내지 못한 지 오래다. 사법 기능도 수명을 다했다. 미국의 후임자 선출 방해로 분쟁해결기구의 2심을 다루는 상소기구는 이미 공중분해 되어버렸다.

이리하여 WTO 개혁은 구호만 무성한 채 각자도생의 민족주의, 국수주의에 더해 안보와 보호주의가 여전히 강력한 생명력을 과시하고 있다. 결국 그나마 절제된 보호주의도, 강대국의 횡포를 견제할 국제규범이 설 땅이 점차 사라지고 있다. 혼돈의 세계무역질서. 이것이 21세기 보호주의의 현주소다.

패자의 보호주의, 미국우선주의

도널드 트럼프(Donald Trump)는 2016년 대선 당시 한 연설에서 자신의 대외 정책을 제시하며 알렉산더 해밀턴

(Alexander Hamilton), 조지 워싱턴(George Washington), 에이브러햄 링컨(Abraham Lincoln) 등을 호출했다. 그러나 정작 그는 해밀턴이 보호무역 정책을 신중히 사용할 것을 주문한 점은 함구했다.

에릭 헬라이너(Eric Helleiner)는 리스트의 보호주의와 트럼프의 미국우선주의는 유사품으로 보이나 실은 다르다고 강변한다. 첫째, 보호주의의 주체가 전도되었다. 전자는 후발국의 유치산업 보호를 위한 일시적 조치인 반면, 후자는 선발국이 후발국의 도전을 막고자 장기간 지속되는 것이다. 미국의 첨단 산업 보호주의는 1994년 빌 클린턴(Bill Clinton) 대통령에 의해 도입된 '전략적 무역정책'에 기원을 둔다. 미국의 대중국 전략은 안보, 인권과 민주주의 가치 수호의 명분으로 포장되나, 본질은 우아한 '사다리 걷어차기'인 경우가 적지 않다. 이는 독일이 영국에 취한 게 아니라, 영국이 미국에 취한 것의 데자뷔다. 둘째, 전자는 민족경제의 발전에 방점이 찍혀 있으나 후자는 무역 이익의 국내 배분에 관심이 크다. 셋째, 전자는 만국연합을 주장할 정도였으나 후자는 국제기구의 존재나 국제협력을 부정한다. 리스트가 제조업 육성을 중시한 이유 중 하나도, 그것이 만국의 힘을 균등하게 만들어 궁극적으로 만국연합을 건설할 효과적인 수단으로 봤기 때문이다.

미국우선주의는 패자(霸者)의 보호주의다.

경제와 안보의 연계, 보호주의의 '진영화'

코로나 팬데믹의 발발은 바이든 정부가 들어서기 전까지 19세기 리스트가 주창했던 보호주의가 진화하고 변용되는 직접적인 계기로 작용하였다. 코로나로 인해 과도하게 긴 글로벌 가치사슬(Global Value Chain: GVC)의 취약성이 드러났다. 중국과 같은 특정국에 대한 공급망 의존의 위험성에 대한 자각이 생겨났고, 이는 효율성(efficiency)보다 안정성과 회복력(resilience)으로 공급망의 중심축이 이동하는 분기점이 되었다.

21세기 보호주의에 장기간 영향을 미칠 핵심 변수로 미중전략경쟁이 코로나를 능가하게 될 전망이다. 더 이상 전후 자비의 화신으로 다가온 풍요로운 미국은 존재하지 않는다. 중국에 쫓기기 시작한 미국의 중국 때리기는 전방위적이다.

동맹 중시 바이든 대통령이 들어서면서 보호주의 색채는 '진영화' 양상을 띠기 시작했다. '비시장경제' 중국이 보조금 지급, 외국 자본 통제, 기술 탈취 등 다양한 '불공정' 무역행위로 비난을 받던 와중에 홍콩과 신장 위구르에서 보여준 가혹한 인권 탄압 행태는 서방의 가치와 규범을 위협하는 존재로 부각되기에 족했다. 특히 AI, 로봇, 드론 등 이중용도(dual-use) 첨단 기술 분야에서 미중 경쟁은 미국의 동맹과 우방 대 중국 진영 간 경쟁 양상을 드러내고 있다. 패자(覇者)의 보호주의가 안보의 갑옷을 입기 시작한 것이다. 바이든은 2021년 2월 취임 직후 경제안보상 4대 핵심품목(반도체, 대용량 배터리, 핵심광물, 제약)의 공급망 100일 조사를 지시하는 행정명령 14017호를 발동하고 그 결과를 6월에 공개하였다(White House, 2021). 그는 트럼프와 달리 대중 봉쇄를 위해 한국, 일본, EU 등 동맹과 우방을 최대한 활용해 중국을 핵심품목에서 디커플링시키고 자국 제조업을 강화하고자 한다. 그 일환으로 제조 강국인 한국과 3대 품목(반도체, 배터리, 제약)의 협력을 추진함으로써 리스트가 강조했던 제조역량의 중요성을 환기시켰다. 이렇게 보면 한국이 당장에는 보호주의 진영화의 반사이익을 보는 듯하나, 그 화살이 언제 또 안보라는 미명하에 한국을 향하게 될지는 아무도 모른다.

21세기 보호주의의 비용

경제의 글로벌화가 고도로 진전된 21세기, 자국 정부의 보호주의에 쌍수 들고 환영하기는커녕 오히려 반기를 드는 풍경은 지난 세기보다 자주 연출된다. 2021년 1월 국제

반도체장비재료협회(SEMI)는 바이든 정부에 트럼프 정부 당시 도입했던 대중 수출 규제의 재검토를 촉구했고, 2월 미국상공회의소는 미중 분쟁으로 항공, 반도체, 화학, 의료기기 등 자국 경쟁우위산업이 입을 피해를 집중 조명했다. 주중유럽연합상공회의소도 유사한 입장을 표명했다. 이러다 "만국의 자본가여, 단결하라"라는 외침을 듣게 될지 모른다.

2020~2021년 미국경제가 회복될 기미를 보이자 대미 수출을 가장 많이 늘린 나라는 놀랍게도 중국이다. 중국 말고는 팬데믹 와중에 공장을 가동시킨 나라가 거의 없었기 때문이다. BCG는 만일 미중 디커플링이 지속되면 미국의 대중 공산품 수입은 2019년 대비 15%로 급락할 것으로 추산한다.

21세기 보호주의가 국내 기업은 죽지 않는 '지마불사(地馬不死)' 시대, '모두가 모든 것을 생산하는(every-country-for-itself)' 고비용 시대를 불러낼까 우려된다. 미국반도체협회(SIA)는 만일 반도체 GVC 참여국 · 지역이 각기 내재화에 나선다면, 추가 투자비용이 최소 1조 달러에 달해 반도체 가격의 35~65% 증가를 초래하고 궁극적으로 전자제품의 가격 인상으로 이어질 것이라고 경고한다(BCG & SIA, 2021). 그 종착역에 '지마불사' 신화가

기다리고 있을지 모른다. 보조금을 먹고 큰 지마는 다시 대마가 되고 새로운 무역 분쟁의 불씨가 될 수 있다.

보호주의 대 자유주의의 지난한 투쟁만큼 어느 것이 국가경제를 이롭게 하는가를 둘러싼 해묵은 논쟁도 여전히 평행선이다. 방대한 세계 무역의 역사를 조망한 윌리엄 번스타인(William Berstein)은 "물건을 나르고 교환하는 본능은 인간 고유의 속성이다. 그 본능을 억압하려는 모든 노력은 결국 실패할 수밖에 없다"(Bernstein, 2008/2019)고 장담한다. 과연 그럴까. 21세기에는 보호무역이 신냉전질서의 도래와 접목되어 상당기간 지속될 전망이다. 그 비용은 누가 감당하게 될까.

참고문헌

김양희(2020a). 포스트 코로나19 국제경제 질서의 전망과 정책 시사점. ≪주요국제문제분석≫, 2020-11, 국립외교원 외교안보연구소.

김양희(2020b). 일본의 수출규제 강화에 대응한 한국의 '탈일본화'에 관한 시론적 고찰. ≪일본비평≫, 24호, 서울대학교 일본연구소.

백종국(2017). 국가발전의 정치경제학: 프리드리히 리스트의 민족주의 정치경제학을 중심으로. ≪21세기정치학회보≫, 27집 1호, 85~103.

Bernstein, J. W.(2008). *A splendid exchange: How trade shaped the world.* Atlantic Monthly Press. 박홍경 옮김(2019). 『무역의 세계사』. 라이팅하우스.

Boston Consulting Group(2020). *How restrictions to trade with China could end U.S. leadership in semiconductors.* BCG.

Boston Consulting Group & SIA(2021). *Strengthening the global semiconductor supply chain in an uncertain era.* SIA/BCG.

Dent, C. M.(2020). Brexit, Trump and trade: Back to a late 19th century future?. *Competition and Change, 24(3-4),* 338~357.

EU Chamber of Commerce in China and MERICS(2012). Decoupling: Severed ties and patchwork globalisation. https://merics.org/en/report/decoupling-severed-ties-and-patchwork-globalisation

Evenett, J. S.(2019). Protectionism, state discrimination, and international business since the onset of the global financial crisis. *Journal of International Business Policy, 2,* 9～36.

Feenstra, R. C. & Taylor, A. M.(2015). *International economics(3rd ed).* Worth Publishers. 강기천 · 최용석 옮김(2015). 『국제무역론』. 교보문고.

Helleiner, E.(2021). The diversity of economic nationalism. *New Political Economy, 26(2)*, 229～238.

Ince, O. U.(2015). Friedrich List and the imperial origins of the national economy. *New Political Economy, 21(4)*, 380～400.

Kim, Yang-Hee(2021). Interactions between Japan's "weaponized interdependence" and Korea's responses: "decoupling from Japan" vs. "decoupling from Japanese firms". *International Trade, Politics and Development, 5,* 19～31.

List, F.(1841). *Das nationale system der politischen ökonomie: erster band, der international Handel, die Handelspolitik und der deustche Zollverein.* Stuttgart und Tübingen. 이승무 옮김(2016). 『정치경제학의 민족적 체계』. 지식을만드는지식.

List, F.(1827). *Outlines of American political economy in twelve letters.* 백종국 옮김(2015). 『미국정치경제론』. 경상대학교출판부.

McKinsey Global Institute(2020). Risk, resilience, and rebalancing in global value chains. https://www.mckinsey.com/business-functions/operations/our-insights/risk-resilience-and-rebalancing-in-global-value-chains

Pryke, S.(2012). Economic nationalism: Theory, history and prospects, *Global Policy, 3(3),* 281～291.

US Chamber of Commerce(2021). Understanding US-China Decoupling: Macro Trends and Industry Impacts. https://www.uschamber.com/international/understanding-us-china-decoupling-macro-trends-and-industry-impacts

경제학이 답하다

보통 내셔널 이코노미(national economy)를 '국민경제'로 많이 번역했던 것 같아요. '민족경제학'이라고 번역하셨는데 그 의미를 말씀해 주셨으면 합니다. '국민경제학'과 '민족경제학'은 한국 입장에서 맥락이 다르다고 생각하는데, 어떤 문제의식에서 표현하셨는지 듣고 싶습니다.

사실 고민을 많이 했습니다. 민족경제라고 번역할지 국민경제라고 번역할지. 일본과 중국에서는 '국민경제'라고 표현합니다. 역자가 『체계』에서 '민족경제'로 번역했고, 제가 그 책을 토대로 설명을 해서 굳이 역자와 달리 '국민경제'라고 하는 것도 예의가 아닌 듯합니다. 사실 리스트도 민족, 국가, 정부를 구분해서 쓰거든요. 여러 번 강조했듯 리스트가 살았던 그 시대, 리스트의 갈망은 같은 민족인데 모두 분열돼 있는 상태에서 통일해야 된다는 것이었습니다. 경제가 통합돼야 힘을 발휘할 수 있다, '제해력이 생긴다'라는 말을 강조하거든요. 그런 차원에서 민족으로 쓰기도 했고요. 역자 이승무 선생님이 왜 본인은 굳이 민족으로 썼느냐 하면, 한국의 특수성, 남북으로 갈려져 있기 때문에 남북한 경제가 실질적으로 통합돼야 한반도의 국부도 본격적으로 창출되고 발전할 수 있다는 생각에 그렇게 썼고. 리스트 자신도 구분해서 쓴다고 얘기합니다. 사실 리스트의 책 안에서도 어떤 때는 굳이 민족이 아니라 국가라 해도 크게 차이가 안 나긴 하는데, 아까 말씀드렸듯이 그 당시에는 리스트도 민족이라는 말을 강조하고 싶지 않았을까 생각이 듭니다.

중국과 미국 얘기도 하셨습니다. 미국도 결국 리스트의 맥락에서 정책을 편 역사적 사례고, 최근 중국도 그렇다고 보시는 것 같고요. 크게 보면 스미스의 구상 또는 마르크스의 구상까지도 포함될 수 있는 글로벌주의 구상이 있는 것 같습니다. 한편에서는 민족 계열의 국민 국가를 만드는 구상이 있었는데, 예를 들어 메이지 유신 때 일본이 따라가고자 한 모델이 있었을 것 같은데, 당시 그것이 영국이었는지 독일이었는지도 짚어주시면 좋겠습니다.

사실 제가 일본은 21세기 이후 최근 변화를 중심으로 보느라 어설프게 일본에 대해 말씀드리긴 어렵겠습니다. 사실은 진영 안에 있다고 해서 서로 대동단결하는 것은 결코 아니고 EU조차 기후 변화에 있어서는 이슈 선점에 대한 욕심이 많아서 EU와 미국 간 경쟁이 적지 않고, 최근 일본의 움직임을 봐도 심상치 않습니다. 조지프 나이가 정기적으로 일본에 대한 전략 보고서를 만드는데, 작년 12월에 나온 보고서에서 상당히 주목할 만한 표현이 나옵니다.
일본은 드디어 최소한 미국을 리드하거나 미국과 평등(equal)한 단계에 접어들었다고 얘기하거든요. 최근 일본이 확실히 미국 쪽으로 돌아섰다는 느낌이 들지만, 미일 정상회담이 끝나고 일본에서는 일중 경제 관계를 생각했을 때 미국이 원하는 대로 따라갈 수 없는데 무책임하게 얘기한 것 아니냐는 비판이 나오거든요. 복잡한 이해관계는 국가 간은 물론 일국 안에서도 마찬가지죠. 그런 면에서 어떻게 보면 리스트 이론은 국가의 보호막에 가려서 프롤레타리아를 착취하려고 하는 부르주아 입장을 대변하는 것과 다름없다는 마르크스의 비판은 일리가 있다는 생각이 들어요. 복잡한 부분들을 쉽게 뚝뚝 끊어서 얘기하기는 쉽지 않겠다는 생각이 듭니다. 조금 큰 틀에서 봤을 때 이런 시각으로 볼 수도 있다는 정도이지, 제가 사실은 말씀드리면서 되게 조심스러운 게 워낙 복잡한 이해관계의 상충이라든가 여러 결이 있기 때문에 과도하게 단순화 하는 것은 위험할 수도 있다는 생각이 들어요.

사실 리스트의 경우 보호주의의 대변자라기보다 국가 역량 강화를 일차적으로 생각하지 않았나 싶습니다. 국가의 인프라뿐만 아니라 제도나 정책 역량을 많이 강조한 것 같아요. 국가의 역량에 따라서 때로는 보호주의, 때로는 자유주의를 쓸 수도 있는, 영국이나 미국도 수시로 보호주의와 자유주의를 오가는 경향이 있는 것 같아요. 예를 들어 1960년대 한국의 수출 주도 경제 성장을 자유주의라고 하기 어렵고, 인도나 남미의 수입 대체 산업화를 반드시 보호주의라고 보기도 어려운 듯합니다. 지금 미중 갈등의 상황 속에서 한국이 어떤 역량을 가지고 어떤 식으로 대응하는 게 바람직한지, 어떤 생각을 가지고 계시는지 궁금합니다.

말씀하셨던 것처럼 리스트가 방점을 찍었던 것은 보호

주의가 아니라 자기 나라의 국부, 부국강병을 중시하고 부의 원천은 제조업에 있고, 그래서 어디까지나 제조업을 육성하기 위한 수단으로서 일시적이고 절제된 보호주의를 얘기했습니다. 그런 것들이 다 사상되고 오로지 보호주의만이 유령처럼 떠도는 것에 대해 리스트가 '그건 아니야. 니들이 보호주의를 알아?' 라고 얘기하는 게 오늘 강연의 제일 중요한 포인트라는 생각이 들거든요. 한국이 어떻게 했으면 좋겠냐는 질문에 제가 답을 갖고 있으면 좋겠죠. 얼마 전 나름 중요한 위치에 있는 분에게 세 사람이 불려갔습니다. 미중 분쟁에 대해서 어떻게 하면 좋을지 말해 봐라. 제가 그 자리를 나오면서 무척 자괴감이 들었습니다. 제가 여기서 많은 얘기를 하기는 힘들고요. 다만 그 자리에서 미중 사이에서 우리가 양자택일을 해야 되는 상황으로 몰아가는 것 자체는 상당히 위험할 수 있다고 강조했습니다. 제가 거듭 반도체도 강조했고 굳이 EU 상공회의소에서 미중 디커플링을 멀티 레이어드라고 구분한다고 말씀드린 이유는, 디커플링이라는 말 자체가 하나의 층위가 아니기 때문입니다.

지금 돌아가는 상황을 좀 더 정확하게 이해할 필요가

있다는 생각이 들어요. 군사, 외교, 안보만 보면 이거는 거의 전쟁이에요. 그러나 경제학자들은 '미중 간에 쉽게 분리가 되겠어', 라고 얘기하는데 현실은 그 중간 어디쯤에 있거든요.

우리 현실은 외교하는 사람 따로, 경제하는 사람 따로, 보건하는 사람 따로인데, 현실은 너무 많은 것들이 엉킨 복잡계다 보니 각각의 진단이 단편적이고 일면적인 부분이 있어요. 사안을 복합적으로 입체적으로 분석할 필요가 있는데 분과 학문의 틀에 갇혀 있어 있는 그대로를 보지 못하는 문제점부터 지적하고 싶어요. 좀 더 주시해 볼 수밖에 없다는 그 이상의 답변은 못 드리겠습니다.

프리드리히 리스트

게오르크 프리드리히 리스트(Georg Friedrich List, 1789~1846)는 독일의 경제학자다. 피혁(皮革) 제조업주의 둘째 아들로 태어나 독학으로 관리 채용 시험에 합격해 관리가 되었다. 1817년 튀빙겐대학교 행정학 교수가 되었으며, 1819년 뷔르템베르크 헌법 논쟁에 참가하고, 독일 상공업동맹의 지도자로서 활약하였으나 자유주의 사상 때문에 파면되었다. 이어 독일 관세의 정치적 · 경제적 국가 통일을 위하여 힘을 쏟았으나 그의 진보적 입장을 문제삼아 1825년 국외 추방 처벌이 내려져 미국으로 망명했다. 그래서 그는 영국의 스미스나 리카도의 자유무역을 비판하고 보호무역을 주장했다.

1841년에는 주저 『정치경제학의 민족적 체계』를 출판했는데, 이것은 선진국 영국에 대항했던 후진국 독일의 산업 자본의 요구를 이론화하고 애덤 스미스의 강자적 자유주의 경제를 비판한 것이었다. 또한 후진국을 벗어나기 위한 국민 생산력 이론과 국내 시장 육성을 위한 보호무역론을 제창하였다. 그는 구(舊)역사학파 창시자의 한 사람으로서 선구적 구실을 했다.

귀국 후 철도망의 보급을 통한 국내 시장의 완성을 위해 노력했고, 영국과 동맹하여 프랑스 · 러시아 등에 대항하는 정책 구상의 실현에 힘을 쏟았으나, 리스트의 경제적 실천은 현실화되지 못했을 뿐 아니라 그의 참뜻을 오해하는 사람까지 생겨 병고와 실의로 인해 1846년 11월에 스스로 생을 마감했다.

06
존 스튜어트 밀과 사회적 자유주의

틀린 의견을 공론장이 걸러내지 못하는
수많은 사례들을 우리는 의견 표현이 매 순간 홍수를
이루는 21세기의 공론장에서 목격한다.

존 스튜어트 밀의 모습. 1865. Watkins, J.

박동천

전북대학교 정치외교학과에서 정치철학을 강의한다. 철학과 정치와 역사의 다양한 주제들을 연구하는데, 무엇보다 지적인 담론의 실천적 함의에 주목한다. 세속적 현실의 개선을 지향하는 척하지만 실제로는 실천적으로 공허한 어법에 빠지지 않을 길을 탐색하는 데 특히 주력한다. 저서로 『선거제도와 정치적 상상력』(2000), 『깨어있는 시민을 위한 정치학 특강』(2010), 『플라톤 정치철학의 해체』(2012) 등이 있으며, 역서로 『근대 정치사상의 토대』(2004-2012), 『사회과학의 빈곤』(2011), 『이사야 벌린의 자유론』(2014), 『문화상대주의의 역사』(2017), 『철학적 급진주의의 형성』(2021) 등이 있다.

존 스튜어트 밀(John Stuart Mill, 1806~1873)은 네 살 때 『이솝 우화집』과 크세노폰의 『아나바시스』를, 일곱 살 때 헤로도토스의 『역사』와 플라톤의 『테아이테토스』 등을 그리스어로 읽고, 데이비드 흄의 『영국사』, 에드워드 기번의 『로마제국 쇠망사』를 비롯한 수많은 역사책들을 예닐곱 살 때 읽었다. 아홉 살 때는 살루스티우스와 키케로, 오비디우스와 베르길리우스, 리비우스를 라틴어로 읽고 이후 열여섯 살 때까지 데이비드 리카도, 애덤 스미스, 제러미 벤담, 토머스 홉스, 존 로크, 아이작 뉴턴, 데이비드 하틀리, 클로드 엘베시우스, 레온하르트 오일러 등 당대 지식인이 읽어야 할 핵심 문헌들을 사실상 모두 섭렵했다.[35] 아버지 제임스 밀(James Mill, 1773~1836)이 제러미 벤담의 뜻을 따라 장남에게 공리주의 교육 이념을 실험한 결과가 대성공을 거둔 셈이었다. 이런 공부는 세상에 도움이 되기 위함이었다. 그의 『정치경제학 원리(Principles of Political Economy)』는 "인간사의 모든 분야에서 실천이 학문보다 선행한다"는 문장으로 시작한다. 열여섯 살 때부터 사망하기까지 50여년의 시간을 바친 그

---

35) 밀의 독서 목록은 *Autobiography,* Appendix B, *Collected Works of John Stuart Mill,* vol. I(1873: 552~579)에 정리되어 있다.

의 저술 활동은 더 나은 지식으로써 사회를 개선할 수 있다는 명확한 목적을 달성하기 위한 나름의 노력이었다.

공리주의 교육 이념의 실험 대상이 된 신동

밀은 1806년 런던의 펜톤빌에서 제임스 밀의 장남으로 태어났다. 제임스 밀은 스코틀랜드의 앵거스에서 제화공의 아들로 태어나 열성적인 모친의 뒷바라지로 신분에 넘치는 교육을 받고 목회자의 길로 접어들었다가, 서른 살이 다 되어 새로운 인생 행로를 찾아 런던으로 이주했다. 출판계에서 겨우 직장을 잡은 후, 정신병원을 운영하던 과부의 딸 해리엇 버로(Harriet Burrow, 1782~1854)와 1805년에 결혼했다. 버로는 대단한 미모였다고 전해지지만, 지성적으로든 정서적으로든 남편 제임스와 아들 존에게 동지는 아니었다.

제임스 밀은 평소에 흠모하던 제러미 벤담(Jeremy Bentham, 1748~1832)을 1808년에 만난다. 그리고 두 살짜리 존 밀을 벤담에게 데리고 가 인사를 시키고, 공리주의·주지주의 교육 실험을 시작한다. 존 밀은 세 살 때 그리스어 공부를 시작했고 여덟 살 때 라틴어 공부를 시작하여, 열네 살이 되었을 때에는 그리스어, 라틴어 고전 대부분과 역사와 논리학과 기하학과 정치경제학의 주요 문헌들을 모두 섭렵했다는 사연은 유명한 이야기다. 제임스 밀은 열세 살짜리 아들 존 밀을 아침 산책에 데리고 나가 정치경제학을 강설하고 나서 그 내용을 적어내게 했고, 아들이 쓴 원고를 비평하여 수정하도록 지도했는데, 이렇게 작성된 초고를 바탕으로 1821년에 『정치경제학 요론(Elements of Political Economy)』을 출간했다.

밀은 열여섯 살 때인 1822년 12월에 ≪더 트래블러(The Traveller)≫라는 석간신문에 두 편의 편지를 투고함으로써 저술가로서 이름을 선보였다. 더욱 본격적인 형태의 저술로서는 열여덟 살 때인 1824년에 ≪웨스트민스터 리뷰(Westminster Review)≫에 논문을 기고한 것이 시작이다. ≪웨스트민스터 리뷰≫는 벤담이 급진주의 기관지로 창간한 계간지로, 밀은 스무 살이 되기 전까지 여기에 정치경제학을 주제로 한 논문 세 편을 더 기고했다. 이처럼 활발한 사회적 활동은 세상을 개혁하는 사람이 되는 것으로 인생의 목표를 삼은 결과였다.

밀은 벤담주의 교육 이념에 따라 교육을 받았고, 유년기를 지나면서 자신이 그랬다는 사실을 스스로 알고 있었다. 그런 그조차 벤담의 『입법론(Traité de Législation)』을 읽은 일이 자기 인생에서 일대 사건이었다고 술회한다. 도덕과 입법에 관해 흔히 사용되는 '자연의 법칙'이니 '올바른 이성' 같은 문구들이 교조주의를 은폐하는 역할을 수행한다는 사실을 깨달은 것이다(Mill, 1873: 66). 열다섯 살 때인 1821년 겨울, 『입법론』을 비롯한 벤담의 저술들을 읽은 밀은 세상을 개혁하기로 인생의 목표를 정했다(Ibid.: 137). 그리고 십대의 나이에 사회개혁을 위한 일련의 기고문들을 발표했다.

바로 그때, 회의가 엄습했다. "네 인생의 목표가 모두 실현되어, 제도와 의식에서 네가 기대한 모든 변화가 바로 지금 모두 이뤄졌다고 하면, 너에게 커다란 기쁨과 행복이겠는가?" 이 질문이 일어났는데 "아니!"라는 답이 내면에서 용솟음쳐 억누를 수 없더라는 것이다(Ibid.). 내 머리 속에서 최선을 다해 궁리한 사회 개혁책들이 모두 다 실현된다고 해서 내가 반드시 기쁜 것은 아니다. 나의 이론적 성취가 아무리 크더라도, 심지어 그 성취를 사회가 아무리 높게 평가해 주더라도, 내 기쁨과 내 행복은 내가 실제로 느끼는 것이어야 한다. 벤담주의 교육은 사람을 '논리의 기계'로 만드는 경향이 있다. 나 역시 그렇게 만들어졌기에 느낌이 메마른 것 아닌가?

벤담이(그리고 자신의 부친 제임스 밀이) 인간의 감정

을 소홀하게 다룬 이유를 밀은 모르지 않았다. 법정에서, 도덕을 논하는 공론장에서, 정치와 경제의 원리를 탐구하는 토론회에서, 주어진 논제의 핵심과 상관없는 감정들이 끼어들면 진실과 정의와 성과가 저해된다. 그러나 인간을 이해하는 데에는 이성이나 논리나 계산만으로 부족하다. 사람들이 실제로 느끼는 감정과 동기를 고려해야 한다. 낭만주의 시인들의 작품을 읽으면서, 생시몽주의를 연구하면서, 밀은 '논리의 기계' 같은 모습에서 서서히 벗어날 수 있었다.

그러나 이로써 밀이 낭만주의로 넘어간 것은 아니다. 그는 평생 합리주의자로 살았다. 벤담이 감성을 충분히 고려하지 않았다는 비판은 쾌락 중에 고상한 부류와 저급한 부류가 있다는 구분으로 이어진다. 자주 인용되듯이, "만족한 돼지보다는 불만족한 사람이 더 낫다. 배부른 돼지보다는 배고픈 소크라테스가 더 나은 것이다"(Mill, 1861: 212). 다시 말해, 밀은 벤담이 인간의 감성을 소홀히 다뤄서 기계적이고 평면적인 처방을 내렸다는 점을 비판한 것이다. 사람들 사이에 지성의 우열 같은 것이 분명히 있고, "지성의 미각"에 따라서 취향에도 우열의 차이라 할 만한 것이 있을 수 있다는 등의 복잡한 고려를 끌어안고자 한 것이 벤담과 다른 점이지만 여전히 밀은 공리주의자로 남았다. 전에는 느낌이 메마른 공리주의자였다면 이제는 자신만의 생생한 느낌을 가진 공리주의자가 된 것이다.

철학적 급진주의

밀은 자신과 동료들을 사람들이 벤담주의자라고 부르는 경향을 차단하기 위해 '철학적 급진파(philosophic radicals)'라는 문구를 지어냈다. 이 문구는 벤담이 사망한 지 2년이 지난 1834년에 최초로 사용된 것으로 보이고, 1837년에는 다른 저자가 쓴 역사책을 논한 서평에서 이 문구를 자기가 무슨 뜻으로 사용하는지 정의한다. 세상에는 여러 가지 급진파들이 있지만 철학적 급진파는 "철학자들의 공통된 실천을 정치에서 준행하는 사람들－다시 말해 수단을 고려하고 있을 때 목적을 고찰하기 시작하며, 결과를 생산하고 싶을 때 원인을 생각하는 사람들"이다. 이들이 급진파가 된 까닭은 "이 나라의 정치와 사회조건에 만연한 악폐를 봤기" 때문이고, "다수가 비교적 소수에게, 이 악폐들을 영속화하는 것이 자기들에게 이익이라고 상정하는 소수에게 종속되어 있다"고 봤기 때문이다(Mill, 1837: 353).

이처럼 철학적 급진파라는 문구는 밀이 벤담의(그리고 아버지 제임스 밀의) 그림자에서 마침내 벗어났다는 독립 선언의 일환으로 지어낸 명칭이다. 그러나 후세는 오히려 벤담을 중심으로 한 일군의 지식인들이 사회개혁을 향한 강한 실천적 동기를 가지고 정치경제학, 법철학, 사법 조직, 윤리학, 교육 제도, 빈민 구호, 의회 개혁, 여성의 권리 등등 다양한 논제들을 과학적으로 탐구함으로써 가장 바람직하고 가장 실현 가능한 대안을 찾고자 노력한 사조이자 운동을 가리키는 뜻으로 보통 철학적 급진주의라는 표현을 사용한다.

밀의 차별화 의도가 이렇게 무산된 것은 무엇보다도 프랑스의 역사가이자 철학가 엘리 알레비(Élie Halévy)가 1901년부터 1904년에 걸쳐 출간한『철학적 급진주의의 형성(La formation du radicalisme philosophique)』탓이 크다. 알레비는 밀과 그 주변의 또래들이 철학적 급진주의의 '진정한 창건자'임을 인정하면서도, 벤담이 일생 동안 철학적 급진주의가 형성되는 과정을 마쳤다는 기조 위에서 서술했다. 더구나 이를 크게 문제 삼는 사람도 별로 없다. 밀이 벤담을 극복하기 위해 애를 썼고, 실제로 그가 특히 심리적인 독자성을 확보할 정도로 벤담을 넘어서는 데 성공했다고 인정하더라도, 여전히 벤담의 공리주의와 거기서 이어지는 사회개혁의 동기들이 밀에게도 매우 자연스럽게 계승된 것이 사실이기 때문이다. 밀이 어떤 의도로 '철학적 급진파'라는 명칭을 지어냈든지 상관없이, 벤담 자신의 생각과 행동만도 충분히 철학적이었고 충분히 급진적이었던 것이다.

한국어에서 명사 '급진파' 또는 형용사 '급진적'으로 번역되는 'radical'은 '뿌리'를 가리키는 라틴어에서 나온 단어로 '생명에 관계되는', '근본적인', '본원적인' 같은 뜻으로 사용된 용례들을 14세기에서부터 찾을 수 있다. 정치적으로는 무슨 문제든 뿌리를 찾아 제거하자는 태도를 가리키는 형용사, 또는 그런 사람들을 가리키는 명사로 사용된다. 물론 이런 의미들은 좋은 뜻으로 봐줄 때의 얘기고, 나쁜 뜻으로 바라보면 극단주의나 원리주의와 연결될지 모른다는 우려를 자주 불러 일으키기도 하고, 실제로 그렇게 연결되는 사례도 적지 않다. 그러나 벤담 주변의 급진파들은 극단주의와는 거리가 멀었다. 그들이 추구한 원리는 개방된 공론장에서 반론을 환영하고 반론에 응수하면서 교정을 통해 다듬어진 원리였다. 그들은 행동에 나서기 전에 충분한 검토와 논의를 거쳤고, 행동이라는 것도 기본적으로는 의회를 통한 입법 활동이었다. 그래서 '철학적 급진주의'인 것이다.

쾌락의 우열을 구분한 밀의 공리주의가 벤담의 공리주의에 비해 얼마나 진전된 것인지는 이 글의 말미에서 다루기로 하고, 먼저 공리주의가 어떤 점에서 급진적인지를 살펴보자. "도덕의 명령이란 이익들을 균형에 맞추면 필연적으로 생성되는 결과"(Halévy, 1904/2021: 6)라는 문구가 공리주의의 관점을 아주 잘 요약한다. 이스라엘과 팔레스타인 사이에서 수십 년간 계속되고 있는 영토 다툼에 이 관점을 적용해보자. 그것이 영토 다툼인 한, 쌍방에게 각기 나름 소유권을 주장할 명분이 있는 한, 영토를 나눠 가지는 것 말고 다른 해법은 없다. 어느 편이 어디까지 가질 것인지, 특정한 지대(地帶)를 한 편이 가지는 대신 다른 편은 어떤 다른 지대 또는 미래에 이익을 낳을 수 있는 명분을 가질 것인지를 따지는 방식의 협상이 문제를 해결하는 유일한 길이다. 공리주의자는 벤담이든 밀이든 이렇게 말할 것이다. 공리주의적 해법이 다름 아닌 '도덕의 명령'이라는 얘기다.

이스라엘과 팔레스타인에는 물론 '도덕'을 전혀 다르게 해석하는 사람들이 많다. 상대방이 여태까지 저질러 온 폭력과 살인을 용서하면 무너질 것으로 우려되는 '도덕'도 있고, 이스라엘의 영유권은 그 지역의 주권자였던 제국주의 열강에게 19세기 이래 탄원과 거래를 통해 합법적으로 획득되었다는 '도덕'도 있고, 제국주의의 침탈 자체가 부도덕했기 때문에 열강의 모든 정책이 원천적으로 무효라는 '도덕'도 있다. 도덕을 이렇게 해석하는 사람에게 "땅을 나눠 가진다"는 발상은 도덕이 아니라 협잡이자 배신이고 굴욕이다. 이 두 입장의 차이가 깊고 큰 만큼 공리주의가 제시하는 도덕은 급진적이다.

이익을 나누면 평화롭게 해결될 수 있는 일인데, 명분 때문에, 위신 때문에, 또는 탐욕 때문에 무력 투쟁이 벌어지는 경우는 21세기의 인류에게도 일상생활에서 매우 빈번하다. 반면에 벤담은 18세기에 살인자에 대한 사형이나 동성애자에 대한 탄압이 아무에게도 이익이 아니라고 봤다. 이를 이어 밀은 참정권을 비롯한 각종 권리를 여성에게도 남성과 동등하게 부여하는 것이 모두에게 이익이라고 주장했다. 종전에 선과 악의 구별, 또는 자연적인 구별이라고 바라보던 사안들을 이익의 관점에서 바라본 결과였다. 공리주의의 이와 같은 급진성은 영국 사회에서도 상당 기간 동안 강력한 반발을 낳았지만, 시간이 흐르면서 점점 더 많은 사람들이 결국에는 그 이치에 설득되었다. 오늘날에는 영국이나 영어권 사회만이 아니라 산업화되고 세속화된 대다수 문명사회에서 정책 논쟁을 합리적으로 풀어 보고자 할 때는 우선 해당 논제를 공리의 언어로 번역해서 접근하는 것이 대세다.

도덕과학의 논리

밀은 십대 후반에 정치경제학에 관한 여러 편의 논문들을 발표함으로써 학술적인 저술 활동을 시작했다. 애덤 스미스도 리카도도 정치경제학을 하나의 과학으로 우뚝 세우려고 노력했으나 목표에 한참 못 미쳤다. 벤담 역시 도덕적 판단을 하나의 과학으로 정립하려고 노력했으나 또한 목표에 한참 미달했다. 밀 역시 이들 선배와 스승을 따라, 그리고 일반적인 계몽의 풍조를 따라 정치경제학과 도덕을 과학으로 정립할 수 있다고 생각했다. 과학적 방법에 관한 연구는 벤담주의에서 독립하기 전에 우울증에 빠졌다가 회복한 이후부터 밀의 관심을 끌었다. 밀은 연구한 결과를 정리해서 1843년에 최초의 대작 『논리학 체계(A System of Logic)』를 출간한다.

『논리학 체계』 제6편의 제목은 "도덕과학의 논리"고, 제10장의 제목은 "역연역적 방법 또는 역사적 방법"이다. 사회를 연구하면서 자연과학의 방법을 원용할 수는 있지만 넘을 수 없는 한계가 있다는 사실은 잘 알려져 있다. 자연과학은 기본적으로 경험과학, 즉 귀납적 일반화를 추구하는 과학이다. 귀납이란 여러 개의 사례들을 관찰한 결과 공통점과 차이점들을 추려내서 공통점은 공통점대로, 차이점들은 차이점대로 종합해서 일반 명제를 구성해 나가는 절차인데, 자연과학에서는 충분한 사례가 일어나지 않은 경우 실험을 통해서 사례의 수를 늘릴 수 있다. 반면에 사회과학에서는 실험이 애당초 불가능할 때가 많고, 주제가 중요할수록 실험은 불가능해진다. 역연역적 방법은 이를 극복하기 위해 밀이 제시하는 사유의 절차다.

이 절차는 역사 안에서 나타난 사회 현상들에 관한 통계적 경험법칙에서 출발한다. 경험법칙이란 아직 과학적으로 확인되지 못한 상태지만 상식적인 수준에서 그럴듯하게 여겨지는 일반명제다. 이 경험법칙 자체를 과학적으로 검증할 길은 없다. 다만 그보다 상위의 인간 본성에 관한 어떤 명제가 만약 진실이라면 그와 같은 경험법칙이 그로부터 연역적으로 파생될 수 있을지를 궁리해서 상정해 본다. 여러 경험법칙들에 이런 절차를 반복함으로써 경험법칙들을 모두 연역적으로 포섭할 수 있는 인간 본성에 관한 일반법칙을 찾아낸다.

오늘날 사회과학에서 이런 생각을 가지고 일반법칙을 찾고자 노력하는 사람은 거의 없다. 밀은 독자적 비판 능력을 평균 이상으로 많이 가졌다고 평가할 만한 철학자였지만, 계몽주의의 전모를 그 공헌과 오류를 망라해서 직시하지는 못했다.[36] 어쨌든 밀은 그렇게 생각했고, 그런 생각의 틀 안에서 정치경제학의 위상을 설정했다. 밀은 인간 본성에 관한 궁극적인 법칙을 알아내는 것이 사회과학의 최종 목표지만 실제로 사회 연구의 수준은 가장 낮은 단계의 경험법칙을 찾아내는 데 머물고 있기 때문에 그 중간 단계로 성격 형성에 관한 학문(ethology)이 필요하다고 봤다. 그런데 이에 관해 자기가 오래 사색을 해오고 있지만 "결실을 맺기까지 얼마나 걸릴지 알 수 없어서 일단 내게는 불과 몇 달 정도의 작업이면 끝날 일"(Mill, 1844: 626)로서 정치경제학에 특정한 논고를 하나 지어보겠다고 썼다.[37] 사회과학의 최종 목표에 비하면 가장 낮은 수준의 경험법칙들을 정치경제학의 분야에서 정리하는 작업을 이렇게 시작한 것이다.

---

36) 이에 관한 비판으로는 피터 윈치(Winch, 1958/2011: 137~162)를 보라.

37) 오귀스트 콩트(Auguste Comte)에게 쓴 1844년 4월 3일 자 편지.

『정치경제학 원리: 사회철학에 대한 응용을 포함하여』

밀의 『정치경제학 원리』에는 "사회철학에 대한 응용을 포함하여"라는 부제가 붙었다. 이 책은 1848년에 출판되면서부터 40여 년 간 적어도 영어권에서 이 분야의 표준적인 교과서 노릇을 했다. 하지만 1890년 앨프리드 마셜(Alfred Marshall)의 『경제학 원리(Principles of Economics)』가 나온 후, 대표적인 교과서가 바뀌었을 뿐만 아니라 이 학문의 이름 자체가 바뀌었다.

밀의 『정치경제학 원리』는 "인간사의 모든 분야에서 실천이 학문보다 선행한다"는 문장으로 시작한다. 그리고 책의 내용에서도 설교자로서 실천적 처방을 제시하는 국면과 정치경제학자로서 현상의 원인과 결과를 분석하는 국면이 수시로 겹쳐서 나타난다.[38] 밀의 실천적 관심은 어떻게 하면 부의 생산을 늘릴 수 있을 것인가, 그리고 그렇게 생산된 부의 혜택을 어떻게 해야 더 많은 사람들이

---

38) 설교자 밀과 정치경제학자 밀의 구분은 빈센트 블레이든(Vincent Bladen)에서 빌려왔다. 『정치경제학 원리』 제1편(Mill, 1848/2010: 제1권, 319~388)쪽에 수록된 "블레이든의 해제"를 보라.

누릴 수 있게 될 것인가로 집약된다. 부의 증가를 위해 가장 먼저 필요한 일은 사람들로 하여금 일할 동기를 가지게 하는 것이다. 그러기 위해서는 무엇보다도 노동의 결실이 정당하게 분배되어야 한다. 정당하지 못한 분배가 발생하는 주요 원인 중 하나가 토지제도다. 밀은 이렇게 말한다.

> 토지를 만든 사람은 아무도 없다. 토지는 인간이라는 종 전체가 받은 원초적 상속분이다. 토지를 어떻게 전유하느냐의 문제는 전적으로 사회 일반을 위한 편의의 문제일 뿐이다. 토지를 사유재산으로 삼는 것이 사회 일반에게 편의가 아니라면 그것은 곧 불의가 된다. … 세상에 태어났더니 자연의 선물을 모두 이미 누군가가 차지한 상태라서 새로 온 사람에게는 어떤 것도 남아 있지 않다는 것은 모종의 고난이다. 그의 맘속에 자기에게도 인간으로서 어떤 도덕적 권리라는 것이 있다는 생각이 스며들어가 자리를 잡은 후에는, 그를 설득하기 위해서 할 수 있는 말이라고는 배타적 전유가 그 사람 본인을 포함해서 인류 전체에게 더 낫다는 것밖에는 없다(Mill, 1848/2010: 제2권, 64).

토지의 배타적 전유가 지주 본인을 포함해서 인류 전체에게 더 나은 결과를 낳으려면 지주가 토지에서 가급적 많은 수확이 나오도록 개량하거나 아니면 효율성이 더 나은 제조업의 부지로 사용할 길을 끊임없이 탐색해야 한다. 이것이 설교자 밀의 모습이다. 물론 이렇게 하지 않는 지주들을 색출해서 처벌해야 한다는 말은 아니다. 다만 토지를 가지지 못한 사람들이 그런 상태에서나마 노동의 동기 또는 '축적하려는 욕구'를 유지할 수 있을 정도는 되도록 분배가 이뤄져야 한다는 뜻이다. 밀이 보기에 분배는 "순전히 인간 제도의 문제"이기 때문이다(Mill, 1848/2010: 제2권, 20).

설교자 밀의 규범적 입장은 단순하다. 일하는 사람들이 보람을 느낄 수 있어야 하고, 일하지 않는 사람들이 지배하면 안 된다는 것이다. 분배의 원리는 노동을 회피하려는 욕망과 사치품을 탐닉하려는 욕망을 조장하지 않으면서 부를 획득하려는 욕망을 권장하는 데 있다.

> 우리는 사회가 더 이상 무위도식하는 자와 근면한 자로 나뉘지 않은 시대, … 일하지 않는 자는 먹지도 말라는 규칙이 … 모두에게 공평하게 적용되는 시대, 노동생산물의 분배가 … 출생이라는 우연에 따라 결정되는 것이 아니라 … 정의의 원칙에 따라서 이루어지는 시대, 그리하여 … 사회와 공유될 혜택을 조달하기 위해서 사람들이 모두 열심히 노력하

는 … 시대를 고대한 것이다(Mill, 1873: 238).

"일하지 않는 자는 먹지도 말라"는 규칙이 모두에게 공평하게 적용되는 시대를 향한 꿈은 노동이 가치의 원천이라는 생각에 근거한 하나의 규범적 결론이다. 로크에서 리카도로 전승된 노동가치설은 밀에게도 이처럼 강력한 규범으로 작용했다. 이러한 규범적 사고를 밀도 계승해 정치경제학에서 제거하지 않았기 때문에, 마치 지대나 임금에 모종의 자연적 요율이 있고 그것은 수요공급의 법칙 바깥에서 작용한다는 듯한 인상을 남겼다. 이에 비해 신고전파 경제학에서는 수요공급의 법칙 하나로 모든 것을 설명한다. 밀은 분배가 제도의 문제라고 봄으로써 마치 분배가 가격의 원인인 것처럼 다루지만, 신고전경제학에서는 가격이 분배의 원인이라고 본다(Blaug, 1996: 181~182). 이 차이 역시 사회철학에 대한 응용을 고려하느냐 여부에 따라 갈라지는 문제라 할 수 있다.

사회적 자유주의

『정치경제학 원리』를 비롯한 정치경제학 저술에서 밀이 사회철학에 대한 응용을 특별히 현저하게 고려하는 대목으로는 사회주의 또는 공산주의를 다룬 논의를 빼고 넘어갈 수 없다. 밀은 이렇게 말했다.

> 만약 공산주의에 함유된 긍정적인 가능성과 현재 사회에 내재하는 고통과 불의 사이에서 선택해야 한다면, … 노동의 양과 생산물의 분배가 반비례하여 전혀 일하지 않는 사람들이 생산물을 가장 많이 차지하고 … 신체를 가장 많이 피곤하게 만들고 고갈시키는 노동이 생존에 필요한 최소한을 벌 수 있는지조차 확실하지 않은 지경에 이르는 결과를 반드시 수반할 수밖에 없다면, … 공산주의가 안고 있는 크고 작은 난점들은 모두 저울 위의 먼지에 지나지 않을 것이다(Mill, 1848/2010: 제2권, 31～32).

이 비교는 자체로 불공평하다. 공산주의의 긍정적 가능성과 현재 사회의 고통과 불의를 비교하기 때문이다. 밀이 이를 모를 리 없다. 그만큼 이 발언은 공산주의를 옹호하는 얘기가 아니라, 당시 현실의 부당함을 고발하는 뜻으로 읽어야 한다. 그렇지만 루트비히 폰 미제스(Ludwig von Mises)는 그렇게 읽지 않았다.

밀은 고전적 자유주의의 아류다. 특히 생의 후기로 가면서는 자기 부인의 영향 아래 우유부단한 타협으로 가득 찼다. 서서히 사회주의로 미끄러져 들어가서 자유주의 관념들과 사회주의 관념들을 생각 없이 혼동하는 풍조의 창시자가 됨으로써 영국 자유주의가 쇠락하고 영국 인민의 생활 수준이 무너지는 길을 열었다. … 밀을 철저히 연구하지 않고는 지난 두 세대 동안의 사건들을 이해하기가 불가능하다. 밀이야말로 사회주의의 대옹호자이기 때문이다. 사회주의 편에서 나올 수 있는 모든 논증은 밀에 의해서 사랑이 깃든 정성으로 다듬어졌다. 다른 모든 사회주의 저술가들은—심지어 마르크스, 엥겔스, 그리고 라살마저도—밀에 비하면 별로 중요하지 않다(Mises, 1927: 153).

자유주의와 사회주의를 상반되는 관념으로 이해하는 발상은 정부가 취할 수 있는 선택지가 불간섭과 간섭 둘밖에 없다는 이분법에 의존한다. 미제스와 프리드리히 하이에크(Friedrich Hayek)가 퍼뜨리고 냉전기의 적대적 수사법에 힘입어 크게 강화된 이 이분법은 실제 현실에서 정합적으로 적용하는 것이 불가능하다. 정부에게는 간섭과 불간섭의 선택지만 있는 것이 아니라 어떤 간섭을 어떤 분야에서 누구를 대상으로 어떤 방식으로 할 것인지, 나아가 규제를 어긴 행동에 대한 벌칙은 어떻게 정할 것이며, 어졌는지 여부에 관한 감시는 얼마나 꼼꼼하게 행할 것인지 등등에 관해서 무한한 개수의 조합이 가능하기 때문이다.

밀은 정확히 이런 식으로 생각했다. 밀은 정부가 모든 일을 챙기고 감시하는 국가사회주의(state socialism)와 정부가 모든 일을 내버려 두는 레세페르(laissez-faire)를 같은 수준으로 다뤘다. 이 둘은 연속선의 양쪽 극단이라서 애당초 현실성이 거의 없고, 실제 현실 사회는 그 사이 어딘가에 위치한다(Mill, 1848/2010: 제4권, 367~420). 정부가 무엇을 얼마나 어떻게 간섭할 것인지는 각 나라의 정부가 그때그때 현안을 두고 공리를 가장 크게 기대할 수 있는 방책을 나름 찾아서 정할 일이지, 이념이나 이론에 따라 선험적으로(a priori) 정할 일이 아니다.

벤담 사후에 만들어진 철학적 급진주의라는 문구가 벤담에게 적용될 수 있듯이, 밀 사후에 만들어진 "사회적 자유주의"라는 문구도 밀에게 적용될 수 있을 것이다.[39] 영어로 'social liberalism'이라 표기되는 이 문구의 기원을 따져보면 1920년대 독일에서 사용되기 시작한 'Sozial-liberalismus'라는 단어가 보인다. 그러나 발상의 형태에

---

39) 서병훈(1993; 2007)은 자유사회주의(liberal socialism), 사회적 자유주의, 새로운 자유주의(new liberalism) 등의 표현을 혼용한다.

주목한다면, 영국에서 19세기 후반에 하나의 운동으로 전개된 "새로운" 자유주의(New Liberalism)의 흐름이 오늘날 이름을 바꿔서 재현되고 있다고 봐도 무방하다. 어쨌든 사회적 자유주의는 이른바 사회적 정의(social justice), 즉 분배적 정의를 주창하는 정치적 입장을 가리키는 용어로 보통 사용된다. "새로운" 자유주의든, "사회적" 자유주의든 밀이 사망한 이후에 등장한 용어들이지만, 정치와 경제에 관한 밀의 개혁적 사고방식에 여러모로 영향을 받은 것은 틀림없다.

영국에서 17세기에 일어난 시민혁명과 18세기 후반부터 시작된 산업혁명은 일차적으로는 비교적 유복한 계급에게 축복이었다. 종전에 왕족과 귀족이 독점하던 정치권력이 분산되면서 다양한 창의적인 발상들이 생산성을 높였지만, 대다수 인민은 권력의 분배에서도 풍요의 혜택에서도 배제되고 있었다. 밀이 살던 시대에 영국의 입헌군주정이란 상공업자와 자영농과 지식인들까지 포함하는 형태로 확장된 귀족정에 불과했던 것이다. 밀의 철학적 급진주의는 바로 이와 같은 현실을 개선해야 한다는 동기에서 시작해, 민주주의를 강화하는 방향으로 의회를 개혁함과 동시에 경제 정책도 노동자 계급의 복지를 향상하는 방향으로 설계되어야 한다고 주장했다.

노동계급의 복지는 사회 전체에 이익이 되는 방향일 때 정당하다. 노동하는 사람들로 하여금 노동할 동기를 느끼고 개발하고 발휘하도록 인도할 최선의 길은 노동하는 사람들이 노동의 결실을 차지하게끔 제도를 마련하는 것이다. 당시 영국에서 불로소득의 대표적인 원천 중 하나는 토지재산이었다. 밀이 토지재산을 신성불가침이 아니라 "사회 일반을 위한 편의의 문제"로 바라봤다는 점은 앞에서 지적한 바 있는데, 다시 말해 토지의 점유권을 "한 철에만" 인정하는 방식(예컨대 경작자에게만 점유권을 인정하되 농사철이 지나면 다시 공동재산으로 취급하는 방식)이나 "인구가 증가함에 따라 일정한 기간마다 재분배"하는 방식, 또는 "국가가 보편적 지주 역할을 맡고 경작자들은 소작농의 역할을 맡는 방식" 등이 모두 고려의 대상이다(Mill, 1848/2010: 제2권, 59).

불로소득이 발생하는 다른 원천으로는 자본가들에게 돌아가는 이윤도 있다. 그러나 이윤의 많은 부분은 기술의 발전, 조직의 효율화, 또는 시장의 현실에 대한 정확한 파악 덕택으로 증가한다. 근대적 생산성의 향상에서 인류 전체를 위한 미래를 내다보고자 했던 밀에게, 자본가들이 기업가 정신을 발휘해서 생산성을 높인 결과 더 많은 이윤을 챙겨가는 행태는 권장할지언정 비난할 일은 아니었다. 물론 그런 기업가들이라고 해서 자기 회사에서 일하는 노동자들에게 반드시 정당한 대가를 지불하는 것은 아니었다. 하지만 이런 차원의 불균형을 정부가 직접 해결할 수는 없다. 조세, 재정, 복지, 교육, 등의 분야에서 최대한 많은 사람들에게 이익이 되는 정책을 입안해서 시행하고, 그래도 불만이 있는 사람은 자신의 요구를 정치적 목소리로 전달할 수 있도록 선거 제도와 의회 제도를 개혁하는 것이 노사관계의 개선을 위해 정부가 할 수 있는 일이라고 밀은 생각했다.

덧붙여 밀은 당시 여기저기서 실험적으로 시도되면서 대단한 관심을 끌었던 협동조합이라는 기업의 형식을 관찰하면서 높은 기대를 걸었다. 인간 사이에 협동의 방식이 향상되다 보면, "모두가 노동자로서 동등한 관계로 협동하고, 사업 활동의 바탕이 되는 자본을 집단적으로 소유하여 운용하고, 그들 스스로 선임하고 해임할 수 있는 경영자 아래에서 일하는 형태"가 결국 풍미하게 될 것이라고까지 그는 예상했다(Mill, 1848/2010: 제4권, 120). 그는 다음과 같은 희망을 피력한다.

> 이러한 변화가 일어나면, 자본 소유자들도 종래의 산업 조직 방식에서 노동인민 가운데 최악의 부류와 계속 투쟁하기

보다는 자본을 협동협회에게 대여하는 것이 자기들에게 더 이익임을 알게 될 것이다. 점점 더 낮은 이자율로 대여하다가, 마침내는 어쩌면 자본을 심지어 한시적인 연금으로 바꾸는 것이 더 이익이 되는 날이 올지도 모른다. 이런 방식, 또는 이와 비슷한 여타 방식으로 짜여진 사회라면 현재처럼 축적되어 있는 자본들은 결국 일종의 자발적이고 정직한 과정을 통해서 자본을 생산적으로 활용하는 데에 참여하는 모든 사람들의 공동재산이 될 수 있을 것이다. 이와 같은 변혁이 이뤄진다면(아울러 권리와 경영에서 양성이 동등하게 협동에 참여한다는 전제는 물론이고), 사회적 정의에 가장 가까이 다가가는 셈이 될 것이다(Mill, 1848/2010: 147~148).

자본을 소유한 사람이 종래 방식의 기업을 경영하면서 노동자들과 다투기보다는 차라리 협동조합에 투자해서 일정한 배당금을 연금처럼 받는 편을 선호하게 되리라는 밀의 희망은 협동조합의 생산성에 감동 받은 결과지만, 여기에는 동시에 인간의 욕구에 한계가 있다는 매우 흥미로운 입장이 섞여 있다. 자유시장의 원리는 인간의 욕구 자체에 한계를 설정하지 않고, 단지 여러 사람들의 욕구가 서로에게 장애물로 작용하도록 놔두면 지나친 욕구의 발현이 방지된다는 취지다. 그런데 방금 인용한 대목에서 밀은, 사회가 매우 향상된 상태에 이르면, 더 많은 이윤을 추구하는 자본가의 욕구가 수그러들고 적당한 이윤을 안정적으로 추구하는 욕구로 바뀔 것처럼 기대한다.

이 생각은 정지 상태(stationary state)라는 개념과 관계가 있다. 고전 경제학자들은 비록 산업혁명이 일어나고 있던 시기에 활동했지만, 여전히 그 시대의 주 산업은 농업이었다. 그리하여 더 이상 개간할 땅이 없어지든지, 더 이상 생산기술이 발전하지 않는 시점이 언젠가 필연적으로 찾아올 수밖에 없다는 생각이 널리 퍼져 있었다. 진보가 정지되는 이런 상태를 많은 사람들은 두려워했지만, 밀은 그렇지 않았다. 정지 상태란 진보가 이뤄질 만큼 이뤄져서 더 이상 진보할 수 없는 상태이기 때문에 인간의 의식주를 위한 생산은 이미 충분한 상태다. 단지 현재 가진 것보다 더 새로운 것을 더 많이 가질 수가 없게 된 것뿐이다. 이를 밀은 도리어 하나의 축복이라고 여긴다. "인간의 본성에서 최선의 상태는 아무도 가난하지는 않지만 아무도 더 이상 부유해지려는 욕망을 갖지 않고, 다른 사람들이 전진하기 위해서 시도하는 행위들 때문에 뒤로 내팽개쳐질지도 모른다는 염려를 아무도 할 까닭이 없는 상태"라는 것이다(Mill, 1848/2010: 제4권, 93).

밀은 전형적인 근대의 계몽주의자로서, 계몽이 생산과

풍요로 이어지고 인간의 욕구가 근면을 낳아 사회가 진보한다고 믿었다. 그렇지만 그가 내심 바랐던 사회는 생산의 동기만으로 작동하는 사회가 아니라 적정한 수준의 생산에서 만족할 줄 아는 사회였음을 알 수 있다. 서양의 전통에서 그리스 · 로마 시대부터 있었던 네고티움(negotium)과 오티움(otium)의[40] 대비에 비추면, 오티움을 동경하는 마음이 밀에게도 일면 남아 있었다고 볼 수 있는 대목이다. 그가 자유, 욕구, 동기, 생산과 이익을 강조한 배경은 아직 기본적인 생존을 채우지 못해 시달리는 노동계급이 있었기 때문이었다. 사회 전체의 총생산량이 충분히 늘어나서 적절한 분배로써 모두가 인간다운 삶을 누릴 수 있는 상태에 이르면 진보가 더 이상 불가능하더라도 걱정하기는커녕 오히려 반가워할 일이다.

이와 같이, 밀의 사회적 자유주의에서는 다음의 세 가지 요소를 추려낼 수 있다. 첫째, 사람들이 근면하게 일할 동기를 가지도록 정부는 노동자들이 노동의 결실을 향유할 수 있는 정책을 고안해서 시행해야 한다. 둘째, 주식회사

---

40) 네고티움은 현실적인 사업과 투쟁에 적극적으로 참여하는 삶, 오티움은 속세의 사업과 투쟁에서 벗어나 한가롭게 사적인 평화를 누리는 삶을 각각 가리킨다.

를 비롯한 종래의 기업 형태는 협동조합으로 대체되는 것이 바람직하다. 셋째, 인류는 언젠가 진보를 멈추고 정지 상태에 이를 텐데, 그 상태가 오히려 더욱 바람직한 상태다. 미제스나 하이에크는 이와 같은 밀의 입장을 두고 사회주의나 마찬가지라고 치부하는 경향을 보이지만, 이는 정부의 역할에만 치중하느라 밀이 그린 더 큰 그림은 도외시하는 비판이다. 더구나 정부의 역할을 논하더라도, 분배에 관한 정부의 모든 정책을 사회주의로 매도할 필요는 전혀 없다. 오늘날 대다수 자유민주주의 사회 중에서 정부가 어떤 방식으로든 어떤 정도로든 분배적 정의를 개선하기 위해 시장에 간섭하지 않는 곳은 없다. "사회주의"로 분류되는 체제에서는 사회적 자유주의를 둘러싸고 토론 자체가 벌어지지 않는다. 사회적 자유주의는 전형적으로 자유주의 사회에서 정책의 선택을 둘러싸고 토론이 벌어지는 주제 중 하나인 것이다.

자유와 진보

밀이 『정치경제학 원리』에서 전체적으로 노동자들의 처지를 개선하는 방향의 정책을 처방하라고 설교한 자세는 다수가 소수에게 종속된 상태를 악폐로 바라본 철학적 급진파의 관점과 직결된다. 그리고 이 자세는 『자유론(On Liberty)』에서 더욱 발전된 형태로 반복된다. 『자유론』에서 밀이 설교하는 핵심 내용은 어떤 의견이든지 표현될 수 있도록 허용하라는 것이다. 특히 해로워 보이거나 틀린 것처럼 보이는 의견의 표현을 허용해야 표현의 자유가 있는 것이라고 밀은 덧붙인다. 그 까닭은 어떤 의견이든 표현될 수 있어야 틀렸거나 해로운 대목에 관해 공론장에서 비판적 토론을 통해 교정의 기회를 얻게 되는데, 바로 이로써 사회 전체의 지식과 지성이 진보할 수 있기 때문이다. 자유는 진보라는 공리에 기여하기 때문에 소중하다.

표현의 자유가 허용되지 않으면 무슨 일이 벌어질까? 어떤 의견에 대해서 표현하지 못하게 금지령이 내린다면, 전형적으로 그것이 해롭거나 틀렸기 때문이라는 나름의 이유가 붙을 것이다. 하지만 어떤 의견을 두고 그것이 해롭다거나 틀렸다고 보는 것 자체가 하나의 의견일 뿐이다. 그러므로 어떤 의견에 대해 해롭거나 틀렸다는 이유로 침묵을 강요한다는 것은 한 의견이 다른 의견을 억압하는 형국에 불과하다. 다시 말해서 '해롭기 때문에' 또는 '틀렸기 때문에' 침묵을 강요한다는 말은 마치 그래야 할 이치가 있다는 듯 가장하는 셈인데, 실상은 한 의견이 이치가 아닌 무력의 우세로 다른 의견을 억압하는 데 불과하다. 다만, 이치를 가장하고 무력을 은폐하는 악폐가 첨가될 뿐이다.

어떤 의견을 두고 그것이 해롭거나 틀렸다는 이유로 침묵을 강요하는 것은 이치를 가장하고 무력을 은폐하는 악폐이기 때문에 모든 의견들이 이처럼 가장된 이치 뒤에 은폐된 무력에 의해 억압을 당할까 봐 숨을 죽이게 된다. 지식이란 하나의 나무와 같아서 싹이 튼 다음 자라나 무성한 가지를 뻗을 때까지 시간이 걸린다. 일부 의견을 싹만 보고 잘라내다가는 모든 의견의 싹을 자르는 결과를 빚는다. 그리하여 사회는 집단적 범용(collective mediocrity)으로 가득 차고 인간 본성 중에 순종적인 경향만이 살아남아서 "활력이라고는 시든 것밖에 남지 않고", "심술궂고 완고하며 뒤틀린" 인간만이 양성될 것이다.

표현의 자유가 개인들의 창의성을 고무하고 공론장에서 토론의 질을 높여서 결국 사회 전체의 지식과 지성의 진보로 이어지리라는 발상은 노동자들의 노동 의욕을 고무하면 사회 구성원 모두의 성취 동기가 자극을 받아 모두가 부를 획득하기 위해 열심히 노력할 테니 사회 전체의 부가 증가하리라는 발상의 연장이다. 하지만 이것은 밀의 선량하면서 순진한 희망일지는 몰라도 결코 인과관계의 진술일 수는 없다. 밀은 소크라테스에 대한 박해를 어리

석고 부당한 박해의 사례로 드는데, 소크라테스가 그렇게 부당한 재판을 받고 죽임을 당하지 않았더라면 후일 소크라테스를 지금처럼 사람들이 기억하지 않았을지도 모를 일이다. 소크라테스의 창의성은 자신의 (억울한) 죽음을 마치 이웃집에 마실가듯 받아들인 평정심에 의해서 가장 선명하게 표현되었다. 이와 같은 극적인 요소가 그에 대한 관심을 불러 일으키는 첫 번째 요인이라고 말해도 과언은 아니다. 어떻게 한 사람이 억울한 죽음을 저토록 심상하게 받아들일 수 있느냐는 질문은 분명 통속적인 흥미를 자극하지만, 그렇다고 해서 철학적인 흥미 또한 자극하는 의미가 조금이라도 줄어드는 것은 아니다.

표현의 자유를 허용하면 결국 틀리거나 해로운 의견을 공론장의 토론이 걸러낼 것이라는 밀의 희망은 '결국'이라는 부사에 담긴 시간의 길이를 한정하지 않을 때에만 성립하는 것처럼 보이는 착시현상에 의존한다. 틀린 의견을 공론장이 걸러내지 못하는 수많은 사례들을 우리는 의견 표현이 매 순간 홍수를 이루는 21세기의 공론장에서 목격한다. 또한 당대에 이해되지도 인정되지도 못하던 의견이 몇 백 년 지나서야 주목을 받은 사례들도 간간이 나타난다. 표현의 자유가 지식과 지성의 진보를 낳는 필요조건일 수는 있지만 충분조건일 수는 없다. 표현의 자유를 얼마나 허용했을 때 어떤 결과로 이어질지는 선험적인 이론에 의해 사전에 결정될 일이 아니고, 실제 사람들이 어떤 의견에 대해 어떤 반응을 보이는지에 따라서 좌우될 일인 것이다.

마찬가지로, 사람들에게 부를 획득할 동기와 자유가 주어진다면 사람들이 모두 생산적인 노동에 종사하리라는 예상 역시 인과관계의 진술이 아니라 규범적인 희망의 진술이다. 무엇보다, 무엇이 생산적인 노동인지에 대한 각자의 의견이 다를 수밖에 없다. 물론 19세기 영국, 아일랜드, 프랑스 등지의 노동자와 농민의 형편은 그 후 점차 개선된 것이 사실이고 유럽 각국의 전체적인 부도 동반해서 증가한 것이 사실이다. 그러나 이것이 사람들의 지성과 덕성이 일반적으로 고양된 덕분인가, 아니면 제국주의 덕분인가?

너그러운 제국주의

밀은 동인도회사에서 35년간 근무했다. 그의 부친 제임스도 동인도회사에서 17년간 근무했다. 1857년에 제1차 인도독립전쟁이 일어나자, 영국 정부는 동인도회사를 통한 간접통치를 포기하고 인도를 대영제국에 편입하여 직접통치를 시행한다. 존 밀은 이러한 시책에 반대해 사직한다. 밀은 인도에 대한 직접통치에는 반대했지만 간접통치는 인도인들을 위해서도 필요하다고 봤다. 혹자는 이를 가리켜 "너그러운 제국주의"(tolerant imperialism)라 부르지만 이에 관해 굉장한 논란이 이어지고 있다(Tunick, 2006).

일반적으로 밀은 식민주의에 호의적이었다. 식민사업을 마치 도시와 농촌 사이의 분업과 같다고 본 에드워드 웨이크필드(Edward Gibbon Wakefield)의 식민화 방식을 적극 지지했다(Mill, 1848/2010: 제4권, 408~415). 잉글랜드와 아일랜드에서 오스트레일리아나 뉴질랜드로 갈 이주자를 모집하고 여행 경비를 회사가 부담한 다음, 식민지에 먼저 정착한 이주민의 농장에서 노동자로 일하고 거기서 받은 임금으로 여행 경비를 상환해 아주 저렴하게 토지를 불하받아 자립한다는 시나리오였다. 원주민들의 토지 소유권을 전혀 고려하지 않은 시나리오였지만 밀에게는 별 문제가 아니었다. "토지는 인간이라는 종 전체가 받은 원초적 상속분"이라는 입장이 여기서는 이렇게 작용하는 것이다. 원주민이라고 해서 신성한 소유권을 주장할 수는 없다. 오직 인류 전체에게 이익이 되는 방향으로 사용할 때에만 소유권이 정당화된다. 오스트레일리아에는 어차피 원주민들이 방치하는 토지가 널려 있고 유럽에는 경작지가 없어서 굶는 빈민들이 있다. 이 사람들에게 토지를 내주고 스스로 노동해서 생계를 해결하게 안내하는 것은 인류 전체에게 이익이다.

하지만 원주민들이 이와 같은 발상을 이해하고 동의했는가? 원주민들이 당연히 자기네 소유라고 여기고 있던 토지를 때로는 무력으로, 때로는 사기에 가까운 수법에 의한 계약으로, 때로는 상대방의 무지와 오해 때문에 가능해진 계약으로 이주민들이 차지한 과정은 정당한가? 각 개인이 자신의 이익에 관한 최선의 판관이라는 자유주의의 금언은 모든 사람에게 똑같이 적용되지 않는다. 미성년자는 어른의 지도를 받아야 한다. 어떤 나라의 사람들은 충분히 계몽되지 못해서 권위적인 통치를 받아야 한다는 것이 밀의 생각이었다. 권위적인 통치가 불필요할 정도로 충분히 계몽된 상태를 알려주는 지표는 무엇인가? 밀의 대답은 이렇다: 영국과 같은 대의정치가 가능하도록, 다시 말해서 해당 인민 내부에서 특정 세력이 전횡을 저지르지 못하도록 나머지 사람들이 연합해서 저지할 정도로 분별력과 조직력을 갖춘 상태라면, 그리고 그때에만, 자치가 가능하다.

“합리주의의 성자”

밀은 정치경제학자이기 전에 공리주의자였고, 공리주의자이기 전에 계몽주의자였다. 그는 이성에 의한 사회 진보를 신봉했고, 공리주의가 진보의 올바른 경로를 알려 주리라고 믿었다. 그리고 행동거지와 언행에서 근엄한 교장선생님처럼 빈틈을 보이지 않았다. 그래서 윌리엄 글래드스턴(William Gladstone)은 밀을 “합리주의의 성자”라 불렀다고 한다(Packe, 1954: 455).

하지만 밀이 도달한 실천적 결론들은 대부분 합리주의의 귀결이라기보다는 그 자신이 내린 도덕적 결단의 반영이다. 자유가 진보로 이어지는 충분조건일 수 없다는 점은 위에서 지적했다. 유럽 인민들의 생활 여건이 개선된 것이 그들 자신이 지성과 덕성을 계발한 덕을 부분적으로 봤다고 양보하더라도, 그리고 식민주의가 전 지구적 분업의 형태라고 양보하더라도, 여전히 그러한 분업의 결과 증가한 생산량을 일방적으로 제국주의 세력이 향유한 것이 아니냐는 반론에 밀이 쉽게 대답하기는 어려웠을 것이다. 더구나 계몽되지 않은 인민에게는 권위적인 통치가 필요하다는 발상은 이런 생각을 가진 사람이 밀 말고도 고대부터 줄곧 있어 온 만큼 충분히 있을 수 있는 발상이기는 하지만 어쨌든 합리주의에서 도출되는 결론일 수는 없다.

이 주제는 앞에서 미뤄 놓았던 배부른 돼지의 문제와 겹친다. 배고픈 소크라테스가 배부른 돼지보다 낫다는 주장을 뒷받침하는 논변으로서 밀은 돼지는 소크라테스의 처지와 자신의 처지를 비교하지 못하지만 소크라테스는 두 처지를 비교해서 자신의 처지를 더 낫다고 판단하기 때문에 이 판단이 더욱 우월하다고 말한다. 얼핏 보면 지나칠 정도로 합리적이라 보일 수 있는 얘기지만, 표면을 한 꺼풀만 벗기고 파헤쳐 보면 매우 중대한 결함이 나타난다. 소크라테스가 비교하는 두 항목은 소크라테스의 처지와 돼지의 처지가 아니라, 소크라테스의 시야에 포착된 소크라테스의 처지와 소크라테스의 시야에 포착된 돼지의 처지다. 소크라테스의 처지는 어차피 돼지가 인식하지 못하므로, 소크라테스의 처지와 소크라테스의 시야에 포착된 소크라테스의 처지를 구분할 필요는 없다. 하지만 돼지의 경우에는 돼지가 즉자적으로 느끼는 처지와 소크라테스의 시야에 포착된, 즉 대자적으로 인식된 돼지의 처지가 다르다. 배부른 돼지가 만족하고 있을 때, 소크라테스가 아무리 그 만족이 저급한 종류라고 주장해봐야 돼지의 만족에는 아무 영향을, 물리적으로나 논리적으로나 미치지 못한다. 그래서 결국 배고픈 소크라테스의 처지와 배부른 돼지의 처지는 쌍방의 입장을 관통하는 의미로 비교될 수는 없다.

개명되지 않은 인민에 대해 제국주의 세력이 권위적으로 통치하는 것이 그들에게 이익이라는 주장도 정확히 같은 종류의 결함을 안고 있다. 그들에게 이익이라는 판단을 왜 밀이 내리는가? 원주민들에게는 아마도 이익이라는 개념 자체가 생소할지 모른다. 그렇다면 밀과 같은 유럽인들이 볼 때 '그들에게 이익'이라는 이유로 그들에게 권위적인 통치를 하사하는 것은 통치라기보다 그냥 순수한 폭력과 같다. 밀이 이해한 것과 같은 종류의 이익이라는 개념이 만약 그들에게 있었다고 백보를 양보해서 가정해보면, 바로 그렇기 때문에 자기들에게 무엇이 이익인지를 일차적으로 그들이 판단할 수 있어야 한다는 결론이 그 반대보다 훨씬 합리적이다.

밀은 벤담주의에 회의를 느꼈지만 계몽적 합리주의 자체에 대한 성찰로까지 이어가지는 못했다. 그는 19세기 영국에서 정치 권력과 부를 소수가 장악하고 다수가 이에 종속된 상황을 고치고자 애를 썼다. 그리하여 어느 정도 물질적 토대가 마련되면 더 이상의 부나 권력을 추구하지 않고 더욱 온화한 종류의 가치들을 실천하는 삶을 내심으로는 최선이라고 생각하면서도, 당대에 아직 팽배했던 사회적 빈곤을 극복하기 위해서는 각자의 소유욕을 부추기는 것이 핵심 열쇠라고 믿었다. 밀은 이것이 합리주의에서 도출된 결론이라고 생각했지만, 지금까지 논의했듯이 이와 완전히 상반된 결론도 합리주의에서 도출될 수 있다. 그러므로 여러 가지 생각들이 복잡하게 얽혀서 전개된 사회개혁의 동기야말로 밀이라는 사람이 어떤 사람인지를 알려주는 특징적인 요소라고 봐야 할 것이다.

참고문헌

서병훈(1993). 우리는 이제 모두 사회주의자?. ≪사회비평≫, 9호, 47~92.

서병훈(2007). 서구 자유주의의 기원과 특성. 『사회과학논집』, 38권 2호, 23~39쪽.

Blaug, M.(1996). *Economic theory in retrospect*(5th ed). Cambridge University Press.

Halévy, E.(1904). *La formation du radicalisme philosophique*: tome III. 박동천 옮김(2021). 『철학적 급진주의의 형성 3』. 한국문화사.

Winch, P.(1958). *The idea of a social science and its relation to philosophy*. 박동천 옮김(2011). 『사회과학의 빈곤』. 모티브북

Mill, J. S.(1837). Fonblanque's England under Seven Administrations. In J. M. Robson(ed.). *Collected works of John Stuart Mill*: vol. VI(pp. 349~380). University of Toronto Press.

Mill, J. S.(1844). Letter to Auguste Comte of 3, April, 1844. In F. E. Mineka(ed.). *Collected works of John Stuart Mill*: vol. XIII(pp. 624~626). University of Toronto Press.

Mill, J. S.(1848). Principles of political economy. In J. M. Robson(ed.). *Collected works of John Stuart Mill*: vol. II & III. University of Toronto Press. 박동천 옮김(2010). 『정치경제학 원리』. 나남.

Mill, J. S.(1861). Utilitarianism. In J. M. Robson(ed.). *Collected works of John Stuart Mill*: vol. X(pp. 203~259). University of

Toronto Press.

Mill, J. S.(1873). Autobiography. In J. M. Robson & J. Stillinger(eds.). *Collected works of John Stuart Mill*: vol. I. University of Toronto Press.

Mises, L.(1927). *Liberalism: The classical tradition*. trans by R. Raico(2005). In B. B. Greaves(ed.). Indianapolis: Liberty Fund, Inc.

Packe, J.(1954). *The life of John Stuart Mill*. London: Secker and Warburg.

Tunick. M.(2006). Tolerant imperialism: J. S. Mill's defense of British rule in India. *Review of Politics, 68(4)*, 586~611.

경제학이 답하다

존 스튜어트 밀의 공리주의는 벤담, 제임스 밀의 공리주의와 무엇이 다른가요? 경제학과 어떻게 연관되어 있을까요?

밀이 벤담을 얼마나 극복했는지, 저는 의문입니다. 밀은 이른바 질적 공리주의를 주창하면서 『공리주의』라는 책도 썼습니다. 그런데 자신의 공리주의가 벤담의 공리주의에 비해 얼마나 질적인지를 해명하는 데 성공한 것 같지는 않습니다. 이에 관한 핵심 주장은 배부른 돼지하고 배고픈 소크라테스의 비교인 것인데, 본문에서도 밝혔듯이 논리적으로 굉장한 비약입니다. 벤담의 기계적인 도덕 산수, 공리 계산 등은 실패로 판정해야 합니다. 그런데 모든 경우에 도덕 산수가 적용될 수 있느냐고 물었을 때 "No"라는 것이지, 때때로 도덕 산수가 도움이 되냐고 물으면 당연히 "Yes"입니다. 경제학, 행정학에서 많이 사용되고 있는 손익 분석(cost-benefit analysis)이라는 것이 기본적으로 벤담의 도덕

산수를 따르는 것 아닙니까? 정치적인 풍파가 너무나 강하게 작용하지 않는 지점이라면 합리적인 의사결정을 하는 데 도덕 산수가 큰 도움을 주는 것은 엄연한 사실입니다. 그리고 감정적으로 싸울 필요가 없이 자료와 통계를 가지고 논쟁을 해서 이기는 편이 득세하는 합리적인 정책 방식에 기여한 것도 엄연한 사실입니다. 이걸로 모든 문제를 다 풀 수 있다고 주장한 벤담의 호언장담은 잘못인데, 그것을 밀이 얼마나 극복했는가? 이에 관해서는 영국 공리주의의 역사에서 한 장을 장식한 헨리 시지윅(Henry Sidgwick)이 이미 지적한 게 있습니다. 아무리 질적 공리주의라고 해봤자 공리주의는 결국 계량화가 안 되면 무너진다는 것이죠. 질을 어떻게 양으로 변환해서 계량화할 것이냐는 해법을 밀이 제시한 바는 없고, 다만 벤담은 인간의 정서라는 측면을 완전히 묵살했지만, 자기는 인간의 정서라는 측면을 고려한다는 선언 정도로 스스로 합리화한 것이라 생각합니다.

다음으로 축적 욕구를 계속 얘기하는 와중에 어떻게 절제라든지 이런 얘기들을 하느냐, 이 부분은 공리주의의 측면이라기보다는 밀이 벤담과 거리를 두는 지점이기도 합니다. 자서전에서 술회하기를, 자기가 벤담한테도 영향을 받았지만 맬서스한테도 영향을 받았다는 거예요. 인구 증가가 계속되면 식량 증산이 못 따라간다는 맬서스의 원리를 완전히 철칙으로 믿은 것이죠. 그렇기 때문에 이대로 갈 수는 없다… 하지만 밀은 자신이 맬서스의 비관론을 낙관론으로 바꿨다고 스스로 평가합니다. 노동 계급에게 일할 동기, 노동할 동기를 심어주자는 말 밑에 담겨 있는 뜻이 뭐냐면, 노동 계급이 미래에 대한 희망을 가지고 미래를 설계하기 시작하면 자녀들을 그렇게 무책임하게 낳지 않을 것이라는 뜻이에요. 스스로 산아 제한에 나설 것이다 - 먹고 살 방도가 마련되기 전까지는 결혼을 하지 않을 것이다 - 증식의 욕구가 억제될 것이다, 노동할 동기와 절제가 축적 욕구에 의해서 그렇게 연결이 되는 겁니다.

'철학적 급진주의'를 말씀하셨는데, 극단주의와 급진주의의 차이는 뭘까요? 밀은 어떤 급진적 실천을 했나요?

급진이라는 번역은 다시 할 수 있다면 '뿌리를 뽑다'라는 의미의 발본(拔本)으로 번역하는 게 적절하다고 생각하는데, 이 생각은 저보다 먼저 손호철 교수가 하셨더라고요. 래디컬(radical) 중에는 급진이 있습니다. 급하게 나가자는 성급한 사람들이 있습니다. 그런데 밀은 성급한 사람은 아니거든요. 그가 의원 생활하면서 여성 참정권을 도입하기 위해서 발의를 했는데, 하원에서 70표 정도를 얻었지만 부결이 돼서 성사는 못 시켰는데, 영국에서 1918년에 가서야 여성 참정권이 인정되죠. 그러니까 꿈은 원대하되 운동하는 방식은 철저하게 보수적이라고 봐도 괜찮을 정도로 밀은 합법적인 절차를 따랐습니다. 그러니까 성급하거나 극단적인 사람은 절대 아니에요. 이런 사람을 표현하려면 발본이라는 표현이 적합하다, 이렇게 생각을 합니다만 워낙 정착된 번역어라 철학적 급진파라고 표현을 할 수밖에 없고요. 밀이 실제로 1868년에 낙선하게 되는 원인은 학자들 사이에서 논란거리인데, 제일 먼저 거론될 수 있는 이유가 너무 급진적이었다는 건데, 자메이카 총독 에드워드 에어를 살인죄로 기소한다든지, 아일랜드 독립을 지지한다는 것은 영국 사람들 애국심에 완전히 등을 돌리는 거거든요. 더구나 여성 참정권이라든지 피임 같은 걸 주장했어요. 피임이 지금 우리한테는 뭐 그렇게 놀라운 주제는 아니죠. 하지만 1860~1870년대 피임이라는 주제는 점잖은 사람이 입에 올리면 안 되는 주제였습니다. 밀은 버트런드 러셀(Bertrand Russell)이 태어났을 때 대부(godfather)를 맡았습니다. 버트런드 러셀의 할아버지는 영국 수상을 두 번 지내고 백작위를 받은 존 러셀인데요, 7대를 이어온 공작 가문에서 태어났지만 큰아들이 아니라서 공작위를 상속 못 받고 정계에 진출해서 자수성가해서 백작위를 받은 겁니다. 이런 굉장한 가문인 만큼 문화적으로 엄청나게 보수적이에요. 버트런드의 아버지가 앰벌리 자작인데, 귀부인들이 모여 점심 식사를 하는 자리에서 20대 초반의 앰벌리 자작이 피임 얘기를 꺼내서 부인들 사이에 망측하다고 물의가 일고, 아버지 존 러셀이 노발대발, 금족령을 내렸어요. 결혼해서 아들까지 있고 하원의원이던 아들에게 금족령을 내릴 정도로 도발적인 주제였습니다. 그런 얘기를 밀이 하고 다녔죠. 그러니까 밀은 급진이라고 할 수는 없고 발본적인 사람인데 굉장히 깊은 부분의 사회개혁을 추구했고 그게 시간이 오래 걸릴 거라는 것까지 다 예상을 했고, 그렇지만 어쨌든 자기가 그 시대에 할 수 있는 일은 해보려고 평화적으로 노력했다 이렇게 말할 수 있을 것 같습니다.

우리 사회가 오티움을 추구하기 위해서는 밀에게 어떤 것을 배워야 할까요? 사회적 자유주의는 한국에 어떻게 들어왔나요? 개인들의 사회적 선택에 대한 믿음이 있어야 사회적 자유주의가 성립이 될 것 같은데, 이에 대해 밀은 어떻게 생각했나요?

자기가 은연중에 오티움의 삶을 동경한다는 사실을 밀이 자각하지는 못한 것 같아요. 자각하지 못하면서, 정지 상태 얘기를 하다가 실마리를 내보인 거죠. 그래서 이 방향의 단서는 밀에서 구하기보다, 밀의 근대주의와 진보주의와 생산주의를 비판함으로써, 밀을 밟고 넘어감으로써, 새로운 길을 개척해야 될 일이 아닌가라고 저는 생각합니다. 밀은 근대 문명이 일어나는 초기에 활동했던 사람인 데 비해, 그가 죽은 지 150년이 지나 근대 문명이 만개한 시대를 살아가는 우리가 이 시대의 문제를 밀한테 물을 수는 없다는 것이죠. 밀은 19세기의 빈곤에서 벗어나기 위해서 나름대로 노력을 했는데, 우리는 이제 먹을 만큼 먹고 삽니다. 그런데 아직도 굶는 사람들이 있고 아직도 기회가 없는 사람들이 있기 때문에, 한편으로는 분배, 다른 한편으로는 전체적으로 생산 활동이라는 것이 가지는 의미 자체를 우리가 재검토해야 합니다. 일례로, 지금과 같이 에너지를 흥청망청 쓰는 방식을 유지하면서 원전에서 신재생 에너지로 가봤자 아무 소용이 없는 겁니다. 하지만 이건 밀이 조언해 줄 수 있는 일이 아니고 우리가 해결할 일이라고 생각합니다.

사회적 자유주의라는 용어는 아직 한국에서 많이 사용되는 용어가 아닙니다. 영어권이나 독일, 스웨덴 등에서는 사회적 자유주의 또는 사회적 자유민주주의, 사회적 시장경제 등은 줄곧 사용되어 온 용어예요. 그럼에도 한국에는 사회주의하고 자유주의는 그냥 물과 기름이다, 절대로 섞일 수 없다, 이 생각이 워낙 지배적입니다. 어떤 선배 교수님 한 분이 지금 80세 넘으셨는데, 존 롤스를 평하면서 "자유와 평등은 절대로 어울릴 수가 없는데 이걸 엮겠다는 것이 말이 안 된다"고 하셔요. 이 만큼 지금도 사회적 자유주의라는 발상은 별로 널리 퍼져있지가 않은데, 그러니까 역으로 롤스 책이 실마리 역할을 한 셈이죠. 롤스가 비교적 많이 알려지면서 사회적 자유주의라는 발상이 한국에 들어오게 되는 중요한 통로가 되었다고 생각할 수 있겠습니다.

마지막으로, 사람들이 자유롭게 생각할 수 있으리라고 한 밀의 전망은, 밀 자신은 합리적인 결론이라고 여겼지만, 실은 희망과 기대의 피력일 뿐입니다. 밀은 당대 영국 사회에서 사람들이 충분히 자유롭지 못하다 - 다수의 도덕주의에 의해서 억압이 행해지고 있다 - 생각이 자유롭게 성장하려면 여유가 있어야 되는데, 15시간을 노동하는 사람이 자유로운 사상을 기를 여유는 없지 않은가? - 그러니까 기본적으로 최소한의 생활이 보장돼야 한다 - 이런 주장을 펼친 겁니다. 그러고선 가정법으로 넘어갑니다. 만약에 사람들이 경제적으로 유복해서 충분히 교양을 익히고 자기 생각을 기를 수 있다면 다들 각자 바람직한 길들을 가게 될 것이다 - 자신에게 가장 알맞은 올바른 길을 찾아내는 데 각 개인이 최선의 판관(best judge)이다. 이런 생각은 희망이지 '팩트'는 아닙니다. 현실에서 부자유를 목격한 다음, 자기가 생각하기에 원인을 진단하고서, 그 원인을 고치면 잘 될 것이라고 생각한 거죠. 이에 비해 지금은 빈곤에서 벗어난 상태라고 할 수 있는데, 과연 지금은 사람들이 심술궂고 뒤틀린 생각을 하는 게 아니라 똑바르고 건강한 생각을 하는 세상인가? 우리가 물어야 할 질문입니다. 여기서도 답은 어떻게 하면 사람들을 그렇게 만들 수 있을 것인지 밀에게 물어서 구할 일이 아니고, 생산주의를 극복하고 더 많은 다양성을 찾는 데서 구해야 한다고 봅니다. 밀은 19세기적 사고방식에서 봤을 때 열심히 일하고 훌륭한 길을 찾아가는 삶을 기준 삼아 게으르거나 시간을 낭비하는 삶을 매도한 것이죠. 밀만 해도 당대에는 충분히 다양성을 인정한 사람이라고 볼 수 있지만 제가 바라기로는 훨씬 더 많은 다양성을 인정해야 하는 거 아닌가 생각합니다. 어떤 활동이 가치 있는가, 어떤 삶이 낭비인가에 관해 적어도 밀보다는 더 섬세하게 따져볼 필요가 있습니다. 이것은 우리의 과제입니다.

존 스튜어트 밀

존 스튜어트 밀(John Stuart Mill, 1806~1873)은 영국의 사회개혁가, 철학자이자 정치경제학자로서, 논리학, 윤리학, 정치학, 사회평론 등에 걸쳐서 방대한 저술을 남겼다. 경험주의 인식론과 공리주의 윤리학, 그리고 자유주의적 정치 경제사상을 바탕으로 현실 정치에도 적극적으로 참여해 하원의원을 지내기도 했다. 그의 공리주의는 대부이자 스승이었던 제러미 벤담으로부터 물려받은 것이지만, 여기에 생시몽주의와 낭만주의를 가미해서 나름의 체계로 발전시켰다.

밀은 감정에 휩싸이기보다는 공리를 고려해야 더 나은 판단에 도달할 수 있다고 믿은 계몽주의자로서, 계몽으로 가는 필수조건이라며 표현의 자유를 강조했다. 노동계급에 대한 교육과 복지와 참정권 부여가 결국 모두에게 이익이며, 여성의 권리 역시 정의일 뿐만 아니라 모두에게 이익이라고 주장했다. 계몽을 통한 평화적인 방식의 사회 개혁에 일생을 바쳤다. 저술로는 『논리학체계』, 『정치경제학 원리』, 『자유론』 등 전 33권으로 이루어진 전집이 있으며, 그 밖에 동인도회사에서 일하면서 집필한 수많은 보고서를 남겼다.

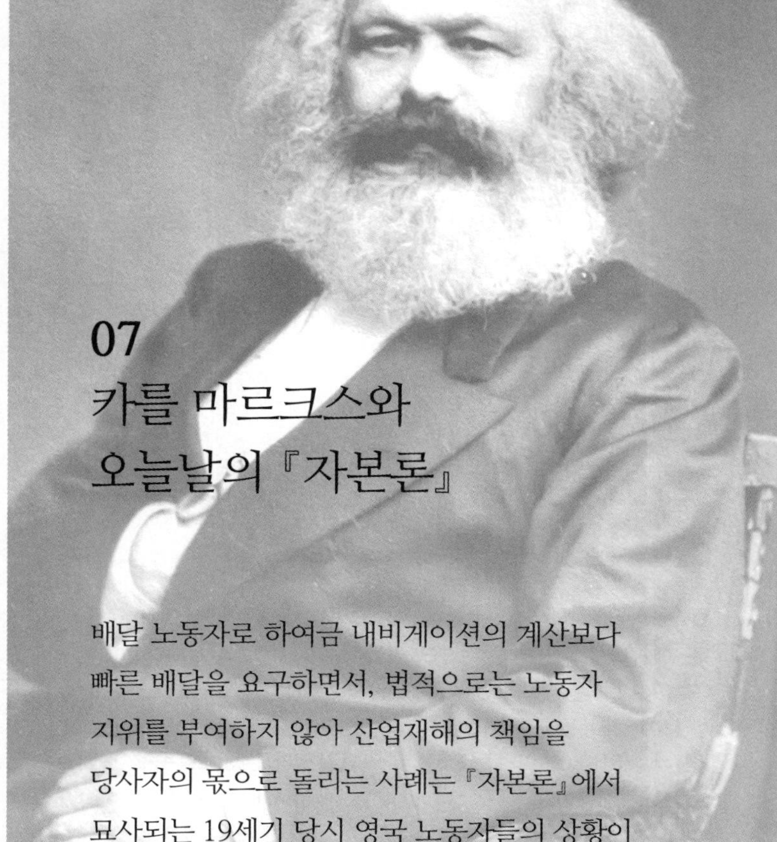

07
카를 마르크스와 오늘날의 『자본론』

배달 노동자로 하여금 내비게이션의 계산보다 빠른 배달을 요구하면서, 법적으로는 노동자 지위를 부여하지 않아 산업재해의 책임을 당사자의 몫으로 돌리는 사례는 『자본론』에서 묘사되는 19세기 당시 영국 노동자들의 상황이 지금 여기에서도 나타남을 말해준다.

카를 마르크스의 모습. 1871. Mayall, J.

류동민

충남대학교 경제학과 교수다. 서울대학교 경제학과를 졸업하고 같은 대학원에서 박사 학위를 받았다. 전공분야는 노동가치론의 수리적 해석이다. 저서로 『시간은 어떻게 돈이 되었는가』(2018), 『수리마르크스경제학』(2016), 『우울한 경제학의 귀환』(공저, 2015), 『서울은 어떻게 작동하는가』(2014), 『기억의 몽타주』(2013) 등이 있다. 논문으로는 "労働生産性と価値推計"(2017), "Estimating Sectoral Rates of Surplus Value: Methodological Issues"(2008), "민족경제론의 형성과정에 관한 연구"(2002) 등이 있다.

카를 마르크스(Karl Heinrich Marx, 1818~1883)는 프로이센(지금의 독일)의 트리어(Trier)에서 태어났다. 유태인 랍비 집안 출신이었지만 아버지는 개종한 변호사였고 당대의 기준으로는 꽤 진보적인 인물이었다. 다분히 아버지의 희망, 그리고 여러 현실적 필요 때문에 마르크스는 본대학교에서 법학을 공부할 예정이었으나 결투와 음주 등으로 소란스러운 시간을 보내다가 곧 베를린대학교로 옮겨갔다. 그 대학은 다름 아닌 독일의 대철학자 게오르그 헤겔(Georg Wilhelm Freidrich Hegel)이 교수를 지낸 곳이었고, 마르크스는 이내 청년 헤겔주의자들의 영향을 받으며 철학에 빠져들었다.[41] 마르크스는 1841년 학위 취득이 상대적으로 쉬웠던 예나대학교에 고대 그리스의 자연철학에 관한 연구로 박사 논문을 제출했지만 이미 자신의 급진적 성향 때문에 대학에 자리 잡을 수가 없었다.

---

41) 베를린대학교는 독일 분단 시절에는 동독에 위치하고 있었으며 창립자의 이름을 따서 훔볼트대학교로 개명되었다. 본관 2층으로 올라가는 복도 중앙에는 마르크스의 『포이어바흐에 관한 테제(Thesen über Feuerbach)』의 제11테제, 즉 "지금까지 철학자들은 세상을 여러 가지로 해석만 해 왔다. 그러나 문제는 세상을 바꾸는 것이다"가 새겨져 있다. 이는 런던 교외의 하이게이트(Highgate) 공동묘지에 있는 마르크스의 묘비명이기도 하다.

마르크스의 생애

1843년 마르크스는 어려서부터 자신의 멘토 역할을 했던 베스트팔렌 남작의 딸 예니 베스트팔렌(Jenny von Westphalen)과 결혼한다. 귀족 출신인 예니는 마르크스보다 네 살이나 연상이었으나, 어릴 적부터 자기 집을 드나들던 마르크스와 사랑에 빠지게 되고 주변의 우려 속에서도 귀족 출신이 아닌 다혈질의 유태인 급진주의자와 평생을 함께한다. 우려에 걸맞게 예니의 삶은 적어도 세속적으로는 매우 견디기 어려운 고난에 찬 여정이 되고 만다. 학위 취득 이후 ≪라이니셰 차이퉁(Rheinische Zeitung)≫의 편집장을 지내던 마르크스는 반체제적 논조 때문에 신문이 폐간되고, 이내 요시찰인물이 되어 파리와 브뤼셀 등을 정치적 망명객으로 떠돌다가 1849년 최종적으로 런던에 정착한다.

마르크스의 집은 늘 불만으로 가득 차서 세상을 뒤집으려는 기획에 골몰하는 수많은 이들로 북적거렸다. 먼 나라에서 혁명의 희망을 품고 조언을 들으러 찾아온 이방인, 때로는 머지않아 정적으로 바뀔 운명에 있던 동지들, 심지어는 첩자에 이르기까지. 끝없는 담배 연기와 와인, 술주정 섞인 논쟁이 이어지는 집안에서 예니는 일곱 명의 자녀를 낳았으나 성인이 될 때까지 자란 것은 겨우 세 명의 딸뿐이었다. '베스트팔렌 남작 부인'이라는 서명을 즐겨 하던 귀족 출신의 예니는 끊임없는 생활고와 정치적 감시 등에 시달려야 했다.

예니에 대한 마르크스의 사랑은 의심의 여지없이 분명한 것이었다. 그러나 마르크스는 1851년 다름 아닌 예니가 고향에서 데려온 하녀이자 가족의 평생의 동반자였던 헬레네 데무트(Helene Demuth) 사이에서 아들을 낳기도 한다. 비정기적인 신문 기고 등을 제외하면 일정한 직업이 없었던 마르크스는 파리에 체류하던 젊은 시절 만나 의기투합하게 된 평생의 친구 프리드리히 엥겔스(Friedrich Engels)[42]의 경제적 후원과 예니 집안의 도움, 뒷날 필립

---

42) 엥겔스는 독일인 방직공장주의 아들로 태어나 1848년 혁명의 실패 이후에는 영국 맨체스터에서 직접 가업을 이어받아 경영했다. 마르크스에 대해 평생에 걸쳐 경제적 지원은 물론 학문적 및 정치적 토론자였고 『공산당 선언(Manifest der Kommunistischen Partei)』(1848)을 비롯해 몇 권의 책을 공동으로 집필하기도 했다. 사적으로는 마르크스 사후에도 그의 딸들의 후견인이었으며, 심지어는 마르크스와 데무트 사이에 태어난 프레데릭을 자신의 아들이라 주장함으로써 마르크스의 명예를 지켜주기도 했다. 그러나 엥겔스의 학술적으로 가장 중요한 업적은 역시 마르크스 사후에 미완의 원고를 정리하여 『자본론』 제2권과 제3권을 출간한 것이다.

스 그룹으로 이어지게 되는 부자 외삼촌의 도움까지 얻어 가며 살아갔다. 마르크스는 한때 철도역의 서기로 일자리를 얻으려 한 적이 있으나, 박사 학위 소지자라는 지나치게 높은 학력과 나쁜 필체로 말미암아 정중하게 거절당했다. 엥겔스가 독해를 위한 후계자를 양성해야 할 정도로 악명 높았던 마르크스의 필적은 엥겔스와 예니, 데무트 정도만이 읽어낼 수 있었다고 한다.

혁명운동가 및 조직가이자 저널리스트, 철학자 등 다양한 규정이 가능하지만, 적어도 런던에 정착한 삼십 대 이후 마르크스의 가장 큰 정체성은 경제학자였다. 마르크스는 영국박물관 열람실에서 당대의 정치경제학 저작들을 끊임없이 읽고 메모하며 필생의 역작인 『자본론(Das Kapital)』(1867)을 위한 원고를 써 내려갔다. 현실 정치에 대한 끊임없는 관심과 육체적 및 정신적 고통까지 겹친 데다 특유의 완벽주의 성향으로 말미암아 처음 네 권으로 계획했던 책은 1867년에야 제1권이 출간되었으나, 결국 마르크스가 죽는 날까지도 마무리되지 못한 채 방대한 양의 원고로만 남았다. 그나마 마르크스 생전에 초판본이 꽤 수정된 제2판(1873)이 출간되었는데, 흥미롭게도 최초의 외국어 번역은 러시아어판(1872)이었다. 한편 프랑스어판(1872~1875)은 마르크스 자신이 직접 교열을 보았기 때문에 문헌학적으로 상당한 가치가 있으며, 현재 판본은 주로 독일어 제4판(1890)에 따른 것이다. 최근에는 독일과 일본 학자들을 중심으로 동독에서 추진하다 중단되었던 마르크스-엥겔스 전집(Marx-Engels Gesamtausgabe: MEGA) 편찬 작업이 진행 중이다.

『자본론』 번역의 역사

한국에 『자본론』이 처음으로 소개된 것은 식민지 시대 일본을 통해서였다. 어차피 『자본론』을 읽을 정도의 지식인이라면 일본어 독해가 가능하였을 것이므로 번역의 필요는 크지 않았을 수도 있다. 최초의 한국어판은 해방 이후인 1946~1948년 경성경제대학 교수 전석담 등에 의해 제2권까지 번역된 것이었다. 번역자들을 비롯한 대다수의 마르크스 경제학자들이 한국전쟁을 거치면서 월북함에 따라, 그리고 무엇보다 반공주의가 압도하는 정치적 상황 때문에 번역 작업은 중단될 수밖에 없었다. 그러나 1950~1970년대에도 『자본론』은 일본어판이나 전석담판 등이 지하에서 유통되고 읽혔다. 사실 어떤 경로로든 『자본론』을 접했을 독자들 중에서 얼마나 많은 이들이 끝까지 읽었을지는 확실하지 않다. 프랑스의 마르크스주의 철학자 루이 알튀세르(Louis Althusser)조차 건너뛰고 읽을 것을 권고했던 제1편의 가치형태에 관한 논의는 물론 제1권 분량만으로도 1000페이지를 넘는(김수행 번역본 기준) 책을 정치적인 열정이나 지적 호기심만으로 독파하기는 쉬운 일이 아니기 때문이다. 예를 들어 1970년대 대학생들이 즐겨 찾았다는 『후진국경제론』[43]의 내용 중에서 상당 부분은 『자본론』의 경제 분석을 교과서 수준으로 요약한 것이었다.

1980년대 초반 우후죽순처럼 쏟아져 나온 사회과학 출판사들이 경쟁적으로 출판한 『경제분석입문』, 『자본주의의 구조와 발전』 같은 제목의 책들은 일본의 마르크스 경제학 교과서 및 입문서를 번역한 것들이었다. 그러므로 당시의 독자들은 때로 그것이 『자본론』의 요약해설인지도 모르면서 읽기도 했다. 필자도 대학 신입생 시절 선물로 받은 도미츠카 료조(富塚良三)의 『경제학원론』 번역서를 혼자 읽기 시작했는데, 반복해서 등장하는 "고전원리

---

43) 고려대학교 조용범 교수의 이름으로 1973년에 박영사에서 출간되었으나 실제로는 재야 경제학자 박현채의 대필이었다는 설이 유력하다.

론"이라는 표현이 『자본론』의 위장된 번역어라는 것은 한 참 뒤에야 스스로 깨우쳤다.

1987년 민주화 이후 『자본론』 제1권의 일부가 출판사 이론과실천에서 김영민(가명)이라는 역자에 의해 출간되었으나, 곧 국가보안법 위반 혐의로 출판사 대표가 구속되어 재판을 받는 사건으로 비화한다. 1989년 백의출판사에서 북한의 번역본을 거의 그대로 출판하기도 하였지만, 최초의 완역본은 1991년에 이론과실천에서 간행되었으며 약간의 시차를 두고 비봉출판사의 번역본도 출간된다. 특히 비봉출판사의 번역본은 영어판을 중역하였다는 태생적 한계가 있음에도 1989년 서울대학교 경제학과 최초의 마르크스 경제학 교수로 부임한 김수행의 번역이라는 점에서 적어도 학계에서는 정본처럼 취급되었다. 정세 변화 탓도 있겠으나 아마 서울대 교수가 번역하였다는 후광 효과도 분명히 작용한 결과, 『자본론』은 이즈음부터 '불온'이라는 딱지를 떼고 대형 서점에서도 판매되는 합법적 지위를 획득하게 된다. 이론과실천의 번역본은 익명의 다수, 그것도 전문성이 떨어지는 번역자들의 '쪼가리 번역'이라는 한계가 있었으나, 1980년대 후반 이른바 86세대의 지적 욕구와 현실적 필요에 부응한다는 역사적 의미를 지닌 것이었다(류동민, 2016). 이후 번역 과정에 참여했던 강신준이 이를 전면 개역해 『자본』(길, 2008)으로 재출간했다. 현재는 완역은 아니지만 채만수와 황선길에 의해서도 각각 새로운 번역본이 출간되고 있다.

『자본론』의 번역과 관련해서는 독일어판을 번역한 것인가 아닌가, 독일어 중에서도 어떤 판본을 번역본으로 삼는가, 심지어는 제목이 '자본론'인가 '자본'이어야 하는가 등에 이르기까지 다양한 논쟁이 있다. 분명한 것은 이미 150년도 더 전에 출간된 책의 내용이 21세기의 자본주의 경제를 빈틈없이 제대로 설명할 수 있으리라고는 당연히 기대할 수 없다는 사실이다. 마르크스의 저작을 하나의 과학 혹은 적어도 현실 경제 분석에 대한 지침을 주는 고전으로서 읽고자 한다면, 사실 훈고학적 해석의 문제보다는 그 함의가 무엇인가에 집중해야 할 것이다.

상품, 화폐, 자본, 임금, 잉여가치

『자본론』처럼 오랜 세월에 걸쳐 집필·수정되다가 결국에는 저자 자신에 의해 완결되지 못한 저작, 더욱이 현대의 학술 논문이나 저서의 문법을 따르지 않는 저작을 읽을 때는 그것이 말하고자 하는 요지를 정확하게 파악하는 것이 중요하다. 말하고자 하는 요지는, 그러나 실제로 저작이 말하고 있는 것 못지않게 말하지 않는 것 속에서도 찾아야 한다. 요컨대 '말하지 않음으로써 말하는 것'을 찾아내야 하는 셈이다. 『자본론』이 20세기 현실 사회주의의 세계에서 '바이블'의 위치를 차지하면서 해당 체제의 왜곡과 변형 속에 정치적으로 오염되어온 역사, 그 반대편 세계, 특히 한국에서는 레드 콤플렉스에 기인하는 온갖 과장된 추문에 뒤덮여왔던, 때로는 오히려 그 반동으로 과도한 기대를 짊어져야 했던 역사를 생각하면 더욱 그러하다.

먼저 『자본론』 제1권의 목차를 살펴보자.[44]

1편 상품과 화폐
2편 화폐의 자본으로의 전환
3편 절대적 잉여가치의 생산
4편 상대적 잉여가치의 생산
5편 절대적 및 상대적 잉여가치의 생산
6편 임금

---

44) 영어판과 독일어판의 편제는 약간 다르다. 가장 중요한 것은 7편에서 자본주의의 탄생을 다루는 역사적 내용(이른바 '본원적 축적')이 제8편으로 분리되었다는 데에 있다.

7편 자본의 축적과정

마르크스는 1865년 7월 엥겔스에게 보낸 편지에서 자신의 저작들이 "예술적 총체(an artistic whole)"라 자부한 바 있다. 지식인 특유의 자의식 과잉일 수도 있겠으나, 『자본론』 제1권만 보더라도 이 책에서 마르크스가 하나의 자기 완결적 구조를 이루고자 했음은 목차를 통해서 알 수 있다. 상품→화폐→자본의 배열 순서는 논리적인 동시에 역사적인 전개로도 읽힌다. 자본주의가 근대에 와서 생긴 것이라면 화폐는 자본주의 이전에도 있었으며, 물물교환, 즉 화폐에 의존하지 않는 상품 교환은 더 이전에 생겨났기 때문이다. 한편 일상적인 직관에 따르면 자본주의는 자본이 지배하는 사회고 자본은 주로 일정 규모의 화폐로 나타나며, 화폐는 상품의 교환을 매개하는 수단이므로, 자본주의의 운동 법칙을 규명하려는 입장에서 논리적으로 탐구해 들어가는 순서는 자본→화폐→상품이라 할 수 있다. 마르크스는 이와 같은 탐구의 과정을 거친 다음 그것을 서술함에 있어 반대 방향의 순서를 취한 것이다.

『자본론』은 당대의 정치경제학적 개념들을 활용하면서 그 안에서 새로운 개념을 제시함으로써 비판하는 방식으로 서술되어 있다. 마르크스가 "리카도의 아류(a minor post-Ricardian)"라는 폴 새뮤얼슨(Paul Samuelson)의 냉정한 평가에 일리가 있는 것도 이 때문이다. 예를 들어 노동가치론, 즉 어떤 상품의 가치는 그 생산에 사회적으로 필요한 노동 시간에 의해 결정된다는 명제는 이미 1817년 출간된 데이비드 리카도(David Ricardo)의 『정치경제학과 과세의 원리(On the Principles of Political Economy and Taxation)』의 첫 문장으로 제시되어 있다.[45] 그러므로 노동가치론을 가격이론으로서만 이해한다면 리카도와 마르크스의 차이는 그다지 크지 않다. 물론 마르크스는 가치를 결정하는 노동은 구체적 노동이 아니라 추상적 노동, 사적 노동이 아니라 사회적 노동이라는 점을 강조하고 있으나 리카도 역시 암묵적으로 이러한 차이를 인식한 것으로 해석되기 때문에 이를 양자의 결정적 차이라 보기는 어렵다. 오히려 헤겔 철학의 영향이 강하게 남아 있는 마르크스의 서술은 현대적 독자의 시각에서는 형식적 논리 전개의 방해물인 것처럼 읽히기도 한다.

---

45) 제사(題辭)처럼 분리된 이 문장은 다음과 같다. "상품의 가치, 또는 그것이 교환되는 다른 어떤 상품의 양은 그 생산에 필요한 상대적 노동량에 의존하며, 그 노동에 지불된 보상의 크기에 의존하지는 않는다."(https://socialsciences.mcmaster.ca/econ/ugcm/3ll3/ricardo/Principles.pdf).

더구나 리카도가 평생 찾아 헤매었으나 해결하지 못한 이른바 불변가치척도(invariable measure of value) 문제는 마르크스 자신이 『자본론』 제3권의 원고에서 해결하였다고 생각했으나, 실제로는 마르크스 사후 책이 출간되자마자 비판되기 시작해 오랜 세월에 걸친 논쟁(이른바 전형논쟁)으로 이어졌다. 당초 불변가치척도 문제가 생겨나는 까닭은 산업별로 자본과 노동의 결합 비율이 달라짐에 따라 노동 시간이 가치(가격)를 결정하는 불변의 척도가 되지 못한다는 논리적 문제였다. 마르크스는 이 문제를 가치와 구별되는 일종의 장기균형인 생산가격(price of production)의 성립을 통해 시장가격은 비록 가치와는 희미한 관련을 가질 뿐이나 생산가격을 중심으로 움직인다고 설명함으로써 해결하였다고 생각했다. 그런데 가치가 생산가격으로 전형되는 과정에서의 논리적 문제점은 차치하더라도, 이러한 해결은 가치-가격이라는 두 가지 개념을 가치-생산가격-(시장)가격이라는 세 가지 개념으로 대체한다는 문제점을 갖는다. 즉, 이는 하나의 문제(불변가치척도)를 해결하기 위해 하나의 개념(생산가격)을 추가하는 것을 의미하므로, 개념의 경제라는 관점에서 볼 때 질적으로 이전과 완전히 새로운 단절을 이루었다고 평가하기는 어렵다.

요컨대 고전학파 정치경제학(특히 리카도)과 마르크스의 본질적 차이는 가격이론으로서의 노동가치론에서는 찾을 수 없다. 하지만 마르크스 생전의 유일한 출판물이라는 점을 감안해 『자본론』 제1권에서 그 본질적 차이를 찾아본다면, ① 물신성, ② 노동력과 노동의 구분을 통한 착취론, ③ 기술진보의 특성이라는 세 가지를 들 수 있다.

소외와 물신성

『자본론』 제1권 제1장의 제목은 "상품"이며, 다음과 같은 문장들로 시작한다.

> 자본주의적 생산양식이 지배하는 사회의 부는 '방대한 상품더미'로 나타나며, 개개의 상품은 부의 기본 형태다. 그러므로 우리 연구는 상품의 분석에서 시작한다.(Marx, 1867/2015: I(상), 43)

사실 이 문장을 "모든 국민의 연간 노동은 그 국민이 소비하는 일체의 생활필수품 및 편의품을 본원적으로 공급하는 원천이다"라는 애덤 스미스(Adam Smith)의 『국부론』 첫 문장과 비교할 때 그 차이는 심상한 것으로 보인다. 상품의 두 요소를 사용가치와 교환가치로 구분하고 논의를 전개하는 것 또한 마르크스 당대의 피에르 조제프 프루동(Pierre-Joseph Proudhon)과 비교했을 때 현대 독자의 눈에는 크게 달라 보이지 않을 것이다. 프루동이 저술한 『곤궁의 철학(Philosophie de la misère)』에서도 제1장의 경제학 방법론 다음 본론에 해당하는 제2장은 "사용가치와 교환가치의 대립"이다. 사용가치와 교환가치가 서로 다르다는 것은 이미 유명한 물과 다이아몬드의 문제에서부터 지적된 것이었다. 요컨대 『자본론』 제1권이 상품의 두 가지 성격, 즉 사용가치와 교환가치에 관한 논의나 노동가치론으로부터 시작하는 것은 비유하자면 현대의 경제학원론 교과서가 수요와 공급에 관한 소개로부터 시작하는 것과 별로 다르지 않다. 어렵기로 악명 높은 제3절의 가치형태론도 골자만 간추리면 화폐의 성립사를 개념적으로 정리한 것, 이를테면 현대의 화폐금융론 교과서 앞부분에 나오는 서술과 질적으로 달라 보이지 않을 것이다. 그러나 제4절 "상품의 물신적 성격과 그 비밀"에 등장하는 '물신성(fetischismus)'이라는 개념은 마르크스의 자본주의 비판을 위한 중요한 실마리가 된다.

> 노동생산물이 상품으로 존재하는 것과 노동생산물들 사이의 가치관계 … 는 노동생산물의 물리적인 성질이나 그로부터 생기는 물적 관계와는 아무런 관련도 없다. 인간의 눈에는 물건들 사이의 관계라는 환상적인 형태로 나타나지만 그것은 사실상 인간들 사이의 특정한 관계에 지나지 않는다. 그러므로 그 비슷한 예를 찾아보기 위해 우리는 몽롱한 종교세계로 들어가지 않으면 안 된다. 거기에서는 인간 두뇌의 산물들이 스스로 생명을 가진 자립적 인물로 등장해 그들 상호 간, 그리고 인간 사이에서 일정한 관계를 맺고 있다. 마찬가지로 상품세계에서는 인간 손의 산물들이 그와 같이 등장한다. 이것을 나는 '물신숭배(fetishism)'라고 부르는데, 이것은 노동생산물이 상품으로 생산되자마자 상품에 달라붙으며, 따라서 상품생산과 분리될 수 없다(Marx, 1867/2015: I(상), 94).

이 인용문은 상품의 물신성을 정의하고 있는 부분이기 때문에 그 해석에 이견의 여지가 거의 없다. 요컨대 자본주의 사회에서는 노동생산물이 상품이라는 형태로만 거래되므로 실제로는 인간과 인간 사이의 사회적 관계인 것이 물(物)과 물의 관계로 나타난다는 것이다. 뒷부분의 서술은 마르크스가 포이어바흐의 종교 비판에서 영향을 받았음을 단적으로 드러낸다. 인간의 본질과 희망을 투영해 신(god)이 만들어지고 나면 그 신은 하나의 주체가 되어 그것을 창조한 인간의 의식과 행동을 지배하게 된다. 마르크스는 이미 20대에 집필한 『포이어바흐에 관한 테제』에서 인간의 본질이라는 것은 결국 사회적 관계의 "앙상블(ensemble)"이라 썼다. 즉, 개별 인간이 가지고 있는 순수하게 추상적인 본질 따위는 존재하지 않으며, 그가 물질적 삶을 영위하면서 맺고 있는 사회적 관계의 총체가 바로 인간의 본질인 것이다. 마르크스는 이와 같이 포이어바흐를 한편으로는 수용하면서 다른 한편으로는 사회에 대한 유물론적 이해를 덧붙임으로써 물신성 개념을 자본주의 경제 전반으로 확장시켜 적용하고자 하였다. 철학적 논리 전개에 따라 상품의 물신성은 화폐의 물신성으로, 다시 자본의 물신성으로 발전되는 것이다. 단순화의 위험을 무릅쓰고 요약하자면 화폐의 물신성은 상품 가치의 표현 형태인 화폐가 마치 원래부터 돈으로서의 어떤 신비한 속성을 가지고 있는 것처럼 생각되는 것, 그리고 자본의 물신성은 자본이 후술하는 바와 같이 잉여노동을 착취함으로써 비로소 증식하는 것임에도 마치 처음부터 자기증식의 신비한 속성을 지닌 것으로 간주되는 것을 의미한다.

그러므로 상품의 물신성은 인간이 노동해 만들어낸 물

건이 상품화되면 인간의 삶과 행동을 지배하게 되는 현상을 가리키게 된다. 상품의 물신성의 대표적인 사례는 노동력이 하나의 생산요소로서 다른 생산요소들과 질적 차이가 없는 것으로 취급되는 데에서 찾을 수 있다(Fine & Saad-Filho, 2016: 23). 이른바 신자유주의적 국면의 핵심 중의 하나인 노동력의 매매, 즉 고용 관계가 일반적인 상품의 매매 관계와 질적으로 차이가 없어진다는 데에 있다는 점을 고려하면, 상품의 물신성이 그 정점에 이르는 것으로 볼 수 있을 것이다. 이때 차이가 없어진다는 것은 현실이 그러할 뿐만 아니라 대중의 의식 속에서 그렇게 받아들여진다는 의미에서 물신성이 이데올로기로서의 역할을 수행한다는 점을 주목할 필요가 있다.

위대한 사상가들의 젊었을 때 주장과 나이 든 뒤 주장 간에 모순이나 이론적 긴장 관계가 존재하는 것은 흔히 관찰되는 현상이다. 마르크스의 경우 '청년 마르크스(Young Marx)'라 불리는 시기의 철학적이고 인간주의적 경향과 이른바 성숙한 마르크스의 정치경제학적 경향 간에도 그와 같은 문제가 존재하는 것으로 해석되어 왔다. 시대 상황에 따라, 또는 정치적 필요에 따라 누군가는 후자의 '객관적이고 과학적인' 마르크스를, 다른 누군가는 청년 마르크스에서 마르크스 사상의 정수를 찾고자 했다. 그런데 물신성이라는 개념은 이른바 청년 마르크스를 특징짓는 대표 개념인 '소외(Entfremdung; alienation, estrangement)'와 동전의 앞 · 뒷면과 같은 관계에 놓여 있다. 마르크스는 본격적으로 정치경제학을 연구하기 전인 1840년대 초반 파리에 체재할 때 『경제학 · 철학 초고』를 남겼고, 여기에서 인간은 노동으로부터 소외되면서 결국에는 다른 인간을 소외시키며, 따라서 인간의 본질로부터 소외시킨다는 주장을 한 바 있다. 소외와 물신성이 동전의 앞 · 뒷면과도 같은 관계를 이루는 까닭은 인간에게 위안을 제공하는 물신이 궁극적으로는 인간을 소외시키는 역할을 하게 된다. 실제로 『자본론』에서는 소외 개념이 전면에 등장하지 않는다.[46] 그렇지만 물신성이라는 개념을 통해 마르크스가 이미 청년 시절에 주목한 소외의 사회경제적 구조는 여전

---

46) 『자본론』 제1권의 디지털 판본(https://ciml.250x.com/zrchiv/marx_engles/german/kapital1.pdf) 기준으로 소외에 해당하는 "entfremd_"를 검색해보면 일상어적 용례까지 포함하여 여섯 군데의 구절이 나온다. 그중 제7편의 결론 부분에서의 다음 인용문은 『경제학·철학 초고』의 핵심과 거의 일치한다. "자본주의체제 안에서는 … 생산을 발전시키는 모든 수단들은 생산자를 지배하고 착취하는 수단으로 전환되며, … 노동과정의 지적 잠재력을 노동자로부터 소외시킨다"(Marx, 1867/2015: (상)878~879).

히 중요한 주제로 등장하고 있는 셈이다.

사실 물신성을 인간 대 인간의 관계가 물 대 물의 관계로 나타나는 것이라고 축자적으로만 해석한다면 이미 네트워크 기술에 의해 결합된 현대 자본주의에서 물신성은 사라지는 것으로 보일지도 모른다. 당일 배송 택배 하나를 주문해도 상품의 준비에서부터 배송 과정은 실시간으로 소비자에게 전달된다. 내게 택배를 배달하는 노동자의 이름과 사진, 연락처가 표시되고 그의 위치가 나를 향해 다가오는 과정이 깜빡거리는 점으로 모니터 위에 표시될 때, 과연 물신성의 축자적 해석은 타당한 것일까? 인공지능 기반으로 최적 경로를 산출해 배달 노동자로 하여금 심지어 내비게이션이 계산하는 것보다도 짧은 시간 안에 이동하도록 요구함으로써 노동을 극한으로까지 내모는 사례, 그러면서도 법적으로는 노동자 지위를 부여하지 않음으로써 산업재해의 책임을 온전히 당사자의 몫으로 돌리는 사례(《한겨레》 2020년 10월 30일자 기사)는 『자본론』 제1권에서 묘사되는 19세기 당시 영국 노동자들의 상황이 모습을 바꾸어 지금 여기에서도 나타남을 말해준다. 마찬가지로 우리는 경제 성장의 물신에 관해서도 말할 수 있을 것이다. 자본주의 발전의 중요한 방향인 '만물의 상품화'는 다른 한편에서는 상품 관계에 포착되지 않는 사회적 부(wealth)의 존재를 지워 나가는 과정이기도 하다. 이른바 'common'에 기반한 평등하며 지속 가능한 사회(斎藤幸平, 2020)와 상품 물신에 기초한 경제 성장 간의 대립을 어떻게 해소해 나갈 것인가는 그 어느 때보다 더 진지하게 다루어야 할 과제가 되고 있다.

필요노동과 잉여노동, 그리고 착취

리카도 등 고전학파 정치경제학과 마르크스의 『자본론』을 질적으로 단절시키는 지점은 역시 이윤의 본질에 관한 설명이다. 마르크스는 자본주의 경제에서 이윤의 원천은 자본가 계급이 노동자 계급으로부터 착취한 잉여노동의 산출물, 즉 잉여가치에 있다고 주장한다. 착취(Ausbeutung; exploitation)가 발생하는 이유는 노동력 상품이 지닌 특수한 성격 때문이다. 사실 노동력이 '특수한 상품'이라 할 때, 그것은 상품이지만 어디까지나 '특수'하다는 의미에서 일종의 비상품적 속성을 강조하는 것으로 이해할 수도 있다.

마르크스에 따르면, 노동력(Arbeitskraft; labor power)은 노동(Arbeit; labor)과는 엄밀하게 구분되어야 한다. 노동력은 노동자, 즉 인간이 지닌 일할 수 있는 육체적 및 정신적 능력을 가리키며, 시장에서 상품으로 거래되는 것은 바로 이 노동력이다. 그런데 노동력도 상품인 이상 다른 상품과 마찬가지로 가치와 사용가치를 가져야 한다. 사용가치는 상품이 지닌 유용한 속성을 가리키는 것이므로, 노동력의 사용가치는 그 소비자인 자본가가 노동력을 소비함으로써 얻을 수 있는 유용성이다. 즉, 자본가는 노동력을 고용해 적절하게 일을 시킴으로써 상품을 생산하고 그 결과 이윤을 얻는 것을 목적으로 한다. 따라서 노동력의 사용가치는 노동자가 일하는 것, 즉 노동력의 지출이고 이를 노동이라 할 수 있다. 일반적인 상품의 경우, 저 유명한 물과 다이아몬드의 역설에서처럼 사용가치와 (교환)가치는 대립하거나 모순적이며, 그 이전에 이미 질적으로 다른 것이다. 반면 노동력의 경우 가치와 사용가치는 결국 노동을 가리키기 때문에 질적으로는 같아지고 오직 양적인 차이만이 존재할 수 있게 된다. 그렇다면 노동력의 가치는 어떻게 결정되는가? 노동가치론의 원칙을 그대로 적용한다면 그 가치는 노동력을 생산하는데 사회적으로 필요한 노동의 양이 될 것이다. 그러나 노동력의 생산은 먼저 인간의 생산을 전제로 하며, 인간은 이윤을 목적으로 자본에 의해 생산되지 않는다. 따라서 노동력의 가치는 다른 방식으로 정의되어야 한다. 마르크스는 고전학파 정치경제학의 일반적인 방식에 따라 일종의 생계비 개념을 이용해 노동력의 가치를 정의하고자 했다.

> 노동력의 가치는 (다른 모든 상품의 가치와 마찬가지로) 이 특수한 상품의 생산과 재생산에 드는 노동 시간에 의해 규정된다 … 노동력은 오직 살아있는 개인의 능력으로서만 존재한다. 그러므로 노동력의 생산은 이 개인의 생존을 전제로 한다 … 살아있는 개인은 자기 생활을 유지하기 위해 일정한 양의 생활수단을 필요로 한다. 그러므로 노동력의 생산에 필요한 노동 시간은 결국 이 생활수단의 생산에 드는 노동 시간이 된다. 다시 말해 노동력의 가치는 노동력 소유자의 생활을 유지하는 데 필요한 생활수단의 가치다(Marx, 1867/2015: I(상), 225).

노동력은 그것을 유지하는데 필요한 생활수단의 가치에 의해 간접적으로 결정된다. 물론 마르크스는 이것이 글자 그대로 최저 생존, 즉 생물학적 생존 수준이 아니라 '역사적 · 도덕적 요소'를 반영하는 것임을 강조하였다. 그런데 일부 마르크스주의자들의 강변과는 달리, 이는 리카도도 이미 인식하고 있었던 사항이다.

그러므로 마르크스 착취이론의 핵심은 노동력 가치대로 임금을 받고 고용된 노동자가 실제로 자본가의 지휘 및 감독을 받으면서 노동하는 과정에서 자신의 노동력 가치보다 더 많은 가치를 생산한다는 데에 있다. 예를 들어 하루 동안 노동력을 유지하기 위해 빵 3개와 커피 2잔이 필요하다고 하자. 이때 하루치 노동력의 가치는 빵 3개와 커피 2잔을 만드는데 필요한 노동량의 합계가 된다. 빵 1개 만드는데 1시간, 커피 한 잔 만드는 데 30분의 노동 시간이 필요하다면, 이 경우 노동력 가치는 3×1+2×0.5=4시간이 될 것이다. 이 4시간을 마르크스는 필요노동이라 불렀다. 만약 노동자가 정확하게 하루에 4시간만 노동하고 그만둔다면, 이윤은 발생하지 않을 것이다. 그러나 8시간 일한다면, 이미 필요노동에 해당하는 몫은 노동력 가치에 비례하는 임금으로 지불되었으므로, 그 초과분 4시간은 자본가가 가져가는 것이 당연하게 여겨진다. 이 초과분 4시간을 잉여노동이라 하고, 그에 대응되는 가치량을 잉여가치(Mehrwert; surplus value)라 부른다. 즉, 자본주의 경제에서 이윤은 잉여노동, 혹은 잉여가치의 착취 때문에 발생하는 것이다. 그렇다면 노동자로 하여금 필요노동을 넘어서 노동하게 만드는 메커니즘의 구현, 바로 그것이 자본주의 경제의 이윤을 가능하게 만드는 메커니즘이 된다.

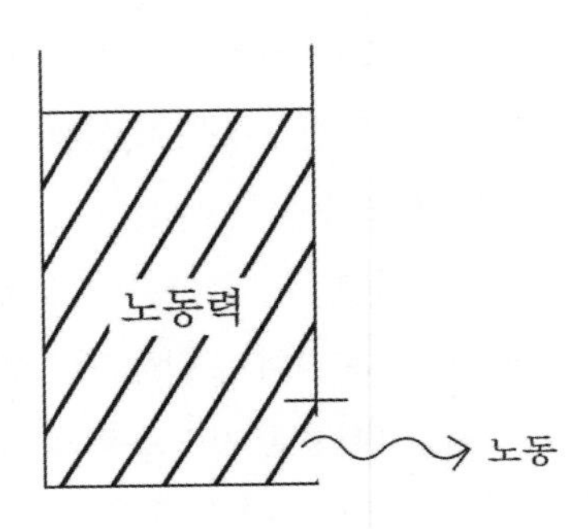

그림 7-1 노동력과 노동의 관계에 대한 수조에의 비유

바로 노동과정을 어떻게 편성할 것이며, 분업을 어떻게 조직하고, 노동자들의 노동을 어떻게 감독함으로써 효과적으로 일을 하게 만들 수 있는가의 문제인 것이다. 따라서 노동 시간은 물론 노동의 강도에 관한 분석이 마르크스 경제학의 중요한 연구 대상이 된다.

그림 7-1은 노동력과 노동의 관계를 비유적으로 표현하고 있다. 노동력은 마치 수조에 가득 찬 물처럼 일종의 저량(stock)으로서 존재하며, 자본가의 지휘 및 통제 하에 수조의 열린 문을 통해 단위 시간당 일정한 양, 즉 유량(flow)의 노동으로 지출된다. 노동력 이외의 생산요소들, 가령 기계나 원재료 등은 수조에 가득 찬 물(그것이 포함

한 가치량)이 모두 흘러나오고 나면 더 이상 가치를 내보내지 못한다. 그렇지만 노동력은 생활수단의 소비를 통해 매일 정상적으로 유지되는 한, 유량으로서의 노동을 계속해서 흘려 내보낸다. 더구나 노동 시간이 연장되거나 노동 강도가 강화되면 수조의 문을 통해 흘러나오는 노동의 양은 더 많아진다. 이와 같이 노동력과 비노동력 사이에 존재하는 결정적 차이 때문에 잉여가치가 생산되는 것이다.[47] 그 때문에 마르크스는 노동력 구입에 지불된 자본을 가변자본(variables Kapital; variable capital), 생산수단에 투하된 자본을 불변자본(konstantes Kapital; constant capital)이라 부른다.

착취라는 용어에는 분명히 규범적인 뉘앙스가 포함되어 있다. 그러나 마르크스는 노동력 상품의 특수성을 매

---

47) 그러므로 노동력의 가치가 역사적 및 도덕적 요소를 반영해 최저 생계비 수준보다 훨씬 높은 수준에서 결정되는지 아닌지는 잉여가치 생산을 설명하는데 결정적인 요소가 아니다. 반면 마르크스보다 십여 년 정도 뒤에 등장하는 마리 에스프리 레옹 발라(Marie Esprit Léon Walras)의 경우 노동이나 토지, 자본 등 모든 생산요소는 질적으로 전혀 차이가 없다고 본다. 각 생산요소의 가격은 그 생산요소가 흘려 내보내는 서비스(노동 서비스, 토지 서비스, 자본 서비스)의 수요와 공급에 의해 결정된다. 이로부터 각 생산요소는 스스로 기여하는 몫만큼 보수를 받는다는 한계생산력 이론으로의 길이 열린다.

개로 자본주의적 착취의 본질을 실증적으로 해명할 수 있다고 생각했다. 모든 노동자가 일한 시간만큼 노동 증서 같은 것을 받고 그 증서에 따라 상품을 구입하더라도, 즉 등가교환을 하더라도 착취가 사라지는 것이라고는 말할 수 없는 까닭이기도 하다. 그런데 『자본론』 제3권의 다음과 같은 인용문은 이 문제에 대한 마르크스의 생각이 일반적으로 받아들여지는 것보다 훨씬 더 미묘한 것임을 잘 보여 준다.

> 감독과 관리노동은 직접적 생산과정이 독립적인 생산자들의 고립된 형태가 아니라 결합된 사회적 과정의 형태를 취하는 곳에서는 필연적으로 생긴다. 그러나 그 노동은 이중의 성격을 가진다.
> 한편에서는, 다수의 개인들이 협력하는 모든 노동에서는 과정의 상호 관련과 통일은 필연적으로, 오케스트라의 지휘자와 마찬가지로, 하나의 지휘 의지에, 그리고 부분노동이 아니라 작업장의 전체 활동을 담당하는 기능들에 맡겨진다. 이것은 어떤 결합된 생산양식에서도 수행되어야만 하는 **생산적 노동**이다.
> 다른 한편에서는 … 이런 감독노동은 직접적 생산자인 노동자와 생산수단의 소유자 사이의 대립에 바탕을 두는 모든

생산양식에서는 필연적으로 생긴다. 이 대립이 크면 클수록 감독노동의 기능은 그만큼 커진다(Marx, 1867/2015. III (상), 489).

요컨대 마르크스는 결합된 생산양식, 즉 개인들이 고립되어 분산적으로 일하는 것이 아니라 여럿이 모여 결합된 노동을 하는 사회에서는 감독노동이 불가피한 요소일 뿐만 아니라 '생산적'이기까지 하다고 말하고 있다.[48] 그러므로 예를 들어 자본가 계급이 없어진다고 하더라도, 누군가는 감독노동을 해야 한다. 물론 이론상 계급 대립이 없어진 사회라면 감독노동의 크기는 최소화되겠지만, 그것이 0으로 되지는 않을뿐더러 '생산적'이기까지 하므로 그에 대해서도 보수가 주어져야 한다.[49]

---

48) 감독노동을 오케스트라의 지휘자에 비유하는 설명은 마르크스 자신이 생전에 출간한 『자본론』 제1권에도 이미 등장한다(Marx, 1867/2015: I(상) 450).

49) 이 논의를 존 메이너드 케인스(John Maynard Keynes)와 비교해 보면 매우 흥미롭다. 케인스는 기업가(entrepreneur)와 자본가를 구분하고, 후자는 자본이 희소하다는 이유만으로 수익을 얻는 일종의 지대생활자(the rentier)로 취급하였다. 그런데 자본 축적의 진전에 따라 자본의 희소성이 사라지면서 이들 지대생활자는 서서히 안락사

이로부터 마르크스의 착취를 설명하는 또 하나의 방식을 알 수 있다. 필요노동을 초과하는 잉여노동의 창출과는 약간 다른 각도에서 "사회적 생산력의 자본의 생산력으로의 전환"이라는 설명 방식이 그것이다. 자본주의 사회에서 노동자들은 각각 개별적이고 독립적으로 일하는 것이 아니라 함께 분업에 기초한 협업을 바탕으로 하는 하나의 네트워크를 이루면서 생산한다. 이때 네트워크 전체는 각 개별 노동력의 성과를 합한 것보다 훨씬 더 큰 생산력을 발휘하게 된다. 이렇게 발휘된 생산력의 효과는 하나로 결합된 노동력 전체가 사회적으로 이루어낸 것이다. 그러나 자본주의 사회에서는 그것이 자본의 힘인 것으로 받아들여지게 된다. 즉, 사회적 노동의 생산력 혹은 노동의 사회적 생산력이 자본의 생산력으로 전환되는 것이다(Marx, 1867/2015: I(상), 453~454). 이는 일종의 네트워크를 통한 생산력 증대 효과라고도 할 수 있다. 정보통신기술의 발달에 따라 이러한 네트워크가 반드시 노동자들이 한 공장이나 사무실에 모여 일하는 것을 의미하지는 않게 된다. 재택근무나 가상기업 등의 형태를 통한 눈에 보

할 것이라 보았다. 반면 기업가는 능동적으로 생산에 참여하는 이들이기 때문에 그 보수에 대해서는 정당한 것으로 파악하는 셈이다.

이지 않는 네트워크도 얼마든지 가능하기 때문이다.

소유와 경영이 분리된 현대 자본주의에서 감독노동은 이른바 전문 경영인에 의해서 이루어진다. 그러므로 착취를 대표적인 자본가와 대표적인 노동자 사이의 잉여노동 창출 과정으로 설명하는 방식에 비해, 이러한 방식은 착취에 대한 이해를 훨씬 더 풍부하게 해줄 것이다. 예를 들어 최근에 주목받고 있는 플랫폼 노동, 혹은 플랫폼 자본주의는 본질적으로 새로운 현상이 아니라 이미 마르크스의 착취 개념이 제기하고 있던 문제인 것이다.

기술 혁신과 이윤율 하락

마르크스는 자본주의적 축적의 가장 중요한 특징으로 자본의 유기적 구성의 고도화(증대)를 꼽았다. 자본의 유기적 구성은 불변자본(C)의 가변자본(V)에 대한 비율, 즉 C/V로 정의된다. 이 비율이 커진다는 것은 알기 쉽게 말하자면 노동절약적-자본사용적 기술진보가 일어난다는 뜻이다.[50] 이로부터 경제 성장이나 자본축적의 증가율에

50) 물론 이러한 규정만으로 마르크스적 기술진보를 엄밀하게 규정

비해 노동력 수요의 증가율은 작아지고, 그 결과로 '상대적 과잉 인구'가 끊임없이 생산된다. 『자본론』 제1권 제7편 제25장 "자본주의적 축적의 일반법칙"은 바로 이와 같은 유기적 구성의 고도화가 가져오는 "자본주의 생산양식에 특유한 인구법칙"(Marx, 1867/2015: I(상), 861)을 다루고 있다.

기계는 원래 인간이 할 수 없는 일을 함으로써 노동의 수고를 더는 역할을 하지만, 기계의 자본주의적 사용은 잉여가치의 착취, 즉 이윤 동기를 전면에 내세움으로써 노동자에게 파괴적인 영향을 미친다. 그것은 "인간의 … 저항을 최소한으로 축소시키려는 충동으로 꽉 차"(Marx, 1867/2015: I(상), 545) 있기 때문에, 오히려 노동 시간을 연장하거나 노동의 강도를 강화하는 효과를 가져 온다. 자본의 유기적 구성이 높아지는 이유는 이윤 동기 때문이기도 하지만, 노동자의 저항을 줄이고 노동 규율을 강화함으로써 자본의 지배를 확장하기 위해서기도 하다.

할 수는 없다. 노동절약적=자본사용적 기술진보라 하더라도, 이른바 자본생산성이 일정하다고 가정하면[해로드 중립적(Harrod-neutral) 기술진보] 그것은 마르크스가 생각했던 기술진보와는 달라진다. 마르크스적 기술진보는 자본생산성이 하락하는 형태에 해당된다.

마르크스가 이미 1848년 엥겔스와 함께 집필한 『공산당 선언』에서부터 자본주의의 놀라운 생산력 증대 효과를 인정하고 있었음은 잘 알려진 사실이다. 마르크스가 "정치경제학의 가장 중요한 법칙"이라 불렀던 이윤율 저하 경향의 법칙은 생전에 출간된 『자본론』 제1권에는 실리지 못했다. 아마도 전형 문제 다음으로 가장 많은 논쟁을 불러 일으켰던 이 법칙은 그러나 매우 우아한 논리 구조를 지니고 있다. 예를 들어 리카도 등의 고전학파 정치경제학자들은 수확체감의 법칙 때문에 궁극적으로 이윤율이 저하한다고 생각하였으나, 만약 지속적인 기술진보가 일어난다면 이론적으로 수확체감의 법칙은 성립하지 않게 된다. 이윤율 저하는 많은 고전학파 경제학자들이 받아들이는 것이었고, 심지어는 발라나 케인스도 이유와 논리는 다르지만 고전학파의 이윤율에 해당하는 것이 장기적으로는 하락한다고 생각하였다.[51] 그런데 마르크스는 바로 끊임없는 기술 혁신 그 자체가 이윤율의 저하를 가져온다

---

51) 발라의 경우에는 리카도와 유사하게 지대의 증가가 이윤율 저하의 원인이었고, 케인스는 기업가의 보수를 정당한 것으로 생각했기 때문에 '금리생활자의 안락사' 명제를 통해 이자율이 0으로 수렴한다고 생각했다.

고 믿었다. 이윤율(r)은 다음과 같은 식을 가지므로 분모에 있는 유기적 구성의 증가가 분자의 잉여가치율[52]의 증가에 의해 상쇄되지 않는 한 이윤율은 저하한다.

$$r = \frac{S}{C+V} = \frac{S/V}{C/V+1}$$

그러므로 치열한 경쟁 메커니즘 속에 놓인 자본가들이 끊임없이 기술 혁신을 시도하는 과정에서 경제 전체의 이윤율은 하락할 수밖에 없다는 것, 그러나 자본주의적 논리가 지속되는 한 그것을 누구도 멈출 수 없다는 것이 마르크스가 머릿속에 그린 이미지였던 셈이다. 이로써 이윤율 저하는 그 어떤 외생적 충격 때문이 아니라 끊임없는 기술 혁신이 불러오는 내생적 과정이 된다.

위의 식에서 분모의 유기적 구성은 기술의 특성을, 분자의 잉여가치율은 계급 간 세력 관계를 나타낸다. 그러므로 마르크스에게 있어 이윤율 저하는 계급 간 세력 관계로 저지할 수 없는 기술적 특성에 고유하게 내재하는 것이

---

52) 잉여가치(S)의 노동력 가치(가변자본), 또는 잉여노동의 필요노동에 대한 비율을 잉여가치율 또는 착취율이라 한다. 잉여가치율이 높을수록 노동자의 착취 정도가 커진다.

었다. 물론 온전히 기술적 특성만으로 이윤율 저하를 논증할 수 없다는 것은 1960년대 일본의 경제학자 노부오 오키시오(置塩信雄)에 의해 증명되었고 이후 지금까지도 마르크스 경제학 내부에서는 논쟁의 대상이 되고 있다. 그러나 이윤율을 가장 핵심적인 변수로 주목하면서 그것을 기술 변화의 특성과 계급투쟁의 함수로 보는 문제의 틀은 마르크스 경제학은 물론 포스트 케인스주의 경제학 등에서도 활용되고 있다.

『자본론』이 경제학에 남긴 것

마르크스가 관찰하고 비판했던 19세기 자본주의는 이미 여러 가지로 변용되었으며, 특히 시기별 · 국가별로 차이는 있지만 비자본주의적 요소들이 가미되는 수정자본주의 형태로 변화해 왔다. 이와 마찬가지로 『자본론』이 제기한 문제들 중에서 어떤 것들은 이미 현대의 주류경제학에 흡수된 것들도 있다. 대표적으로 기업 내부의 권력 관계에 주목하는 이론들이나 정보의 비대칭성에 기초해 마르크스 방식으로 표현하자면 노동력과 노동의 양적 차이, 즉 실제로 지출되는 노동량의 가변성에 주목하는 효율성

임금이론 등이 그러하다. 더구나 『자본론』은 현대 경제학적 담론의 방식이 성립되기 이전에 쓰인 고전이므로 현대 경제학에 적용하기 위해서는 매우 어려운 '번역'의 과정을 거쳐야 한다. 촘촘하게 짜이고 굳어진 주류경제학 체계 안으로 마르크스 경제학의 개념이나 분석도구가 파고 들어가기는 쉽지 않다.

그러나 마르크스가 주목했던, 어떤 식으로건 더욱 추구되어야 할 철학적 주제들을 찾아낼 수는 있을 것이다.[53]

첫째, 소유(재산)와 권력의 관계다. 소유로부터 권력이 생겨난다는 것은 대중의 일상적 체험을 통해서도 쉽게 파악할 수 있는 사실이다. 그런데 "자본주의 생산양식의 비밀을 폭로"하려는 마르크스는 굳이 자본주의가 성립하던 시기에 이루어진 사유재산의 최초 축적과정을 『자본론』 제1권의 맨 마지막 장에, 그것도 역사적 삽화로 배치한다. 자본주의 경제에 대한 과학적 비판을 위해서는 오히려 권력으로부터 소유가 나오는 과정을 밝히는 것이 핵심이라 생각했기 때문이다. 마르크스의 착취이론은 바로 이 지점에 서 있다. 소득과 재산분배의 불평등이 심화되는 현실 그 자체는 통계 지표나 대중적 직관으로도 파악할 수 있

53) 아래의 내용은 류동민(2018)의 결론 부분을 요약한 것이다.

다. 그러나 그 분배의 기원을 찾아 들어가는 것은 이론의 영역이다. 그러므로 착취이론은 얼핏 주는 정서적 비판의 인상을 넘어 생산 과정에서의 권력의 작동 방식과 그에 따른 분배의 문제를 겨냥하고 있다. 이를 어떻게 이론화하고 눈에 보이는 형태로 측정할 수 있는가는 여전히 경제학이 해결해야 할 가장 중요한 과제 중의 하나일 것이다.

둘째, 자본을 무엇이라 파악할 것인가라는 문제가 있다. '자본의 인격화'인 자본가가 그저 단일한 실체로서 생산수단을 소유하고 그에 기초하여 노동자를 착취한다는 식의 전형적인 이해는 지양되어야 한다. 자본이 단순히 사람(자본가)과 물(物, 생산수단)의 관계가 아니라, 사람과 물, 나아가 기업이라는 조직, 그 조직을 구성하는 문화나 커뮤니케이션 방식 등까지도 포함하는 총체적 관계라는 인식은 매우 중요하다. 노동자를 비롯한 여러 이해 관계자들 사이에 성립하는 다양한 관계, 그 관계의 총체가 만들어내는 생산력의 효과를 특정 그룹이 독점적으로 누린다는 것, 여기에 마르크스가 말하는 착취의 본질이 놓여 있다. 이렇게 보면 착취의 해소는 사회주의 등으로의 체제전환을 통해 한 번에 해결되는 문제라기보다는 끊임없이 추구해야 하는 동태적 과정으로 이해된다. 그렇게 함으로써 비로소 "공산주의는 현실의 상태를 지양하는 현실의 운동"이라 규정했던 마르크스의 명제는 국가주의와 결합되었던 20세기의 역사로부터 자유로워질 것이며, 다소 추상적으로 이해되어온 경제민주주의 개념에 관해서도 중요한 시사점을 던져 줄 수 있을 것이다.

참고문헌

류동민(2016). 『자본론』 번역의 내면풍경. ≪마르크스주의연구≫, 13권 1호, 12~34.

류동민(2018). 마르크스가 경제학에 관해 말해주는 것들. ≪철학과 현실≫, 117호, 79~94.

Marx, K. H.(1867~1883). *Das Kapital*. 김수행 옮김(2015). 『자본론』. 비봉출판사.

斎藤幸平(2020). 『人新世の資本論』. 集英社新書.

Fine, B. & Saad-Filho, A.(2016). *Marx's Capital(6th ed)*. Pluto Press.

경제학이 답하다

고성장에 익숙해진 한국 사람들에게 저성장의 끝은 무엇일지 불안하기도 하고 궁금하기도 합니다. 마르크스는 저성장의 끝을 어떻게 정의하고 예견했을까요?

마르크스는 미래 사회에 대해서 구체적으로 많이 얘기하지 않았습니다. 그렇지만 이윤율 저하에도 불구하고 다른 고전학파 경제학자와는 다르게 자본주의를 극복하고 나면 새로운 시스템이 펼쳐질 거라고 생각했을 것 같아요. 지금도 일부 사회주의나 공산주의를 이야기하는 사람들 중엔 이미 생산력 자체는 충분히 발전한 상태기 때문에 이것의 자본주의적인 사용을 극복하면 훨씬 더 풍요로운 사회가 될 거라고 얘기하는 사람들도 있고요. 사실 지금 선진국 수준에서는 생산력이 문제가 되는 건 아니니까요.

지금 상태에서 분배 개선, 또는 기후 문제, 환경 문제 등을 자본주의적인 생산력 발전 논리만으로는 극복할

수가 없기 때문에 새롭게 사고의 틀을 바꿔야 된다고 얘기하는 것 같아요. 제가 인용한 것 중에 일본의 사이토 고헤이라는 젊은 학자가 쓴 『인류세의 자본론(人新世の資本論)』이라는 책이 있습니다. 일본에서 제가 주문할 당시에 8만 부가 팔렸는데 받아보니까 10만 부 돌파 기념 띠지를 둘러놨더라고요. 그런데 내용을 보면 절반 이상이 기후 문제 얘기고 자본주의적으로 측정되는 부와 사회적인 부라고 하는 건 완전히 다르니 이제 자각해야 될 때가 됐다고 말합니다. 어쨌든 일본 같은 나라에서도 코로나19 상황에서 상당히 대중적인 설득력이 있었다고 볼 수 있겠습니다.
최근 토마 피케티 같은 사람도 많이 얘기하거든요. 진짜 인류에게 필요한 자본이라는 것은 자본주의적인 논리에서 제대로 파악이나 측정이 안 되니까 패러다임을 바꿔야 한다는 말입니다. 이번에 소개한 물신성 개념과도 연결될 것 같고요. 마르크스는 자본주의를 극복하면 생산력이 더 발전할 수 있다고 생각하지 않았을까 싶기는 한데요.
신고전학파 성장 이론에서도 학습을 한다든가 내생적 성장을 한다든가 여러 시행착오를 통해서 사람들의 생산성이 올라간다는 이야기를 많이 하지만 성장률이 계속 올라간다고 얘기하는 경제학자는 없는 것 같거든요. 특히 조지프 스티글리츠라든가 주류 경제학에서도 리버럴(진보)에 속하는 사람들은 마르크스와 다르긴 하지만 진정한 부를 생산하는 게 아니라 생산해 놓은 부를 빼앗기만 하는 약탈적인 시스템을 벗어나야 된다, 이런 얘기를 많이 하고 있으니까요.

『경제학원론』 같은 책은 일본어를 직역해서 이해하기 어려운 부분이 많았는데 최근 『자본론』 번역본에서는 충분히 해소가 됐나요? 또한 현대 자본주의 구조에서는 자본가와 노동자뿐 아니라 국가도 중요한 행위 주체가 되고 있습니다. 특히 코로나19 사태 이후 각국이 주요 산업에 엄청난 보조금을 주면서 적정 이윤을 보조하고 있습니다. 마르크스는 국가의 역할과 기능에 대해 어떻게 이해하고 있었는지 궁금합니다.

마르크스는 『자본론』을 쓰면서, 지금으로 비유하자면 유명한 미시경제학 책의 체계를 쭉 따라가는데 중간에 개념을 비틀거나 새로운 개념을 넣는 식으로 썼거든요. 그 시절 당대의 마르크스와 정반대에 있는, 예를 들면 우파 경제학자가 쓴 것과 비교해 보면 내용은 굉장히 다르지만 체계가 완전히 다르거나 사용하는 용어가 완전히 다르지는 않았어요. 지금은 마르크스 경제학자는 물론이고 비주류 경제학자들은 주류 경제학 체계하고는 다른 체계를 가지고 얘기하는 경우가 많거든요. 지금『자본론』이나 마르크스 경제학자들이 쓴 책을 읽으면 아무리 번역이 잘 됐다 하더라도 현대 경제학과를 다니는 학생이 읽으면 무슨 얘기인지 잘 모르는 개념들이 너무 많이 나오는 구조로 되어 있죠. 우리나라 같은 경우 일본어 번역이라는 탓도 있지만 마르크스 이후에 경제학이 고전학파에서 신고전학파로 넘어갔는데, 마르크스 경제학에서는 예전의 체계를 중시하기 때문에 현대 경제학에서 사용하는 용어나 개념과 굉장히 달라져 있습니다.

두 번째, 자본주의 사회에서 국가라는 건 부르주아 계급의 집행위원회다. 계급적 이익을 대변한다. 개별 자본의 이익을 대변하는 게 아니라 총자본의 이익을 대변한다. 이것은 엥겔스의 이야기기도 한데 관념적으로 항상 국가는 자본의 이익을 보호하지만, 아까 말씀하신 것처럼 어떤 위기 국면에 나타나서 실제 자본가의 이익을 대변하는 역할로 전환한다는 식으로 얘기합니다. 그런데 자본가의 감독 노동도 일부 생산적이라는 논의를 생각해 보면 마르크스가 국가가 오직 자본가 계급의 지배 도구에 불과하다고 본 것은 아니라는 생각이 들어요.
마르크스가 항상 강조하는 게 모든 경제 범주는 역사적이고 초역사적인 두 가지 성격을 갖는다는 겁니다. 국가는 중요한 시기에 자본의 이익을 옹호하는 측면도 있지만 기본적으로 게임의 룰을 집행하고 공익적인 기능을 수행할 것을 요구받고 특히 현대 민주주의 사회에서는 그런 측면이 분명히 있죠. 자본가 계급의 이익을 옹호한다는 게 마르크스가 보기에는 주가 되겠죠. 그렇지만 노골적으로 대자본의 이익을 옹호하는 국가와 눈치를 보는, 그래서 공익을 어느 정도 생각해야 되는 국가의 차이는 굉장히 클 것이고요. 결국 시민사회의 역할 이런 것에 의해서 국가의 성격도 일정한 범위 안에서는 얼마든지 변할 수 있는 게 아닐까 생각을 합니다.

마르크스는 살아있는 노동에서 가치가 생긴다고 보

면서 그것이 자본주의 운동 법칙의 기본이라고 생각했는데, 최근 기계가 자체 동력뿐만 아니라 인공지능 로봇처럼 지적 노동도 수행합니다. 만약 기계가 진화해 인간의 노동과 유사한 움직임을 보일 때 가치는 어떻게 해석될 수 있을까요? 또 사적 소유뿐만 아니라 공적 소유에서의 착취 관계를 마르크스의 저술에서는 찾을 수 없나요?

첫 번째 질문은 마르크스의 노동가치론 얘기하면 많이 하는 질문 중에 하나죠. 점점 발전해서 노동이라는 게 필요 없어지게 되면 노동가치론이 틀린 것 아니냐, 또는 무의미해지는 것 아니냐. 실제로 마르크스 경제학자나 마르크스주의자들 중 그런 식으로 얘기하는 사람도 있는 듯해요. 인공지능 같은 것들이 상상을 초월해서 훨씬 더 빠른 속도로 발전하기 때문에 노동가치론적인 관점의 논리를 그대로 밀고 나가면 노동의 상당 부분이 마르크스가 얘기한 상대적 과잉이 아니라 절대적 과잉 상태가 될 수밖에 없다고 얘기하는 것도 가능하겠죠. 이건 일종의 미래학의 영역인데 마르크스주의자나 대중적인 마르크스주의 저술가 중에서도 이런 주제로 얘기하는 사람이 있어서 어떤 사람들은 '럭셔리

코뮤니즘'을 주장하기도 하는데요…. 로봇이 일하면 나머지는 아주 럭셔리하게 놀고먹을 수 있다는 환상적인 얘기를 하는 사람도 있고. 조금 우울한 버전으로는 일반 노동경제학에서도 많이 얘기하지만, 더 이상 우리가 일로 먹고 살기가 힘든 상태가 되니까 기본소득 같은 사회적인 시스템을 만들어야 한다고 주장하는 사람도 있고요. 현 단계에서는 (강의에서) 수조를 그려서 설명했던 것처럼 마르크스가 생각했던 노동력의 특수한 성격 자체는 인공지능 로봇이든 뭐든 그 차이는 유지되고 있는 게 아닌가 생각되죠.

두 번째 질문. 제가 프루동은 항상 마르크스가 비판하는 것만 봤는데, 어느 순간 프루동을 단편적으로 읽다 보니까 마르크스가 표절한 거 아닌가 싶을 정도로까지 읽히는 구절들도 있더라구요. 어쨌든 마르크스가 프루동으로부터 굉장히 많은 영향을 받았다고 생각해요. 예를 들면 프루동의 굉장히 중요한 명제로 "소유는 도둑질"이라는 말이 있는데, 사회적 생산력이 자본의 생산력으로 전환된다는 것은 사실 도둑질이라는 개념하고 통할 수 있는 거거든요. 오늘 강조했던 것은 우리가 옛날 좌파 만화에서 가진 이미지, 요컨대 시가를 문 뚱

뚱한 자본가가 노동자를 착취하는 게 아니라 어떤 네트워크 구조가 짜여 있는데 그 구조가 굴러가면서 인사권에서 예산권에 이르기까지 의사결정을 누군가가 권력을 가지고 독단적으로 할 수 있는 구조. 이 구조를 착취라고 얘기한다고 생각되고요. 소유라는 게 단순히 법적으로 내가 소유권을 가지고 있다 아니다는 문제를 넘어서는 개념인 것만은 틀림없는 것 같아요. 권력에서 소유가 나온다는 얘기도 그 얘기였고. 예를 들면 소련이라든가 분명히 공식적으로 자본가 계급이 없는 사회에서 권력을 행사할 수 있는 사람들은 물론이고, 자본주의 사회 안에서도 공기업 등에서 권력을 행사할 수 있는 사람들의 문제가 여전히 존재하는 게 아닐까 싶어요.

최근 재미있게 읽은 책 중 데이비드 그레이버라는 인류학자가 쓴 『허튼 일(Bullshit Jobs)』이라는 책이 있는데요. 사무직 노동의 절반 이상은 허튼 일을 한다는 겁니다. 안 해도 될 일을 몇 단계로 나눠서 여기저기서 결재 받는 거죠. 마르크스 식으로 해석하면 자본은 감독노동이 결합된 생산 방식에서 필요한 부분이 있고 불필요한 부분, 인류학자가 얘기하는 'Bullshit(허튼 일)'

에 해당하는 부분이 굉장히 많은 거죠.

저처럼 학교에 계신 분들은 'Bullshit'이 얼마나 많은지 금방 아실 거고. 공무원이나 공공기관을 보면 하루 종일 Bullshit 투성이죠. 마르크스 입장에서 Bullshit이 왜 필요한지 분석하면, Bullshit을 통해 권력이 생긴다는 거예요. 예를 들어 누군가 나한테 컴퓨터 사달라고 말하기 위해서는 3단계쯤 거쳐야 한다고 칩시다. 내 방에 들어와야 얘기될 수 있다는 것 자체가 파워가 되는 거잖아요. 바로 옆에서 "컴퓨터 사주세요", 그러면 나한테는 권력이 없어요. 상대가 나에게 단계를 거쳐서 오는 게 권력이고, 이런 구조가 예를 들면 '저 사람이 나를 착취한다'라는 옛날 삽화에서 그리던 물리적 억압의 이미지가 아닌 어떤 꽉 짜인 구조로 계속 굴러가고 있다는 거죠. 여기에는 형식상 자영업자인 택배 노동자도 들어갈 수도 있고 심지어는 소비자도 들어갈 수도 있죠. 네트워크가 거대하게 굴러가는 구조. 이런 것을 착취라고 얘기하려는 것이 아니었느냐, 이렇게 생각하고 있습니다.

카를 마르크스

카를 마르크스(Karl Marx, 1818~1883)는 독일의 철학자, 경제학자, 역사학자, 사회학자, 정치이론가, 언론인, 공산주의 혁명가다. 트리어 출신으로. 본대학교와 베를린대학교에서 법학과 철학을 전공했다. 1843년 예니 폰 베스트팔렌과 결혼했다. 정치성 다분한 저술활동으로 인해 마르크스는 무국적자 신세로 수십 년 간 영국 런던에서 처자식과 함께 망명생활을 했다. 런던에서 마르크스는 프리드리히 엥겔스와 합작, 대영박물관 열람실에서 연구하며 주요 저작을 남겼다. 그의 대표작은 1848년 출간된 소책자 『공산당 선언』과 3권짜리 『자본론』이다. 마르크스의 정치사상과 철학사상은 그 이후의 사상사, 경제사, 정치사에 거대한 영향을 남겼으며, 마르크스주의라는 일대 학파를 이뤄 그 이름은 보통명사, 형용사화되었다. 마르크스를 긍정하는 입장에서나 부정하는 입장에서나 모두 마르크스가 인류 사상 가장 영향력이 큰 인물 중 하나임을 전제한다. 그의 경제학 저술은 오늘날의 노동 및 노동과 자본의 관계에 대한 이해 대부분의 기초를 놓았다. 셀 수 없이 많은 학자, 노동조합, 예술가, 정당이 그의 영향을 받았고, 그의 사상을 각자 재독해, 변형, 변용했다. 일반적으로 마르크스는 근대 사회학의 뼈대를 세운 인물 중 하나로 여겨진다. 1883년 향년 63세의 무국적자로 사망했다. 런던의 가족들과 동료들은 그를 하이게이트 묘지 동편 불가지론자-무신론자 묘역에 매장했다. 장례식 참석자는 아홉 명에서 열한 명 사이였다. 엥겔스 등 가까운 동료들이 추모사를 읽었다. 엥겔스는 이렇게 말했다. "3월 14일 오후 3시 15분 전, 산 자들 중 가장 위대한 사상가가 사상하기를 그만두었습니다."

08
피에르 조제프 프루동과 미완의 혁명

그래서 자유는
평등이며, 아나키며, 무한한 다양성이며,
비례균형이다.

피에르 조제프 프루동의 모습. 1861. Courbet, G.

안현효

대구대학교 사범대학 일반사회교육과 교수다. 서울대학교 경제학과를 졸업하고 같은 학교에서 경제학 박사 학위를 받았다. 한국사회경제학회 연구위원장, ≪사회경제평론≫ 편집위원장, ≪경제교육연구≫, ≪교양교육연구≫의 편집이사 및 대외협력이사를 지냈다. 현재 사단법인 혁신더하기연구소 소장을 맡고 있으며 고등교육정책을 비롯해 화폐정책, 기본소득, 에너지와 전력 등의 경제 문제도 연구하고 있다. 저서로 『자본주의의 역사로 본 경제학 이야기』(2010), 『신자유주의 시대 이후, 한국경제의 정치경제학』(2010), 『우리는 왜 구글에 돈을 벌어주기만 할까』(2016), 『코비드19, 오늘 시작한 미래』(공저, 2020), 『한국 세계시민교육이 나아갈 길을 묻다』(공저, 2020) 등이 있으며, 논문으로는 "무정부주의와 국가주의를 넘어서"(공저, 2013), "트랜스크리틱: 우발성의 유물론하에서의 진정성"(2011), "The Determination of the Monetary Expression of Concrete Labor Time under the Inconvertible Credit Money System"(공저, 2014), "통화정책을 통한 기본소득의 가능성"(2019), "에너지 전환에 대비하는 한국형 전력 산업구조의 탐색"(2020) 등이 있다.

소유는 도둑질이다(La propriété, c'est le vol!).

우리의 언어 소통이 원활하려면 단어의 의미가 무엇인지부터 명확해야 한다. 그런데 아나키즘(anarchism)이라는 단어처럼 쉽게 오해되는 단어도 없다. 보통 '무정부주의'로 번역하고 그렇게 알고 있지만, 정확히 그 단어의 어원과 의미가 무엇인지는 손에 잡히지 않는다.

원래 아나키는 'ἀν-(없음, 無)'와 'ἀρχός(지배자, 통치자)'가 합성되어 "지도자나 지배자가 없다"는 의미의 고대 그리스어(아나르코스: ἄναρχος)에서 유래했다. 단어 자체는 가치중립적이었지만 처음 이 단어의 용례는 부정적인 것이었다. 예를 들어 그리스의 철학자 플라톤은 민주정의 특징인 자유에 대한 충족되지 않은 성격이 지나칠 때 무질서의 상태가 도래한다고 주장했다. 그에 의하면 민주정이 타락할 때 "교만을 교양으로, 무질서를 자유라고, 방탕을 호기라고, 파렴치를 용기라고 부르면서 찬사와 아첨의 말"을 늘어놓게 된다(Plato, 2017: 486). 이와 같이 아나키는 처음에는 무질서, 파멸, 무법 상태 등의 부정적 의미로 사용되기 시작했지만 현재에는 권력의 없음, 속박의 없음, 해방의 의미를 가지는 긍정적 의미로 사용의 범위가 양 극단으로 넓어졌다.

아나키즘의 의미

아나키(anarchy)라는 단어의 긍정적 사용은 계몽주의 시대와 이상적-유토피아적 사회주의의 기여 덕분이라 할 수 있다. 아나키라는 단어는 프랑스혁명을 거치면서 자연적 사회에서의 자유와 행복을 의미하는 이데올로기적 정치적 단어로 전환되었다. 이런 맥락에서 피에르 조제프 프루동(Pierre-Joseph Proudhon, 1809~1865)을 포함한 프랑스혁명 시기의 사상가들은 아나키를 무질서, 혼란, 폭정, 일시적 상태가 아니라 정상적 상태, 최종 목적으로까지 이해하게 되었던 것이다. 이때도 여전히 아나키라는 단어는 부정적으로 사용되었지만 '국가의 소멸'이 최종 목적이라는 의미의 내포는 공유하게 된다.

프랑스혁명 시기인 1792년 보블랑(Vaublanc) 장관은 "내가 두려워하는 것은 국가의 소멸이며, 이미 그 가공할 모습을 드러낸 아나키, 바로 이것이다"라고 하지만, 또 다른 동시대의 혁명가들은 아나키를 "싸움을 이기며, 우리 땅에서 적을 몰아내고 공화국을 만드는 길"로 이해했다(Koselleck, et al., 2014: 55~56).

흥미로운 것은 철학자 이마누엘 칸트(Immanuel Kant)의 아나키에 대한 생각이다. 비록 『영구 평화를 위하여

(Zum ewigen Frieden. Ein philosophischer Entwurf)』(1795)에서는 전제적 지배가 궁극적으로 아나키로 '악화' 된다는 아나키와 폭정을 연결시키는 생각을 피력하지만, 『실용적 관점에서의 인간학(Anthropologie in Pragmatischer Hinsicht)』(1789)에서는 법, 자유, 폭력의 세 요소의 네 가지 결합형태를 구별하면서 아나키를 법과 자유는 있지만 폭력이 없는 상태로 정의했다.[54] 여기서 칸트는 아나키와 폭정을 구분하고 있는데, 이러한 생각은 프루동으로 이어져서 더 발전한다.

프루동은 『소유란 무엇인가?(Qu'est que la propireté?)』(1840)에서 "인간이 평등 안에서 정의를 추구하는 것처럼, 사회는 아나키 안에서 질서를 추구한다"[55]고 주장해 아나키를 혼동과 무질서라는 개념에서 구출하고 하나의 정치적 목표로 설정했다. 프루동은 아나키 개념에 대한 긍정적 인식에서 시작해 마지막에는 아나키를 하나의 정부 형태 또는 정치 체제로까지 확장했다.

---

54) 그 외에 자유 없는 법과 폭력은 압제로, 자유와 법이 없는 폭력은 야만으로, 자유와 법과 폭력이 모두 있다면 공화국으로 정의한다.

55) Comme l'homme cherche la justice dans l'égalité, la sociéte cherche l'ordre dans l'anarchie.

그러나 오늘날도 아나키즘은 무질서, 혼동 등으로 이해되는 경우가 많은데, 이는 프루동의 아나키즘이 마르크스주의와 대결하는 과정에서 나타나는 부산물로 보인다. 프루동 등에서 발전한 현대의 아나키즘은 사회주의의 한 종류였지만 카를 마르크스(Karl Marx)에 의해 확립된 '과학적 사회주의' 또는 '과학적 공산주의'와의 대결에서 패해 의미 있는 정치적 역량으로는 조직되지 못하였던 것이다. 아나키즘은 이러한 마르크스주의적 사회주의를 '권위주의적 공산주의'라 하며 아나키즘의 대립물로 둔다.

오늘날 마르크스주의적 사회주의의 현실 버전인 현실 사회주의가 붕괴하고 변질되는 과정에서 마르크스주의 사회주의에 대해서는 상대화가 많이 진행되었으므로 프루동의 아나키즘도 제대로 평가받을 기회가 주어졌다.

프루동의 청년 시절

프루동은 프랑스 동남부 지방에서 태어났다. 프루동이 살았던 지역은 농민과 수공업자들이 모여 사는 시골풍의 도시였는데, 여기서 양치기로 보낸 어린 시절은 이후 프루동이 농민이 자기 땅을 갖고 수공업자가 자유롭게 자신의 일을 하는 목가적 삶을 꿈꾸는 배경이 되었을 것이다. 하지만 프루동의 어린 시절이 목가적인 기억만으로 구성되지는 않았다. 프루동의 자서전에 의하면 프루동은 부모님의 임종을 지키지 못할 정도로 지독하게 가난하게 살았고, 이 가난으로 인해 중도에 학습을 포기해야 했다. 이러한 어린 시절의 경험은 프루동이 가난한 이에 대한 연민과 사회주의 사상을 갖게 한 또 다른 배경이 된다.

프루동이 생계를 돕기 위해 취직한 곳은 출판사였는데, 프루동은 이곳에서 인쇄공으로 8년 간 지내면서 수많은 책을 읽고 기술을 배우게 된다. 서적의 조판과 교열을 하면서 동시에 라틴어, 그리스어, 히브리어를 독학하고 닥치는 대로 책을 읽으면서 학문에 대한 열정을 불태웠다. 독학한 히브리어를 통해 성경 원전을 읽기도 했고 여러 신학 이론과 사회주의 이론을 공부하면서 토론하기도 했다.

프루동은 29세에 고향인 브장송 아카데미의 장학금 지원을 받아 늦깎이 대학생활을 시작했으나, 곧 대학 강의에 실망하고 단지 대학의 도서관을 드나들면서 독학으로 공부를 이어갔다. 30세가 되던 1839년에는 브장송 아카데미 장학사업의 일환인 논문 현상 공모에 응했다. 현상 공모의 논문 제목은 "공공위생, 도덕, 가족관계 및 도시 문제와 관련한 일요 예배의 유용성에 대하여"라는 다소 기독교적이고 보수적인 제목이었으나 프루동은 이 연구의 내용을 비틀어 『소유란 무엇인가』라는 급진적이고 혁명적인 보고서를 제출하게 된다. 이 책은 프루동을 악명 높은 급진적 무정부주의적 사회주의자로 규정하게 한 유명한 저서가 되었다.

이 책이 출간되자 이 책의 계기가 된 연구 공모사업을 주최한 브장송 아카데미는 이 책의 '반(反)사회적 교설'에 우려를 표하고 아카데미와의 관계를 끊을 것을 요구했다. 하지만 프루동은 이어서 두 번째, 세 번째 논문을 연이어 발표하여 관할 당국의 탄압을 받으면서 유명인사로 등극하게 된다.

『소유란 무엇인가』

프루동이 『소유란 무엇인가(Qu'est que la propireté?)』(1840)라는 책을 저술한 시기는 프랑스혁명의 열기 속에 있던 7월 왕정(1830~1848년) 때였다. 1830년 7월에 프랑스 민중은 샤를 10세의 부르봉 복고왕정을 폐기시키고 자유주의적 개혁을 통해 부르주아적 민주주의를 재확립시키는 한편 루이 필리프(Louis-Philippe)을 왕좌에 앉혀 7

월 왕정을 시작했다. 그러나 이 자유주의적 개혁은 재산 기반의 선거권 도입 등 부분적 개혁에 불과했다. 재산에 의거한 선거권에 의해 당시 선거권을 가진 유권자는 겨우 20만 명 수준이었다. 결국 7월 왕정은 부르주아의 정권이었던 것이다. '질서'와 '재산'이 최고의 가치로 여겨지던 이때 발간된 『소유란 무엇인가』는 바로 7월 왕정의 기득체제를 비판하게 된 것이나 마찬가지다.

브장송 아카데미는 매년 연구 주제를 내걸고 논문을 공모했는데, 1838년의 주제는 "자살의 수가 줄곧 늘어나는 것은 어떤 원인이며, 이 정신적 감염의 효과를 막을 적절한 수단은 무엇인가"였다. 1839년에는 "위생, 도덕, 가족적, 사회적 관계와 관련된 일요 예배의 효용에 대하여", 1840년에는 "자녀들 간의 평등한 재산 분할에 대해 법률이 지금까지 프랑스에서 초래한, 또 앞으로 초래할 경제적, 도덕적 결과들"이었다. 일견 무관해 보이는 일련의 연구 논문 제목으로부터 프루동은 이 질문들을 집약해 "평등한 상속이 평등한 소득분배를 낳을 수 있는가"의 질문으로 받아들이고, 다시 여기서 "불평등의 기원이 무엇인가"라는 질문을 도출하면서 궁극적으로는 "소유란 무엇인가"라는 질문으로 요약한다(Proudhon, 1840: 서문).

하지만 앞서 설명한 대로 프루동의 "소유란 무엇인가"

라는 질문의 연구결과는 연구비를 지원한 브장송 아카데미로부터 "반사회적 교설"(Proudhon, 1840: 20)로서 탄핵을 받았다. 소유의 남용에 대해서는 루이 오귀스트 블랑키(Louis Auguste Blanqui)와 같은 자유주의적 경제학자도 동의하는 바였지만 프루동은 여기에 멈추지 않고 소유권의 문제를 논리적으로 뿌리로부터 탐구해 "소유는 도둑질이다"라는 급진적이고 선동적인 결론을 내렸던 것이다. 이 책에서 프루동은 "소유는 도둑질"이라는 자신의 결론을 사람들이 잘 받아들이지 못할 것임을 예견하면서 다른 비유를 든다. 예를 들어 "노예제란 무엇인가"라는 질문에 "노예제는 살인이다"라고 주장하면 사람들은 쉽게 받아들인다는 것이다. 노예제는 인간의 자유의지를 뺏는 것이며, 생사여탈권을 박탈하는 것이므로 결국 인간을 노예로 만드는 것은 그 인간을 살해하는 것과 같다는 점은 쉽게 이해된다. 프루동은 소유권도 이와 같은 논리적 증명을 통해 불가능한 권리라고 주장하며 따라서 소유권은 도둑질에 의해서만 가능하다는 점을 보여주려고 했다.

『소유란 무엇인가』는 이 문제를 다루기 위해 소유권을 논증하는 두 가지 논리 체계를 살펴본다. 첫째의 논리 체계는 소유는 점유권에서 나온다는 것이며 둘째의 논리는 소유는 노동의 결과라는 것이다. 전자는 게오르크 헤겔

(Georg Wilhelm Friedrich Hegel)과 같은 법철학자의 해석이며, 후자는 애덤 스미스(Adam Smith)와 같은 정치경제학자의 해석이다. 프루동은 이 논리를 비판하며 점유는 소유를 '금지'하며, 노동은 소유를 '파괴'한다는 역설적 결론에 도달한다. 이어서 프루동은 이 책의 세 번째 장에서 소유라는 개념이 이론적으로 불가능하다는 점을 다양한 각도에서 살펴보고, 네 번째 장에서는 정의의 원리에 입각해서 미래에는 소유권이 소멸될 것이라는 점을 밝힌다. 그리하여 인간의 종주권(전제주의), 조건의 불평등(시민적 불평등), 소유라는 세 가지 개념은 편견에 불과한 하나의 문제라는 것이다. 그런데 이 세 가지 문제는 놀랍게도 1789년 혁명과 1830년 혁명에서 확립된 세 가지 근본 원리다. 여기서 프루동은 정의를 새롭게 정의하면서 자신의 혁명적 사상을 내비치고 있다. 그의 생각에 따르면 우리가 추구하는 민주주의(적 공화국)이 왕정과 비교하여 진보한 것임에는 틀림없으나 생각의 방식 자체의 혁명은 아니다. 왜냐하면 주권이 한 명에서 다수로 확대된 것에 불과하고, 주권적 사고는 여전히 유지되고 있기 때문이다.

"의심할 나위 없이 만일 한 나라가 군주국가에서 민주국가로 넘어간다면, 그것은 하나의 진보다. 왜냐하면 주권자의 수를 늘림으로써 이성이 의지를 대체할 더 많은 기회를 갖게 되기 때문이다. 그러나 아무튼 원리는 예나 지금이나 동일하다는 점에서 통치에서는 어떠한 혁명도 찾아볼 수 없다. 그런데 오늘날 우리는 가장 완벽한 민주주의에서도 사람들이 자유롭지 못하다는 증거를 가지고 있다."(Proudhon, 1840: 60~61)

프랑스의 계급투쟁

『소유란 무엇인가』가 발간되면서 큰 사회적 논란이 빚어지고 프루동은 급진적 사회주의자로서 유명해졌다. 그는 이러한 비난을 무시하고 1841년에 소유의 남용을 비판했지만 소유의 폐지까지는 주장하지 않았던 블랑키를 비판하는 『블랑키 씨에 보내는 서한』을 저술하고, 1842년에는 『콩시데랑 씨에게 보내는 서한』을 통해 푸리에 사회주의를 비판하며 소유에 대한 세 개의 연속 시리즈를 발간한다. 프루동의 소유권에 대한 일련의 비판은 사법당국의 주목을 받아 반체제 논리로 기소되기도 했다. 1843년에는 리옹에서 새로운 직장을 찾아 경제적 안정을 찾으면서 수시로 파리로 진출해 사회주의자들과 어울렸으며, 이때 미하일 바쿠닌(Mikhail Bakunin), 카를 그륀(Karl Grün), 마르크스와 교류했던 것이다.

이후 사회주의 이론 내의 적대자가 될 마르크스는 당시만 해도 자신의 저서 『신성가족(Die heilige Familie)』(1845)에서 프루동의 『소유란 무엇인가』를 "국민 경제학에 혁명을 일으키고 국민 경제학을 진정한 과학으로 만든 진보이며 … 에마뉘엘 조제프 시에예스(Emmanuel Joseph Sieyes)의 『제3신분이란 무엇인가(Tiers État)』가 현대 정치학에서 가지는 의의와 동일한 의의를 현대 국민경제학에서 가지고 있다"고 극찬하기도 했다(Marx & Engels, 1845: 40～41). 하지만 마르크스와의 밀월 관계는 프루동이 『경제적 모순들의 체계 또는 곤궁의 철학(Système des contradictions économiques ou Philosophie de la misère, 이하 곤궁의 철학)』(1846)이라는 저서를 내면서 결정적으로 깨졌다. 프루동은 유물론을 비판하고 인간을 강조함으로써 마르크스와 결별하게 되고, 마르크스는 『곤궁의 철학』을 비꼬는 제목을 단 『철학의 빈곤(Misère de la philosophie)』(1847)이라는 저술에서 프루동을 부르주아 정치경제학과 공산주의를 오가는 프티부르주아 이론가로 규정하게 된다.[56]

하지만 이 시기는 프랑스혁명의 여파가 격렬한 계급투

쟁으로 발전하고 있는 시기였다. 1830년에 형성된 7월 왕정은 18년간의 지배 끝에 1848년 2월 혁명으로 타도되고 짧은 3년간의 급진적 제2공화정(1848~1851)을 거쳐 반동적 복고주의를 부른 제2제정(1852~1870)으로 이어졌던 것이다. 마르크스와 결별의 계기가 된 프루동의 『곤궁의 철학』은 바로 2월 혁명이 일어난 1848년을 목전에 두고 발간되었다. 1848년 혁명은 1789년 시작하여 근 100년간 이어진 프랑스혁명의 한 파도였다. 프랑스혁명은 1789년에 발발해서 몇 년 만에 끝난 사건이 아니라 1871년의 파리코뮌까지 이어지는 거의 100년에 걸친 일련의 사회적 투쟁 역사다. 이 혁명의 전체 흐름에서 1848년 혁명은 프루동에 의해 어느 정도 예언된 것이었다. 경제적 빈곤, 불평등으로 인한 혁명적 파국이 예상되었다. 1848년의 2월 혁명은 중소 부르주아와 프롤레타리아의 연합에 의해 성취되었으며 프루동을 일약 사회주의자로 부각시켰다. 하지만 1848년 혁명을 계기로 이 혁명을 낳은 두 계급 연

---

56) 마르크스에 의하면 프루동은 "부르주아와 프롤레타리아의 위에 날고자 한다. 그러나 그는 자본과 노동 사이에서, 정치경제학과 공산주의 사이에서 줄곧 우왕좌왕하는 프티부르주아에 지나지 않는다."(Marx, 1848)

합은 분열되어 급진주의자들이 주도하는 1848년 6월 봉기가 3000~4000여 명의 사상자를 낳으면서 붕괴했고, 혁명 이후 이루어진 보통선거제에 의해 역설적이게도 보수당이 집권하게 되었다.

『곤궁의 철학』과 『철학의 곤궁』

프루동의 『곤궁의 철학』은 『소유란 무엇인가』에서 소유에 대한 비판에 압도되어 공유제에 대한 비판이 다소 명료하지 않았던 것에 비해 그의 소유와 공유제에 대한 양비론적 입장이 명료하게 드러나는 책이다. 이 책은 스미스, 맬서스와 같은 당대의 정치경제학의 개념을 재구성하면서 "이기주의에 경도된 정치경제학과 공동체에 기운 사회주의"(Proudhon, 1846a: 66)를 동시에 비판한다.

> 가치의 진자운동과 그로부터 흘러나오는 불규칙적 효과들로부터 사회주의자들과 경제학자들은 각자의 입장에서 상반된 결과를, 그러나 마찬가지로 그릇된 결과를 도출했다(Proudhon, 1846a: 116).

재산권이 그 결과들에 의해 거짓된 것으로 증명되었다고 해서 그 상반된 공식인 공동소유(communaute)가 참이 되는 것은 아니며, 그것은 재산권과 동시에, 그리고 같은 명목으로 부정 가능하다는 것을 알게 될 것이다(Proudhon, 1846a: 118) .

이 책은 가치, 노동, 기계, 경쟁, 독점, 조세, 무역, 신용, 소유권, 공동체, 인구에 이르는 방대한 정치경제학적 주제를 다루면서 자신의 생각을 피력하고 있다. 프루동은 정치경제학에 대해 체계적인 학습을 하지 않았기 때문에 서술 방식도 체계적이지 않고 철학과 경제학을 종횡무진 혼란스럽게 오가긴 하지만 그의 입장은 명확하며, 소유와 공유제를 비판했던 초기의 입장이 일관되게 이어져 있는 것을 알 수 있다. 심지어 공유제 비판에서 나아가서 노동조합을 강조하는 입장까지 공산주의 또는 사회주의로 명명하여 비판하고 있다.

그렇다면 프루동의 진정한 지향은 무엇일까? 『곤궁의 철학』 말미의 다음과 같은 서술은 프루동의 종합을 암시하고 있다.

상호성 혹은 소비대차(mutuum), 즉 현물 교환의 이론은 그

> 가장 단순한 형태가 소비 대출로서 집단적 존재의 관점에서는 소유권과 공동체라는 두 관념의 종합이다. 이는 사회가 여러 발명들과 체계들의 미로를 가로질러 그 원초적 관습으로 돌아가는 것, A는 A와 같다는 근본 명제에 대한 6000년의 명상의 결과 말고 다른 것이 아니니 이를 구성하는 요소들만큼 오래된 종합이다(Proudhon, 1846b: 1367~1368).

이러한 프루동의 생각은 당시의 사회주의 운동에 큰 반발을 일으켰다. 특히 당시 뜨고 있던 사회주의 이론가 마르크스는 이 책의 반사회주의적 입장을 크게 비판하였다. 마르크스는 1846년에 이 책을 읽고는 분개해 그 해 12월 러시아 친구인 파벨 안넨코프(Pavel Wassilijewich Annenkov)에게 장문의 편지를 써서 프루동의 『곤궁의 철학』을 비판하는 글을 쓰겠다고 약속했다. 1년 후 마르크스는 『곤궁의 철학』을 패러디해 비꼬는 『철학의 곤궁』이라는 책을 발간한다. 마르크스는 프루동 비판에 이 책의 상당 부분을 할애하지만 동시에 프루동의 비판을 통해 자신의 유물론과 정치경제학 비판의 관점을 드러내고 있다. 결과적으로 이 두 권의 책은 마르크스주의적 사회주의와 아나키즘적 사회주의를 완전히 결별시키는 계기가 되었다. 이후의 역사는 마르크스주의적 사회주의를 사회주의의 역사적 주류로 등극시키고, 아나키즘적 사회주의는 전자에 의해 탄압받는 나락에 빠지게 했다.

프루동의 말년과 연방주의

프루동의 아나키즘은 비현실적인 소수파의 주장으로만 남을 것인가? 프루동은 자신의 마지막 저서인 『연방의 원리(Du Principe Fédératif)』(1863)에서 권력이 완전히 부재하는 순수한 아나키즘은 "하나의 이상 혹은 신화"이며, "정부 혹은 권위의 흔적이 사라질 것 같지는 않다"고 고백한다(채형복, 2015: 208에서 재인용). 이 시기의 프루동은 건설적 아나키즘의 목표가 '권위를 최소화하고 자유를 극대화하는 것'이지 어느 하나를 완전히 없앨 수는 없다고 생각하는 듯하다.

이때 프루동은 자유를 구체화하는 정치적 형태로서 연방(fédération)을 제시했다. 프루동은 이 논리를 『연방의 원리』에서 구체화하였는데, 이 책은 6000부나 팔려 당시로는 매우 이례적인 관심을 받았다. 그는 연방의 개념을 '지배자 또는 통치가 없는 상태'인 아나키에서 도출했는데, 이는 출간 당시의 맥락에서 보면 당시 유행했던 국가주의 · 민족주의(nationalism)에 대항한 대안적 논리였다. 19세기의 국가주의 · 민족주의는 절대주의에 대항하는 논리로서는 진보적, 좌익적 논리였다. 왕정을 폐기하고 공화정을 구축하는 과정에서 국민국가를 형성해가는 좌파적 어젠다였던 셈이다. 하지만 프루동은 이 좌파적 어젠다에 숨어있는 국가주의 · 민족주의의 문제를 아나키즘의 시각에서 비판하게 되었고, 그 비판의 결과 제출할 대안으로서 연방을 제안하게 된 것이다. 여기서 프루동은 아나키를 하나의 정부 형태로 규정한다.

> 다양한 자유 체제가 있는 것과 마찬가지로, 나는 영어로 '자치정부'(self-government)로 불리는 체제를 아나키 혹은 개별정부로 지칭하고자 한다. 일련의 모순을 포함하고 있는 아나키한 정부(gouvernment anarchique)란 표현은 불가능하고, 또 이는 부조리한 이념인 것처럼 보인다. 하지만 여기서 언어(용어)를 재구성하면, 정치적으로 아나키(anarchie)의 개념은 다른 것과 마찬가지로 합리적이고 또 긍정적이다 (Proudhon, 1863: 29).

이러한 측면에서 아나키즘이란 '비국가주의'(le non-étatisme)가 아니라 '반국가주의'(l'antiétatisme)라고 이해하는 것이 적절하다. 이러한 이해에 입각해서 프루동이 주장한 연방은 두 가지 전제조건을 갖추어야 한다. 첫째, 조직과 개인이 서로 평등하고 상호 동등한 의무를 지녀야 한다. 따라서 국가 조직이 개인에게 어떤 의무를 요구하려면 국가가 우선 그 개인에게 이에 상응하는 의무를 이행해야 한다. 둘째, 조직과 개인의 상호 동등한 관계에서 주도권은 개인에게 있어야 한다. 이는 개별정부의 형성이 개인의 정치계약을 필수적으로 전제하고 있다는 것을 의미한다. 개인의 자유, 주권, 발의권을 실현하는 정치 계약의 형태가 연방이라는 것이다.

프루동은 연방이라는 단어의 의미를 '협정, 계약, 조약, 협약, 연맹' 등으로 이해하고 단순한 국가 내 협약만을 의미하는 것이 아니라 가족, 부족, 촌락, 노동자 계급, 농업과 산업 등에도 적용 가능한 일반 원리로 이해한다. 이러한 관점에 충실하게 조직된다면 역설적이게도 국가는 '진보의 최고의 표현'이 된다.

프루동은 아나키에 대한 위와 같은 개념 정의에 입각해 국가, 교회, 종교 및 모든 유형의 독재와 같은 모든 절대적 힘에 대항하는 개인의 자유를 옹호하고자 했다(채형복, 2015: 207).

프루동의 연방주의는 유럽연합(EU)에서 구체화되었

다. 채형복에 의하면 오늘날의 EU는 중세 말 때부터 시작된 긴 운동의 흐름으로 파악할 필요가 있다(채형복, 2005: 29~32). 이 역사적 흐름에서 프루동은 오늘날 EU로 대표되는 유럽지역통합체제에 대한 구체적인 사상적 기초를 제공했다. 프루동은 '권한 배분의 원칙(the principle of conferral)'과 '보충성 원칙(the principle of subsidiarity)'을 통해 EU 법제도 형성에 영향을 미쳤다. 이는 다음과 같은 프루동의 예언이 현실화된 것으로 볼 수 있다.

> 20세기는 연방의 시대를 열 것이다. 만약 그렇지 않다면, 인간은 다시 천년의 연옥을 시작할 것이다(Proudon, 1863: 52).

소유와 공유의 대안, 자유

프루동은 『소유란 무엇인가』에서 사회성의 첫 번째 단계는 공감, 사회성의 두 번째 단계는 정의며, 공감과 정의만으로는 인간과 동물을 구별할 수 없다고 주장한다. 사회성의 세 번째, 즉 마지막 단계에서만 인간은 동물과 구분된다. 이 단계에서는 '사회, 정의, 평등'이 서로 동의어이며, 그 이유는 생산자와 생산자가 서로 연결되어 있기 때문이다.

> 우리가 서로 연결되기를 원치 않을지라도 일의 추세, 소비의 필요성, 생산의 법칙, 교환의 수학적 원리 등이 우리를 서로 결합시킨다(Proudhon, 1840: 340).

이 결합의 예외는 소유자인데, 소유자는 자신의 불로소득권에 의해 생산에 임하기 때문에 누구와도 결합하지 않는다는 것이다. 프루동은 사회적 책무를 다하지 않고, 사회의 생산에 협력하지 않고 몫을 챙겨가는 행위는 도둑질과 같다고 본다. 따라서 소유는 도둑질이라는 논리가 성립한다.

소유제도의 탐구에서 필연적으로 나타나는 질문은 공유제(communaute)에 대한 입장이다. 사실상 공유제는 소유제에 앞선 제도로, 인간이 사회를 만들면서 자연히 만들게 되는 자발적 운동이자 인간 문명의 첫 번째 단계다(Proudhon, 1840: 376). 이 단계를 부정하면서 등장한 것이 소유제이므로 소유에 대한 비판이 결국 공유제로 환원해서는 안 된다는 것이 프루동의 생각이다. 프루동은 지금까지 사람들은 소유 아니면 공유라는 두 유형의 진동 속에서 탈출하지 못했기 때문에 소유가 생명력을 가졌다고 보았다. 따라서 공유제를 비판하는 것도 소유제를 비판하기 위해 근본적으로 중요하다.

프루동에 의하면 공유제는 불평등하다. 소유도 불평등하지만 이는 강자가 약자를 착취하는 것인데 반해, 공유제는 약자가 강자를 착취한다는 것이다. 또 공유제는 억압과 예종을 의미한다. 공유제는 인간의 자유로운 결정을 방해하기 때문이라는 것이다. 마지막으로 공유제는 평등을 침해한다. 공유제가 인간의 자율성을 침해하므로 결과적으로 노동과 태만, 재능과 우둔, 악덕과 덕망을 대등하게 취급하게 된다.

물론 공유제의 안티테제로 등장한 소유는 배제권과 불로소득권에 의해 평등을 침해하고, 전제에 의해 자유 의지를 침해한다. 그 결과 소유는 도둑질의 가장 문명화된 표현이 된다(Proudhon, 1840: 380~382). 프루동이 생각하는 인간 문명의 발전 경로는 사회가 지적 발전의 수준이 향상될수록 인간이 인간에 대해 갖는 전제, 권위가 줄어든다는 것이다.

> 힘의 권리와 책략의 권리가 정의의 점점 더 광범위해지는 결정력 앞에서 위축되어 마침내 평등 안에서 소멸되어야 하는 것과 마찬가지로, 의지의 주권은 이성의 주권 앞에 몸을

굽히고 마침내 과학적 사회주의 안에서 소멸될 것이다. 소유와 왕정은 이 세상이 시작할 때부터 무너져 왔다. 인간이 평등 안에서 정의를 찾듯이, 사회는 아나키 안에서 질서를 찾는다(Proudhon, 1840: 402).

프루동은 아나키를 주인이나 주권자의 부재로 규정하며, 따라서 아나키는 우리가 사회를 구성하는데 필수적으로 존재해야 한다고 생각하는 우두머리의 비존재를 의미한다. 그렇다면 프루동이 추구하는 제3의 형태는 도대체 무엇인지 의문이 생길 것이다. 프루동은 『소유란 무엇인가』의 마지막에서 다음과 같은 결론을 내린다.

공유제는 평등과 법을 추구한다. 소유는 독립성과 비례균형을 추구한다. 프루동이 생각하는 제3의 형태는 공유와 소유가 가진 긍정적 요소만을 뽑아서 재구성하는 것이다. 즉 평등, 법, 독립성, 비례균형을 갖춘 형태, 이 제3의 형태를 "자유"라고 규정한다(Proudhon, 1840: 408).

그래서 자유는 평등이며, 아나키며, 무한한 다양성이며, 비례균형이다. 여기서 아나키란 개인 의지의 지배를 벗어나서 법의 권위, 필연의 권위만을 받아들이는 것을 말한다. 이와 같은 방식으로 프루동은 프랑스혁명 시기의 자유와 평등을 결합시킨다.

이때 자유가 소유에 대해서 어떤 함의를 갖는가라는 질문을 하지 않을 수 없다. 프루동은 『소유란 무엇인가』의 제2장에서 점유권으로부터 소유권을 도출하는 논리를 비판하면서 소유 없는 점유(la possession sans propriété)만으로 사회 질서 유지에 충분하다고 주장하였다. 그렇지만 프루동은 제5장에서 공유제를 소유에 못지않게 비판하면서 공유제를 대안으로 보지 않았다. 프루동은 점유권만으로 자유를 획득하는데 충분하다고 생각한 것으로 보인다.

제3의 대안에 대한 애매한 설명은 이후의 저술들에서 프루동을 논리적 모순에 빠뜨렸다. 만약 점유권만을 가진 자가 생산자라면 결국 '토지와 같은 생산수단의 소유자는 누구여야 하는가'라는 질문이 제기된다. 이때 생산수단의 소유자는 국가가 될 가능성이 매우 높아지며, 이는 프루동이 보기에 생산자가 국가의 소작인이 되는 상황으로 보였다. 따라서 프루동은 점차 점유권을 가진 생산자가 지주와 같은 소유자에게 일정한 금액의 상환금을 갚고 소유권을 확보하는 방안을 생각했고, '교환은행'을 통해 그 경비를 지원하는 프로그램도 제안하였다. 결과적으로 이후의 저술에서는 소유를 긍정하는 모습을 보인다.

> 소유는 원래 그대로는 악의 원리 그 자체이며 반사회적이나, 스스로 일반화되는 과정에 의해 그리고 다른 제도들의 도움을 받아 사회 체제의 중추이자 원동력이 되기 마련이다(이용재, 2006: 118쪽에서 재인용).

프루동의 논리를 소유에 대한 적대적 태도에서 용인으로 이해해야 할 것인가? 즉 프루동이 소유에 대한 태도를 바꾼 것으로 해석되어야 할 것인가? 이 모순 같은 논리 전개는 프루동의 아나키즘을 이해해야 설명된다.

프루동은 사적 소유와 공유 모두를 비판한 후 소유가 없는 점유만으로 생산자가 경제적 자유를 획득할 수 있다고 생각했으나 결국 법적 소유의 문제를 회피할 수 없다면 국가가 소유하는 국유라는 대안이 현실화될 것이라고 보았던 것이다. 프루동에게 국가의 소유는 사적 소유 못지않게 피하고 싶은 문제였다.

결과적으로 프루동의 관점은 소유제의 문제로만 볼 때 프티부르주아의 소유를 옹호하는 것으로 귀결하게 되었고, (노동자) 국가의 소유를 통해 자본주의 모순을 해결하고자 한 마르크스주의적 사회주의와 충돌할 수밖에 없었던 것이다.

그러나 현실 사회주의의 붕괴와 신자유주의적 자본주의의 민낯을 동시에 겪고 있는 오늘날의 시점에서 볼 때, 공유를 명제로, 소유를 반명제로 해 자유를 종합명제로 추구했던 프루동의 생각은 향후 인류의 미래를 전망하는 데 여전히 유효한 잣대가 아닐까라는 생각을 해본다.

참고문헌

류동민 · 안현효(2013). 무정부주의와 국가주의를 넘어서: 『크랙 캐피탈리즘』에 대한 비평. ≪마르크스주의연구≫, 10권 2호, 234~250.

안현효(2011). 트랜스크리틱: 우발성의 유물론하에서의 진정성. ≪마르크스주의연구≫, 8권 1호, 12~36.

안현효(2013). 루이 보나파르트의 브뤼메르 18일: 그 현재적 의미. ≪현대사상≫, 12호, 85~101.

이용재(2006). '도둑질'인가,'자유'인가: 소유를 사유하기-P. -J. 프루동의 소유 이론에 대한 고찰. ≪전북사학≫, 29호, 99~125.

이정은(2014). 자본주의의 철학적 트로이 목마?-K. 고진의 어소시에이션에서 사회주의 읽기. ≪헤겔연구≫, 35호, 229~257.

채형복(2005). 『유럽연합법』. 한국학술정보

채형복(2015). 프루동의 연방사상:'아나키'에서 '연방'으로-저서 『연방의 원리에 관하여(Du Principe federatif)』를 중심으로. ≪유럽연구≫, 33권 3호, 199~226.

Koselleck, R., et al.(1972). 송재우 옮김(2019). 『코젤렉의 개념사 사전 15』. 푸른역사.

Marx, K. H.(1848). *Misère de la philosophie: Réponse À la philosophie de la misère de M. Proudhon*. 이승무 옮김(2018). 『철학의 곤궁』. 지식을만드는지식.

Marx, K. H. & Engles, F.(1845). *The holy family or critique of critical criticism*. Progress Publishers.

Proudhon, P.(1840). *Qu'est ce que la propriété?*. 이용재

옮김(2003). 『소유란 무엇인가』. 아카넷.

Proudhon, P.(1846a). *Système des contradictions économiques ou philosophie de la misère*. 이승무 옮김(2018). 『경제적 모순들의 체계 또는 곤궁의 철학 I』. 지식을 만드는 지식. 2018.

Proudhon, P.(1846b). *Système des contradictions économiques ou philosophie de la misère*. 이승무 옮김. 『경제적 모순들의 체계 또는 곤궁의 철학 II』. 지식을 만드는 지식. 2018.

Proudhon, P.(1863). *Du principe fédératif et de la nécessité de reconstituer le parti de la révolution*. Paris: E. DENTU.

경제학이 답하다

프루동과 마르크스의 특징과 공통점은 무엇인가요? 어떤 점에서 프루동이 마르크스에게 밀렸고, 사회주의가 마르크스 식으로 가게 된 동인은 무엇인가요?

마르크스의 정치 3부작이라고 하는 동시기 저술이 있습니다. 프랑스 혁명사 3부작이라고도 하는데요, 1789년 프랑스 혁명 이후 발발한 프랑스의 정치적 격변을 둘러싸고 1850년에 『프랑스 계급투쟁: 1848년에서 1859년까지』를, 1852년에 『루이 나폴레옹의 브뤼메르 18일』을, 1871년에 『프랑스 내전』을 씁니다. 마르크스가 굉장히 영민한 전략을 썼다는 생각이 들었습니다. 당시 마르크스의 이론을 보면, 정치 이론이 먼저 나오고 경제 이론은 그 이후에 나온 거예요. 당시 정치적인 비전이 먼저 있었고 그 다음 경제학이 나왔기 때문에 실제로 정치적 비전, 특히 『공산주의자 선언』을 둘러싼 정치적 비전은 경제학하고 약간 틈이 있을 수 있습니다. 실제 『자본론』을 썼을 때 그렇게 구체적인 정치적인 플랜에 대해서는 이야기를 안 했으니까요. 보통 우리는 이를 묶어서 이해하지만, 사실은 정치적인 플랜이 선행하고 경제적인 건 뒤에 나오는 거예요. 마르크스 자신의 사회주의가 먼저 출현하고 이를 경제적으로 논증하는 방식으로 마르크스의 경제학이 나왔다고 생각합니다.

〈청년 마르크스〉 영화에서 보면 마르크스가 당시 유명해지려고 센 놈을 때린 거예요. 그 당시 제일 센 놈이 프루동이거든요. 그런데 프루동이 아나키스트였고, 아나키스트가 가장 급진적인 운동인데, 프루동이 산업 노동자에 대해 굉장히 적대적인 태도가 있었어요. 어쨌든 프루동 머릿속에는 그런(산업 노동자의 중요성 같은) 게 별로 없었고 당시 프랑스 혁명이 실제 산업 노동자가 이끌어갔다, 특히 하층이 혁명 운동을 이끌어 갔다고 볼 만한 것도 아니었기 때문에 그랬을 수 있죠. 그런데 마르크스는 산업 노동자에 주목한 거죠. 프루동이 기반을 두고 있었던 빈민에 대해서는 실제로 마르크스가 정치적 비전을 보지 못했다고 생각돼요.

그 다음 아나키즘이 굉장히 매력적인 사상입니다. 혁명 사상이죠. 봉건제도에 대해서 투쟁하는 이론이기도 하고 그리고 민중의 자발성을 굉장히 자극하는 이론입니다. 그런데 실제 혁명에서 이제 코뮌 같은 형태로 나타났죠. 코뮌이라는 것이 민중들의 자발성을 자극하는 이론인데 지향하는 것은 국가 폐지 아닙니까. 그런데 마르크스가 생각해 보니까 국가를 폐지시키면 전제정치, 그러니까 자본주의 국가를 폐지시킬 수가 없잖아요. 그래서 두 단계를 생각하게 된 겁니다. 먼저 자본주의 국가에 대응한 노동자 국가를 만들어서 자본주의 국가를 폐지하면 노동자 국가는 스스로 사멸한다는 논리를 만들어냅니다. 아나키즘이라는 이론이 사람들이 프루동의 아이디어에 따라 지도를 받아 가는 것이거든요. 아나키즘의 지도를 받은 상당히 많은 대중들에게 마르크스가 이렇게 말한 거죠.

우리 혁명운동의 최종 결과는 바로 당신들이 원하는 그것이다. 최종 결과에서는 아나키즘과 동일하다. 그런데 국가를 폐지하는 것은 아나키즘으로는 달성할 수 없다. 자본주의 국가를 먼저 분쇄해야 되는데 자본주의 국가를 분쇄하기 위해서는 노동자 국가가 필요하다. 2단계론이 나오게 된 것이죠. 2단계론을 통해서 당시 등장하고 있었던 조직된 혁명운동을 포섭하고 최후의 미래를 통해서 당시 아나키즘의 포섭되어 있었던 대중을 끌어오고 해서 사회주의 혁명의, 사회주의 이론의 주류가 된 것이 아니냐. 저는 그렇게 해석하고 있습니다.

하버드 법대 교수인 로베르트 웅거는 프루동주의자로 알려져 있습니다. 프루동 사상이 오늘날 좌파 이론에 어떤 새로운 영감을 주고 있는지 궁금합니다.

플라톤이 군주정이 타락하면 전제정치가 되고 민주정이 타락하면 중우정치가 된다고 하는 것처럼 사회주의가 타락하면 사회주의 독재 같은 게 될 수 있거든요. 그걸 막을 수 있는 방법은 없잖아요. 정치적 구조를 가지고 생각해 보면 실제의 사회주의, 특히 러시아 혁명 이후 레닌이 정립했던 민주 집중제라는 아이디어가 제대로 작동하려면 개인들이 엄청나게 정치적으로 결단한 사람들이어야 하거든요. 그런데 역사적 과정을 보면 그런 사람들 다 죽여 버리잖아요. 권력을 둘러싼 정치 현실이라는 것은 냉엄한 것 같습니다. 현재 시점의 대한민국 권력을 보아도 그렇고요.

프루동의 말은 민주주의가 진보의 형태라는 것은 인정

하지만, 여전히 체제의 억압의 질서라는 점에서는 이전의 원리와 똑같다는 거에요. 프루동은 여기서 본질적으로 다른 단계로 도약하고자 한다는 건데요. 이를 자유의 단계라고 부르죠. 프루동이 이야기 하는 자유는 우리가 생각하는 자유라는 개념과 조금 다릅니다. 완전한 개인이 해방된 자유를 말하는 거죠.
이건 상당히 이상주의적인 생각이죠. 개인이 완전히 계몽되어야 가능하거든요. 계몽될 뿐 아니라 자유를 지키고자 하는 결단도 있어야 해요. 이를 통해서만 새로운 단계로 도약하는데 실패하기가 쉽죠. 그런데 이러한 생각의 가치는, 도약하고자 하는 것이 실패하더라도 도약하려는 움직임은 현재 민주주의 체제를 더 풍성하게 해줄 수 있지 않냐. 저는 그렇게 보거든요.
현실의 민주주의 체제 하에서 개인이 생각보다 강하지 않잖아요. 개인은 쉽게 중우정치의 희생양이 되죠. 개인이 민주주의 체제 아래에서 어떤 의미를 가지려면 개인의 자발적인 모임 등이 활성화될 필요가 있거든요. 사실 소통 구조가 우리가 생각하는 것보다 훨씬 많이 필요한데 우리 체제에서는 효율성이라는 기본적인 이념으로 생각해서 다수결로 끝내버리는 것이 민주주의의 알파요, 오메가라는 거죠. 토론 좋아, 토론해 보고 시간이 적당히 지난 후 다수결, 끝. 이렇게 갈 수밖에 없는 구조라는 걸 우리가 이해하고 있지만 그 맥락에서는 개인의 자유, 그리고 개인의 계발이라고 할까요, 그런 부분은 보장되어 있지 않습니다. 프루동의 이론은 그런 부분을 자극하고 문제 제기를 한다는 장점이 있다고 생각합니다. 이렇게 이야기하니까 제가 굉장히 프루동주의자가 된 것 같아요.

최근 기본소득제나 분권화를 주장하는 움직임이 강하게 나타나고 있는데 그 저변에는 아나키즘이 깔려 있다고 봅니다. 서양에서는 커뮤니티나 코뮌 같은 것이 잘 발달되면서 아나키즘 사상이 잘 스며드는 것 같은데 한국 사회에서도 분권이나 연방제적인 사고방식이 확산될 여지가 있을까요?

상당히 진화된 사회에서 꽃필 수 있는 사상이 아닐까 생각해 봤어요. 기본소득 이야기하셨는데, 예를 들어서 아나키즘이 기본소득과도 연관이 될 수 있으리라 생각합니다. 왜냐하면 기본소득이 관료적 행정 행위의 여지를 없애잖아요. 권력은 어디서 오느냐 하면… 검찰 권력에 대해서도 이야기하지 않습니까. 권력이 기소하지 않는 데서 온다고. 선별하는 데서 오는 거거든요. 현대사회에 통용되는 복지 정책을 보면 소득 기준으로, 노동 기준으로 선별하지 않습니까? 그런데 소득, 노동. 말은 쉽고, 정의로워 보이지만 구체적 지점을 검토하기 시작하면 재량적 판단의 여지가 굉장히 많습니다. 여기서 관료주의가 개입되죠.

대학 정책할 때 교육부가 (예산도) 얼마 없이 대학을 좌지우지하는 것도 대학에 (돈을) 그냥 주지 않고 선정해서 주잖아요. 평가를 해가지고 주잖아요. 이때 권력이 나오거든요. 자원을 가진 행정부가 스스로 그 자원과 권한을 내려놓을 가능성은 많지 않죠. 들어가 보지 않으면 모르는 숨어 있는 권한이 많거든요. 조용히 도장 찍으면 되는, 이야기하지 않고 조용히 도장 찍으면 되는 것들이 많거든요.

이에 대한 반발이 관료주의에 대한 비판이죠. 그런데 관료주의를 비판하려면 그걸 알아야만 되잖아요. 모르는 사람이 어떻게 반발할 수 있어요? 그 과정에 들어와 보지도 않으면 관료주의가 존재한다는 것조차도 모르는 거예요. 그러니까 반국가적인 생각들이 보편화돼서 넘어가려고 하면 많이 알려져야 돼요.

검찰 개혁 같은 것도 사실은 우리가 질문할 수 있죠. 왜 권력을 가지고 있는 여러 조직들이 있는데 검찰, 사법, 언론…. 왜 선발되지 않은 권력들이 존재하는가? 질문해 볼 수 있잖아요. 그런데 왜 질문을 안 하느냐. 모른다는 거죠. 검찰이 어떤 식으로 수사하고 있는지 전혀 모르기 때문에 질문을 못하는 거거든요. 그런데 최근 자꾸 드러나니까, 검찰 개혁이 논의된 거죠. 근데 문제는 이게 왜 안 나타났냐는 것입니다. 검찰과 언론이 서로 봐주기 때문에, 그 이야기가 안 퍼지게끔 구조가 돼 있는 거잖아요. 또 그게 왜 깨졌겠어요. 그걸 아는 사람들이 자꾸 폭로를 하는 거야. 깨어 있는 시민들이 폭로를 자꾸 해. 사람들이 알게 돼. 언론 구조도 지금은 유튜브 같은 게 많이 활성화되어 있으니까 그렇게 틈새가 자꾸 발생하게 되고. 사람이 알게 되면 굉장히 반권력적인 사고가 퍼질 수 있는데 이러한 상황에서는 아나키즘적 사고가 나타나기 쉽죠.

예를 들어 사람들이 굉장히 비판을 많이 하는 정책이 있습니다. 언론이 행정부의 어떤 정책을 엄청나게 비난하죠. 그런데 사실은 한쪽에서는 비난하지만 한쪽에서는 무시하고 조용히 그냥 진행하잖아요. 구조가 그렇게 돼 있거든요. 비난이 소용없는 구조.
어떤 정책들, 특히 관료의 권한 개입의 여지가 없는 정책이 시행이 될 수 있는 조건이 된다면, 개인의 자유도 꽃필 수도 있을 거라는 거죠. 개인과 조직의 발전이, 개인의 계몽과 조직의 계몽은 서로 물고 물리는 관계로 가는 것 같아요. 만약 개인이 계몽되어 있지 않으면 조직도 마찬가지로 우매한 상태로 굴러갈 수가 있죠. 시간이 걸릴 수 있겠다는 생각이 들지만 그래도 그런 방향으로 점점 나아가는 것이 아닐까요? 프루동도 그렇게 써 놨어요. 그런 방향으로 역사가 간다.

피에르 조제프 프루동

피에르 조제프 프루동(Pierre-Joseph Proudhon, 1809~1865)은 프랑스의 철학자이자 언론인이었다. 프루동은 스스로를 '아나키스트'라고 칭한 최초의 인물로 알려져 있다. 프루동은 『소유란 무엇인가』의 발간으로 급진적 사회주의자로서 유명해졌다. 프루동의 소유권에 대한 일련의 비판은 사법당국의 주목을 받아 반체제 논리로 기소되기도 했다. 1843년에는 리옹에서 새로운 직장을 찾아 경제적 안정을 찾으면서 수시로 파리로 진출하여 사회주의자들과 어울렸다.
이때의 동지였던 카를 마르크스는 처음에 프루동을 높게 평가했지만 이러한 관계는 프루동이 『경제적 모순들의 체계 또는 곤궁의 철학(이하 곤궁의 철학)』(1846)이라는 저서를 내면서 결정적으로 깨졌다. 프루동은 유물론을 비판하고 인간을 강조함으로써 마르크스와 결별하게 되고, 마르크스는 『곤궁의 철학』을 비꼬는 제목을 단 『철학의 곤궁』(1847)을 저술해 프루동을 프티부르주아 이론가로 규정한다.
1848년 혁명 이후 국회의원으로 선출되었으나 그는 자신의 잡지에 나폴레옹 3세를 비판하는 글을 썼다가 의원직을 박탈당하고, 3년의 징역과 3000프랑의 벌금을 선고받고 벨기에로 피신했다. 이후 투옥과 석방을 반복하면서도 프루동은 꾸준한 저술 활동과 사회 운동에 참여했다.

09
윌리엄 스탠리 제번스와 한계혁명

도덕과학에 수학의 방법과 언어를 도입하려는
시도에 대한 편견에도 불구하고,
제번스는 경제학에 적절한 분야의 수학을
사용한다. 그것이 바로 미분학이다.

윌리엄 스탠리 제번스의 자화상. 1886. G. J. Stodart.

김진방

인하대학교 경제학과 교수다. 서울대학교 경제학과를 졸업하고 미국 듀크대학교에서 경제학 박사 학위를 받은 뒤 미국 캘리포니아대학교에서 조교수로 재직했다. '경제학의 역사와 방법'이 오랫동안 연구의 주제였으며, 귀국한 뒤에는 한국의 재벌에 관한 실증 연구도 수행했다. 계량경제학의 방법에 관한 논문과 제번스의 경제 이론에 관한 논문을 국내외 학술지에 게재했다. 제번스의 『정치경제학 이론』과 에지워스의 『수리 정신학』을 번역해서 역자 주석과 해설을 붙여 출간했다. 재벌 연구의 결과는 『재벌의 소유구조』(2005), Chaebol Policy for the Suppression of Economic Power Concentration(2013) 등으로 출간했다.

> 지난 몇 달 사이에 운 좋게도 내가 참 경제 이론을 만들어냈다. 너무 일관되고 완전한 이론이어서, 이제는 그 주제의 다른 책을 읽으면 어쩔 수 없이 화가 난다.

1860년 7월 첫날에 스물네 살의 윌리엄 스탠리 제번스(William Stanley Jevons, 1835~1882)가 형에게 쓴 편지에서 한 말이다. 당시 제번스는 유니버시티칼리지 런던에 복학해서 공부하고 있었는데, 2년 뒤인 1862년 7월에 논리학 · 철학 · 정치경제학 석사 학위를 받는다. 그리고 그 해 10월에 열린 영국과학진보협회 학술회의에 그의 '참 경제 이론'을 알리는 논문을 보낸다. "정치경제학 일반 수리 이론 소개"를 제목으로 단 이 논문은 경제과학 · 통계학 분과에서 읽히긴 했으나 협회 보고서에는 한 쪽 분량의 요약만 실렸고, 아무런 관심도 받지 못했다. 1866년에 출간된 통계학회지에 이 논문 전문이 "정치경제학 일반 수리 이론 개요"라는 제목으로 실렸을 때도 사정이 다르지 않았다. 다섯 쪽 분량의 논문은 사실 '완전한 이론'의 개요에 그쳤고, 수리 식도, 기호도 없는 '수리 이론' 소개였다. 그러나 이 논문은 1871년 280여 쪽의 책으로 출간될 내용의 핵심을 온전히 그리고 분명하게 담고 있다. 그 책의 제목은 『정치경제학 이론(The Theory of Political Economy)』

이다.[57] 경제학에 이른바 한계혁명을 불러온 책이다.

제번스가 걸어간 길

제번스는 토머스 맬서스(Thomas Malthus)가 68세의 나이로 사망한 다음 해인 1835년에 영국 리버풀에서 사업가의 아홉째 자녀로 태어났다. 제번스는 앨프리드 마셜(Alfred Marshall)보다 일곱 살 많고, 프랜시스 에지워스(Francis Y. Edgeworth)보다 열 살 많다. 프랑스의 마리 에스프리 레옹 발라(Marie Esprit Léon Walras)보다 한 살 적고, 오스트리아의 카를 멩거(Carl Menger)보다 다섯 살 많다.

리버풀에서 교육을 받던 제번스는 15살이 되던 1850년

---

57) 'Political Economy'로 불리는 학문이 19세기 후반에 일본에 알려지면서 '經濟學(경제학)'으로 불렸다. 그 후 'Political Economy'라는 용어는 'Economics'로 대체됐는데, '經濟學'은 계속 그대로 사용됐다. 제번스의 책 제목에 포함된 'Political Economy'도 '경제학'으로 옮길 수 있으나, 여기서는 '정치경제학'으로 옮긴다. 제번스는 2판을 출간하면서 "두 단어로 번거로운 우리 과학의 옛 이름을 되도록 빨리 버리는 게 좋다"고 하면서도 책의 표제를 바꾸지 않는다.

에 런던으로 갔고, 1852년에 유니버시티칼리지 런던에 입학해 화학, 수학, 논리학을 공부했다. 제번스와 그의 가족은 국교도가 아니었는데, 당시 옥스퍼드대학교와 케임브리지대학교는 국교도만 입학할 수 있었다. 1854년에는 사업이 어려워진 아버지의 권유로 학업을 중단하고 오스트레일리아 조폐국의 감정사가 되어 시드니로 떠났다. 여기서 제번스는 애덤 스미스(Adam Smith)의 『국부론』과 존 스튜어트 밀(John Stuart Mill)의 『정치경제학 원리』를 읽었으며, 지역 신문에 토지와 철도에 관한 글을 싣기도 했다. 1850년에 출간된 디오니시우스 라드너(Dionysius Lardner)의 『철도 경제학(Railway Economy)』을 읽으면서 수학을 사용하는 경제 분석에 관심을 두게 된 것도 이곳에서다.

학업을 계속하길 원했던 제번스는 1859년에 런던으로 돌아와 다음 해에 학사 학위를 받았고, 1862년에 논리학·철학·정치경제학 석사 학위를 받았다. 그리고 같은 해 케임브리지에서 열린 영국과학진보협회 학술회의에 두 개의 논문을 보냈다. 그 가운데 하나가 "정치경제학 일반 수리 이론 소개"였고, 다른 하나는 가격의 계절적 변동에 관한 것이었다. 그러나 당시 어느 것도 주목받지 못했다.

제번스는 한동안 맨체스터의 오언스칼리지와 리버풀

의 퀸스칼리지에서 강의를 맡았다. 그러면서 『석탄 문제(The Coal Question)』를 저술했는데, 1865년에 출간된 이 책은 젊은 제번스에게 적잖은 명성을 가져다주었다. 그는 이어서 화폐와 물가에 관해 일련의 논문을 발표했는데, 이 논문들은 사후에 책으로 엮어 출간됐다.

제번스는 1866년에 오언스칼리지의 논리학 · 정신도덕철학 교수 겸 정치경제학 교수로 임용된다. 그의 관심이 논리학으로 되돌아 온 것도 이 무렵이다. 1870년에 출간된 『기초 논리학 강의(Elementary Lessons on Logic)』는 널리 읽히는 교재가 되었다. 그리고 1874년에는 그가 오랫동안 심혈을 기울여 저술한 『과학의 원리(Principles of Science)』가 출간된다. 그는 이 책이 밀의 『논리학 체계(System of Logic)』에 필적하기 충분하다고 생각했다.

1870년에는 『과학의 원리』를 저술하는 제번스의 작업이 중단됐었다. 그가 『정치경제학 이론』을 출간하기로 한 것이다. 1869년 무렵, 제번스와 편지를 교환하던 플리밍 젱킨(Fleeming Jenkin)이 두 논문을 발표했는데, 그 논문에는 가격 결정의 원리를 보여주는 식과 그림이 있었다.[58] 더욱이 그 내용은 제번스가 "정치경제학 일반 수리

---

58) 수요곡선과 공급곡선을 좌표 위에 그리고서 경제 분석에 사용한

이론 개요"에서 설명하고 젱킨에게 보낸 편지에서 제시한 자신의 '교환 방정식'과 연결될 수 있는 것이었다. 이 논문을 본 제번스가 자신이 수리 경제학의 선도자가 되기 위해서는 서둘러야겠다고 생각하여 『정치경제학 이론』을 집필하기 시작했고, 1871년에 출간할 수 있었다.

제번스는 통계에도 관심이 많았다. 1863년 발표한 『금 가치의 심각한 하락(A Serious Fall in the Value of Gold)』에서는 가격 통계로부터 기하평균을 이용하여 물가지수를 작성하는 방법을 제시하고 적용했다. 『석탄 문제』에도 통계 분석이 많다. 1875년에는 태양 흑점의 변동이 곡물 생산을 통해 경기에 영향을 미친다는 학설을 발표했고, 그 후에도 여러 차례 이에 관한 논문을 발표했다. 하지만 앞의 두 연구와 달리 그의 경기 변동 연구에 대한 학계의 반응은 부정적이었다.

제번스는 1864년에 통계학회 석학회원으로 선출됐다.

최초의 문헌으로 한스 폰 망골트(Hans von Mangoldt)의 1868년 저서와 젱킨의 두 논문을 들 수 있다. 두 논문 가운데 젱킨이 제번스에게 보낸 것은 "공급 수요 법칙의 도해적 표현, 그리고 노동에 관한 그 법칙의 적용"인데, 1870년 출간된 책에 포함된다. 한편 1869년 11월 학술회의에 제출된 젱킨의 논문은 "조세 귀착을 규율하는 원리"인데, 여기서 제번스의 경제 이론과 수리 식을 비판적으로 언급한다.

1869년에는 맨체스터 통계학회 회장으로 선임됐고, 같은 해에 영국과학진보협회 경제과학·통계학 분과 의장으로 지명됐다. 그리고 1872년에 영국왕립협회의 석학회원으로 선출됐다. 1876년에는 유니버시티칼리지 런던의 정치경제학 교수로 취임하면서 맨체스터를 떠나 런던으로 이사했으나 그 교수직은 오래가지 않았다. 강의하기를 그다지 좋아하지 않는 데다 건강이 더 나빠지자 1880년에 은퇴했다. 그는 의사의 만류에도 불구하고 수영을 즐겼는데, 1882년 8월 13일에 바다에서 수영하다 익사했다. 마흔일곱 번째 생일을 몇 주 앞두고서였다. 그는 서른두 살에 결혼했는데, 부인과 세 어린 자녀를 두고 세상을 떠났다.

『정치경제학 이론』에 냉담한 반응

1870년 겨울에 저술이 시작된 제번스의 『정치경제학 이론』은 1871년 10월에 출간된다. 그가 1860년에 만들어 내고 1862년에 다섯 쪽의 논문으로 소개한 '참 경제 이론'을 8년 동안 묵혔다가 1년 미만의 짧은 기간에 280여 쪽의 책으로 풀어낸 것이다.

『정치경제학 이론』은 5판까지 출간됐으나 저자 생전에

출간된 것은 1879년의 2판까지다. 2판에는 마흔두 쪽의 서문과 함께 부록으로 "수리 경제학 문헌 목록"이 첨부되었고, 본문의 구성과 내용은 초판과 별로 다르지 않다. 추후 『경제학 원리』를 저술하려는 그의 시도는 약간의 원고를 남기는 것으로 그쳤고, 사후에 출간된 책에 다른 원고와 함께 수록되었다.

『정치경제학 이론』은 2판 서문에서 저자가 스스로 밝히듯이, "결코 경제학에 대한 체계적 견해를 담아 내놓은 것이 아니다." 제번스는 편지에서 자신의 책을 "정치경제학의 중요한 몇몇 정리에 관한 거칠고 불완전한 개설"로 규정하기도 했다. 제번스가 자신의 책을 '원리'가 아닌 '이론'이라 불렀던 것도 이러한 이유에서일 것이다.

"정치경제학 일반 수리 이론 개요"를 발표한 1862년의 제번스와 『정치경제학 이론』을 저술한 1871년의 제번스는 경력과 지위 면에서 매우 달랐다. 특히 1865년 출간된 『석탄 문제』가 서른 살의 제번스에게 적잖은 명성을 가져다주었고, 1863년에 출간된 『금 가치의 심각한 하락』도 늦게나마 주목을 받았다. 그리고 제번스는 1866년에 오언스칼리지의 논리학 · 정신도덕철학 교수 겸 정치경제학 교수로 임용됐다. 『정치경제학 이론』이 출간된 다음 해의 일이긴 하지만, 1872년에는 영국왕립협회의 석학회원으로 선출된다.

저자의 경력과 지위가 그의 새 저서를 무시할 수 없게 했을 수는 있으나, 『정치경제학 이론』에 대한 반응은 그리 호의적이지 않았다. 제번스의 '참 경제 이론'은 새로운 만큼 허술했고, 『정치경제학 이론』이 서둘러 출간된 만큼 부적절한 서술도 많았다. 그 점을 고려하더라도 반응이 지나치게 냉담했다. 유니버시티칼리지 런던의 정치경제학 교수로서 리카도 학파를 대표하는 존 엘리엇 케언스(John Elliott Cairnes)의 서평이 1872년 1월 1일 ≪격주 평론(Fornightly Review)≫에 게재되었는데, 기성 경제학계에 대한 제번스의 비판은 오해에서 비롯되었고, 측정할 수 없는 효용 개념에 기초한 제번스의 가치이론은 무의미하다는 것이 여섯 쪽에 걸친 긴 서평의 요지다. 당시 신진 경제학자의 대표라고 할 수 있는 마셜의 서평은 1872년 4월 1일 ≪아카데미(Academy)≫에 게재되었는데, 리카도-밀의 가치이론과 분배이론을 향한 제번스의 공격이 부당할 뿐만 아니라 제번스가 제시한 분배이론에 결함이 있음을 강한 어조로 지적했다. 이 두 서평에 앞서 익명으로 발표된 서평도 있다. 1871년 11월 11일 ≪토요일 평론(Saturday Review)≫에 게재된 서평에서 필자는 제번스가 전제한 '무차별 법칙'이 명백한 사실을 비틀어 말한 것에 불과하며, 이를 잘못 사용해 도출한 '교환 방정식'은 성립할 수 없다고 비판했다. 이는 '참 경제 이론'의 핵심을 향한 내재적 비판이었으며, 제번스가 가장 주목한 비판이다.

하지만 『정치경제학 이론』에 대한 냉담한 반응과 신랄한 비판은 오래가지 않았다. 경제학은 제번스가 제시한 대로 바뀌었다. 효용 극대화는 경제학의 기본 원리가 됐고, 한계분석은 경제학의 핵심 방법이 됐다. 또한 한계효용과 한계비용, 그리고 가격의 관계는 경제학의 핵심 내용이 되었다. '한계혁명'이 일어난 것이다. 그리고 무엇보다도 『정치경제학 이론』의 마지막 장에서 저자가 제시한 경제학의 문제가 신고전파 경제학의 범위가 되었다.

> 내가 생각하는 경제학의 문제는 이렇다. 주어진 것은 일정한 인구이며, 그 인구가 여러 가지 필요와 생산력을 지니면서 일정한 토지 및 여러 소재의 원천을 소유한다. 구하는 것은 그 인구의 노동을 사용해서 생산물의 효용을 극대화하는 방식이다.

참 경제 이론

1860년에 '참 경제 이론'을 창안한 제번스가 화를 내며 읽은 '그 주제의 다른 책'에는 어떤 경제 이론이 기술되어 있었을까? 이 물음의 답을 『정치경제학 이론』 2판 서문의 한 구절이 일러 준다. "언젠가 경제학의 진정한 체계가 서면 알게 되겠지만, 유능하나 방향을 잘못 잡은 위인 리카도가 경제학이라는 차량을 잘못된 궤도로 밀어 넣었고, 마찬가지로 유능하나 방향을 잘못 잡은 숭배자 밀이 그 차량을 혼돈으로 밀어붙였다." 제번스는 구체적으로 "임금기금 이론, 생산비가치설, 자연임금률 등 오류에 빠져 오해로 이끄는 리카도 학설"을 지목하기도 한다. 『정치경제학 이론』의 마지막 절에서는 케임브리지대학의 정치경제학 교수 헨리 포셋(Henry Fawcett) 도 함께 거명하면서, 리카도 학파가 "정치경제학에서 가진 너무 큰 권위"와 그것의 "해로운 영향"을 탓한다.

제번스는 '참 경제 이론'을 리카도 학파의 '틀린 경제 이론'과 대비시켜 강조하기 위해 스미스도 인용한다.

> 그 무엇도 물보다 더 유용하지 않으나 물로는 거의 아무것도 사지 못한다. 거의 아무것도 물과의 교환으로 가질 수 없

> 다. 이와 반대로 다이아몬드는 거의 아무런 사용가치도 갖지 않으나 종종 그것과의 교환으로 다른 재화를 매우 많이 가질 수 있다.

여기서 스미스가 말하는 사용가치는 총효용이라는 것이 제번스의 해석이며, 총효용이 아닌 한계효용이 교환가치를 결정한다는 게 제번스의 주장이다. 이 주장은 투하노동 또는 생산비용이 교환가치를 결정한다는 스미스-리카도-밀의 이론에 대한 반박이기도 하다. 제번스는 『정치경제학 이론』 서론에서 이 점을 밝힌다.

> 거듭된 숙고와 탐구를 통해 나는 얼마간 새로운 의견에 다다랐다. 줄여 말하면, **가치는 전적으로 효용에 달려 있다**는 것이다. 하지만 여전히 유력한 의견은 효용보다 노동을 가치의 기원으로 여긴다. 노동이 가치의 원인이라고 드러내어 단언하는 사람도 있다. 나는 그 반대를 보여주려 한다.

"정치경제학 일반 수리 이론 개요"에서 그리했듯이, 제번스는 『정치경제학 이론』에서도 한계효용으로 교환가치를 설명하기에 앞서 효용에 대해 길게 논하는데, 이때 자주 제러미 벤담(Jeremy Bentham)의 '공리주의 이론'을 인용한다. "자연은 인간을 두 주권 군주의 통치 아래 두었으니 괴로움과 즐거움이 그들이다. 오직 그들만이 우리가 무엇을 해야 할지 지시하는 동시에 우리가 무엇을 하게 될지 결정한다." 괴로움과 즐거움이 계량 가능한 수량임을 주장하면서 제번스는 벤담과 함께 리처드 제닝스(Richard Jennings)와 알렉산더 베인(Alexander Bain)을 인용하는데, 이 둘은 생리학의 연구 성과를 경제학과 심리학에 도입했었다.

즐거움과 괴로움은 효용으로 이어진다. 즐거움과 괴로움은 사람의 느낌이고, 효용은 물품의 기능 또는 작용이다. "즐거움을 주거나 괴로움을 막을 수 있는 것이라면 무엇이든 효용을 가진다." 즐거움과 괴로움을 계량할 수 있다면 당연히 효용도 계량할 수 있다. 일정 수량의 물품을 소비할 때, 각 부분의 효용도 계량할 수 있다. 소비하는 수량이 늘어날 때 마지막 부분의 효용이 줄어드는 것도 계량할 수 있을 텐데, 이것이 바로 제번스가 말하는 '효용 변동의 법칙'이다. 그리고 "우리가 가진 상품의 수량에 따라 그것의 효용이 달라지는 자연 법칙을 신중하게 추적하기만 하면 우리는 만족스러운 교환 이론에 다다르게 된다." '효용 변동의 법칙'은 훗날 한계효용 체감의 법칙으로 바뀌어 불리게 된다.

물론 한계효용 체감의 법칙이 교환 이론의 유일한 요소는 아니다. 여기에 한계효용 균등의 원리가 더해져야 하는데, 그 원리는 교환을 통한 효용 극대화의 조건이다. 물품 X를 주고 물품 Y를 받는 교환을 통해 물품 Y를 더 소비하려면 물품 X를 덜 소비해야 하는데, 물품 Y를 더 소비해서 얻는 효용과 물품 X를 덜 소비해서 잃는 효용이 같다면 더 이상의 교환으로 효용을 증대시킬 수 없다. 효용이 극대화되었기 때문이다. 이 사실을 강조하면서 한계효용으로 교환가치를 설명하는 것이 바로 '참 경제 이론'의 핵심이다.

제번스는 한계효용 균등의 원리를 생산에도 적용한다. 그의 분석에서 생산량은 투입 노동량의 함수이며, 노동량에 따라 생산량이 결정된다. 그리고 생산량은 곧 소비량이다. 한 물품을 더 생산해서 소비하려면 더 많은 노동을 해야 하는데, 노동은 괴로움이며 음의 효용이다. 더 많이 소비해서 얻는 효용과 더 많이 노동해서 잃는 효용이 같다면 더 이상의 노동과 생산으로 효용을 증대시킬 수 없다. 이 원리는 일정한 수량의 노동을 두 물품 생산에 나눠 투입하는 데도 적용된다.

제번스는 자신의 노동 이론을 설명하면서 그림도 사용한다. 그런데 제번스는 그것과 거의 완벽하게 같은 그림이 1854년에 독일어로 출간된 헤르만 하인리히 고센(Hermann Heinrich Gossen)의 책에 있다는 사실을 알지 못했다. 그뿐만 아니라 고센은 한계효용 체감의 법칙과 한계효용 균등의 원리를 명확하게 기술했고[59], 자신의 이론이 코페르니쿠스의 업적에 견줄 만한 것이라고 했다. 이 사실을 나중에야 알게 된 제번스는 『정치경제학 이론』 2판 서문에서 자기든 누구든 고센의 책을 알 수 없었던 사정을 자세히 밝힌다.

반란 또는 혁명

제번스가 『정치경제학 이론』을 마무리하면서 내세운 이 책의 목적은 "미심쩍은 학설의 단조로운 반복을 깨뜨리는" 것이었다. 물론 그것이 전부는 아니었다. 제번스는 파

---

59) 고센의 책에 기술된 한계효용 균등의 원리를 인용하면 다음과 같다. "여러 즐거움 사이에서 자유롭게 선택할 수 있으나 모두 누리기에는 시간이 충분하지 않은 사람이라면 각 즐거움의 절대 크기가 어떻든 그것의 합을 최대로 만들기 위해서, 모두를 부분적으로 추구해 **각 즐거움이 끊길 순간의 크기가 모두 같아지게 해야 한다**"(Gossen, 1854).

괴에 그치지 않고 건설에 나섰다. 『정치경제학 이론』이 "경제과학의 진정한 토대와 형태"를 제시했다고 제번스는 굳게 믿었다.

제번스가 '경제과학의 진정한 토대'로 한계효용 체감의 법칙과 한계효용 균등의 원리를 가리킨 것이라면 그의 믿음은 부분적으로 현실이 되었다. 머지않아 경제학은 구매 의도인 수요를 효용 극대화를 위한 소비자의 선택으로 설명하게 되었고, 판매 의도인 공급은 이윤 극대화를 위한 생산자의 선택으로 설명하게 되었다. 후자의 설명에서는 효용이 빠졌으나 극대화 개념은 들어갔고, 한계 균등의 원리도 적용되었다. 한계비용과 한계수입 사이의 균등만 아니라 생산요소 가격과 한계가치생산 사이의 균등도 이윤 극대화를 위한 선택의 원리로 적용됐다. 이 글의 마지막에서 다시 언급하겠지만, 따라서 제번스의 『정치경제학 이론』이 불러온 것은 '한계효용혁명'이 아니라 '한계혁명'이다.

물론 한계혁명은 『정치경제학 이론』만의 결과는 아니다. 오스트리아 빈에서 멩거의 『국민경제학 원리(Principles of Economics)』가 1871년에 출간됐고, 스위스 로잔에서 발라의 『순수 정치경제학 원론(Eléments d'économie politique pure)』이 1874년에 출간됐다. 당시 제번스는 이들을 몰랐고, 이들도 제번스를 몰랐다. 그런데도 세 책이 모두 경제 현상을 한계효용과 관련시켜 분석했다. 이 세 책이 함께 영국과 유럽에서 한계효용혁명 또는 한계혁명을 불러왔고, 고전파 경제학을 신고전파 경제학으로 대체하는 데 기여했다. 여기엔 분배 이론을 생산요소 가격 이론으로 치환하면서 한계생산성으로 설명한 존 클라크(John Bates Clark)의 기여도 컸는데, 그는 1899년에 미국에서 출간된 『부의 분배(Distribution of Wealth)』의 저자다. 그렇지만 가장 큰 역할은 1890년에 출간된 『경제학 원리(Principles of Economics)』의 저자 마셜의 몫이라 할 수 있다. 1895년의 3판을 거쳐 1920년의 8판에 이르기까지 많은 보완과 수정이 더해진 이 책에서 마셜은 수요와 공급 사이의 균형으로 가격을 설명하면서[60] 수요를 한계효용과 연결하고 공급을 생산비용과 연결했다.

이러한 30여 년에 걸친 경제학의 변화를 '혁명'이라고 할 수 없다는 지적도 있지만, 그 변화의 의미는 절대 작지

---

60) 『경제학 원리』 3판에 처음 등장하는 비유를 인용하면 다음과 같다. "'생산비 원리'와 '최종효용' 원리는 분명히 공급과 수요의 통합 법칙을 구성하는 부분이며, 각각은 가위의 한쪽 날에 비교될 수 있다."

않다. 그 변화의 내용은 '한계'라는 기술적 용어의 제한을 넘어선다. 한계혁명을 거치면서 경제학은 '주어진 목적과 주어진 수단 사이의 관계를 연구하는 과학'이 되었다. 생산과 성장을 연구의 중심에 둔 고전파 경제학에서 소비와 효율을 연구의 중심에 둔 신고전파 경제학으로의 변화인 것이다. 이것은 제번스가 말했던 '경제과학의 진정한 토대'를 벗어난 것이긴 했으나, 그가 생각했던 '경제학의 문제'에 집중하는 경제학으로의 변화였다.

수학의 방법과 언어를 사용하는 경제학

제번스가 경제학에 관해 주장한 것이 더 있다. 그것은 '경제과학의 진정한 형태'에 관한 주장이다. 『정치경제학 이론』의 서론에서 인용하자면, "경제학이 과학이라면 반드시 수리적 과학이어야 한다"는 것이다. 그런 그도 1862년과 1866년에 "정치경제학 일반 수리 이론"을 제시할 때는 수리 식이나 기호를 전혀 사용하지 않았다. 그러나 『정치경제학 이론』에서는 달랐다. "도덕과학에 수학의 방법과 언어를 도입하려는 시도에 대한 편견"에도 불구하고, 제번스는 경제학에 "적절한 분야의 수학을 주저 없이 사용"하는데, 그 적절한 수학이 바로 미분학이다.

미분학은 효용 극대화의 필요조건이 한계효용 균등이라는 사실을 말해준다. 두 사람이 각자 자기 소유의 물품 일부를 상대방 소유의 물품 일부와 교환하여 소비하는 경우에 적용되는 한계효용 균등의 원리를 제번스는 두 방정식으로 기술했다.

$$\phi_1(a-x).dx = \psi_1(y).dy$$
$$\phi_2(x).dx = \psi_2(b-y).dy$$

두 방정식에서 x와 y는 두 물품 소유자가 주고받는 수량이고, ϕ와 ψ는 두 물품의 소비량과 한계효용을 연결하는 함수다. 첫째 방정식은 소비자 1에 관한 것인데, 좌변과 우변은 각각 교환의 마지막 부분 dx와 dy로 인해 잃고 얻는 효용이다. 이 방정식대로 좌변과 우변이 같다면 교환량이 늘거나 줄어도 소비자 1의 효용은 더 이상 증가하지 않는다. 효용 극대화가 이뤄진 것이다. 둘째 방정식은 소비자 2에 관한 것이다. 두 방정식은 변형해서 결합할 수도 있다.

$$\frac{\phi_1(a-x)}{\psi_1(y)} = \frac{dy}{dx} = \frac{\phi_2(x)}{\psi_2(b-y)}$$

제번스는 여기에 '무차별 법칙'의 방정식을 더한다. 교환의 마지막 부분 사이의 비율(dy/dx)이 전체 교환 비율(y/x)과 다르지 않다는 것이다.

$$\frac{dy}{dx} = \frac{y}{x}$$

그리고 모든 방정식을 결합하면 제번스의 '교환 방정식'이 된다.

$$\frac{\phi_1(a-x)}{\psi_1(y)} = \frac{y}{x} = \frac{\phi_2(x)}{\psi_2(b-y)}$$

수학이 아닌 일상의 언어로 이를 풀면 "두 물품의 교환 비율은 교환이 완료된 뒤, 소비에 이용할 수 있는 수량의 물품이 갖는 최종효용도의 비율의 역수에 맞춰진다"고 할 수 있다. '최종효용도'는 제번스가 창안한 용어인데 훗날 한계효용으로 바뀐다.[61]

---

61) 제번스는 "x의 함수로 간주하는 u의 미분계수"를 가리키는 용어

제번스는 『정치경제학 이론』에서 노동 이론과 자본 이론을 전개하면서도 미분학을 사용한다. 노동의 한계비효용과 노동생산물의 한계효용이 같아지게끔 노동량(t)이 정해져야만 효용이 극대화된다는 그의 설명은 미분계수를 포함하는 방정식으로 기술된다.

$$\frac{dl}{dt} = \frac{dx}{dt}\frac{du}{dx}$$

일정 수량의 노동을 두 물품 생산에 나눠 투입해 ($t = t_1 + t_2$) 효용을 극대화하기 위한 조건도 미분계수를 포함하는 방정식으로 기술된다.

$$\frac{du_1}{dx}\frac{dx}{dt_1} = \frac{du_2}{dy}\frac{dy}{dt_2}$$

제번스는 자본 이론의 핵심 개념으로서 '생산물로 나눈 생산 증가율'을 정의할 때도 미분계수를 사용하는데, 그러지 않고서는 이를 명확하게 기술하기 어렵다. 수학의 방

로 '최종효용도(the final degree of utility)'를 만들어 사용했는데, 필립 윅스티드(Philip Wicksteed)는 미분계수가 아닌 차분을 가리키는 용어로서 '한계효용(marginal utility)'을 제안했다. '한계효용'이 널리 사용된 것은 마셜이 『경제학 원리』에서 그 용어를 채택하면서다.

법과 언어는 그의 이론에 필수적이라 할 만하다.

경제학이 수리적이어야 한다는 주장이나 그렇게 만들려는 시도는 제번스만의 것이 아니었다. 케임브리지대학교의 윌리엄 휴얼(William Whewell)은 1829년 "정치경제학의 일부 학설에 대한 수리적 해설"을 발표하면서, "정치경제학이 수학의 언어를 사용한다면 더 체계적이고 일관되게 나타낼 수 있을 뿐만 아니라 더 단순하고 명백하게 나타낼 수 있는 부분이 있다"고 주장했다. 그뿐만이 아니다. 제번스는 나중에야 알게 되었으나, 프랑스의 오귀스탱 쿠르노(Augustin Cournot)는 1838년에 출간한 『부 이론의 수리적 원리에 관한 연구(Recherches sur les Principes Mathématiques de la Theorie des Richesses)』에서 생산자의 공급을 이윤 극대화와 연결시켜 분석하면서 미분법을 사용했다. 그러나 이러한 주장과 시도가 경제학을 바꾸지는 못했다. 제번스의 거듭된 주장에도 상황은 달라지지 않았다.

오늘날의 경제학도에게는 제번스나 쿠르노가 사용한 수학이 전혀 낯설지 않다. 그러나 이렇게 되기까지는 많은 시간이 걸렸다. 제번스의 『정치경제학 이론』이 출간될 당시 영국에서는 케언스를 비롯한 리카도 학파만 수학을 사용하는 데 반대한 게 아니었다. 귀납적 연구를 중시하는 역사학파의 반대는 더 거셌다. 수학에 능통한 마셜도 수학의 언어를 사용하는 데 반대했다. "모든 중요한 추론과 결과는 예외 없이 일상용어로 표현할 수 있으며" 그렇게 하는 편이 더 좋다고 마셜은 주장했다. 이러한 반대에도 불구하고 수학을 사용하는 경제학자가 늘어났다. 에지워스도 수학 사용에 적극적이었다. 1881년에 출간된 그의 『수리 정신학(Mathmathical Phychics)』에는 한층 세련된 수학이 등장한다. 경제학이 전문화되고 세계화되면서 더 많은 수학과 더 어려운 수학이 사용되었다. 1930년에는 세계의 경제학자들이 모여 수학과 통계학을 사용하는 경제학을 위한 계량경제학회를 결성했고, 1933년부터 학술지를 발간했다. 경제학이 복잡해지고 정교해지면서 수학 사용이 불가피해진 측면도 있고, 수학이 본격적으로 사용되면서 경제학이 복잡해지고 정교해진 측면도 있다. 무엇이 원인이고 무엇이 결과이든 간에 제번스의 『정치경제학 이론』은 내용에서만 아니라 방법과 언어에서도 경제학의 변화를 선도한 것이다.

『정치경제학 이론』에 없는 것

"우리가 가진 상품의 수량에 따라 그것의 효용이 달라지는 자연 법칙을 신중하게 추적하기만 하면 우리는 만족스러운 교환 이론에 다다르게 된다." 이는 제번스가 『정치경제학 이론』 서론에서 한 말로, 그는 이어서 '공급과 수요의 법칙'을 언급한다. "일상적인 공급과 수요의 법칙은 이 교환 이론의 필연적 귀결 중 하나다." 효용 이론과 교환 이론을 전개한 뒤에는 더 구체적으로 말한다. "효용함수가 정해지기만 하면, 그 함수를 바꿔 공급과 수요의 대등을 분명히 표현하는 모양으로 만들 수 있다."

그러나 『정치경제학 이론』에는 공급과 수요의 법칙을 기술하는 방정식이 없다. "수요하고 공급하는 상품의 수량이 가격에 따라 달라지는 방식"을 표현하는 수요함수와 공급함수가 없다. 교환 방정식을 구성하는 방정식들로부터 도출할 수도 있었을 수요함수와 공급함수가 없다. 수요함수와 공급함수가 없으니 공급과 수요의 대등을 분명히 표현하는 방정식도 없다.

제번스의 『정치경제학 이론』에는 '공급과 수요의 법칙'이라는 표현이 열한 번 등장한다. 2판에는 훨씬 더 많이 등장한다. 그는 그 법칙이 참임을 믿어 의심치 않는다. 그가 그렇게 믿는 것은 그 법칙이 어떤 이론의 결과이어서가 아니다. 직관이나 성찰의 결과이어서도 아니다. 그 법칙은 "사실에 기초한" 것이기에 "의문의 여지가 없는 참"이다. 그리고 "어떤 이론으로도 흔들 수 없다." 하지만 만약 그 법칙이 어떤 이론의 결과라면, 그로 인해 진실성을 획득하는 것은 그 법칙이 아니라 어떤 이론이다. 그런데도 제번스는 그 법칙이 자신의 교환 이론의 결과임을 증명하지 못한다. 필연적 귀결이라고 거듭 주장만 했을 뿐이다.

제번스가 못한 것을 발라가 한다. 1874년에 출간된 『순수 정치경제학 원론』에서 발라가 한 것을 제번스의 수리식과 기호로 바꿔 쓸 수 있는데, 그러기 위해서는 우선 '무차별 법칙'의 방정식에서 두 물품의 교환 비율(y/x)을 가격(p)으로 나타내야 한다.

$$\frac{dy}{dx} = p$$

그리고 소비자 1의 효용 극대화 조건으로 한계효용 균등의 방정식을 더한다.

$$\psi_1(y).dy = \phi_1(a-x).dx$$

이 두 방정식으로부터 소비자 1의 공급량(x)과 수요량

(y)을 각각 가격의 함수로 도출할 수 있다. 이와 달리 마셜은 1890년에 출간된 『경제학 원리』에서 두 물품의 맞교환이 아닌 물품과 화폐의 교환을 상정하고서 수요량을 가격의 함수로 도출한다.

제번스의 『정치경제학 이론』에 없는 것으로 기업도 꼽을 수 있다. 제번스는 공급과 수요를 모두 효용 극대화를 위한 물품과 물품의 교환으로 다루고, 생산은 효용 극대화를 위한 노동과 생산물의 교환으로 다룬다. 이와 달리 마셜은 『경제학 원리』에서 생산과 공급을 묶어서 이윤 극대화를 위한 기업의 선택으로 다룬다. 이것이 제번스의 이론과 신고전파 경제학의 가장 큰 차이라고 할 수 있다.

사라진 효용

제번스 이후의 경제학은 제번스가 예견하지 못한 변화도 거쳤다. 경제 이론에서 '효용'이 사라진 것이다. 제번스는 공리주의 철학에서 가져온 효용 개념과 함께 생리심리학의 '자극'과 '감각'의 개념을 사용하여 자신의 효용 이론을 전개했다. 『정치경제학 이론』에서 제번스가 직접 인용하지 않지만, 사람의 감각과 가해진 자극 사이의 수량적 관계를 주장하는 구스타프 페히너(Gustav Fechner)의 1860년 저서 『정신물리학 원론(Elemente der Psychophysik)』은 제번스에게 영향을 미친 것으로 보인다. 이제 제번스에게 효용과 한계효용은 크고 작음을 말할 수 있을 뿐만 아니라 측정할 수 있는 실체였다. 이 측정 가능성을 실현하기 위해

> 전체 인구가 여러 가격에서 구매한 상품의 수량에 관한 엄밀한 통계가 필요하다. 한 상품의 가격은 그 상품이 구매자에게 주는 효용의 유일한 검증이다. 개별 물품의 가격이 상승할 때 사람들이 그것의 소비를 얼마나 줄이는지 정확하게 알 수 있다면, 경제학에서 가장 중요한 요소라 할 최종효용도의 변동을 적어도 비슷하게는 결정할 수 있을 것이다.

이는 가격과 구매량의 통계를 사용해서 소비량과 한계효용의 수량적 관계를 추정할 수 있다는 것이다.

하지만 『정치경제학 이론』에 대해 케언스가 제기한 여러 비판 가운데 하나가 이 대목을 겨냥한다.

> 그래서 도달한 것은 이렇다. 교환가치는 효용에 달려 있고, 효용은 오직 교환가치로 측정하여 알아낼 수 있다. 이 설명

으로 이론을 구해낼 수 있을지는 모르겠으나, 그렇게 거세된 학설이 무슨 가치가 있을까?

교환가치와 효용이 구분할 수 없는 현상이라면, 효용이 교환가치를 결정한다는 진술은 동어반복에 불과하다는 것이다. 이론의 과학성에 치명적일 수 있는 이 비판에 대한 제번스의 답은 단순하다. 자연과학에서도 효과의 크기로 원인의 크기를 측정한다고 지적할 뿐이다.

전체 인구가 여러 가격에서 구매한 상품의 수량에 관한 엄밀한 통계로부터 수요곡선을 추정하더라도 그 곡선과 한계효용곡선의 관계가 고르지 않다는 지적도 있었다. 가격은 상품 한 단위와 교환되는 화폐의 수량이며, 화폐의 한계효용이 일정하다면 상품의 한계효용과 가격이 비례해야 한다. 하지만 사실은 그렇지 않다. 가격이 달라지고 구매량이 달라지면서 화폐의 한계효용도 달라진다. 이 지적은 마셜의 소비자 잉여 개념을 향한 비판이기도 했다. 마셜은 이 비판을 받아들이면서도 화폐의 한계효용이 일정하다는 가정의 실용성을 주장했고, 수량으로서의 효용 개념을 고수했다.

발라를 이어 로잔대학교의 정치경제학 교수로 취임한 빌프레도 파레토(Vilfredo Pareto)는 달랐다. 그의 경제학 방법론은 경험주의였다. 파레토의 『경제학 편람(Manuel di economia politica)』(1906)에서 인용하면[62] 경제 이론은 "오로지 경험으로부터 결과를 연역해야 하며, 어떤 형이상학적 실체의 매개도 있어서는 안 된다." 그에게는 수량으로서의 효용이 그런 실체였다. 효용은 공리주의 윤리학에서 가져온 개념이며, 수량으로서의 효용 개념은 경험과 맞지 않는다는 것이다.

> 두 번째보다 세 번째 한 잔의 포도주가 적은 즐거움을 준다는 것을 우리가 알지라도, 두 번째 한 잔 뒤에 얼마큼의 포도주를 마셔야 두 번째 한 잔의 포도주와 같은 즐거움을 얻을지는 결코 알 수 없다. 그래서 효용은 수량으로 보기 어렵다.

더욱이 파레토가 보기에 수량으로서의 효용은 불필요한 실체다. 효용 개념을 배제한 무차별곡선으로부터 결과를 연역하는 경제 이론이 가능하다는 것이다.

무차별곡선은 에지워스가 창안하고 명명했다. 그러나

---

62) 파레토의 『경제학 편람』은 1906년에 이탈리아어로 출간되었고, 1909년에 프랑스어로 출간되었다. 여기 인용하는 구절은 1909년 판에는 없다.

에지워스는 수량으로서의 효용 개념에 대해 반대하지 않았다. 그는 오히려 공리주의와 생리심리학을 적극적으로 수용했고, 효용의 측정 가능성을 믿어 의심하지 않았다. 심지어 효용을 직접 측정하는 기계를 상상하면서 쾌락계량기(hedonimeter)로 부르기도 했다.

에지워스의 무차별곡선은 주고받는 두 상품의 수량을 횡축과 종축 좌표 위에 표시하며, 이 곡선은 효용함수를 전제한다. 그리고 효용함수는 수량으로서의 효용을 전제한다. 각 교환 당사자에게 일정한 크기의 효용을 주는 두 상품의 수량 조합을 좌표 위에 궤적으로 나타내는 것이 그의 무차별곡선이다. 이에 비해 파레토는 효용함수를 전제하지 않는 무차별곡선을 그린다. 파레토의 무차별곡선은 두 상품의 수량 조합 가운데 특정 조합과 비교해서 더 좋아하지도 덜 좋아하지도 않는 조합을 나타낼 뿐이다. 파레토는 이 무차별곡선으로부터 결과를 연역하는 소비 이론과 교환 이론을 제시했다. 거기에 더해 파레토는 무차별곡선이 확정될 때도 그에 상응하는 효용함수는 확정되지 않음을 강조했다. 수량으로서의 효용은 무의미하고, 오직 순위로서의 효용만 유의미할 수 있다는 것이다.

파레토의 이론과 그의 방법론적 주장이 곧바로 받아들여진 것은 아니다. 그러나 미국 예일대학교의 어빙 피셔

(Irving Fisher)도 같은 주장을 했고, 점차 많은 경제학자가 그 주장을 받아들였다. 여기에는 런던 정경대학의 존 힉스(John Richard Hicks)와 로이 조지 앨런(Roy George Douglas Allen)이 1934년에 발표한 논문이 크게 작용했다. 그들의 방법론적 주장은 1939년에 출간된 힉스의 『가치와 자본(Value and Capital)』에서 반복되는데, 여기서 '오컴의 면도날(Occum's razor)'이 인용된다.

> 파레토의 발견으로 문이 열렸을 뿐이다. 우리는 내키는 대로 그 문을 들어갈 수도 있고 들어가지 않을 수도 있다. 그러나 경제학의 기술적 관점에서 보면, 들어가야 한다고 생각할 강력한 이유가 있다. 수량으로서의 효용 개념은 경제 현상을 설명하는 데 필요하지 않다. 그러므로 오컴의 면도날 원리에 따라, 그것 없이 하는 게 좋다. 불필요한 실체를 이론이 포함한다면, 실제로 아무 문제가 아닌 것이 아니다. 그런 실체는 당면한 문제와 무관하며, 그것의 존재가 시야를 흐릴 수 있다(Hicks, 1939).

즉, 경제학이 심리학이나 공리주의와 연결되는 것에 대한 반대가 아니더라도 수량으로서의 효용 개념을 배제해야 할 이유가 충분하다는 것이다.

그 후 차츰 수량으로서의 효용 개념은 경제 이론에서 사라졌다. 효용함수가 사용되긴 하지만, 그 효용은 오직 순위로서의 효용이며 선호를 나타낼 뿐이다. 수량으로서의 효용 개념이 지워지면서 한계효용 균등의 원리도 당연히 함께 지워졌다. 한계효용 체감의 가정은 한계대체율 체감의 가정으로 대체됐다. 그래서 이제는 다른 의미로 다시 말할 수 있다. 제번스의 『정치경제학 이론』이 불러온 것은 그 결과를 두고 말하자면 '한계효용혁명'이 아니라 '한계혁명'이다.

참고문헌

김진방(2011). 제번스의 교환이론: 모색과 혼란. ≪경제학연구≫ 59권 2호, 175~203.

Black, R. D. C.(1972). W. S. Jevons and the foundation of modern economics. *History of Political Economy*, 4(2), 364~378.

Blaug, M.(1972). Was there a marginal revolution?. *History of Political Economy, 4(2)*, 269~280.

Clark, J. B.(1899). *The distribution of wealth: A theory of wages, interest and profits*. New York: The MacMillan Co.

Edgeworth, F. Y.(1881). *Mathematical psychics: An essay on the application of mathematics to the moral sciences*. London: C. Kegan paul & Co. 김진방 옮김(2014). 『수리 정신학: 수학을 적용하는 도덕과학에 대한 시론』. 한국문화사.

Gossen, H. H.(1854). *Entwickelung der gesetze des menschlichen verkehrs, und der daraus fliessenden regeln für menschliche handeln*. Braunschweig: F. Vieweg und Sohn. trans by Rudolph C. B.(1983). *Laws of human relations and the rules of human action derived therefrom*. The MIT Press.

Hicks, J. R.(1939). *Value and capital: An inquiry into some fundamental principles of economic theory*. Oxford: Clarendon Press.

Jevons, W. S(1866). Brief account of a general mathematical theory of political economy. *Journal of the Royal Statistical Society*, *29*, 282~287.

Jevons, W. S.(1871/1879). *The theory of political economy*. London: MacMillan & Co. 김진방 옮김(2011). 『정치경제학

이론』. 나남.

Jevons, W. S.(1886). *Letters and Journal of W. Stanley Jevons.* London: MacMillan & Co.

Keynes, J. M.(1936). William Stanley Jevons 1835-1882: A centenary allocution on his life and work as economist and statistician. *Journal of the Royal Statistical Society, 99,* 523~531.

Marshall, A.(1890/1895/1920). *Principles of economics.* London: MacMillan & Co.

Menger, C.(1871). *Grundsätze der volkswirtschaftslehre.* Wien: Wilhelm Braumüller. trans by J. Dingwell & B. F. Hoselitz. *Principles of economics.* Illinois: The Free Press.

Pareto, V.(1906/1909). *Manuale di economia politica con una introduzione alla scienza sociale.* Milano: Società Editrice Libraria. trans by A. S. Schwier(1971). *Manual of political economy.* New York: Augustus M. Kelley.

Walras, L.(1874/1877/1896/1926). *Éléments d'économie politique pure, ou théorie de la richesse sociale.* Lausanne: F. Rouge. trans by D. A. Walker & J. Daal(2014). *Elements of theoretical economics.* Cambridge University Press.

Wicksteed, P. H.(1894). *An essay on the co-ordination of the laws of distribution.* London: Macmillan & Co.

경제학이 답하다

현대사회처럼 서비스가 많이 교환되는 상황에서 서비스에 효용 개념을 적용한다면 훨씬 이해가 잘 될 것 같습니다. 요즘 돌봄 서비스 같이 새로운 플랫폼을 이용한 여러 서비스가 많은데 이런 부분도 효용과 선호로 설명할 수 있을까요?

당연히 설명할 수 있고 설명할 수 있어야 됩니다. 설명하지 못하면 지금까지 했던 이론은 무의미한 이론이 됩니다. 만약에 그것이 서비스를 제외한 물품에만 적용되는 것이라면 매우 제한적인 이론이 되겠죠. 실제로 우리 GDP(국내총생산)를 구성하는 것 중에서 사과나 옷 같은 물품이 차지하는 비중은 절반보다 훨씬 적습니다. 농산품의 비중이 2%밖에 안 되고, 자동차라든지 선박이라든지 이런 것들 다 포함하는 제조업도 그 비중이 4분의 1 정도입니다. 절반 이상을 차지하는 것이 말씀하신 서비스 산업이에요. 서비스의 가치라는 건 어떻게 결정되느냐 물건이나 똑같습니다. 시장경제에서 가치는 곧 교환가치고, 화폐와의 교환 비율이 가격입니다. 그리고 그 교환가치 또는 가격의 결정은 앵무새 경제학자가 하는 말 그대로입니다. 수요와 공급이에요. 사고자 하는 사람과 팔고자 하는 사람 사이에서 흥정을 통해서 맺어지는 계약의 내용이 가격 아닙니까. 그것이 나타나는 것이 "내 돈 얼마 줄게, 네 사과 몇 개 주라", "내 돈 얼마 줄게, 이발해 주라" 하는 거 아니겠습니까. 그런 식으로 주고받으면서 가격이 매겨집니다. 공급하거나 수요하는 대상이 무엇이든 상관없습니다. 사람들이 필요로 하고 가치 있다고 여기는 것은 다 가치이론의 대상이 됩니다. 가치이론은 상품(goods)만이 아니고 서비스. 재화와 용역 모두에 대해서 아무런 차이 없이 똑같이 적용됩니다.

서비스의 가격을 결정할 때 공급과 수요로 결정되는 부분도 있지만 정의와 분배 같은 문제가 포함돼서 가격이 결정돼야 하는 경우도 있을 것 같습니다. 공공서비스의 가격을 결정할 때 윤리나 정의론 같은 추상적인 개념을 배제하고 효용이나 선호 같이 경제학적인 관점으로 설명할 수는 없을까요?

가치라는 말이 혼란을 가져올 수 있습니다. 가치에 마치 어떤 윤리적인, 도덕적인 의미가 들어가 있는 듯 받아들이면 그 말을 썼던 의도와는 다르게 받아들인 것입니다. 여기에는 아무런 윤리적이거나 도덕적인 의미는 없습니다. 오로지 교환 비율을 말할 뿐입니다. 그리고 교환 비율을 만약에 개인들에게 "마음대로 해, 아무도 간섭 안 해"라고 했을 때 어떻게 될 것인가 이론이 설명하는 것이고요. 그런데 어떤 독재자가 "그렇게 하는 거 못 봐 주겠다"고 할 수도 있고 공동체가 "개인들이 마음대로 하도록 하지 말고 합의를 하자"고 강제할 수도 있습니다.

여러 가지 방식으로 강제가 되고 있죠. 최저임금도 그렇습니다. 노동을 제공하는 사람과 노동을 제공받는 사람 사이에서 알아서 흥정해서 결정하라는 게 아니라 최저임금 이하로 주면 벌을 받아 하고 사회적으로 공동체가 다른 기준에서, 다른 원리에서 규율하는 거예요. 가격에 대해 좋냐 나쁘냐, 바람직하냐 아니냐를 판단하려면 교환이론으로서 가치이론을 넘어서는 무언가가 있어야 합니다. 이런 식으로 규제, 규율을 하고 사인의 거래에 개입을 하게 되면 영향과 효과와 부작용이 나타난다고 가치이론이 설명해 줄 수는 있습니다. 그러나 이런 규제나 개입이 좋니 나쁘니 논하는 것은 경제 이론을 상당히 넘어서는 영역이라고 할 수가 있겠어요. 물론 경제 이론에서도 사회후생이론이라든지, 또 경제정의론이라든지 여러 가지 연구하는 분들, 아마르티아 센 같은 경우가 그런 경우 아닙니까. 센이 그래서 노벨 경제학상을 받은 것 아닙니까. 그런 원리를 세우고, 원리에 따른 적용하는 구체적인 방법을 찾아내고, 그것이 갖는 효과를 분석하는 경제 연구도 충분히 가치 있는 것인데요. 오늘 말하는 것들은 그런 것이 아니라 개인들끼리 마음대로 하도록 내버려두면 시장경제에 어떤 일이 생길 것인가 분석하는, 어찌 보면 가상의 세계에 대한 설명이라고 할 수가 있겠습니다. 그렇지만 얼마든지 다른 원리에 따라서 규율할 수도 있겠죠.

교수님의 이력 중에 재벌 개혁에 많은 기여가 있었다고 압니다. 제번스의 한계 혁명과 교수님께서 그동안 많은 노력을 기울이셨던 재벌 개혁 간 어떤 연관성이 있는지 궁금합니다.

많이 없습니다. 개인적인 이야기를 좀 드리면 제가 미국에서 박사 학위 과정을 거치고 대학교수로 지내면서는 한국 문제를 전혀 다루지 않았습니다. 이 시기 저의 연구 주제는 경제학 방법론이면서도 특히 통계를 사용하는 경제 분석의 방법론이었습니다. 한국으로 돌아와서는 이런 관심을 한국의 경제학으로 돌렸고, 재벌 연구를 나의 방법론적 연구의 대상으로 선택했습니다. 그 연구가 실증 연구로 이어졌고, 재벌 개혁 논의에도 참여하게 되었습니다.

윌리엄 스탠리 제번스

윌리엄 스탠리 제번스(William Stanley Jevons, 1835~1882)는 영국의 경제학자다. 영국 한계효용학파의 창시자의 한 사람이다.

영국 공리주의에 의거한 평균적 시민의 쾌락 · 고통의 계산에서 효용 이론을 전개하고, 재화의 교환 가치는 그 최종 효용도에 의해 결정된다는 한계효용 균등의 법칙을 수학적으로 증명했다.

제번스는 1835년에 영국 리버풀에서 태어났다. 1852년에 유니버시티 칼리지 런던에 입학해 화학, 수학, 논리학을 공부했다. 그러나 그의 아버지가 하던 사업이 어려워지자 1854년에 학업을 중단하고 조폐국 감정사가 되어 호주로 떠났다. 이곳에서 그는 스미스의 『국부론』과 밀의 『정치경제학 원리』를 읽었으며, 라드너의 『철도 경제』를 읽고서 수학을 사용해 경제를 분석하는 데 관심을 갖게 되었다.

1859년에 런던으로 돌아와 다음 해에 학사 학위를 받았으며, 1862년에 논리학, 철학, 정치경제학의 석사 학위를 받았다. 그리고 같은 해에 케임브리지대학교에서 열린 영국과학진보협회 학술 대회에 논문 두 개를 보냈다. 그중 하나가 "정치경제학의 일반수리이론 소개"인데, 이때 소개한 내용이 9년 후에 『정치경제학 이론』으로 발간된다.

II

경제학의 대답: 현실

10
헨리 조지와 시장친화적 토지공개념

물질적 진보가 진행될 때,
지대가 임금과 이자보다 더 빨리 증가해
지주는 점점 부유해지고 일반 대중은 점점
가난해진다. 이는 제도를 잘못 만들어서 생기는
불의한 결과다.

헨리 조지의 모습. 1865. 작자 미상.

전강수

대구가톨릭대학교 경제금융부동산학과 교수다. 서울대학교 경제학과를 졸업하고 같은 대학교에서 경제학 박사 학위를 받았다. 1987년 대구가톨릭대학교 교수로 부임했다. 대학원에서 한국경제사를 전공했으나 1994년부터 헨리 조지 경제학을 연구하기 시작했다. 토지를 중심으로 보는 경제사상에 천착하면서 자연히 한국의 부동산 정책에도 관심을 두게 되었다. 성경적 토지정의를 위한 모임 회장, 경제정의실천시민연합 토지주택위원장, 토지정의시민연대 정책위원장, 토지+자유연구소 소장 등을 역임하며 토지정의를 구현하기 위한 사회운동에도 참여했다. 지금은 사회경제개혁을 위한 지식인선언네트워크 운영위원장을 맡아 일하고 있다. 저서로 『부동산 투기의 종말』(2010), 『토지의 경제학』(2012), 『헨리 조지와 지대개혁』(공저, 2018), 『부동산공화국 경제사』(2019), 『<반일종족주의>의 오만과 거짓』(2020) 등이 있고, 역서로 『부동산 권력』(공역, 2009), 『희년의 경제학』(2009), 『사회문제의 경제학』(2013) 등이 있다.

"토지란 어느 누구의 것도 아니고 하느님의 것일 뿐이오."
이렇게 첫마디를 꺼냈다. "옳습니다. 그 말씀이 옳습니다."
몇몇의 목소리가 대답했다.
"토지에 개인 소유란 없소. 누구든 토지에 대해서 똑같은 권리가 있는 거요. 단지 좋은 토지, 나쁜 토지가 있을 뿐이오. 누구든 좋은 토지를 갖기 원하지요. 그런데 토지를 공평하게 나누려면 어떻게 해야 되겠소? 좋은 토지를 가진 사람은 그보다 못한 토지를 가진 사람보다 더 많은 토지가치를 내면 되는 것이오." 네흘류도프는 얘기를 계속했다. "사실 누가 누구에게 지불해야 되는지 따지기는 어려운 이야기이고 공동 자금을 모을 필요도 있으니, 이렇게 해 보면 괜찮을 것 같소. 토지를 가질 사람들은 자기 토지의 가치만큼 금액을 공동 자금으로 내놓는 것이오, 그렇게 하면 차별이 하나도 없을 거요. 그러니까 좋은 토지를 사용하고 싶은 사람은 그보다 못한 토지를 사용하는 사람보다 토지가치를 더 내고, 토지를 가지고 싶지 않은 사람은 토지가치를 내지 않으면 된다는 얘기요. 한마디로 토지를 사용하는 사람만이 공동 자금으로 토지가치를 낸다는 얘기요."(톨스토이, 2019: 17)

위의 글은 세계적인 대문호 레프 톨스토이(Lev Tolstoy)의 대표작 『부활』에 나오는 내용이다. 러시아의 귀족인 주인공 네흘류도프가 자기 땅을 무료로 사용하도록 농민들에게 나눠주면서 그 땅을 어떻게 관리하고 운영하는 것이 좋을지 이야기하는 장면이다. 톨스토이는 네흘류도프의 입을 통해 땅은 우리 모두의 것임을 선포하고, 그 이상을 실현하기 위한 현실적인 방법을 자세히 설명한다. 그런데 이 방안은 톨스토이가 독창적으로 생각해낸 것이 아니고, 19세기 후반 미국의 경제학자 헨리 조지(Henry George, 1839~1897)의 처방을 각색한 것이다.

잘 알려지지는 않았지만, 톨스토이는 1880년대 중반에 조지의 책 두 권을 읽고는 그의 추종자가 되었다. 그 후 세상을 떠날 때까지 톨스토이는 러시아에 조지의 사상을 알리기 위해 갖은 노력을 다했다. 어떤 평론가는 톨스토이가 『부활』에서 왜 그렇게 조지의 사상을 장황하게 설명했는지 이해가 가지 않는다고 평했다. 하지만 그것은 톨스토이의 집필 의도를 전혀 모르고 한 논평이다. 톨스토이는 소설의 형식을 빌려서 조지의 사상을 알리려고 『부활』을 썼기 때문이다. 톨스토이 인생 후반의 작품 중에는 중간 중간 조지의 사상이나 토지문제를 다루는 것들이 많다. 그 작품들을 집필한 동기도 마찬가지였다.

링컨 추도문으로 인쇄공에서 신문기자로 발탁

조지의 책들을 읽는 바람에 톨스토이의 인생은 완전히 달라졌다. 그는 자신이 설립한 출판사를 통해 조지의 연설문과 짧은 글을 담은 소책자를 수백만 권 인쇄해서 러시아 전 지역에 배포했다. 정치인이든 작가든 가리지 않고 여러 인물들에게 조지의 사상을 전파하기도 했다. 톨스토이는 인생의 마지막 25년을 열렬한 조지스트(Georgist: 헨리 조지를 추종하는 사람)로 살았다. 도대체 조지가 어떤 인물이었기에, 또 그의 책에 무슨 내용이 기록되었기에 톨스토이 같은 위대한 소설가의 인생을 송두리째 뒤바꿔버린 것일까?

조지는 다른 경제학 거장들과는 판이한 삶을 살았다. 대학을 나오지도 않았고 전문 경제학자가 되는 데 필요한 정규 교육을 받은 적도 없다. 조지는 어려서부터 찢어질 듯이 가난하게 살았고 학력은 고작 중학교 2학년 중퇴였다. 그런 그가 카를 마르크스(Karl Marx)나 앨프리드 마셜(Alfred Marshall)과 같은 당대 최고 경제학자들에게 견제를 받을 정도의 인물이 되었으니 정말 놀라운 일이다. 조지가 쓴 『진보와 빈곤(Progress and Poverty)』(1879)은 19세기 말까지 논픽션 분야에서 성서 다음가는 베스트셀러가 되었으며, 오늘날까지 수백만 부가 팔려 인류 역사상 가장 많이 팔린 경제학 책으로 소개되기도 한다.

조지는 성공회 기도문과 주일학교 교재를 취급하는 출판업자였던 부친의 사업이 기울면서 가난의 나락으로 떨어졌다. 하지만 그는 20대 후반 뛰어난 글 솜씨를 인정받아 신문기자로 발탁되기까지 온갖 직업을 전전하면서도 독서와 토론, 그리고 글쓰기를 게을리 한 적이 없었다. 조지의 가정은 비록 가난했으나 셰익스피어 작품, 각종 시집, 역사서, 여행기 등을 읽기 좋아하고 매일 성서를 읽는 교양 있는 분위기였다. 조지는 퀘이커 도서관과 프랭클린 연구소 도서관을 열심히 이용했으며, 친구들과 토론 동아리를 만들어 시, 경제학, 모르몬교 등 다양한 주제에 관해 뜨겁게 토론하기도 했다.

가게에서, 배 위에서, 광산에서, 방앗간에서, 인쇄소에서, 농장에서 닥치는 대로 일하던 조지가 직업으로 글을 쓰는 지식인 대열에 끼게 된 데에는 특별한 계기가 있었다. 1865년 4월 15일 링컨 대통령 피살 소식을 전해들은 조지는 격정적인 추도문을 써서 자신이 인쇄공으로 일하던 ≪알타 캘리포니아(Alta California)≫지에 투고했다. 당시 신문의 편집장은 조지의 추도문을 머리글로 배치한 다음 글쓴이가 누구인지 찾아 나섰다. 글쓴이가 자신의 신문사에서 인쇄공으로 일하는 사람이라는 것을 확인한 편집장은 그 자리에서 그를 기자로 발탁했다. 가난뱅이 육체노동자가 단번에 지식인으로 변신하는 극적인 순간이었다. 그때부터 조지는 기자로, 자유 기고가로, 신문 편집인으로 활동하게 된다.

조지는 언론인 생활을 하면서 사회 문제에 관해 깊이 있는 사고를 하게 된다. ≪타임즈(Times)≫ 편집국장으로 있으면서 그는 사설에서 자유무역, 지폐 발행 제도, 투표 제도 개혁, 지방자치 제도, 여성의 권리 등 다양한 사회 문제를 다루었다. 경제학을 본격 연구하기 시작한 것도 그 무렵으로 보인다. 사회 문제의 핵심에는 늘 경제 문제가 자리한다는 것을 금방 깨달았을 테니 말이다.

중학교 중퇴자가 경제학 최고 베스트셀러 집필

하지만 언론인으로 활동하던 조지를 경제학자의 길에 들어서게 만든 결정적인 계기는 따로 있었다. 조지는 1868년에 반 년 동안 ≪헤럴드(Herald)≫ 특파원으로 뉴욕에 파견되었는데, 거기서 그는 극도의 사치와 비참한 빈곤이 공존하는 상황을 목격하고는 충격을 받았다. 당시 뉴욕은 이미 서구에서 첫째가는 대도시였다. 뉴욕의 대로에서 조지는 무엇인가 신비한 체험을 했던 것 같다. 그는 후일 아일랜드 성직자였던 토머스 도슨(Thomas Dawson) 신부에게 보낸 편지에서 당시의 체험을 이렇게 회고했다.

> 어느 날 오후, 대로에서 어떤 사상, 어떤 비전, 어떤 소명이(달리 무엇이라고 표현할지) 제게 다가왔습니다. 저의 모든 신경이 전율했습니다. 저는 그때 그 자리에서 맹세했습니다. 그 후 지금까지 저는 잘했건 못했건, 성취했건 못했건, 그 맹세에 충실하였습니다. 내가 『진보와 빈곤』을 쓸 수 있었던 것은 그 맹세 때문이었고, 실패할 수밖에 없는 상황에서 포기하지 않은 것도 그 맹세 때문이었습니다(Andelson & Dawsey, 1992: 248).

이 체험을 한 지 2년이 지나서 조지는 『우리의 토지와 토지 정책(Our Land and Land Policy)』이라는 소책자를 출간했다. 1871년 그가 32세 때의 일이다. 이 책자의 핵심 내용은 부의 증가와 빈곤의 증가가 동시에 일어나는 이유는 토지가치의 상승에 있다는 것이다. 조지는 이 소책자만으로는 그토록 중요한 문제를 충분히 다룰 수 없다고 판단했고, 마침내 『진보와 빈곤』의 집필에 착수했다. 1877

년 그의 나이 38세였다. 『우리의 토지와 토지 정책』 발간 후 6년이 지났으니 그의 경제학 연구도 깊어질 만큼 깊어져 있었을 것이다. 조지는 1년 반 만에 『진보와 빈곤』을 탈고했다.

조지는 『진보와 빈곤』 원고를 애플턴 사(D. Appleton & Co.)를 비롯한 몇 군데 출판사에 보내 출판을 의뢰했지만 모두 거절당했다. '너무 공격적이다', '혁명적이다'라는 이유였다. 할 수 없이 그는 500부를 자비로 출판했다. 1879년의 일이었다. 불후의 명저 『진보와 빈곤』 초판이 자비 출판이었다는 사실은 아이러니다. 조지의 친구들이 애플턴 사 사장을 만나서 출판을 설득한 결과, 사장은 이전 결정을 뒤집고 책을 출간하기로 결정했다. 우여곡절을 겪은 뒤 『진보와 빈곤』 애플턴 판이 나온 것은 1880년 1월이었다.

『진보와 빈곤』 애플턴 판도 처음에는 거의 관심을 끌지 못했다. 그러나 1880년 8월 조지가 경제적 어려움을 견디다 못해 캘리포니아에서 뉴욕으로 이주한 다음부터 상황은 돌변했다. 주요 신문과 잡지에서 서평을 쏟아냈고, 논평 서적들도 발간되기 시작했다. 1881년 이후 『진보와 빈곤』은 독일어, 프랑스어, 스웨덴어, 스페인어, 네덜란드어, 러시아어 등으로 번역되었고, 해외의 학자들과 사회

운동가들에게도 널리 알려졌다. 이 무렵 뉴욕에 자리하고 있던 ≪아이리쉬 월드(Irish World)≫는 조지를 특파원으로 채용해 아일랜드와 영국에 파견했다. 취재와 함께 강연을 하는 것이 조지의 임무였다. 1년 간 아일랜드와 영국에 머물면서 그는 수많은 청중을 열광시키고 영향력 있는 지지자도 얻었다. 1년 사이에 조지는 세계적인 인물로 부상했다. 이 일이 『진보와 빈곤』의 성공에 도움이 되었던 것은 말할 나위가 없다. 19세기 말 최고의 베스트셀러는 이렇게 탄생했다.

『진보와 빈곤』 출간 이전에도 조지는 영화 같은 삶을 살았지만, 그 이후에도 마찬가지였다. 그는 『아일랜드의 토지 문제(The Irish Land Question)』(1881), 『사회문제의 경제학(Social Problems)』(1883), 『보호무역인가 자유무역인가(Protection or Free Trade)』(1886), 『노동의 상태, 교황 레오 13세께 드리는 공개서한(The Condition of Labor, An Open Letter to Pope Leo XIII)』(1891), 『정치경제학(The Science of Political Economy)』(사후 출간) 등 뛰어난 책을 집필해 경제학자로서 명성을 높여갔다.

조지의 활동은 경제학 연구에만 머물지 않았다. 그는 아일랜드의 '아일랜드토지연맹', 영국의 '토지개혁연맹', 스코틀랜드의 '스코틀랜드토지회복연맹', 캐나다의 '노동의기사' 등 사회단체가 벌이는 토지제도 개혁 운동을 적극적으로 지원했으며, 미국 내에서는 빈곤추방협회(Anti-Poverty Society)에서 핵심적인 역할을 수행했다. 그는 자신이 옳다고 믿는 바를 행동으로 옮기는 실천적 지식인이었던 것이다.

조지는 마침내 정치에도 발을 내딛게 된다. 1886년과 1897년 두 차례 뉴욕 시장 선거에 출마했으며, 1887년에는 뉴욕 주 지방선거에 출마하기도 했다. 1886년과 이듬해의 선거에서는 낙선의 고배를 마셨고, 1897년의 선거에서는 투표 나흘 전에 세상을 떠났다. 정치인이 될 마음이 없었던 조지가 세 차례나 선거에 나섰던 데는 주변 사람들의 강한 권유도 있었지만 어떻게 해서든 진보 속의 빈곤을 해결하고자 했던 그의 소명 의식이 크게 작용했다.

경제학자라는 한마디 말로 조지의 삶을 묘사하기는 어렵다. 그는 언론인, 사회개혁가, 정치인, 경제학자 등 어떤 말로 불러도 어색하지 않은 인물이다. 그러나 오늘날까지 미친 영향으로 볼 때, 조지는 경제학자로 부르는 것이 가장 적절하다. 언론인, 사회개혁가, 정치인으로서의 삶은 이미 과거의 일이 되었지만, 그의 경제사상은 살아남아서 여전히 영향을 미치고 있기 때문이다. 정규 교육을 받지 않았다는 이유로 그를 전문 경제학자로 대우하지 않는 분위기는 그 당시부터 지금까지 이어지고 있지만, 20세기 경제 사상사 연구의 대가 조지프 슘페터(Joseph Schumpeter)의 말에 따르면 조지는 분명 경제학자다. "그는 당시 정식 교육을 통해 얻을 수 있었던 경제학 지식과 논리의 대부분을 학교 밖에서 습득했다." 사실 수많은 경제학자들 가운데 조지만큼 영예를 누린 사람은 거의 없다. 사후에 자기 이름을 딴 단체가 여러 나라에서 조직되어 지금까지 활동하고 있고 그를 따르는 사람들을 조지스트라 부르니 말이다. 마르크스나 케인스 등 극소수의 경제학자 외에 추종자들을 이렇게 부르는 경우는 없다.

우리 시대의 수수께끼, 진보 속의 빈곤

조지가 『진보와 빈곤』에서 초점을 맞추었던 것은 물질적 진보가 일어나는데도 빈곤은 오히려 심해지는 현상이었다. 물질적 진보란 같은 수의 사람이 같은 시간 동안 생산하는 물건의 양이 늘어나고, 생산물의 질이 좋아지며, 예전에 없던 물건이 새로 생산되는 현상을 가리킨다. 그래서 많은 사람들은 어떤 사회에서 물질적 진보가 일어나면 그 사회의 구성원들이 다 같이 풍요로워진다고 생각한다.

그러나 조지는 이런 생각을 착각이라고 단언했다. 물질적 진보는 모든 사람을 풍요롭게 만들기는커녕 빈곤을 심화시키는 작용을 한다는 것이다.

> 사회가 모든 문명사회가 지향하는 상태를 이룩하고 물질적 진보라는 기준에서의 진전을 이루면—즉, 주거 밀도가 높아지고 다른 지역과의 관계가 긴밀해지고 노동절약적인 기계가 많이 이용되어 생산과 교환의 경제성이 높아지고 그에 따라 총량 및 일인당의 부가 증대되면—빈곤 문제는 더 어두워진다. 일부 계층의 생활은 무한정으로 개선되고 편리해지지만 나머지 사람들은 생계를 꾸려나가기도 힘들게 된다. 기차가 생기면 부랑자도 생기고, 물질적 진보가 이루어져서 고급스러운 주택, 상품으로 가득 찬 창고, 거대한 교회가 생기면 빈민구호소와 감옥도 틀림없이 생기게 마련이다. 가스등이 켜지고 제복 입은 경관이 순찰을 도는 거리에는 거지들이 행인을 기다리며, 대학과 도서관과 박물관의 그늘에는 토머스 매콜리(Thomas B. Macaulay)가 예견했듯이 훈족(Huns)보다 무섭고 반달족(Vandals)보다 세찬 야만인의 무리가 있다(George, 1879: 30~31).

물질적 진보가 진행되어 쓸 수 있는 물자가 늘어나면

사람들의 경제 생활이 풍요로워져야 마땅한데, 빈곤은 줄기는커녕 오히려 더 증가한다. 이상한 일이 아닌가? 그래서 조지는 이런 현상을 '우리 시대의 수수께끼'라 불렀다. 그는 이 수수께끼 같은 경제 현상이 특정 국가나 지역에서만 나타나는 것이 아니라는 데 주목했다.

> 이러한 현상은 정치 제도, 정부 재정, 인구 밀도나 사회 조직에 관계없이 공통적이기 때문에 일부 지역에 국한된 원인으로는 설명할 길이 없다. 대규모 군대를 유지하는 나라에 고통이 있는가 하면 군대의 규모가 미미한 나라에도 고통이 있다. 보호무역을 실시하는 나라에 고통이 있는가 하면 무역이 거의 자유로운 나라에도 고통이 있다. 독재정부가 지배하는 나라에 고통이 있는가 하면 정치권력이 전적으로 국민의 손에 있는 나라에도 고통이 있다(George, 1879: 29~30).

조지는 진보 속의 빈곤이 특정 지역의 특수한 사정이 아니라 진보 그 자체에 의해 발생한다고 결론을 내린 다음, 왜 그렇게 되는지 탐구하기 시작한다.

‘임금+이자’보다 빠른 지대 상승

어떤 사람이 부유한지 가난한지 측정하는 수단으로 가장 많이 활용되는 것은 소득이다. 소득이 많으면 부유하게 살고 소득이 적으면 가난하게 살 수밖에 없다. 소득을 얻으려면 어떤 방식으로든 생산에 참여해야 한다. 회사에 나가서 일을 하든지, 기계나 설비 등을 제공하든지, 토지나 자원을 공급하든지 해서 생산에 기여하면 그 대가로 소득을 얻게 된다. 한 마디로 말하면, 사람들은 자신이 가진 노동, 자본, 토지 등의 생산요소를 제공하는 대가로 소득을 받는 것이다. 잘 알다시피 노동을 제공하는 사람은 노동자, 자본을 제공하는 사람은 자본가, 토지를 제공하는 사람은 지주다. 경제학에서는 노동자가 노동을 제공한 대가로 받는 소득을 임금, 자본가가 자본을 제공한 대가로 받는 소득을 이자(혹은 이윤), 지주가 토지나 자연자원을 제공한 대가로 받는 소득을 지대라고 부른다. 또 생산액이 임금, 이자(혹은 이윤), 지대 등의 소득으로 나뉘는 전체 과정을 분배라고 한다. 조지는 자본 제공의 대가로 이자와 이윤을 혼용하는 것을 반대하고 이자로 일원화하자고 주장했다. 이윤에는 자본 사용의 대가인 이자 외에 기업 관리에 대한 임금이나 위험 부담에 대한 보상 등 이질적인 요소가 들어 있다는 이유에서다. 아래에서는 그의 주장을 따르기로 하자.

조지가 우리 시대의 수수께끼를 풀기 위해 출발점으로 삼은 것은 다음의 항등식이다. 항등식은 언제나 타당한 관계를 표현하는 식(≡)이다.

식 1: 생산액 ≡ 임금 + 이자 + 지대

이 식에서 지대를 좌변으로 옮기면 다음의 식이 된다.

식 2: 생산액 - 지대 ≡ 임금 + 이자

식 1만 보고 있으면, 물질적 진보로 생산액이 증가할 때 임금, 이자, 지대가 모두 증가할 것만 같은 착각에 빠질 수 있다. 하지만 식 2에서 알 수 있듯이, 생산량이 증가하더라도 지대가 더 빠른 속도로 증가한다면 임금과 이자의 합계는 생산량보다 느린 속도로 증가하거나 아니면 감소하게 된다. 임금과 이자의 합계가 이런 양상을 보인다는 것은, 주로 그 두 소득으로 살아가는 일반 대중이 상대적으로, 혹은 절대적으로 빈곤해진다는 이야기다.[63] 물질적 진보는 사회 전체를 아래에서부터 들어 올리는 힘으로 작용하기보다는 일부 상류층만 들어 올리고 다수 대중을 아래로 끌어내리는 식으로 작용하기 쉽다는 것이 조지의 생각이었다.

> 물질적 진보라고 하는 … 새로운 힘은 기본적으로 사회를 향상시키는 효과가 있지만 오랜 희망과 믿음과는 달리 사회 구조의 밑바닥에서부터 작용하지 않고 상층과 하층의 중간 어느 지점에 작용한다. 마치 커다란 쐐기가 사회의 밑바닥이 아니라 한 가운데를 관통하는 것과 같다. 그리하여 분리점의 상층에 있는 사람들은 향상되지만 그 하층에 있는 사람들은 부서지고 만다(George, 1879: 32).

관건은 물질적 진보에 의해 생산량이 증가할 때 과연 지대가 그보다 더 빠른 속도로 증가하는지, 다시 말해 생산액 중에서 지대의 비중은 증가하고 '임금 + 이자'의 비중은 감소하는지다. 이것을 입증하지 못하면, 조지의 주장은 초등학생도 할 수 있는 간단한 수식 놀음에 지나지 않는다.

조지는 『진보와 빈곤』 제4권[64]에서 물질적 진보가 일어날 때 지대가 생산량보다 더 빠른 속도로 증가한다는 사

---

63) 자본가를 일반 대중에 포함시키는 데는 논란의 여지가 있다.

64) 여기서 권(Book)은 오늘날의 장(Chapter)을 의미한다.

실, 즉 지대의 비중이 증가하는 반면 '임금 + 이자'의 비중은 감소한다는 사실을 상세하게 논증했다. 그의 논증은 우선 물질적 진보가 일어날 때 수반하는 세 가지 현상을 가려내고, 그 세 요인이 각각 생산량, 지대, '임금 + 이자'에 어떤 영향을 미치는지를 분석하는 방식을 취했다. 여기서 말하는 세 요인이란 각각 인구의 증가, 기술 개선을 비롯한 각종 사회적 개선(교육, 문화 등), 미래 경제 상황에 대한 낙관적 전망을 가리킨다.

조지가 분석에 활용한 이론은 차액지대이론이었다.[65] 차액지대이론은 고전학파 경제학자 데이비드 리카도(David Ricardo)가 설파한 지대 결정 이론으로 유명하다. 모든 토지에서 노동과 자본을 동일하게 투입한다고 가정할 때, 한 토지의 지대는 그 토지의 생산액과 한계지 생산액의 차이에 의해 결정된다는 것이 핵심 내용이다. 투입을 동일하게 하는데도 생산액이 달라지는 이유는 토지의 자연적 생산력과 위치가 다르기 때문이다. 한계지란 사용 토지 가운데 생산성이 가장 떨어지는 토지로, 수요보다 공급이 많기 때문에 지대가 발생하지 않는다. 따라서 한계

65) 이하 조지의 분배이론에 관한 내용은 전강수(2018: 22~25)를 요약해 작성했다.

지의 생산액은 이자와 임금으로만 분배된다. 한계지보다 생산성이 높은 토지에서는 생산액 가운데 한계지 생산액을 초과하는 부분은 지대로 분배되고, 나머지(한계지 생산액과 같다)는 이자와 임금으로 분배된다. 한계지 생산액을 초과하는 부분이 생산에 기여하지 않는 지주에게 지대로 분배되는 것은 더 좋은 토지를 두고 생산자들이 경쟁을 벌이기 때문이다. 다른 토지보다 질이 좋은 토지에서는 투입이 동일하더라도 생산액이 많아서 생산자에게 초과 수익이 생긴다. 여러 경쟁자 중에서 한 사람이 초과수익을 노리고 좋은 토지를 차지하려면 토지 주인에게 토지 사용의 대가, 즉 지대를 지불해야만 한다. 토지 취득 경쟁에서 승리하는 사람은 가장 많은 대가를 지불할 용의가 있는 사람이다.

처음에 토지 사용에 대한 대가가 없었다고 하더라도 생산자들 사이에 좋은 토지를 두고 경쟁이 벌어지면 대가가 발생해 점점 그 값이 올라간다. 어디까지 올라갈까? '그 토지의 생산액 - 한계지 생산액'까지다. 지대가 이 수준에 도달하면 생산자가 얻고 있던 초과 수익은 사라진다. 만일 지대가 그보다 더 높이 올라가면, 생산자는 다른 토지에서 생산하는 편이 낫다고 여겨서 더 이상 그 토지를 사용하려고 하지 않는다. 결국 지대는 그 토지의 생산액과 한계지 생산액의 차이로 결정된다.

조지는 리카도가 지대 결정 이론으로만 활용했던 차액 지대이론의 적용 범위를 광공업 용지와 상업 용지를 포함한 모든 토지로 확대했다. 그리고 그것이 지대의 결정 원리뿐 아니라 '임금 + 이자'의 결정 원리도 담고 있다는 사실을 분명히 했다. 지대는 각 토지의 생산액과 한계지 생산액의 차이로 결정되고, '임금 + 이자'는 한계지의 생산액에 의해 결정된다. '임금 + 이자' 부분은 노동과 자본의 자유로운 상호 전환 과정에서 성립하는 균형에 의해 임금과 이자로 나뉜다.

차액지대이론에 따르면 어느 토지의 지대는 그 토지의 생산성이 올라가거나 한계지가 밖으로 나갈 경우에 증가한다. 그 토지의 질(質)이 좋아질수록, 그리고 한계지의 질이 나빠질수록 지대가 증가한다는 말이다. 조지에 따르면 이는 바로 인구가 증가할 때 생기는 일이다.

인구가 증가하면 기존 개발 지역에서 '집적 이익'이 발생해서 그 지역 토지의 생산성이 높아지고 지대가 증가한다. 사람들이 한곳에 모여 살고 경제 활동이 특정 지역에 집중되는 경우, 분업이 용이해지고 한 분야의 기술 개선이 다른 분야로 쉽게 이전되며 거래 비용이 감소한다. 이 경우 특정 토지의 생산성이 높아지는 것과 유사한 현상이 발생하는데, 이를 집적 이익이라 부른다. 게다가 인구가 증가하면 토지에 대한 신규 수요가 발생해서 예전에 사용되지 않던 열등지로 한계지가 변경되기 마련인데, 이 또한 기존 개발 지역의 지대를 증가시킨다. '집적 이익'과 한계지 변경의 지대 증가 효과가 강할 경우, 생산량이 증가하더라도 지대가 더 빨리 증가해서 '임금 + 이자'는 그보다 느린 속도로 증가하거나 감소하게 된다. 즉, 진보 속의 빈곤이 발생하는 것이다. 조지는 기술 개선을 비롯한 각종 사회적 개선이 이뤄지고 미래 경제 상황에 대한 낙관적 전망이 조성될 때에도 지대가 '임금 + 이자'보다 빠른 속도로 증가해 진보 속의 빈곤이 발생한다는 것을 논증했다.

지대의 빠른 증가가 분배를 악화시킨다는 사실은 오늘날 우리 주변에서 일어나는 경제 현상을 통해 직관적으로 파악할 수도 있다. 독자들은 언론에서 '조물주 위에 건물주', '갓물주가 된 건물주' 같은 표현을 접한 적이 있을 것이다. 토지와 건물, 즉 부동산을 가진 건물주가 하느님 같은 존재로 올라섰다는 말이다. 건물주의 위세가 얼마나 대단한지, 요즘 초등학생들의 첫 번째 꿈이 빌딩 소유주라는 이야기가 돌아다닐 정도다. 젠트리피케이션(gentrification)은 어떤가? 이 말은 점점 쇠퇴하고 있던 낙후 지역의 상가에 음악가나 미술가 등 문화 예술인이 세입자로 들어와서 활발한 활동으로 지역을 부흥시키면 상가 주인이 임대료를 터무니없이 올리는 바람에 부흥의 주역들이 그 지역에서 밀려나는 현상을 가리키는 용어다.

요즘 한국 사회에서 일어나고 있는 이런 현상들은 지주와 지대의 위력을 유감없이 보여준다. 토지와 부동산을 빌려서 사용하는 임차인들이 아무리 열심히 노력해서 생산을 늘리더라도 지주와 건물주가 임대료를 높이면 생산 증가분은 노력한 사람이 아니라 지주와 건물주에게 돌아간다. 그렇게 되면 임차인의 소득은 상대적으로 감소할 수밖에 없다. 한국은 '자영업자의 무덤'이라 불린다. 자영업자 수가 너무 많고 프랜차이즈 본사의 횡포가 심하다는 이유도 있지만, 날이 갈수록 무거워지는 지대 부담도 단단히 한몫을 한다.

지대는 불로소득

조지는 노동자가 얻는 임금과 자본가가 얻는 이자를 노력 소득으로 보아 정당하다고 간주했다. 노동자는 땀 흘려 일을 해서 생산에 기여하고, 자본가는 과거에 땀 흘려 벌어들인 소득을 저축해서 만든 자본으로 생산에 기여하기 때문에, 이 둘은 생산을 위해 일정한 희생을 한다고 본 것이다. 한편 조지는 지주가 얻는 지대를 불로소득으로 분류했다. 토지는 분명 생산성을 발휘해서 생산에 기여하지만, 그것을 소유하는 지주는 토지 그 자체와 토지의 생산성을 위해 아무런 비용도 지불하지 않았기 때문이다. 토지를 만든 것은 조물주이며, 토지 생산성을 만들고 높이는 것은 국가와 사회다. 국가가 도로, 철도, 교량, 지하철 등을 건설하면 주변 지역 토지의 생산성이 올라간다. 어떤 지역에 사람들이 모여들고 다양한 사회 활동이 이뤄지면 그 지역 토지의 생산성이 올라간 것과 같은 효과가 발생한다. 지주가 지대를 얻는 것은 그가 생산을 위해 희생을 하기 때문이 아니라 사회가 그에게 지대를 차지할 수 있도록 절대적 소유권을 인정하는 제도를 도입했기 때문이다.

이처럼 임금과 이자를 노력소득으로, 지대를 불로소득으로 본다면 물질적 진보가 진행될 때 지대가 '임금 + 이자'보다 더 빨리 증가해서 지주는 점점 부유해지고 일반 대중은 점점 가난해지며, 이는 제도를 잘못 만들어서 생기는 불의한 결과다. 조지가 우리 시대의 수수께끼라고 부른 진보 속의 빈곤은 지대의 급속한 증가와 소수에의 편중에서 비롯되는 것이었기 때문에, 그가 지주의 부유함과 대중의 빈곤을 결코 용납할 수 없었던 것도 충분히 이해가

간다.

생산하는 사람이 소유해야 하고 저축하는 사람이 누려야 한다는 것은 인간의 이성과 자연적 질서에 부합하는 말이다. 여기에 비춰보면 현재의 불평등은 정당화될 수 없다. 사실, 대부호들 중에 공정하게 부를 획득한 사람이 몇 명이나 될까? 그들이 소유한 부 가운데 소유자 자신이나 그들에게 부를 건네준 사람들이 생산한 것의 비중이 얼마나 될까? … 재산 보유액이 수백만 달러에 달하는 사람들을 보면 독점적 요소, 즉 다른 사람이 생산한 부를 전유하는 행위가 개입되지 않은 경우를 발견하기 어렵다. 그들에게서는 뛰어난 근면성, 기술 또는 자기 부인(self-denial)과 같은 요인은 전혀 찾아볼 수 없고, 그저 다른 사람보다 운이 더 좋았거나 훨씬 더 파렴치한 행동을 일삼았다는 흔적만 드러나는 경우가 많다(George, 1883: 78).

토지가치(지대)는 노동에 의해 창출된 부를 차지할 수 있도록 하는 토지 소유권의 힘에 달려 있으며, 토지가치의 증가는 언제나 노동의 가치를 희생시킴으로써 이루어진다. 그러므로 생산력이 증가한다고 해서 임금이 증가하는 것은 아닌데, 그 이유는 생산력의 증가가 토지의 가치를 증가시킨다는 사실에 있다. 지대가 모든 이득을 흡수하므로 빈곤이 진보와 동반하게 된다. … 토지가치 증가에 따라 부와 결핍이 대조적으로 발생하는 현상은 어디서나 볼 수 있는 일반적인 사실이다. 토지가치가 가장 높은 지역의 문명에 최대의 호사와 최악의 빈곤이 병존하는 현상도 보편적인 사실이다. 가장 비참하고 가장 무기력하고 절망적인 상태의 인간을 보려면 울타리도 없는 초원 지대나 숲 속 신개척지의 통나무집이 아니라 한 뼘의 땅을 소유해도 큰 재산이 되는 대도시에 가면 된다(George, 1879: 235).

위의 인용문에 토지가치라는 용어가 나오므로, 여기서 잠깐 설명하고 넘어가자. 토지가치에는 지금까지 다뤄온 지대 외에 땅값, 즉 지가가 있다. 지대가 토지를 사용하는 대가라고 한다면, 지가는 토지 그 자체의 가격이다. 지대는 토지 임대시장에서 성립하는 임대가격이고, 지가는 토지 매매시장에서 성립하는 매매가격이다. 조지는 지대와 지가 모두를 토지가치라는 용어로 표현할 때가 많기 때문에, 토지가치라는 말이 나올 때는 문맥에 따라 잘 분별해서 이해해야 한다. 지주는 지대 소득뿐만 아니라 지가가 오를 때 생기는 시세차액을 얻을 수 있다. 지가의 시세 차액도 지주가 아무 것도 하지 않고 가만히 앉아서 얻는 소득이기 때문에 불로소득이다.

토지가치 변화와 불황

조지는 진보 속의 빈곤뿐만 아니라 자본주의를 주기적으로 괴롭히는 불황도 토지가치의 변화로 설명했다. 토지에서 생기는 불로소득을 노리고 투기가 일어나면 토지가치가 평소보다 훨씬 빨리 상승하게 되고, 이것이 생산 부문과 금융에 심각한 압박을 가해 은행과 기업이 줄줄이 도산하고 실업자가 양산되는 불황이 발생한다는 것이다. 가까이는 미국의 서브프라임 위기, 멀리는 1990년대 초 시작된 일본의 장기침체가 부동산 가격의 급격한 변동에서 비롯되었다는 점을 생각하면 조지의 불황이론이 얼마나 뛰어난 통찰을 담고 있었는지 짐작할 수 있다. 두 사건 외에도 전 세계적으로 부동산 가격의 폭등과 뒤이은 폭락 때문에 경제 위기를 겪은 사례는 많다. 조지의 불황이론은 계속 발전하여 최근에는 조지스트들이 가장 자신 있게 주장하는 이론이 되었다.

2008년 조지스트 불황이론의 위력을 증명하는 한 가지 에피소드가 영국에서 있었다. 장하준 교수의 『그들이 말하지 않는 23가지』에 나오는 이야기다. 그 해 11월 영국 여왕 엘리자베스 2세가 세계 최고의 경제학과를 가진 런던 정경대학을 방문했다. 루이스 가리카노(Luis Garicano) 교수는 여왕 앞에서 당시 세계를 강타하고 있던 금융위기의 원인과 상황을 분석한 보고서를 발표했다. 교수의 발표를 듣고 난 후 여왕은 "왜 아무도 이런 일을 예상하지 못했나요?"라고 물었다고 한다. 단순한 질문 같지만, 정곡을 찌른 것이었다. 가리카노 교수가 당황하는 모습이 눈에 그려진다. 여왕의 질문은 금융위기 예측에 무능했던 주류 경제학자 전체를 향한 것이었다. 그들과는 대조적으로, 토지가치의 변동을 중시하는 조지스트 경제학자들 중에는 금융위기가 발발하기 몇 년 전부터 2008년을 전후해 대규모 위기가 있을 것이라 경고한 사람이 여럿 있었다.

사실 분배 불평등과 불황은 현대사회를 괴롭히는 대표적인 경제 문제다. 그럼에도 오늘날 주류 경제학은 이 두 경제 문제에 대해 정확한 진단과 처방을 제시하지 못하고 있다. 이 두 가지에 대한 조지 경제사상의 일관성과 뛰어난 통찰과는 대조를 이룬다. 어느 때보다 조지의 경제 이론을 재조명할 필요가 큰 시점이다.

천부자원과 평등지권

토지의 생산성에 아무런 기여도 하지 않은 지주가 매년 꼬박꼬박 지대를 가져가고, 지대 소득의 비중이 다른 소득에 비해 자꾸 커지고, 토지가치의 급격한 변동 때문에 불황이 발생하는 것은 모두 지주에게 절대적 토지 소유권을 인정하는 제도를 도입했기 때문이다. 그렇다면 문제를 해결하기 위해 토지제도를 바꿔야 한다는 결론에 도달한다.

조지는 사람들이 비용을 들이고 희생해서 얻는 소득과 그것을 저축해서 만드는 재산에 대해서는 절대적 소유권을 인정해야 한다고 주장했다. 하지만 토지는 조물주가 인류에게 거저 주신 천부자원으로, 공급과 위치가 고정되어 있으며 특별한 경우 외에는 영원히 존속하는 자원이다. 또 토지의 가치는 소유자의 노력이 아니라 국가가 제공하는 공공서비스와 사회의 발전에 의해 발생하고 변화한다. 그래서 조지는 토지와 자연자원에 대해서는 특정 개인에게 소유권을 부여할 것이 아니라 모든 사회 구성원이 똑같은 권리를 누리도록 하는 것이 정의롭다고 여겼다. 아시아의 대표적인 조지스트인 쑨원(孫文)[66]은 이 원

66) 쑨원은 중화민국 초대 총통으로, 지금도 중국에서는 국부로 추앙

칙을 '평균지권(平均地權)'이라 표현했는데 여기서 '평균'은 한국에서는 '평등'의 의미이므로 한국의 조지스트들은 이를 '평등지권'이라 부른다.

어떻게 하면 모든 국민에게 평등지권을 보장할 수 있을까? 국토를 국민 수대로 똑같이 쪼개서 나눠주면 될까? 얼핏 생각하면 토지를 국민 모두에게 똑같이 분배하면 평등지권을 실현할 수 있을 것 같다. 하지만 조금만 깊이 생각하면 이 방법은 현실성이 떨어진다는 것을 알 수 있다. 전체 토지를 국민 모두에게 똑같이 분배하려면 현재의 토지 소유권을 모두 무시하고 몰수하는 수밖에 방법이 없는데, 그것은 실현 불가능한 일이다. 설사 가능하다고 하더라도 토지를 평등하게 분배하는 것은 여간 어려운 일이 아닐 것이다. 또 분배할 때는 평등하게 하더라도 시간이 지나면 토지가치가 달라져서 금방 불평등한 상태로 바뀐다. 게다가 토지 소유자들이 토지를 매매하기 시작하면 머지않아 토지는 다시 소수의 수중에 집중될 것이다.

받고 있다.

토지가치세 도입과 기타 세금 철폐

조지가 주창한 방법은 조세를 활용하는 것이었다. 지금은 거의 대부분 지주의 수중에 들어가고 있는 지대를 국가가 조세로 징수하자는 것이 그가 생각한 대안이다. 조지는 이 세금을 토지가치세(land value tax)라고 불렀다. 형식상 토지 소유권은 기존 소유자의 수중에 그대로 둔 상태에서 지대의 대부분을 조세로 징수하고 그 수입을 모든 사람에게 균등하게 혜택이 돌아가도록 사용한다는 것이 취지였다.

> 현재 토지를 보유하고 있는 사람은 그대로 토지를 가지게 한다. 각자 보유하는 토지를 지금처럼 '내 땅'이라고 불러도 좋다. 토지매매도 허용하고 유증, 상속도 하도록 한다. 속알만 얻으면 껍질은 지주에게 주어도 좋다. **토지를 몰수할 필요는 없고 단지 지대만 환수하면 된다.** 이 제도는 지대를 징수하여 공공경비에 충당하면 그만이므로 정부가 토지임대 문제에 신경 쓸 필요가 없다. 이와 관련된 특혜, 결탁, 부패의 위험성도 없다. … 이미 우리는 지대의 일부를 조세로 걷고 있다. 그러므로 단지 조세의 방법만 약간 바꾸어 지대 전체를 걷으면 된다. 그러므로 나는 **지대를 모두 조세로 징수**

> **하자**고 제안한다. … 이 방법을 통해 국가는 스스로 지주라고 부르지도 않고 일이 늘어나지도 않는 가운데 국토의 지주가 된다. 형식상 토지 소유권은 지금처럼 개인의 수중에 그대로 있다. 아무도 토지 소유권을 박탈당하지 않으며 토지 소유량에 대한 제한도 없다. 그러나 국가가 지대를 조세로 걷기 때문에 토지 소유가 누구의 명의로 되어 있건 토지 소유량이 얼마가 되건 간에 토지는 실질적으로 공동재산이 되며 사회의 모든 구성원이 토지 소유의 이익을 공유할 수 있다(George, 1879: 409~410).

조지는『진보와 빈곤』제8권 제3장에서 토지가치세가 얼마나 좋은 세금인지 상세하게 논증했다. 이 논증에 대해서는 조지를 싫어하는 경제학자들조차 옳다고 인정한다. 토지가치세는 다른 여러 세금과는 달리 경제활동을 위축시키지 않으며, 조세 징수에 행정 비용이나 사회적 비용이 적게 든다. 세원이나 조세 징수 과정이 투명할 뿐 아니라, 사회로부터 받는 혜택에 비례해 부담을 지운다. 세금을 싫어하는 신자유주의의 양대 산맥 프리드리히 하이에크(Friedrich August von Hayek)와 밀턴 프리드먼(Milton Friedman)조차 조지의 토지가치세에 칭찬을 아끼지 않은 것은 토지가치세가 그만큼 우수한 세금이기 때문이다(김윤상, 2013: 24).

조지는 토지가치세를 걷는 대신에 경제에 부담을 주는 다른 모든 세금을 철폐하자고 주장했다. 이른바 토지단일세 주장이다. 토지가치세 수입을 다른 세금을 폐지하는 데 쓰자는 이야기인데, 이것이 평등지권을 실현하는 방법이 될 수 있는지에 대해서는 논란의 여지가 있다(전강수, 2012: 190~191). 토지가치세 수입만으로 국가 운영에 필요한 공공 경비 전부를 조달할 수 있는지에 대해서도 논쟁이 있다. 그래서 일각에서는 토지가치세 수입을 모든 국민에게 1/n씩 똑같이 토지배당으로 나눠주자고 주장한다. 주식회사에서 주주에게 배당금을 지급하듯이 국가가 토지가치세 수입으로 국토의 주인인 국민에게 배당금을 지급하자는 말이다.

어떻게 해서든 토지가치세를 걷어서 국민 모두에게 공평하게 혜택이 돌아가도록 세수를 사용한다면 다음과 같은 경제적 효과가 발생할 것으로 예상된다. 아래 내용은 조지가 『진보와 빈곤』 제9권에서 상세히 설명한 토지가치세의 효과 중 중요한 부분을 뽑은 것이다.

첫째, 토지가치세는 토지의 투기적 보유를 억제하는 대신 토지의 생산적 이용을 촉진한다. 이용할 생각 없이 토지를 보유하는 사람은 세금 부담 때문에 투기 목적으로 보유하는 토지를 내놓게 되는 반면, 효율적으로 이용하고자 하는 사람은 손쉽게, 저렴하게 토지를 확보할 수 있게 된다. 경제 전체에서 토지의 생산적 이용이 촉진되므로 경제의 활력이 높아진다.

둘째, 토지가치세는 토지 투기를 억제하여 토지가치의 급격한 변동을 완화한다. 토지가치의 급격한 변동이 감소하면 그로 인해 불황이 발생하는 일도 줄어든다.

셋째, 토지가치세는 소득 불평등의 근본 원인인 지대의 사유화를 봉쇄하여 임금과 이자의 감소를 막고 소득분배를 평등하게 만든다. 게다가 세수를 국민 모두에게 공평하게 분배하기 때문에, 토지가치(지대)는 지금처럼 불평등을 야기하는 것이 아니라 오히려 평등을 촉진하는 작용을 하게 된다. 이렇게 형평성이 제고되면 사회 곳곳에서 낭비와 손실이 줄어들고 노동 능률은 향상된다. 이는 다시 생산의 증가로 이어진다.

넷째, 토지가치세는 빈곤으로 인한 각종 사회악을 감소시켜 빈곤 관련 정부 기능을 줄인다. 빈곤층을 위한 복지 지출도 절감된다. 이렇게 정부가 간소화되고 정부 지출이 줄어들면 보다 적은 비용으로 정부를 운용할 수 있으므로 공공부문의 효율이 높아진다.

한마디로 말해, 조지의 토지가치세는 불평등을 완화하

고, 불황을 방지하며, 경제의 활력을 증진하는 일석삼조의 방책이다. 불의한 부와 부당한 가난에 분노해 『진보와 빈곤』 집필이라는 지적 여정을 떠났던 조지는 마침내 토지가치세라는 최종 목적지에 도달했다. 처음 출발할 때는 그 자신도 최종 목적지가 그렇게 멋있을 줄 몰랐던 모양이다. 조지는 '경제법칙과 도덕법칙은 하나'라고 믿고 있었지만,[67] 자신이 제시할 정책 처방이 거기에 꼭 부합하리라 기대하지는 않았다. 여정을 끝낸 조지는 감격에 겨워 무릎을 꿇고 "나머지는 주님의 손에 달려 있습니다"라고 고백하며 어린아이처럼 울었다. 그는 자신의 여정을 다음과 같이 묘사했다.

> 지금까지 나는 내 자신의 생각에 따라 탐구를 진행해 왔다. 처음 이 작업을 시작했을 때 어떤 특정 이론을 지지하거나 특정 결론을 증명할 생각이 없었다. 단지, 대도시 속의 비참한 생활을 접했을 때 당혹스럽고 괴로웠으며, 그때부터 그 원인이 무엇인지 그리고 그 치유방안은 무엇인지를 생각하느라고 편안하게 지낼 수 없었을 뿐이다. 그러나 예상하지

---

67) 경제법칙과 도덕법칙이 하나라는 말은 정의, 자유, 평등과 같은 도덕적 가치를 실현할 때 경제적 성과도 높아진다는 의미다.

못했던 무엇이 탐구를 통해 나에게 나타났고, 죽어 있던 어떤 신념이 솟아났다(George, 1879: 557~558).

조지는 『진보와 빈곤』 마지막 권(제10권)을 다음의 말로 마친다. 최종 목적지에 도달하면서 그가 얼마나 큰 감격에 휩싸였는지 엿볼 수 있다.

우리가 정의의 여신에 복종하고 자유를 믿고 따른다면, 현재 사회를 위협하는 위험은 사라지고 사회에 해를 주는 세력은 발전의 주체로 변할 것이다. 오늘날 힘은 낭비되고 있으며, 개척해야 할 지식 분야는 아직 무한하고, 놀라운 발명도 이제 겨우 시작에 불과하다. 빈곤이 타파되면, 탐욕이 고결한 열정으로 변하면, 인간을 반목하게 하는 질투와 두려움 대신에 인류애가 평등으로부터 피어나면, 최하층도 안락과 여가를 누리는 상황이 되어 정신력에 대한 속박이 풀리면, 우리 문명이 얼마나 높이 날아오를지 누가 측정할 수 있겠는가? 언어는 생각을 다 표현하지 못한다. 이는 시인이 노래하고 예언자가 은유로 표현했던 황금시대다! 이는 언제나 현란한 광선과 함께 다가왔던 그 영광의 비전이다. 이는 요한이 파트모스(Patmos) 섬에서 황홀경에 빠져 감은 눈으로 보았던 바로 그것이다. 이는 기독교 정신의 극치이며 지상에 실현되는 하나님의 나라로서, 벽옥 담장과 진주 대문을 가진 곳이다! 이는 평화의 왕(Prince of Peace)이 다스리는 나라다!(George, 1879: 552).

세상을 뒤흔든 헨리 조지의 경제사상

조지의 경제사상은 영국의 극작가로 나중에 노벨문학상을 받는 조지 버나드 쇼(George Bernard Shaw), 영국 페이비언 협회(Fabian Society)를 창설하고 런던 정경대학을 설립한 시드니 웹(Sidney Webb), 러시아의 대문호 톨스토이, 중국의 국부 쑨원 등 전 세계의 위대한 사상가들에게 큰 영향을 끼쳤다. 조지는 사회운동에도 지대한 영향을 미쳐 19세기 말~20세기 초에는 전 세계적으로 조지스트의 세력이 마르크스주의자들의 세력보다 컸다고 한다.

영국 수상을 지낸 데이비드 로이드 조지(David Lloyd George)와 윈스턴 처칠(Winston Churchill), 미국 대통령을 지낸 우드로 윌슨(Woodrow Wilson), 호주 수상을 지낸 빌리 휴스(Billy Hughes), 러시아 수상을 지낸 알렉산드르 케렌스키(Aleksandr Kerenskii) 등 20세기 전반의 유력 정치인들도 조지의 영향을 받았다. 조지의 정책 대안은 전 세계에서 다양한 형태로 실행에 옮겨져 놀라운 성과를 거두었다. 쑨원의 민생주의 위에 세워진 대만, 1950년대 말의 덴마크, 미국의 펜실베이니아 주 도시들과 단일세 마을들, 19세기 말~20세기 초의 호주와 뉴질랜드 등이 대표적인 사례다.

중학교도 제대로 못 나온 한 청년에게 섬광처럼 다가온 소명이 세상을 뒤흔드는 기폭제가 되었다. 그로부터 경제학 최고의 명저가 탄생했고, 그 속에 담긴 경제사상은 전 세계 여러 곳에서 수많은 사람을 변화시키고 제도개혁을 이끌었다. 불로소득과 불평등과 주기적 불황을 당연하게 여기고 있던 세상은 화들짝 놀라 문제 해결에 나섰다. 그 거대한 물결은 시간이 지나면서 가라앉았지만 언제든 되살아날 수 있다. 조지를 일깨웠던 '정의의 신'이 살아 있다면 말이다.

시장친화적 토지공개념

조지의 경제사상은 한국에도 적지 않은 영향을 끼쳤다. 1984년 열성적인 기독교인들이 '한국헨리조지협회'를 결성해 지금까지 활발한 운동을 전개해 왔으며,[68] 1994년에는 대구 · 경북 지역의 교수들을 중심으로 '헨리조지연구회'가 발족되어 헨리 조지 경제사상에 관한 본격적인 연구를 수행해 왔다.[69] 헨리조지연구회 멤버로 활동하던 경북대 이정우 교수는 2003년 노무현 정부 출범과 함께 청와대 정책실장을 맡아서 보유세 강화 정책의 상징인 종합부동산세를 도입하는 일에 주도적인 역할을 담당했다. 이정우 교수에게 종합부동산세는 한국에 조지의 정책 대안을 적용하는 수단이었다.

한국의 조지스트들은 조지의 경제철학을 '시장친화적 토지공개념'이라는 말로 표현해 왔다.[70] 시장친화적 토지공개념이란 토지와 자연자원, 환경은 모든 사람의 공공재산이라는 성격을 가지므로 그것을 보유하거나 사용하는

---

68) 한국헨리조지협회는 1996년에 '성경적 토지정의를 위한 모임'으로, 2010년에는 다시 '희년함께'로 명칭을 바꾸었다.

69) 헨리조지연구회는 공동연구서로 2002년에 『헨리 조지, 100년 만에 다시 보다』, 2018년에 『헨리 조지와 지대개혁』을 출간했다. 그 외에 연구회 멤버들은 개별적으로 조지의 경제사상을 이론적으로 검토하고 조지스트 관점에서 한국 경제를 분석하는 논문과 저서를 다수 집필했다.

70) 시장친화적 토지공개념이라는 용어는 필자가 처음 사용했는데, 경북대 김윤상 교수는 이를 '지공주의'로 표현하기도 했다.

사람은 각 자원의 가치에 따라 사용료를 공공에 납부하고 사용료 수입은 사회 구성원들에게 골고루 혜택이 돌아가도록 사용해야 한다는 내용이다. 토지 · 자연자원 · 환경의 가치에 비례해 사용료를 걷어 공평하게 사용하자는 내용이므로 정확하게 조지의 경제사상에 부합한다.

한국은 주기적으로 부동산 투기 광풍이 불어 서민들을 고통에 빠뜨릴 뿐만 아니라 부동산 불로소득으로 인한 불평등과 양극화가 심각해서 '부동산공화국'이라는 별명이 붙었다. 부동산 문제는 자산과 소득의 불평등, 가계부채 증가, 임대료 상승으로 인한 자영업자 압박, 기업의 지대추구 행위 조장, 공직자와 공기업 직원의 부패 야기, 지역간 양극화로 인한 지방소멸, 거시경제의 불안정성 증대 등 심각한 사회경제 문제를 유발하고 있다. 최근 청년층이 결혼과 출산을 기피하는 것은 이 모든 문제가 집약되어 표출된 일종의 사회 병리 현상이다(전강수, 2021: 267). 이는 대한민국이 국가의 장기 지속성을 위협받는 단계에 도달했음을 암시한다. 부동산공화국 현상을 혁파하기 위해서는 부동산 불로소득을 차단 · 환수하는 일이 가장 중요한데, 여기에 시장친화적 토지공개념을 구현하는 것만큼 효과적인 대안은 없다.

시장친화적 토지공개념을 구현하기 위해 사용할 수 있

는 근본정책으로는 토지보유세 강화 정책과 국공유지를 확대해 시장원리대로 운용하는 토지공공임대제를 꼽을 수 있다. 전자가 지대와 토지 자본이득의 사적 전유를 부분적으로 허용하는 대신에 과세를 통해 그 상당 부분을 환수하는 것이라면, 후자는 국가와 공공기관이 국공유지를 소유하고 민간에게 임대해 임대료를 시장가치대로 징수하는 것이다(전강수, 2020: 138). 둘 다 제대로 추진할 경우 부동산 불로소득을 차단 · 환수하는 효과가 크다.

하지만 유감스럽게도 한국의 보유세 수준은 매우 낮은 편이고, 국공유지 비중도 작아서 토지공공임대제를 본격적으로 추진할 수도 없다. 노무현 정부가 역대 정부 최초로 부동산보유세 강화 정책을 밀어붙였으나, 이는 부동산 기득권층과 보수 언론, 그리고 부동산 시장만능주의 학자들의 집중공격을 받아 좌초하고 말았다. 필자는 몇 년 전부터 조세저항을 극복하면서 보유세 강화를 실현할 방책으로 '기본소득 연계형 국토보유세'를 주장해 왔다(전강수 · 강남훈, 2017). 이는 현행 종합부동산세를 폐지하는 대신에 모든 토지 소유자에게 부과하는 국토보유세를 도입하고, 그 세수 순증분을 전액 모든 국민에게 1/n씩 기본소득으로 지급하는 방안이다. 기본소득 연계형 국토보유세를 도입할 경우 전체 세대의 90% 이상이 순수혜 세대가 된다는 추정 결과도 얻었다. 소수의 순부담 세대로부터 조세저항이 나오겠지만, 90% 이상의 세대가 이를 막는 강력한 방파제 역할을 할 것이다.

현재 한국은 토지공공임대제를 본격적으로 도입할 수 있는 여건이 아니므로, 미래를 위해 토지비축 제도를 활용한 국공유지 확충 정책을 꾸준히 추진해 갈 필요가 있다. 다만 국지적이기는 하나 기존 국공유지와 공공택지에서의 주택공급에 이 제도가 시사하는 바는 크다. 지금까지 역대 정부는 공공임대주택을 공급하기도 했지만, 그보다는 사유지를 강제수용해서 조성한 공공택지를 그대로 민간 건설업체에 매각하거나 거기에 주택을 건설해서 분양하는 일에 몰두해 왔다. 공공임대주택 중에 5년 후, 10년 후에 분양하는 무늬만 공공임대인 경우도 적지 않았다.

민간의 사유지를 강제 수용하는 일은 고도의 공공성을 전제로 하는 행위임에도 그 토지를 다시 민간에 매각해 버렸으니, 앞뒤가 맞지 않는다. 공기업이 땅 장사 · 집 장사를 한다는 비난이 빗발치는 것도 어쩌면 당연한 일인지 모른다. 원칙상 강제 수용한 토지는 국공유 상태로 유지해야 한다. 또 빈약한 국공유지 비율을 생각할 때 공공택지 외에 공공기관 이전 · 유휴 부지와 군 골프장 같은 기존 국공유지도 국공유 상태로 유지하는 것이 옳다. 공공택지와 기존 국공유지를 민간에 넘기지 않고 이용할 경우, 적용해야 할 최선의 제도는 토지공공임대제다(전강수, 2020: 153). 즉, 토지를 국공유로 유지하면서 토지는 임대하고 건물만 분양하거나, 토지와 건물을 모두 임대하는 형태로 주택을 공급하는 것이다. 전자는 토지임대부 주택이고 후자는 장기 공공임대주택이다. 시장친화적 토지공개념은 주택공급 방면에서도 획기적인 전환을 요구한다.

참고문헌

김윤상(2013). 『특권 없는 세상』. 경북대학교 출판부.
김윤상 외(2018). 『헨리 조지와 지대개혁』. 경북대학교 출판부.
레프 톨스토이. 연진희 옮김(2019). 『부활 2』. 민음사.
이정우 외(2002). 『헨리 조지, 100년 만에 다시 보다』. 경북대학교 출판부.
전강수(2012). 『토지의 경제학』. 돌베개.
전강수(2018). 헨리 조지의 경제사상. 김윤상 외. 『헨리 조지와 지대개혁』. 경북대학교 출판부.
전강수(2020). 시장친화적 토지공개념 구현을 위한 정책 전략. ≪시민과 세계≫, 37호, 117~161.
전강수(2021). 부동산공화국을 넘어 땀이 대우받는 세상으로 가는 길. ≪창작과 비평≫, 49권 2호, 260~280.
전강수 · 강남훈(2017). 기본소득과 국토보유세. ≪역사비평≫, 120호, 250~281.
Andelson, R. V. & Dawsey, J. M.(1992). *From wasteland to promised land.* New York: Orbis Books. 전강수 옮김(2009). 『희년의 경제학』. 대한기독교서회.
George, H.(1879). *Progress and poverty.* 김윤상 옮김(2016). 『진보와 빈곤』. 비봉출판사.
George, H.(1883). *Social problems.* 전강수 옮김(2013). 『사회문제의 경제학』. 돌베개.

경제학이 답하다

최근 부동산 값이 폭등한 원인은 무엇인가요?

첫째, 유동성 문제가 있지요. 2000년대 금융위기에 대처하려고 풀어 놓은 돈을 회수하지 못하고 계속 더 풀어야 하는, 그래서 위에서 댐이 터져서 물이 막 내려오는데 아래에서 막아야 하는 상황이었지요. 그러니까 정부 정책 담당자 입장에서는 좀 억울할 수도 있겠습니다. 누가 하더라도 자기들보다 잘했을까 하는 생각을 할 수도 있습니다.

둘째, 부동산 투기의 본질을 제대로 파악하지 못한 것이 아닌가 생각합니다. 부동산 투기는 '괴물'과도 같은 겁니다. 웬만해서는 제압할 수 없는 거예요. 다행히 2007년경부터 제압돼서 우리 안에 갇혀서 잠잠하게 지내던 놈을 도로 끄집어내기 위해서 백방으로 노력한 것이 이명박 · 박근혜 정부입니다. 두 정부는 9년 내내 부동산 경기 부양책을 펼쳤습니다. 이명박 정부는 약간 조심스럽게 접근해서 금융규제는 건드리지 않았지만 다른 투기 억제 장치를 마구 풀어서 부동산 경기를 부양하려고 했습니다. 이 정책은 수도권에서는 별 효과를 보지 못했지만, 지방에서는 통했습니다. 지방 광역시를 중심으로 2011년경부터 집값이 상승했지요. 박근혜 정부는 얼마 남지 않은 투기 억제 장치까지 풀면서 적극적으로 부동산 시장을 부양하고자 했습니다. 그때 금융규제까지도 풀었죠. 그게 바로 최경환 씨가 펼쳤던 '초이노믹스'입니다. 당시 언론에서는 그 정책을 두고 정부가 '빚 내서 집 사라'고 부추긴다고 풍자했지요. 마침내 2014년경부터 수도권의 아파트 값이 올라가기 시작합니다. 문재인 정부는 수도권 아파트 값 상승이 본격화하는 시기에 출범했습니다. 국민들은 '촛불정부'가 들어섰으니 당연히 부동산 문제에 근본적으로 대처할 것으로 예상했죠. 그런데 19대 대통령 선거 며칠 전 캠프의 정책 담당자가 기자회견을 열어서 "우리는 집권해도 보유세 강화 정책을 할 의사가 없습니다"라고 발표해요. 너무 이상한 기자회견이었습니다. 수많은 경제 정책 공약 중에서 보유세는 안 건드리겠다고 했으니 도대체 이런 발표가 어디 있습니까. 부동산 문제를 근본적으로 해결할 정책을 할 생각이 없다고 선언한 셈이지요. 그게 문재인 정부 사람들이 부동산 문제를 바라보는 시각이었습니다, 그래서 출범 이후 문재인 정부는 내내 시장을 적당히 마사지하는, 즉 폭등은 안 되도록 하고, 내려가지도 않게 하는 시장 관리 정책을 펼쳤지요. 그런데 그게 자기들 마음대로 됩니까. 보유세 강화를 안 하겠다고 했으니 시장 참가자들, 특히 전문 투기꾼들은 정부의 의도를 바로 파악했지요. 대선 직전 발표한 방침 하나를 듣고는 문 정부가 부동산 투기 문제를 근본적으로 강력하게 대처할 의지가 없다는 것을 간파했어요. 그 다음부터는 어떤 정책도 안 통하는 상황이 된 거예요, 백약이 무효인 상황이 전개된 셈입니다. 그러고는 정책이라고 펼친 게 강남에 문제 생기면 강남, 그 옆에 문제 생기면 또 거기, 노원에 문제 생기면 또 거기. 오죽하면 수용성(수원, 용인, 성남), 안시성(안산, 시흥, 화성), 금관구(금천, 관악, 구로), 김부검(김포, 부천, 검단)과 같은 조어가 언론에 속출했겠습니까? 그런 식으로 하다가 문재인 정부는 역대 정부 최다의 풍선효과를 만들어냈습니다. 이는 모두 '핀셋 규제', '핀셋

증세'가 빚어낸 비극입니다. 비유하자면, 문재인 정부는 핀셋을 들고 괴물을 제압하겠다고 나섰다가 실컷 두들겨 맞고 나가떨어진 셈입니다.
그러니까 그렇게 참담하게 실패할 수밖에 없었고요. 하다 안 되니까 2021년 2. 4대책이라고 서울·수도권에다가 기존 계획에 더해 주택을 60만 채 더 짓겠다며 공공주도 재개발 재건축을 한다는, 말도 안 되는 정책을 발표하고는 밀어붙이겠다고 했어요. 투기적 가수요 때문에 집값이 폭등했는데 그거 잡는 정책은 제대로 안 내놓다가, 아무 것도 통하지 않으니까 엉뚱하게 공급을 획기적으로 확대하겠다고 한 겁니다. 한심하게도 그 정책을 공급 폭탄이라고 불렀습니다. 공급 폭탄이라니요. 과거 참여정부 시절 보수언론이 만들어낸 세금 폭탄을 연상시키는 용어입니다. 하여간 투기적 가수요에 맞춰서 공급 폭탄을 먹이고 나서 어떻게 하겠다는 겁니까? 부동산 시장에는 사이클이 있는데 나중에 침체할 때는 어쩌려고 이러는 걸까요? 게다가 지방은 어쩌라고 그러는 거지요. 참여정부의 지역균형발전 정책으로 만들어진 혁신도시를 완성하는 일을 등한히 해서 밤에는 사람이

다니지 않는 유령도시처럼 되어 버린 지역을 활성화하는 일은 방기한 채 수도권에다가 역대 정부 최다의 주택을 공급하겠다고 하는 겁니다. 2. 4대책은 지역 균형 발전의 정신에도 위배되는 대단히 잘못된 정책입니다.

차액지대론에서는 '지대가 먼저 결정된다, 그래서 지대가 상승하면 분배도 악화하고 불황도 생긴다'고 보나요? 만약 헨리 조지의 주장처럼 토지보유세를 걷는다고 해도 이것을 꼭 국민들에게 골고루 나눠줄 필요가 있을까요?

우선 차액지대론으로 분배를 설명할 때 어느 쪽이 먼저 결정되는가는 중요하지 않습니다. 전체 생산액을 지대와 '임금+이자'로 구분한다면, 후자가 먼저 결정된다고 말해도 되죠. 왜냐하면 한계지 생산액이 바로 '임금+이자'니까요. 그리고 지대는 각 토지의 생산액에서 한계지 생산액을 뺀 것으로 결정되는 거니까 반드시 지대가 먼저 결정된다는 논리가 필요한 건 아니고요. 말하기에 따라서 선후 관계는 다르게 표현할 수 있다고 생각합니다.

다음, '토지보유세를 걷어서 필요한 곳에 집중적으로 주지 뭘 똑같이 나눠 주냐' 하는 질문인데요. 이것은 기본소득 논쟁하고 관련되는 거잖아요. 저는 기본소득이란 사회적 배당금이라고 생각합니다. 그러니까 복지가 아니라 권리에 대한 보상이라는 겁니다. 기본소득의 원조로 불리는 토머스 페인과 토머스 스펜스의 생각이 그랬지요. 그런데 이걸 복지의 방법이라고 생각해서 싸우니까 결론이 나지 않는 겁니다. 이쪽 얘기를 들어보면 이쪽 얘기가 맞는 것 같고, 저쪽 얘기를 들으면 저쪽 얘기가 맞는 것 같고, 이렇게 해서는 답이 나오지 않는다고 생각합니다. 기본소득 이야기까지 가기 전에 토지, 자연자원, 환경은 우리 국민이 똑같은 권리를 가지고 있는 천부자원이고, 권리에 대한 보상 차원에서 거기서 얻어지는 수입을 n분의 1로 나누는 게 맞다는 이야기니까, 이걸 복지의 방법이라는 시각에서 옳다 그르다고 말할 수 있는 건 아니에요. 그리고 우리 헌법 1조의 내용을 생각해 봅시다. "대한민국은 민주공화국이다. 대한민국의 주권은 국민에게 있고, 모든 권력은 국민으로부터 나온다." 그런데 지금까지 살면서 대한민국 국민으로서 경제적 과실을 누린 게 뭐가 있습니까? 없죠?
토지, 자연자원, 환경에서 발생하는 수입을 공적으로 환수해서 모든 국민에게 똑같이 분배하면 그것은 국민 한 사람 한 사람이 이 나라의 실질적인 주인임을 입증하는 것 아니겠습니까? 액수가 적을 수도 있죠. 적으면 어떻습니까? 이렇게 토지보유세 세수를 지급해서 토지에 대한 권리는 우리 국민 모두에게 평등하게 있다는 사실을 분명하게 하는 것, 이게 제가 주장하는 정책 대안의 기본 목적이고요. 복지를 기본소득 방식으로 할 거냐, '가성비' 있게 집중적으로 할 거냐, 하는 것은 그다음 문제입니다.

부동산 문제는 금융, 자본시장이 밀접하게 연결되면서 만들어지는 문제가 아닌가요? 21세기에 헨리 조지를 공부하는 이유는 토지공개념 때문이라고 생각하는데 우리는 토지공개념을 받아들일 준비가 얼마나 되어 있을까요?
금융과 부동산의 연결고리를 가지고 경기변동을 설명하는 것은 현대 조지스트들이 중시하는 부분으로 상당히 연구가 많이 되어 있습니다. 부동산 과세, 즉 토지보유세만으로는 투기를 잡을 수 없습니다. 특히 부동산 시장은 금융 시장과 바로 연결되어 있기 때문에, 대출 증가와 부동산 값 상승이 상호 촉진 효과를 낳을 때가 있습니다. 부동산 투기를 막으려면 이 연결고리를 효과적으로 차단할 필요가 있는데, 그 점에서 금융규제 정책도 매우 중요하지요. 토지보유세가 차지하는 역할은 투기 근절의 밑자락을 까는 정도가 아닐까 생각합니다. 실제로 부동산값 안정에 성공하려면 토지보유세와 금융규제 외에도 거래규제나 개발규제 등 다른 여러 정책 수단들이 필요하지요. 문재인 정부의 잘못은 밑자락에 해당하는 제일 중요한 정책을 미리 안 하겠다고 발표하고, 자꾸 미적거리다가 찔끔 추진하고 해서 사태를 키운 데 있습니다. 물론 제대로 했더라도 부동산값이 올라갔을 수 있지요. 그러나 이렇게까지 악화되지는 않았을 겁니다. 2007년만 해도 종합부동산세 수입이 제법 많았고요. 그 이후로도 약 10년 동안 계속 강화되도록 설계되어 있었습니다. 종합부동산세 세수 구성을 보더라도 주택분 종부세가 1등이었습니다. 2등이 종합합산이라고 해서 나대지 과세였고, 3등이 별도합산이라고 해서 상가 · 빌딩 부속 토지 과세였습니다. 그런데 이명박 정부가 종부세를 무력화시키고 난 후 세수는 셋 다 격감했고 과세 대상자는 대폭 줄었습니다. 게다가 1등을 차지하고 있던 주택분 종부세가 3등으로 밀립니다. 이 세수 구성이 2016년, 2017년까지 이어집니다. 역사에서 가정은 불필요하다고 하지만, 참여정부 당시의 종부세가 그대로 유지됐더라면 집값 상승은 지금보다는 훨씬 덜 했을 것으로 짐작합니다. 밑자락을 깔지 않고 다른 정책 수단을 이리저리 얽어서 시장을 안정시키겠다고 했으니 통할 리가 있겠습니까.

토지공개념에 대한 질문에 대해 답변드리겠습니다. 우선, 대한민국 현행 헌법에 토지공개념 조항이 들어 있다는 사실을 강조하고 싶습니다. 바로 헌법 122조입니다. 문제는 이 조항이 추상적이고 애매해서 해석이 달라질 수 있다는 점입니다. 그 때문에 토지공개념 정신에 입각한 법률이 도입될 때마다 위헌 시비가 일어나고 헌법재판소에 위헌 심판이 청구되곤 했습니다. 헌재는 그때마다 "한국의 헌법 정신은 토지공개념입니다"라고 해 놓고는, 법 기술 상 문제가 있다는 이유로 위헌 내지는 헌법 불합치 판정을 내렸습니다. 위헌 또는 헌법 불합치 판정이 내려졌다는 것만 가지고 '토지공개념은 위헌'이라고 믿는 국민이 의외로 많아요. 그렇게 보도한 언론의 영향이 크지요. 그러나 사실은 그렇지 않고요. 실제로 토지공개념 3법 중 위헌 내지 헌법 불합치 판정을 받은 두 법률도 문제 되었던 조항을 고쳐서 몇 년 동안 유지를 했어요. 요컨대 한국이 토지공개념과는 관계없는 국가라는 것은 사실이 아니고요. 헌법 정신이 토지공개념입니다. 노태우 정부 당시에 했던 토지공개념에 대한 여론조사의 결과가 남아 있는데요. 토지공개념에 대한 지지가 80%를 넘어 90%에 육박했습니다. 지금도 여론조사를 하면 70% 가까이 지지가 나옵니다. 그러니까 국민 다수가 토지공개념을 지지하는 것이지요. 그동안 토지공개념에 잘못된 이미지가 덧씌워졌다는 사실이 충분히 설명되면 지지율은 더 올라갈 것으로 봅니다. 왜 그러냐 하면 몇 년 동안에 집값이 폭등해서 얼마나 끔찍한 일이 벌어졌는지 다 안단 말이에요. 국민 마음에는 두 가지 생각이 있는 것 같습니다. 하나는 이대로 가면 안 된다는 생각, 다른 하나는 '왜 나는 저 대열에 합류하지 못할까?' 하는 생각입니다. 만약 문재인 정부가 부동산 가격을 이렇게까지 폭등시키지 않았다면, 두 번째 생각, 나쁘게 말해 '탐심'이 활성화되지 않았을 거예요. 지금은 문제 해결이 굉장히 어려워졌어요. 정책이라는 것은 정공법으로 가야죠. 정공법으로 가고 부작용이 생긴다든지 현실적으로 어려움이 있다든지 할 때는 그 차원에서 대처하는 것이 올바른 태도입니다. 문재인 정부의 정책 실패는 기본적으로 정공법을 외면한 데서 시작되었습니다.

헨리 조지

헨리 조지(Henry George, 1839~1897)는 미국의 경제학자다. 조지스트(Georgist)라고 불리는 경제학파의 형성에 영향을 끼쳤으며, 세계적인 대문호 레프 톨스토이 역시 조지의 영향을 크게 받은 것으로 알려져 있다.

가난한 유년시절을 보냈지만 독서와 글쓰기를 게을리 하지 않았던 조지는 1865년 4월 15일 링컨 대통령 피살 소식을 전해 듣고 자신이 인쇄공으로 일하던 ≪알타 캘리포니아≫지에 추도문을 투고했다. 당시 신문의 편집장은 이 추도문에 감명 받아 글쓴이가 자신의 신문사 인쇄공 조지임을 알고 그를 기자로 발탁했다.

그렇게 언론인으로서 활동을 시작한 조지는 1868년 뉴욕 파견 당시 물질적 진보 속의 빈곤을 목도하고 『진보와 빈곤』 집필에 착수한다. 처음에는 큰 관심을 얻지 못했지만, 이내 『진보와 빈곤』은 19세기 말까지 논픽션 분야에서 성서 다음가는 베스트셀러가 되었으며, 오늘날까지 수백만 부가 팔려 인류 역사상 가장 많이 팔린 경제학 책으로 소개되기도 한다.

조지의 활동은 경제학 연구에만 머물지 않았다. 그는 아일랜드의 '아일랜드토지연맹', 영국의 '토지개혁연맹', 스코틀랜드의 '스코틀랜드토지회복연맹', 캐나다의 '노동의기사' 등 사회단체가 벌이는 토지제도 개혁 운동을 적극적으로 지원했으며, 미국 내에서는 '빈곤추방협회(Anti-Poverty Society)'에서 핵심적인 역할을 수행했다. 그는 자신이 옳다고 믿는 바를 행동으로 옮기는 실천적 지식인이기도 했다.

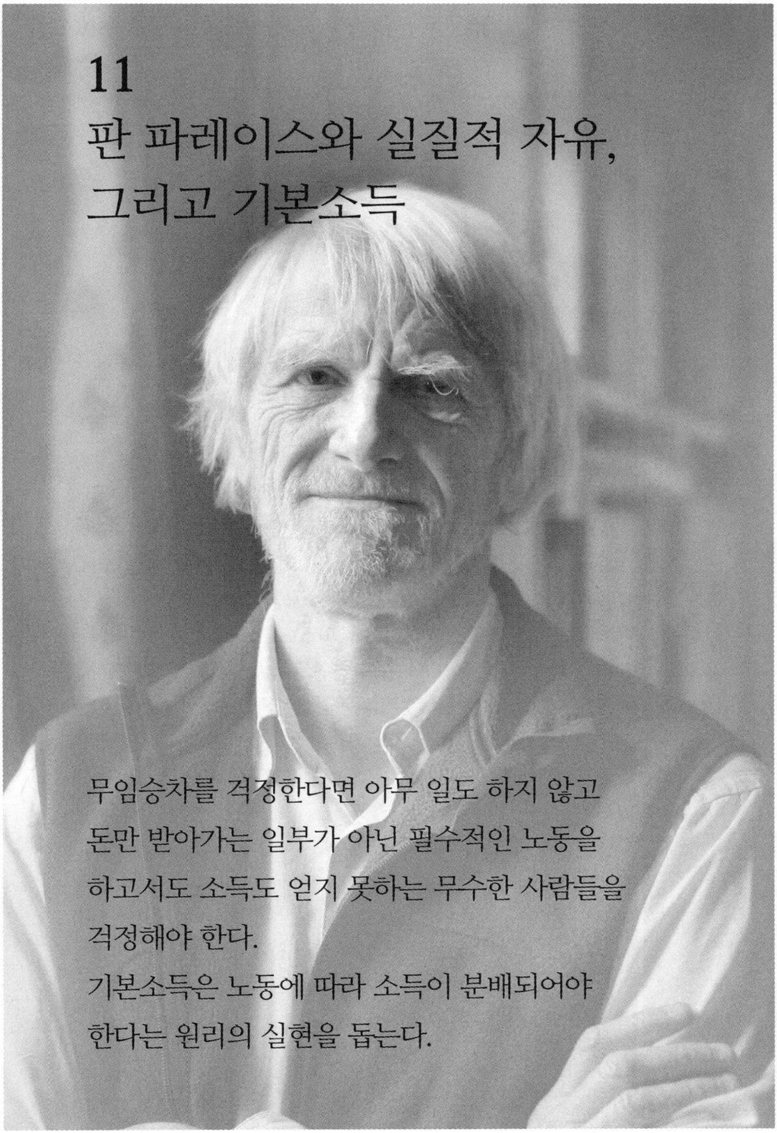

11
판 파레이스와 실질적 자유, 그리고 기본소득

무임승차를 걱정한다면 아무 일도 하지 않고
돈만 받아가는 일부가 아닌 필수적인 노동을
하고서도 소득도 얻지 못하는 무수한 사람들을
걱정해야 한다.
기본소득은 노동에 따라 소득이 분배되어야
한다는 원리의 실현을 돕는다.

필리프 판 파레이스의 모습.

유종성

가천대학교 가천리버럴아츠칼리지 겸 사회정책대학원 교수다. 서울대학교 사회복지학과를 졸업하고 YMCA 전국연맹 간사와 경제정의실천시민연합(경실련) 정책실장 및 사무총장을 역임했다. 만학으로 하버드대학교에서 불평등과 사회정책을 전공하여 공공정책학 박사 학위를 받았다. 캘리포니아대학교 샌디에이고 캠퍼스 조교수와 호주국립대학교(Australian National University) 부교수를 거쳐 2018년부터 가천대학교에서 재직 중이다. 가천대 불평등과사회정책연구소 소장으로서 한국 불평등과 사회정책에 대한 국제비교연구 랩(http://kirl.re.kr)과 행정자료를 활용한 서울시 소득분배 연구 프로젝트를 이끌고 있다. 불평등과 부패, 사회적 신뢰, 한국 발전국가의 기원 등에 관해 연구해왔고, 최근에는 기본소득과 사회보장 개혁에 관한 연구를 하고 있다. 주요 저서인 *Democracy, Inequality and Corruption: Korea, Taiwan and the Philippines Compared*(2015)의 한국어 번역판은 『동아시아 부패의 기원: 문제는 불평등이다. 한국, 타이완, 필리핀 비교연구』(2016)라는 제목으로 출판되었다. 학창시절 민주화운동으로 세 차례 투옥되었고, 5.18 광주 민주화운동 희생자로서 국가유공자로 인정받기도 했다.

자유는 최고로 중요한 것이다.

Freedom is of paramount importance.

기본소득을 철학적, 경제학적으로 옹호하는 이론을 정립한 필리프 판 파레이스(Philippe van Parijs, 1951~)의 저작이 아리스토텔레스, 애덤 스미스, 카를 마르크스 등과 함께 경제학 고전강의 12선의 하나로 꼽힌 것을 판 파레이스가 듣는다면 아마도 매우 놀랄 것이다. 그가 2005년 봄학기에 하버드대학 철학과 초빙교수로서 노벨 경제학상 수상자인 아마르티아 센(Amartya Sen)과 함께 '사회정의와 문화적 다양성'이라는 과목을 강의했을 때 필자를 비롯한 대부분의 학생들은 센의 강의를 들으려고 수강신청을 한 것이었다. 그가 어느 날 수업 중에 기본소득에 대해 말했을 때 필자는 매우 참신한 아이디어라는 생각을 하긴 했지만, 기본소득이 이렇게까지 오늘날 한국을 비롯해 세계적으로 큰 반향을 일으킬 줄은 몰랐다. 이제 조만간 한국이나 세계의 어딘가에서 보편적이고 무조건적인 기본소득이 전면적으로 도입되기 시작하고 장차 전 지구적으로 확산되는 일이 현실화된다면, 그의 저작은 경제학과 정치철학의 고전으로 굳건히 자리 잡게 될 것이다.

기본소득의 철학적 근거

최근 한국에서 기본소득에 대한 관심이 고조되고 있다. 벌써부터 기본소득(basic income)과 부의 소득세(negative income tax)를 주창하는 정치인들 간에 논쟁이 벌어지고 있고, 기본소득보다 기존 사회보장제도가 우월하고 더 정의롭다는 반론이 제기되고 있다. 이처럼 기본소득을 둘러싼 논쟁이 벌어지는 것은 우리 사회의 경제적 불평등이 더 이상 용납할 수 없을 만큼 커졌다는 데에 많은 사람들이 동의하기 때문이다.

이처럼 우리는 기본소득을 '평등'의 요구로 생각하는데, 판 파레이스는 기본소득을 정당화하는 철학적 근거로 자유를 내세웠다. 다른 무엇보다 최고로 중요한 것은 자유라고 믿는 철학자가 무조건적 기본소득이라는 혁명적 아이디어를 주창한 것이다.

전통적으로 기본소득 주창자들은 기본소득의 정당성을 공유지(commons) 또는 공유부(common wealth)에 대한 모두의 평등한 공유권에 두어 왔다(금민, 2020). 그러나 판 파레이스는 기본소득의 정당성을 옹호하는 철학적 근거로 평등 이전에 자유를 들었다. 그는 『모두에게 실질적 자유를[Real Freedom for All: What(if Anything)

Can Justify Capitalism?』(1995)이라는 저서에서 '형식적 자유(formal justice)'를 넘어서는 '실질적 자유(real freedom)'라는 개념을 제시하며 모두에게 실질적 자유를 보장하는 수단으로서 기본소득을 주장했다. 그가 최근 저작인 『21세기 기본소득(Basic Income)』(2017)에서 실질적 자유의 보장과 함께 공유지에 대한 평등한 권한을 기본소득의 정당성을 주장하는 주요 논거로 사용하였지만, 그는 여전히 '실질적 자유지상주의(real libertarianism)'를 자신의 철학적 입장으로 내세우고 있다.

자유지상주의란 단어를 들으면 로버트 노직(Robert Nozick)과 같은 우파의 시장만능주의, 또는 신자유주의를 떠올리기 쉬울 것이다. 그러나 판 파레이스는 존 롤스(John Rawls)와 같은 '자유주의적 평등주의(liberal egalitarianism)'의 계보에 스스로를 위치 짓고 있으며, 자신을 '좌파 자유지상주의자(left libertarianist)'라고 한다. 흔히 좌파는 평등을 우선시하고 우파는 자유를 우선시한다고 생각하는 것과 달리, 그는 스스로를 좌파라고 규정하면서도 자유의 중요성을 강조한다.

『모두에게 실질적 자유를』 한국어판 서문에서 판 파레이스는 "21세기 좌파가 자유보다 평등을 우선시하는 함정에 빠지지 않고 자유에 최상의 중요성을 부여하는 급진적 관점을 정식화해야" 한다고 강조한다. "그 자유는 형식적 자유가 아니라 실질적 자유며, 어떤 것을 할 수 있는 순전한 권리가 아니라 그것들을 할 수 있는 역량"이며, "부와 권력이 있는 자를 위한 자유가 아니라 모두를 위한 실질적 자유여야 한다"고 선언한다(Van Parijs, 1995/2016: 12～13).

자본주의를 통한 공산주의로의 경로

판 파레이스는 1951년 벨기에 출생으로, 벨기에 루뱅대학교에서 사회과학 박사 학위를, 영국 옥스퍼드대학교에서 철학 박사 학위를 받았다. 그는 철학은 물론 정치경제학과 사회학, 법학, 언어학 등 여러 학문을 섭렵했다. 그는 기본소득의 철학적 옹호로 가장 잘 알려져 있지만, 언어정의(lingusitic justice)에 대해 최초로 체계적인 연구를 하기도 했다. 그는 1991년부터 루뱅대학교 경제·사회·정치과학부 교수로서 경제·사회·윤리 석좌를 맡아왔고, 2016년부터는 명예교수 겸 초빙교수로서 여전히 정치철학을 강의하고 있다. 하버드대학(2004～2008), 옥스퍼드대학(2011～2015)를 비롯한 여러 대학에서 초빙교수를 역임하기도 했다.

판 파레이스는 1986년에 기본소득 유럽네트워크 결성을 주도했으며, 2004년 기본소득 지구네트워크(Basic Income Earth Network: BIEN)가 결성되면서부터 국제자문위원회 의장을 맡고 있다. 그가 2012년에 쓴 "거리에서 피크닉을"이라는 글은 시민불복종 운동을 촉발해 결국 브뤼셀의 중심거리를 차 없는 거리로 만들기도 했다.

판 파레이스의 초기 저작은 '청년 마르크스(Young Marx)'의 탈소외 사상과 앙드레 고르(André Gorz)의 생태사상에 큰 영향을 받았다. 그는 노동 소외의 철폐와 생태사회 형성이라는 두 목표를 기본소득을 통해 달성하고자 했다(권정임 외, 2020: 94~95).[71] 그는 자본주의 사회의 근본적 문제가 정확히 무엇인지를 탐구하는 데 열정을 쏟았다. 마르크스의 『자본론』을 꼼꼼히 읽었고, 자본주의의 과거 및 현재의 폐단을 비판적으로 검토하는 한편 자본주의에 대한 윤리적 비판까지 성찰했다. 1981년에는 나중에 '9월 그룹(the September Group)'으로 알려진 마르크스주의에 대한 분석적 연구 모임에 참여했는데, 판 파레이스는 "급진좌파가 추구하는 가치에 대한 열정적 헌신과 강

---

71) 판 파레이스의 초기 기본소득론과 생태사상에 대해서는 권정임(2013)을 참고할 것.

고한 지적 엄격성을 결합하려는 그룹의 야심과 연례 모임에서 받은 엄청난 자극"이 자신에게 큰 영향을 미쳤다고 밝히고 있다(Van Parijs, 1995/2016: 18).[72)]

판 파레이스는 1986년에 발표한 논문 "자본주의를 통한 공산주의로의 경로(A Capitalist Road to Communism)"에서 마르크스가 이상적인 공산주의 사회의 분배 원리로 제시한 "능력에 따라 일하고 필요에 따라 분배받는 사회(From each according to his abilities, to each according to his needs)"는 사회주의 혁명을 통해서는 달성할 수 없고, 오히려 자본주의 사회에서 보편적이고 무조건적인 기본소득을 도입함으로써 달성할 수 있다고 주장한다(Veen, Robert, & Van Parijs, 1986). 그는 사회주의 분배 원리인 '노동에 따른 분배'는 '착취(exploitation)'의 철폐를 지향하나, 이상적인 공산주의 분배 원리는 '노동 소외(alienation)'의 철폐를 지향한다고 주장한다. 소외의 철폐를 위해서는 모두의 기본적 필요(basic needs)가 충족되어

---

72) 판 파레이스는 『모두에게 실질적 자유를』의 초기 원고 대부분을 '9월 그룹' 멤버들이 비판적으로 검토해주었다고 밝히고, 9월 그룹의 당시 멤버들과 이전 멤버들에게 감사의 뜻을 밝힌다(Van Parijs, 1995/2016: 18).

야 하며, 각자의 몫은 그가 기여한 노동과는 전적으로 무관해야 한다는 것이다.

소련과 동구권 사회주의의 붕괴가 일어나기 몇 년 전 발표한 이 논문에서 그는 공산주의 이행을 위해서는 사회주의의 경로가 필요하다는 주장을 이론적, 경험적으로 반박한다. 그리고 필요에 따른 분배를 달성하는 수단으로 보충형 급여에 의한 최저소득 보장과 보편적이고 무조건적인 기본소득(기본적 필요의 대리변수라 할 수 있는 연령과 장애의 정도에 따라서만 그 수준에 차등을 두는)의 두 후보를 비교, 검토한다. 그는 윤리적 정당성과 경제적 실현가능성 양 측면에서 후자를 선택해야 함을 논증한다.

그는 보충형 급여에 의한 최저소득 보장(a make-up guaranteed income)은 수급자에게 낙인(stigma)을 주며 실업 함정(unemployment trap)에 빠뜨릴 것임을 지적한다. 아무도 보장소득 이하의 일은 하려고 하지 않게 되어 보장소득의 수준이 올라갈수록 더 많은 자발적 실업자를 양산한다는 것이다. 각 개인의 선택은 일을 아주 많이 하거나(높은 세금을 내고 난 후에도 보장소득보다 충분히 더 많은 세후소득을 올릴 수 있도록) 아니면 아예 일하지 않는 것의 양자택일로 국한되고, 이에 따라 사회는 일에서 배제된다고 느끼는 사람들과 자신들이 모든 부담을 진다고 느끼는 사람들로 양분된다는 것이다.

반면에 무조건적 기본소득을 받게 되면 사람들은 어떤 일을 하든 소득이 추가로 늘어나게 되므로 유급 노동이 지금보다 훨씬 더 늘어나게 된다. 판 파레이스는 이 경우 과잉 노동을 하면서 자신이 놀고먹는 사람들을 위해 착취당한다고 느끼는 사람들과 노동에서 배제되었다고 느끼는 실업자 간의 긴장도 없을 것이라고 주장한다. 따라서 모두에게 무조건적인 기본소득을 주는 것이 보충형 급여를 필요로 하는 사람들에게만 지급하는 것보다 더 싸고 더 현실적일 수 있다는 것이다.

그는 이러한 분석의 바탕 위에서 자본주의 사회가 '필요에 따른 분배'를 하는 이상적인 공산사회로 나아가기 위해서는 보편적으로 지급하는 보장소득의 수준을 최대한 끌어올려야 한다고 주장한다. 나아가 그는 기본소득의 수준을 최대화하는 것이 최소수혜자에게 최대의 혜택을 부여하는 한에서만 불평등한 분배가 허용된다는 롤스의 '차등의 원칙(difference principle)'에 의해 정당화된다고 본다. 시장 소득이 없는 사람을 최소수혜자라고 본다면, 가능한 한 최대의 기본소득을 모두에게 지급하는 것이 차등원칙을 실현하는 길이며, 평등과 효율성을 통합하는 방식이라는 것이다.

이상에서 판 파레이스가 초기 저작에서 마르크스주의를 재해석하면서 좌파가 사회주의를 고집할 필요 없이 사회주의에 대한 급진적 대안으로서의 기본소득을 주창한 것을 보았다. 그런데 판 파레이스가 기본소득 수준을 결정하는 네 가지 기준을 비교하면서 마르크스의 기준보다 롤스의 기준을 선호하는 입장을 보인 것은 시사적이다.[73] 즉, 그의 정치철학적 입장은 자유주의 내지는 자유주의적 평등주의 전통에 뿌리박고 있다. 그는 점차 자신의 자유주의적 평등주의의 정치철학을 '실질적 자유지상주의'라는 이름으로 이론 체계를 정립해 기본소득을 옹호하는 윤리적 근거를 제공했다.

『모두에게 실질적 자유를』

하나, 우리가 살고 있는 자본주의 사회는 용납할 수 없는 불

---

73) 여기서 마르크스의 기준이란 기본소득이 모두의 기본적 필요를 충족하는 수준 아래로 떨어지지 않는 조건 하에서 상대적 수준(총소득에서 차지하는 비율)을 극대화하는 것이며, 롤스의 기준이란 차등의 원칙이 함축하는 최소극대화의 원칙에 따라 기본소득의 절대적 수준을 극대화하는 것이라고 규정한다.

평등으로 가득 차 있다.

둘, 자유는 최고로 중요한 것이다.

1995년 출간한 판 파레이스의 저서 『모두에게 실질적 자유를』의 부제는 "무엇이 과연 자본주의를 정당화할 수 있는가?"다. 그는 서문에서 "이 책에서 가장 중심이 되는 과제는 자유지상주의의 도전, 즉 저 두 확신(위에 인용한 두 문장)들이 상호배타적이라거나 혹은 자유를 진정으로 추구한다면 오늘날 세계에서 일어나고 있는 대다수의 불평등을 인정해야 한다는 주장에 대한 적절한 대답을 제시하는 것"이라고 밝히고 있다(Van Parijs, 1995/2016: 21). 즉 실질적 자유지상주의로 자유지상주의를 반박하는 것이 판 파레이스의 주된 목적이었다. 한국어판 서문에서 한국의 독자들에게 준 다음 메시지는 그의 의도를 명확히 보여준다.

신자유주의적 세계, 하이에크가 창조에 일조한 그 세계에 대항하는 급진적 대안을 제대로 제시하기 위해 우리는 하이에크의 조언에 귀 기울일 필요가 있다. 우리는 지적 우위를 긴급히 회복할 필요가 있다. 이를 위해서는 근시안적 저항을 넘어서는 담대한 비전을 분명히 하고, 신뢰가 떨어진 사회주의나 사회민주주의를 얼기설기 이어 붙이려고 하지 않아야 한다. 또한 유토피아 사회주의자들의 해방적 열망에 활력을 불어넣으며, 우리 시대의 도전에 대해 힘 있게, 매력적으로, 자유에 우호적인(freedom-friendly) 방식으로, 동원력을 갖고 반응할 필요가 있다. 이것이 바로 이 책이 기여하고 싶은 공동체적 과제이자 세계적 과제다(Van Parijs, 1995/2016: 14).

판 파레이스는 1995년에 출간된 이 책 초고의 상당 부분을 1985년에 『자본주의의 문제는 (있다면) 무엇인가?[What (if Anything) is Wrong with Capitalism?]』라는 제목으로 정리한 바 있다. 그러나 당시로부터 판 파레이스의 세 가지 지적 발전이 『모두에게 실질적 자유를』의 완성을 지연시켰다. 첫째, 그는 신자유주의적 사고, 무엇보다도 자본주의에 대한 자유지상주의적 옹호를 진지하게 취급해야 한다고 확신하게 되었다. 둘째, 실업 문제에 대처하는 급진적 전략을 고찰한 결과 기본소득이 자본주의의 문제를 제기하는 데 있어 아주 적절하고 중요하다는 확신을 갖게 되었다. 셋째, 그는 정의(justice)의 개념을 명확히 할 필요를 느낌에 따라 자유주의적 정의론을 불안정하게 만드는 몇 가지 난제들을 파고들게 되었다.

실질적 자유지상주의

『모두에게 실질적 자유를』 제1장에서 판 파레이스는 자유의 중요성을 강조한 후 자유로운 사회가 자본주의, 혹은 사회주의 사회여야 하는지를 묻는다.

먼저 순수 사회주의 옹호론에서 "(최대한으로) 자유로운 사회는 (최대한으로) 민주적인 사회"라고 하는 주장과 이에 근거해 철저히 민주적인 형태의 집단주의나 공적 소유를 정당화하는 것이 타당한지를 비판적으로 검토한다. 그는 '각자 자신의 코를 긁을지 말지를 스스로 결정할 수 있는 사회'와 '완전히 민주적인 방식으로 코를 긁는 것을 허용할지 여부를 함께 결정하는 사회'를 예로 들면서 민주적인 사회가 자유로운 사람들의 사회와 일치하지 않음을 지적한다. 이 비유를 통해 판 파레이스는 자유사회에서는 자기 자신에 대한 사적 소유권과 외부 대상에 대한 사적 소유권, 즉 재산권이 요구됨을 주장한다.

순수 자본주의 옹호론에서는 자유지상주의자인 노직이 말하는 사적 소유권의 무제한성과 불가침성 주장에 대해 '원초적 전유'를 정당화할 기준의 모호성을 지적한다. 원초적 전유란 이전에 소유되지 않은 외부 대상에 대한 정당한 전유를 말하는데, 가령 자연 자원이나 지구의 구성

요소 등을 먼저 접수한 사람의 소유로 볼 것인지, 인류의 공동 소유로 볼 것인지의 문제다. 이어서 그는 자유지상주의의 모순을 다음의 예를 들어 지적한다. 가령 어떤 한 사람이 하나의 섬을 소유하는 일이 일어났는데 그 섬을 떠나는 일이 어렵거나 비용이 많이 든다면, 그 소유자는 그 섬의 다른 거주자들에게 자신이 원하는 어떤 조건이든 부과할 수 있게 된다. 그들은 혹독하게 장시간 노동을 해야 하거나 그들의 종교를 포기하거나 새빨간 속옷을 입어야 할 수도 있는데, 이런 사회를 자유사회라고 할 수는 없다는 것이다(Van Parijs, 1995/2016: 44~45).

판 파레이스는 소위 '소극적 자유', 혹은 '~으로부터의 자유'와 '적극적 자유', 혹은 '~을 할 자유'의 구분이 큰 의미가 없다고 주장한다. 일반적으로 개인의 주권으로서의 자유는 어떤 방해 요인으로부터의 자유인 동시에 어떤 활동을 수행할 자유이며, 자유의 방해 요인에 강조점을 두느냐 자유의 행사에 강조점을 두느냐에 따른 동전의 양면이라는 것이다. 판 파레이스는 자유란 "하고 싶어 하는 것뿐만 아니라 하고 싶어 할 수도 있는 것을 방해받지 않고 할 수 있는 것"이라고 주장한다. 가령 순응적으로 길들여져 만족하는 노예는 자신이 하고 싶어 하는 것을 방해받지 않을 수 있으나, 자신이 하고 싶어 할 수도 있는 것을 방해받지 않는다고 할 수 없으므로 자유롭다고 할 수 없다.

그렇다면 자유를 제한하는 것, 또는 자유의 방해 요인은 무엇인가? 자유로운 사회의 특징은 무엇인가? 자유지상주의자들은 자유를 제한하는 요인으로 강제력에 의한 권리 침해와 함께 자기 소유권에 대한 침해를 든다. 그러나 판 파레이스는 '권리 보장'과 '자기 소유권'이 자유를 위해 필요하기는 하지만 충분하지는 않다고 주장하며 자유의 세 번째 요소로 '기회'를 제시한다. 그는 형식적 자유와 실질적 자유를 구분한다.

프리드리히 하이에크(Friedrich Hayek)에 따르면, "비록 나 자신이나 내 가족이 굶어 죽을지도 모르기 때문에 매우 낮은 임금을 주는 불쾌한 직업을 받아들일 수밖에 없다고 하더라도, 또 나를 고용할 의향이 있는 바로 그 사람에 의해 내가 '좌지우지된다'고 하더라도, 나는 그나 다른 어느 누구에 의해서도 강제되고 있지 않으며," 따라서 자유가 없다고 할 수도 없다(Van Parijs, 1995/2016: 58에서 재인용).

판 파레이스에 의하면 이러한 자유는 형식적 자유일 뿐이며 실질적 자유라고 할 수 없다. "내가 굶어 죽는 것 이외에는 다른 대안이 없거나 혹은 형편없는 직업을 받아들이는 것 말고는 다른 대안이 없다면, 나는 실제로는 그 직업을 거부할 자유가 없기 때문"이다. 또 "내가 만일 무일푼이라면, (비록 어떤 개인이나 제도도 세계일주 유람선을 타는 것을 제한하고 있지 않지만) 나는 실제로는 유람선 여행을 할 자유가 없다"(Van Parijs, 1995/2016: 59). 따라서 실질적 자유는 권리 보장과 자기 소유권에 더해 물질적 수단을 포함한 '기회'까지 구현되어야만 한다는 것이다.

형식적 자유와 달리 실질적 자유, 혹은 하고 싶어 할 수도 있는 일은 무엇이든 할 수 있는 실질적 자유는 단지 정도의 문제일 뿐이다. 그러므로 자유사회의 이상은 그 구성원들 모두가 형식적인 자유를 넘어서서 실질적으로 자유로운, 혹은 가능한 최대한 실질적으로 자유로운 사회여야 한다. 즉, 자유로운 사회는 권리 보장, 자기 소유권과 기회의 축차적(혹은 순차적) 최소극대화 원칙의 세 조건을 만족시키는 사회다(Van Parijs, 1995/2016: 62).

'기회의 축차적 최소극대화'(leximin opportunity) 원칙이 말하는 바는 다음과 같다. "자유로운 사회에서 최소의 기회를 가진 사람은 여타의 실행 가능한 임의 제도 아래서 최소기회자가 누리는 것보다 더 적지 않은 기회를 가진다. 최소기회자에게 같은 정도의 기회가 주어지는 또 다른 실행 가능한 제도가 존재하는 경우, 자유사회에서 두 번째로 적은 기회를 가진 사람은 다른 제도 하에서 두 번째로 적은 기회를 가진 사람이 누리는 것보다 더 적지 않은 기회를 가진다 … 는 식이다”(Van Parijs, 1995/2016: 63).

판 파레이스의 ‘기회의 축차적 최소극대화’ 원칙은 롤스의 차등원칙(difference principle)이 말하는 최소수혜자에 대한 최대의 혜택, 또는 최소극대화 원칙을 원용한 것으로 보인다. 롤스는 공정한 기회균등의 조건하에서 불평등이 효율성을 증진시켜 최소수혜자를 비롯한 모두에게 이익이 된다면 그러한 불평등은 정의롭다고 한다. 판 파레이스에게 자유로운 사회란 형식적 자유의 보호를 전제로 하여 “실질적 자유를 축차적으로 최소극대화하는 사회, 혹은 개략적으로 말해 모두를 위한 실질적 자유를 실현한 사회”라고 간략히 말할 수 있다. 이렇게 자유로운 사회를 정의로운 사회로 파악하는 견해를 ‘실질적 자유지상주의’로 명명한다.

판 파레이스는 단순한 평등주의(straightforward egalitarianism) 또는 무제한적인 평등주의(unqualified egalitarianism)로부터 이탈한다. 먼저 실질적 자유지상주의는 형식적 자유를 평등 정책의 시행을 위한 제약 조건으로 부과한다. 둘째, 실질적 자유지상주의는 소득이나 선택된 복지의 결과보다는 기회 혹은 실행 가능한 기회의 집합에 초점을 둔다. 또한 실질적 자유지상주의자는 최소기회자가 더 큰 기회를 가질 수 있는 반면 어느 누구도 현재보다 더 빈곤하게 되지 않는 또 다른 실행 가능한 제도가 지목될 수 있는 한 현 제도에 안주하지 못한다.

실질적 자유지상주의는 모든 이의 이해관계에 대한 동등한 관심을 좌파 자유주의나 자유주의적 평등주의와 공유한다. 판 파레이스는 이를 '연대적(solidaristic) 정의관'이라고 표현한다. 또한 실질적 자유지상주의는 중립성, 즉 정의로운 사회가 좋은 삶에 대한 특정 개념에 기반해 규정되어서는 안 된다는 견해를 자유지상주의 및 자유주의적 평등주의와 공유한다. 한편 실질적 자유지상주의는 자유, 평등과 더불어 효율성에도 중요성을 부여하는 시도라고 볼 수 있다. 평등과 효율성은 기회의 축차적 최소극대화 원칙 안에서 결합된다. 그러므로 실질적 자유지상주의는 오늘날 자본주의 사회가 용납할 수 없는 불평등으로 가득 차 있으며, 또한 자유가 최고로 중요한 것이라는 이 책의 두 출발점을 화해시킬 가능성을 담고 있다. 이어서 그는 실질적 자유지상주의가 요구하는 제도로서의 기본소득을 논한다.

지속 가능한 최고의 기본소득

실질적 자유가 권리뿐만 아니라 수단의 문제라면 사람들의 소득이 매우 중요하다. 따라서 판 파레이스는 모두를 위한 실질적 자유는 무조건적 기본소득을 요구한다고 주장한다. 기본소득의 '기본'은 기본적 필요개념과 관련된 것이 아니라 다른 모든 소득들이 그것에 덧붙여질 수 있다는 의미다.

판 파레이스는 가장 적은 실질적 자유를 가진 사람들의 실질적 자유가 극대화되려면 기본소득은 한 최고의 수준에서 정해져야 한다고 주장한다. 여기서 지속 가능성은 유인 효과와 생태 효과 양자를 모두 고려하는 것이다. 즉, 기본소득의 수준을 높이려고 너무 높은 세율을 부과하면 경제적 유인이 저하되어 지속 가능성이 위협받기 때문에 다음 세대가 현 세대보다 더 살기 나빠지지 않도록 자원 고갈의 속도를 늦추는 것이 요구된다는 것이다.

그는 무조건적 '기본소득'과 조건부 '최저소득보장제도(minimum guaranteed income scheme)' 간의 차이를 다음과 같이 설명한다. 최저소득보장제도는 적절한 직업이나 직업 훈련의 제공을 조건으로 하고, 다른 원천으로부터 충분한 소득을 올릴 수 없음을 입증하는 자산 심사(means test)를 통과해야 하며, 수혜 자격과 급여액이 가계 상황(누구와 함께 사는지)과 거주지(대도시나 교외, 또는 시골에 사는지)에 따라 달라진다. 이에 반해 기본소득은 위와 같은 조건들의 충족 여부와 무관하게 사회의 모든 구성원에게 동등하게 지급되는 보장된 최저소득이다. 즉, 기본소득은 누군가 일할 의향을 갖고 있지 않더라도, 그가 부자이든 가난하든, 그가 누구와 함께 살고, 그 나라의 어떤 지역에 살든지 상관없이 사회의 완전한 구성원 각자에게 정부가 지급하는 소득이다. 따라서 기본소득은 누구나 안전하게 기댈 수 있고, 한 평생 확고하게 의지할 수 있고, 현금이든 현물이든, 노동으로부터이든 저축으로부터이든, 시장으로부터이든 국가로부터이든, 여타의 다른 소득이 그것에 정당하게 덧붙여질 수 있는 물질적 기반을 우리가 가진다는 것을 의미한다.

판 파레이스는 기본소득의 수준이 품위 있는 삶에 필요한 것으로 간주되는 것에 못 미칠 수도 있고 그것을 초과할 수도 있다고 하면서, 기본소득이 기본적 필요를 충족하지 못할 경우에는 현존하는 조건부 최저소득보장제도나 소득보장 사회보험과 장애인 보상제도들을 유지해야 할 것임을 시사한다.

조건부 최저소득보장제도가 요구하는 첫째 조건, 즉 직

업이나 직업 훈련을 수용할 의향이 있는 사람에게만 수혜 자격을 제한하는 것은 시간 사용을 제한하는 것이므로 실질적 자유에 대한 명백한 제한이라고 할 수 있다. 기본소득은 임금 노동이나 직업이 중심이 되는 삶을 그만두게 하려는 것이 아니라 다른 선택을 할 기회를 주는 것이다.

두 번째, 즉 자격 심사 여부는 (사전적인) 기본소득과 (사후적인) 부의 소득세(negative income tax scheme) 사이의 선택과 관련된다. 두 제도가 최종소득, 또는 조세 및 이전 소득 이후의 가처분소득(post-tax-and-transfer income)의 동일한 분배를 달성할 수 있기 때문에 흔히 부의 소득세는 기본소득의 사촌이라고도 한다. 그런데 판 파레이스는 실질적 자유의 축차적 최소극대화라는 관점에서 자산 심사의 부재는 기본소득에 결정적인 이점을 제공해준다고 본다. 소득세 제도는 수급 자격을 결정하기 위한 자산 심사에 소요되는 시간 지연을 막으려면 선불금 제도를 도입해야 한다. 그러나 이에 대한 무지나 번거로운 절차 때문에 선불금을 요구하지 못할 수도 있다. 또 선불금 제도의 운영에 따른 행정 비용의 문제도 추가된다.

끝으로 가계 상황과 거주지에 영향을 받아서는 안 된다는 요건도 실질적 자유에 중요한 영향을 미친다. 물론 혼자 사는 경우 여럿이 살 때보다 필요한 것이 더 많고, 대도시에서 살 때 시골에서 사는 것보다 더 많은 소득을 필요로 한다. 그러나 실질적 자유지상주의자가 관심을 가지는 것은 기본소득 수혜자가 자신의 삶의 방식을 유지하기 위해 필요로 하는 것이 아니라 자신이 하고 싶어 할 수도 있는 것을 할 실질적 자유다. 그러므로 공동체 안에 사는 누군가가 혼자 살기를 원할 수도 있고, 교외의 거주자들이 도시에서 살기를 원할 수도 있다고 가정하면, 현재의 가계 상황과 거주지에 상관없이 균등하고 차별 없는 기본소득이 주어져야 한다는 것이다.

다음으로 판 파레이스는 기본소득을 현금으로, 또는 현물로 지급할 것인지를 논한다. 그는 소비 선택의 자유 차원에서 현금 지급의 장점이 있지만, 다음 세 범주에서 실질적 자유지상주의와 모순되지 않는다면 현물로 주어질 수도 있다고 말한다. 첫째는 형식적 자유의 요건을 보장하는 데 필요한 경찰, 법원, 군대와 민방위 등 사회의 구성원 각자에게 정당하게 제공될 수 있는 서비스들이다. 둘째는 교육, 사회 기반 시설 등 긍정적인 외부 효과를 기대할 수 있는 것들이다. 셋째는 쾌적한 공기, 깨끗한 물 등 환경재들이다.

판 파레이스는 지불이 현물로 이루어지든 현금으로 이루어지든 실질적 자유가 정기적인 소득의 지속적인 무조건적 지급으로 최소화되는지, 아니면 어떤 초기 시점에서 부의 무조건적인 이전을 통해 극대화되는지를 묻는다. 다시 말해 평생에 걸친 정기적인 기본소득이냐, 청년기의 일회적인 기본자산이냐의 문제다. 그는 사람들의 실질적 자유에 대한 온건한 온정주의적인 관심에 입각해 일생동안 기본소득을 정기적인 연속적 지급의 형태로 분배하는 것이 합리적이라고 결론을 내린다.

다음으로 판 파레이스는 사람들 간에 재능과 같은 내적 자원의 차이가 날 때 기본소득만으로 실질적 자유를 보장할 수 있는가를 묻는다. 내적 자원의 차이가 큰 장애인의 경우 기본소득만으로 기회를 극대화하기 힘들기 때문이다. 그러나 여러 가지 내적 자원의 차이에 대해 다 보상하는 것은 다양한 문제에 봉착하게 됨을 지적한 후 내적 자원의 불평등을 판단하고 보상하는 기준으로 '비우월적 다양성'(undominated diversity)을 제시한다. 만약 모든 사람이 B보다 A의 내적 자원(또는 포괄적 부존자산)을 갖기를 더 선호한다면 A의 내적 자원은 B의 내적 자원보다 우월하다고 할 수 있다. 비장애인의 내적 자원에 대한 우월성이 확실히 확인되는 경우, 장애인에 대한 기본소득 이외의 추가적인 보상은 정당하다는 것이다.

기본소득과 노력-소득의 상관관계

기본소득에 대한 가장 큰 윤리적 비판은 노동의 가치를 무시하며, 일하지 않는 사람들에게 일하는 사람들의 성과를 이전하는 '무임승차', 나아가서 '착취'에 다름 아니라는 것이다. 판 파레이스는 롤스의 차등 원칙이 일하지 않는 자, 또는 여가 선호자에 편향된 정책이라는 비판이 있었음을 설명하면서 이에 대한 로널드 드워킨(Ronald Dworkin)의 대안을 소개한다. 드워킨은 일하기 좋아하는 사람에게 더 많은 토지를 전유하게 하고 게으른 사람에게 그 토지의 가치에 상응하는 보조금을 지급하는 것이 가장 공정하고도 효율적인 분배 방법이라고 본다. 판 파레이스는 이러한 예를 통해 노동과 무관한 소득이 가능할 뿐만 아니라 바람직할 수 있음을 말한다.

판 파레이스는 외적 자원들의 가치에 대한 평등한 분배를 위해서는 모든 상속 증여자산에 100%의 과세를 통해 기본소득으로 분배해야 하나, 실질적 자유지상주의는 지속 가능성 등의 이유로 이러한 몰수적 조세 제도를 지지하지 않는다고 말한다. 또한 현실적으로 상속 증여세가 총세수에서 차지하는 비중이 낮아 기본소득의 재원으로 충분하지 않음을 지적한다. 프랑스의 경우 매년 상속 증여

자산의 총 가치는 GNP의 3% 이하며, 상속 증여세의 총 세수는 GNP의 0.25%에 불과하므로 기본소득의 재원으로는 턱없이 부족하다는 것이다.

판 파레이스는 고용지대(employment rent)를 기본소득의 주요 재원으로 제시한다. 즉, 공급이 부족한 좋은 일자리의 전유에서 발생하는 초과수익을 고용지대로 간주하는 것이다. 일자리 자산의 지대에 대한 과세 차원에서 임금 소득자뿐 아니라 자영업자의 사업 소득, 그리고 자본 소득에까지 과세해 지속 가능한 최고 수준의 기본소득의 재원으로 사용하자는 것이다.

판 파레이스는 자신의 제안이 노동의 권리를 소득에 대한 권리로 대체하는 것이라는 비판을 인지한다. 유급 노동은 사회적인 접촉, 만족감을 주는 활동, 사회적 인정, 그리고 노동 없는 보수로는 얻을 수 없는 사회적 권력의 기회를 제공해 주는데, 이러한 기회는 실질적 자유의 중요한 구성 요소가 된다는 비판이다. 이에 대해 판 파레이스는 이런 이유들로 일자리를 갖는 것이 매우 중요하다고 생각한다면 일자리 자산의 가치는 더욱 증가할 것이며, 임금에 과세함으로써 획득할 수 있는 기본소득의 수준을 더욱 높일 것이라는 점을 지적한다. 또한 고용지대가 완벽하게 균등화된다고 하더라도 모든 이가 일자리를 갖게 되지는 않겠지만, 일자리를 갖고 싶은 사람은 누구나 갖게 될 것이라는 점을 강조한다. 실질적 자유지상주의의 관점에서 중요한 것은 사람들이 일을 해야 한다는 것이 아니라 일을 할 실질적 기회가 존재해야 한다는 것이다.

그리고 기본소득은 표준적인 최저소득 보장제도와 달리 임금 노동이나 자영업을 통해 추가 소득을 벌 때도 계속 지급되기 때문에 노동할 실질적 권리가 신장된다. 기본소득을 받으면 자영업을 포함해 유급 노동을 할 기회가 오히려 늘어나며 기본소득 금액이 높을수록 더 마음에 드는 일자리를 선택할 협상력이 높아진다. 따라서 기본소득이 노동할 권리를 무시하고 이를 소득의 권리로 대체한다는 비판은 사실이 아니라는 것이다.

다음으로 판 파레이스는 그의 기본소득론이 일하지 않고 온종일 파도타기만 하는 사람들(surfers)에게 너무 관대하며, 이는 타인의 노동의 성과에 대한 착취를 정당화하는 것이라는 반론을 검토한다.[74] 그는 노동자가 전체 생

---

74) 롤스는 1971년 당시 새로운 정책 아이디어로 떠오르고 있던 부의 소득세(negative income tax)를 분배정의를 실현하는 제도의 하나로 거론했다(Rawls, 1971/2001: 243). 그러나 롤스 자신은 후에 기본소득에 대해 반대 입장을 밝혔다. 롤스는 "하루 종일 말리부 해안에서 서핑을 즐기는 이들은 그들 스스로를 부양하는 길을 찾아야 하며 공

산물의 창조자는 아니라는 점을 지적한다. 노동가치만을 인정하면 비옥도가 전혀 다른 토양에 같은 양의 노동을 투입했을 때의 불균등 생산으로 인한 불평등을 정당화한다는 결과가 된다. 따라서 '소득이 노동 또는 노력에 정확히 비례해야 한다'는 요구는 기본소득과 양립할 수 없으나, 이러한 요구는 노동만이 가치를 창출한다는 잘못된 전제에 입각하고 있을 뿐만 아니라 생산 노력이 과도하게 보상될 수 있으며, 생산 노력에 참여하는 기회의 불평등을 고려할 때 정당성을 상실한다는 것이다.

그는 기본소득이 '응분의 몫'에 대한 보상의 원리와 모순되지 않는다고 주장한다. 응분의 몫에 대한 보상은 노력과 소득에 대한 긍정적인 상관관계를 요구하는데, 기본소득은 노력과 소득의 상관관계를 강화할 수 있다는 것이다.

『21세기 기본소득』

정치학자 야니크 판데르보흐트(Yannick Vanderborght)

적 자금을 지원받을 권한이 주어질 수는 없다"고 했다(Van Parijs & Vanderborght, 2018: 264, 307~308 주35 에서 재인용).

와 2017년 공저로 출판한 『21세기 기본소득』에서 판 파레이스는 기본소득의 철학적 옹호를 넘어서서 기본소득을 정치적으로 실현하기 위해 필요한 여러 쟁점들을 검토한다. 그는 이 책 제1장 "자유의 도구: 무조건적 기본소득의 중심논리"와 제5장 "윤리적으로 정당화할 수 있는가?: 무임승차 vs. 공정한 몫"을 기본소득의 정당성 옹호에 할애한다.

무임승차론에 대해서는 놀고먹는 사람의 문제보다는 유급 노동자들(주로 남성)의 가사 노동, 돌봄 노동 등 무급 노동자(주로 여성)의 생산적 노동에 대한 무임승차 문제가 더 광범위하고 심각함을 지적한다. 따라서 무임승차를 걱정한다면 아무 일도 하지 않고 돈만 받아가는 일부가 아니라, 필수적인 노동을 많이 하고서도 아무런 소득도 얻지 못하는 무수한 사람들을 걱정해야 하며, 기본소득은 노동에 따라 소득이 분배되어야 한다는 원리의 실현을 돕는다는 것이다(Van Parijs, 2017/2018: 249~250).

다음으로 판 파레이스는 모두의 몫이라고 할 수 있는 공동 유산을 근거로 기본소득의 정당성을 주장한다(금민, 2020). 그는 노벨 경제학상 수상자인 허버트 사이먼(Herbert Alexander Simon)을 인용하면서 우리가 벌어들인 것 중 대부분은 과거로부터 축적된 지식과 조직, 사회적 자본 등 우리의 노력과는 아무 관련도 없는 여러 외부 효과에서 생긴 것임을 지적한다. 우리는 이러한 공동 유산을 사실상 선물로 받아 이용할 수 있지만, 그 정도는 아주 불평등한 실정이므로 모두의 몫을 모두에게 돌려주기 위해 기본소득이 필요하다는 것이다. 따라서 정확히 말해 기본소득은 '공정한 분배'이지 '공정한 재분배'가 아니다(Van Parijs, 2017/2018: 255-257).

『21세기 기본소득』은 기본소득의 재원조달과 경제적 지속 가능성(제6장)과 정치적 실현 가능성(제7장)을 중요하게 다루며, 국민국가 차원뿐만 아니라 지구 기본소득 등 다양한 공간적 범위에서의 기본소득의 가능성에 대한 논의도 포괄한다.

판 파레이스는 기본소득의 재원을 조달하는 가장 확실한 방법은 근로소득을 포함한 개인소득세임을 강조한다. 그런데 기본소득 옹호자들 가운데에는 공유부를 토지와 자연 환경 등으로 좁게 해석해 토지보유세, 탄소세 등을 기본소득의 주요 재원으로 제시하는 한편 노동 소득 과세에는 부정적인 입장을 취하기도 한다. 또한 일부 좌파 이론가들은 고용지대를 주요 재원으로 하는 판 파레이스의 기본소득 이론은 친자본-반노동의 우파적 기획이라고 비판한다(김창근, 2020). 그런가 하면 기존 복지국가에 비판적인 일부 신자유주의자들은 기본소득이 좌우의 대타협을 가능하게 할 수도 있는 제도라고 환영하기도 한다(Murray, 2008).

필자는 개인소득세가 기본소득의 가장 중요한 재원이 되어야 한다는 판 파레이스의 주장에 동의한다(유종성, 2018).[75] 하나의 예를 들어보자. 2018년 한 해 동안 한국의 연예인들이 벌어들인 원천징수 사업소득(인적용역에 대한 지급액)을 보면 상위 1%의 가수들은 평균 34억4700만원을 벌었고, 상위 10% 가수의 평균 소득은 6억 원 가까이 되는데, 하위 90%에 속하는 대다수의 가수들의 소득은 480만 원, 즉 월 평균 40만 원에 불과하다(유종성, 2021). 이처럼 큰 소득격차는 노동 또는 기여에 따른 응분의 몫의 차이로 정당화되기 어려우며, 소득세와 기본소득 급여를

---

75) 필자는 기본소득의 재원으로 개인소득(근로소득, 사업소득, 금융소득 등)뿐 아니라 법인소득, 자본이득(부동산과 주식 등의 양도차익) 등의 소득세와 토지보유세, 부유세 등의 재산세, 그리고 부가가치세 등 소비세가 모두 활용될 수 있으며, 소득세의 비중이 매우 낮은 한국의 경우 소득세의 정상화가 우선적인 재원이라고 주장한다. 또한, 증세 외에 경제예산의 비중이 너무 높은 발전국가형 예산 구조를 탈피하는 재정지출 구조 개혁으로 상당한 재원을 마련할 수 있음을 주장한다(유종성, 2018).

통해 지나친 소득 격차를 줄이는 것은 반노동도 친자본도 아니라고 할 수 있다.

끝으로 기본소득의 정치적 실현가능성 논의에서 한국은 세계의 주목을 끌고 있는 곳 중의 하나다. 여야의 유력 정치인들 중에 기본소득, 또는 안심소득이나 공정소득 등의 이름으로 부의 소득세 도입을 주장하고 있는가 하면 이를 반대하는 이들도 있다. 필자는 사회보험 위주의 소득보장제도가 산업자본주의 황금기의 완전고용과 남성 생계부양자 시대에는 비교적 잘 작동했지만, 탈산업화와 표준 고용관계의 해체 및 불안정 저소득 노동자의 증가로 21세기에는 그 정합성을 상실해가고 있으며, 제4차 산업혁명으로 이러한 추세가 가속화될 것을 고려하면 기본소득을 중심으로 하는 소득보장제도의 개혁이 세계적으로 요청된다고 본다. 특히 노동 시장과 사회보장 모두 이중 구조가 강한 한국에서는 더욱 시급히 요구된다고 믿는다(유종성, 2020). 『21세기 기본소득』 한국어판 서문의 마지막 문단을 인용하는 것으로 이 글을 맺는다.

> 기본소득이 가장 먼저 도입될 나라가 어디일지는 예견할 수가 없다. 그 나라는 사상가들, 활동가들, 정책가들, 용기와 지성을 겸비한 정치가들 사이에 아주 효율적인 협업이 생겨

날 수 있는 나라여야만 할 것이다. 대한민국이 과연 그런 나라가 될 수 있을 것인가?(Van Parijs, 2017/2018: 8)

참고문헌

권정임(2013). 판 빠레이스의 초기 기본소득론과 생태사회. ≪시대와 철학≫, 24권 1호, 7～46.

권정임 · 곽노완 · 강남훈(2020). 『분배정의와 기본소득』. 진인진.

금민(2020). 『모두의 몫을 모두에게』. 동아시아.

김창근 (2020). 좌파 자유지상주의의 공산주의와 기본소득 이론에 대한 비판적 평가: 친자본 - 반노동적 성격 비판. ≪마르크스주의 연구≫, 17권 3호, 71～105.

유종성(2018). 기본소득의 재정적 실현가능성과 재분배효과에 대한 고찰. ≪한국사회정책≫, 25권 3호, 3～35.

유종성(2020). 왜 보편적 기본소득이 필요한가?: 기본소득을 중심으로 하는 사회보장. ≪동향과 전망≫, 110호, 60～113.

유종성(2021). 분배정의와 기본소득. 김을식 외. 『공정사회를 만드는 새로운 복지』. 시공사.

Murray, C.(2008). Guaranteed income as a replacement for the welfare state. *Basic Income Studies, 3(2),* 6.

Rawls, J.(1971/2001). *A theory of justice*. Cambridge, MA: Harvard University Press.

Veen, V., Robert J. V., & Van Parijs, P.(1986). A capitalist road to communism. *Theory and Society, 15,* 635～655.

Simon, H. A.(2000). *A Basic Income for All: UBI and the Flat Tax.* Boston Review, https://bostonreview.net/forum_response/herbert-simon-ubi-and-flat-tax/

Van Parijs, P.(1995). *Real freedom for all: What (if anything) can justify capitalism*. 조현진 옮김(2016). 『모두에게 실질적

자유를』. 후마니타스.

Van Parijs, P. & Vanderborght, Y.(2017). *Basic income: A radical proposal for a free society and a sane economy*. 홍기빈 옮김(2018). 『21세기 기본소득: 자유로운 사회, 합리적인 경제를 향한 거대한 전환 』. 흐름출판.

경제학이 답하다

기본소득을 도입하면 GDP가 성장할까요?

기본적으로 기본소득이 성장 정책은 아니죠. 그렇게 얘기하지는 않습니다. 다만 기존 복지국가에 비해서는 성장 친화적입니다. 기존 복지국가의 최소소득보장 같은 것은 사람들을 실업 함정에 빠뜨리고 근로유인을 줄이기 때문에 경제적 효율성을 해치는 데 반해서 기본소득은 경제적 효율성을 존중한다는 겁니다. 자유와 평등과 함께 효율성도 굉장히 중시한다는 거예요. 이건 롤스에서도 나타나고 있죠. 그래서 많은 사람들이 경제학 이론에 기본소득을 적용하고 있는데, 기본소득이 경제적 효율성을 해치지 않는다는 점, 기본소득은 일을 하든 하지 않든 노동소득이 올라가든 올라가지 않든 똑같이 주기 때문에 어떤 인센티브 왜곡 효과가 없다는 점이 바로 신자유주의 경제학자들이 기본소득을 긍정적으로 받아들일 수 있는 이유라고 보겠습니다.

기본소득이 왜 한국에서 이렇게 논쟁이 되고 뜨거운 주제가 됐을까요? 또 GDP가 성장하지 않고 감소하면 기본소득도 줄어드는 건가요?

한국에서 기본소득에 대한 관심이 왜 이렇게 높으냐? 기본소득으로 충족될 수 있다고 생각되는 실질적 기회, 실질적 자유, 이것이 지금 결핍돼 있다고 사람들이 생각하기 때문이 아닐까 싶습니다. 우리가 경제 성장을 많이 하고 이제 선진국이 되었다는데, 막상 많은 사람들이 느낄 때는 내 삶은 어떠냐는 거죠. 그리고 대한민국이 계속 지속 가능한 성장을 하고 후 세대가 앞 세대보다 더 풍요로운 삶을 살 수가 있겠느냐는 의문 속에서 기본소득에 대한 관심이 높아지는 것이라고 생각되고요.

특히 소득 불평등, 자산 불평등과 함께 우리나라 사회보장제도의 취약성이 배경에 있다고 생각됩니다. 유럽에서도 사회보장제도가 상대적으로 좀 취약한 곳이 기본소득에 대한 지지도가 높게 나오는 경향도 있는 것 같고요. 한국이 조세 부담과 사회보장기여금을 합한 국민 부담률이 낮고, 국민 부담 중에서 공공사회지출이 차지하는 비중도 굉장히 낮은 편입니다. OECD 평균은 약 60%, 높은 나라는 70%도 있는데, 한국의 공공 사회지출 비중은 국민 부담의 40% 수준입니다., 우리나라는 과거 발전 국가 시대의 예산 구조가 지금도 이어지고 있고 여러 나눠 먹기 예산이 많다 보니까 복지 예산 같은 게 상대적으로 적은 편입니다.

그 다음에 소득 불평등을 줄이는 소득 재분배 효과, 빈곤을 줄이는 소득 재분배 효과가 우리나라의 경우 복지지출 규모에 비해서도 약한 편입니다. 그게 한편으로는 현금 급여의 비중이 낮은 것도 있지만 현금 급여조차도 공공부조 비중이 작고 사회보험 위주로 돼있어요. 그런데 사회보험 급여는 기여에 기반하기 때문에 기여를 많이 하는 사람들이 많이 받거든요. 그러니까 고용보험 급여, 저소득 불안정 노동자는 많이 못 받습니다. 실업급여, 육아휴직 급여, 출산 전후 휴가 급여 이런 것들을 맨 밑바닥 층보다는 중간 이상의 노동자들이 받고 있는 거죠.

공적 연금도 사학연금이라든지 공무원연금, 군인연금, 이런 것들을 받는 분들은 특권층이라고 볼 수가 있고, 그 다음 국민연금도 정규직 고소득자 같은 경우는 기여 기간이 길고 기여를 많이 했기 때문에 상대적으로 많이 받는데, 저소득층의 경우 기여를 제대로 못하기 때문에 국민연금에 소득 재분배 기능이 많이 있음에도 찾아 먹지를 못하는 거죠. 사실은 남유럽 국가나 남미 국가들의 경우 국가의 소득보장급여가 불평등을 더 키우기도 합니다. 정규직과 상위 소득층이 비정규직과 하위 소득층보다 공적 이전소득이 더 크게 나오는 경우가 많이 있어요.

그런데 한국의 경우도 역진적인 성격, 소득 상위층의 공적 이전소득이 더 큰 연구 결과들이 나옵니다. 남유럽보다는 덜하지만 사실은 이런 문제를 안고 있어 기본소득에 대한 관심이 많아졌다고 생각합니다.

그 다음 문제, 기본소득을 GDP의 25%를 한다고 했다가 GDP가 줄어들면 어떡하느냐? 그럴 수도 있겠죠. 그래서 판 파레이스는 자기가 감으로 생각할 때는 GDP 25% 정도가 바람직할 거라고 생각하는데, 처음부터 25% 수준을 하자는 게 아니고 낮은 수준부터 해나가면 어느 정도 수준이 지속 가능한 최고의 수준인지 알 수 있게 되지 않겠느냐고 봐요. 결국은 정치적 합의에 따라서 되기 때문에 사람들이 지속 가능한 최고의 수준을 넘지는 않으리라고 보는 것이죠.

25%라는 수준이 너무 높아서 경제가 위축된다면 지속 가능한 수준이 안 되니까 그 수준을 낮춰야 될 것이고, 또는 제4차 산업혁명이 아주 극도로 발전해서 소수에게 소득이 집중되고 대다수에게는 거의 소득이 제로가 되는 사회가 된다면 25% 수준도 모자라고 더 높은 수준으로 해야 되는 사회가 올지도 모르죠.

기본소득을 반대하는 사람들은 재원 조달 문제를 걱정하는데, 이 문제는 어떻게 봐야 할까요?

재원 조달에 대해서는 저는 근본적으로는 큰 걸림돌이 아니라고 생각합니다. 어느 나라나 기본소득 수준을 GDP의 몇 %를 하느냐, 1%, 5%, 10%, 판 파레이스가 생각하는 25% 수준까지…. 이 질문은 정치적 합의에 달린 문제예요. 물론 처음부터 높은 수준은 불가능하지만 낮은 수준에서 하는 건 합의 가능합니다. 1% 정도는 지금이라도 할 수가 있는 거예요. 물론 1%는 너무 작죠. GDP의 한 10% 정도는 해야지 1인당 월 30만 원 정도가 가능할 텐데요. GDP의 10% 정도를 어떻게 만들 수 있느냐? 아까 우리나라 조세 부담률, 광의의 조세 부담률, 국민 부담률로 치면 지금 GDP의 25%가

넘습니다. 아마 28% 정도까지 된 것 같아요. 그런데 이 국민 부담률에서 공공사회지출이 40%밖에 안 되는데, OECD 평균 수준 60%로 끌어올린다면 GDP의 5%가 당장 만들어질 겁니다. 물론 이런 재정 개혁이 하루아침에는 불가능합니다. 그런데 우리는 5년 단위의 중기 재정 계획을 합니다. 이때 5년 동안 구조를 어떻게 바꿀지를 생각합니다. 예산 편성을 매년 각 부처에서 올라오는 예산을 조정하는 방식으로 하면 안 됩니다. 크게 부문별로, 분야별로 얼마씩 배정하고 거기에 따라서 각 부처가 자율적으로 예산을 편성하도록 하면서 기본소득 예산을 배정하면 점차 늘려나갈 수 있습니다. 5년이면 상당 부분 진행할 수 있고, 5년 안에 못하면 그다음 5년, 10년 하면 GDP의 5%가 재정에서 만들어질 수 있다고 생각합니다. 그 다음 조세에서 5% 만드는 거 어렵지 않습니다. 우리나라 소득세가 GDP의 한 4.5%밖에 안 되는데, OECD 평균은 GDP의 한 9% 가까이 8.5% 그 정도 되고요. 그 중에서도 G7이나 선진국들은 더 높습니다. 덴마크 같은 경우는 GDP의 24~25%가 소득세인데, 우리나라 소득세는 공제 감면이 너무 많습니다. 이 공제 감면 때문에 누진세의 효과가 거의 없어요. 물론 현재도 상위 10%가 거의 다 부담합니다. 상위 10%가 거의 다 부담하기 때문에 상위층은 불만인 거예요. 그런데 이 아래층이 면세 내지는 소득의 1%밖에 세금을 안 내는데, 이런 게 좋은 게 아니에요. 골고루 세금을 내면 소득이 적은 사람은 어차피 세금이 적습니다. 소득이 큰 사람이 같은 세율을 내더라도 더 많이 내는 거예요.
소득세의 공제 감면 혜택은 사실 고소득층에 훨씬 더 많이 가는 역진적인 구조고, 공제 감면을 기본소득이나 또는 참여소득 같은 것으로 전환하면 훨씬 더 소득분배가 평등하게 이루어질 수 있고 여기서 많은 기본소득의 재원이 나올 수 있다고 생각됩니다. 그 외에 토지보유세, 탄소세 등으로 기본소득 재원을 하면 GDP 10% 정도 만드는 건 어렵지 않습니다. 그리고 그 이상을 하려면 기존 사회보장 개혁을 해야 됩니다. 현재 사회보험 구조가 그리 좋은 구조가 아닙니다. 이를 개선하면 GDP의 15% 수준도 얼마든지 할 수 있다고 생각합니다.

필리프 판 파레이스

필리프 판 파레이스(Philippe Van Parijs, 1951~)는 벨기에의 정치철학자, 경제학자다. 기본소득 주창자로 유명하다. 생루이대학과 루뱅대학교, 옥스퍼드대학교와 빌레펠트대학교 등에서 철학, 법학, 정치경제학, 사회학, 언어학을 공부했다. 1977년 루뱅대학교에서 사회과학으로, 1980년 옥스퍼드대학교에서 철학으로 박사 학위를 받았다. 현재 루뱅대학교의 경제 · 사회 · 정치과학부의 교수로 있다.

판 파레이스는 기본소득 유럽네트워크의 창립자 가운데 한 사람으로, 기본소득 지구네트워크 국제자문위원회 의장을 맡고 있기도 하다. 판 파레이스의 초기 작업은 분석적 마르크스주의에 근거한 마르크스주의의 재구성에 초점이 맞춰져 있었다. 하지만 점차 분배정의론과 기본소득론으로 초점을 이동해 실질적 자유지상주의를 주창했고, 한편으로는 언어적 정의론을 체계화하고 있다.

야니크 판데르보흐트와의 공저 『21세기 기본소득』으로 우리나라에서 큰 유명세를 얻었다. 2018년 한국어 번역판에는 판 파레이스가 한국어판 서문을 남기기도 했다.

12
토마 피케티와 조세국가

언론과 학문 분야의 민주성과 자율성이 보장되어야 한다.
현재 언론은 기자 편집권의 독립성이 매우 낮다.
기자들이 자율적으로 진실을 보도하려면
돈을 가진 사주의 간섭으로부터 벗어나야 한다.

토마 피케티의 모습. © 2015. Gobierno de Chile. all rights reserved.

김종철

서강대 정치외교학과 교수다. 2000년 캐나다 요크대학교 정치학과 3학년에 편입하여 2011년 박사 학위를 받았다. 졸업 이후 독일 쾰른의 막스플랑크 사회연구소, 스페인 마드리드의 카를로스 3세 왕립대학교 경제사학과, 미국 뉴욕의 컬럼비아 법학대학에서 연구교수로 재직했다. 저서로는 『금융과 회사의 본질: 재산권과 계약권의 이종교배』(2019)와 『기본소득은 틀렸다: 대안은 기본자산제다』(2020)가 있다. 여러 학술 논문을 발표했으며 특히 근대 초 영국에서 자본주의의 세 가지 근간인 현대 금융과 주식회사 그리고 대의제가 어떻게 같이 어울려 탄생했는지를 분석한 논문으로 2014년 미국 진화경제학회로부터 '올해의 논문상'을 받은 바 있다.

지난 10년 사이에 정치경제학 분야에서 꼭 읽어 봐야 할 중요한 두 개의 저작이 출판되었다. 하나는 인류학자 데이비드 그레이버(David Graeber)의 『부채: 그 첫 5,000년(Debt: The First 5000 Years)』(2011)이고, 다른 하나는 2019년에 출간된 경제학자 토마 피케티(Thomas Piketty, 1971~)의 『자본과 이데올로기(Capital et Idéologie)』(2019)다. 두 저작에는 공통점이 있다. 둘 다 현재의 극심한 불평등과 계급 간, 국가 간 폭력의 원인을 파헤치기 위해 인류의 오랜 역사를 개관하고 새로운 문명의 청사진을 그린다는 것이다. 그런데 두 저작에는 큰 차이점도 있다. 그레이버는 미래의 청사진을 그릴 때 고대와 중세의 신용경제의 성과를 참고하지만, 피케티는 자본주의 황금기라고 불리는 2차 세계대전 이후부터 1970년대 말까지의 성과를 참고한다. 피케티의 이런 태도로부터 우리가 짐작할 수 있는 것은 자본주의 황금기의 성과로부터 우리가 무엇을 배우고 무엇을 경계해야 하는지 적절히 평가한다면 피케티가 행한 연구의 의의를 더 잘 이해할 수 있다는 것이다. 이 글에서는 이 점에 집중해 피케티의 연구 성과를 이해해 보려 한다.

피케티는 정치적으로 매우 진보적 풍토의 가정에서 1971년에 태어났다. 그의 아버지는 원래 트로츠키주의자였고 이후에는 프랑스 사회주의당 당원이기도 했다. 피케티는 22세의 나이에 박사 학위를 받을 정도로 일찍부터 학자로서의 두각을 나타냈다. 그는 프랑스사회과학고등연구원과 런던 정경대학에서 학위를 받았는데, 박사 논문은 부의 재분배에 관한 것이었다. 피케티의 부의 불평등과 이를 완화할 재분배에 관한 관심은 그가 젊었을 때부터 시작되었음을 알 수 있다. 피케티는 박사 학위를 받은 후 3년간 미국의 매사추세츠 공과대학에서 경제학을 가르쳤다. 1995년 프랑스로 귀국해 프랑스국립과학연구소의 연구원이 되었고, 이후 29세가 되던 2000년부터는 사회과학고등연구원의 교수로 재직하고 있다.

피케티의 책에는 문학 이야기가 많이 나온다. 그는 문학 작품을 즐겨 읽는데, 특히 오노레 드 발자크(Honore de Balzac)의 소설을 좋아한다고 한다. 발자크의 소설에는 소유 불평등의 심층 구조와 위계에서 비롯하는 주인공 남녀들의 만남과 결혼 전략, 그리고 이들이 겪는 희망과 불운이 섬세하게 잘 표현되어 있어 19세기 소유자 사회에 대한 생동감 있는 경험이 가능하다고 피케티는 말한다(Piketty, 2019: 30). 피케티는 단순한 경제학자가 되는 것을 거부한다. 사회의 다양한 측면, 즉 문학, 경제, 정치 등을 모두 통찰하는 학자가 되기를 희망하는 것이다.

피케티는 43세의 젊은 나이에 일약 세계적인 학자로 명성을 얻기 시작했고, 이는 『21세기 자본(O Capital no Século XXI)』(2013) 덕분이었다. 그런데 정작 자신은 독자에게 한 권의 책만을 권유해야 한다면 『자본과 이데올로기』을 뽑겠다고 공개적으로 말한다. 『자본과 이데올로기』가 현재의 불평등이 얼마나 심각한지 그 체계적인 분석을 제공할 뿐 아니라, 미래 문명에 대한 통찰력 있는 청사진이 함께 담긴 책이기 때문이다. 피케티의 뛰어난 연구 성과는 피케티 한 사람만의 재능 덕분이 아님을 강조해야 할 것 같다. 그의 연구는 자기가 오랫동안 수집한 방대한 역사 자료뿐만 아니라, 특히 '세계불평등데이터베이스(WID.world)'에 수집된 데이터를 기반으로 한 것이다. 이 데이터베이스는 80개국 이상에서 100명이 넘은 연구자들이 모여 진행한 연구 작업의 결과다(Piketty, 2019: 7). 많은 연구자가 함께한 노력이 피케티를 통해 결실을 본 것이라 할 수 있다.

불평등, 세습, 그리고 국제분쟁

보통 우리는 불평등의 심각성을 실감하기 어려운데, 소득 수준이나 취향 등이 비슷한 사람끼리 만나는 경향이 있기 때문이다. 폐지를 자신의 키보다 더 높게 쌓은 손수레를 힘겹게 끄는 노인들을 서울의 강북에서는 종종 마주치지만 강남에서 마주치기 힘들다. 교역량이 세계 10위에 안에 드는 경제 강국 대한민국에 사는 우리는 왜 북아프리카에서 가장 잘 산다는 모로코 사람들이 목숨을 걸고 바다를 헤엄쳐 스페인으로 향하는지 가늠하기 어렵다. 끼리끼리 모여 살기 때문에 그렇다. 브랑코 밀라노비치(Branko Milanovic)의 연구에 따르면 21세기에 한 사람이 얼마의 소득과 삶의 수준을 누릴 수 있는지를 크게 좌우하는 것은 그 사람이 어느 나라에서 태어나고 자랐는지다. 150년 전에는 그렇지 않았다. 1870년경 한 사람의 소득과 삶의 수준을 크게 좌우하는 것은 그 사람이 어느 나라에서 태어났는지는 보다는 그 사람이 어떤 계급에 속하는지였다. 영국의 노동자나 인도의 노동자나 삶의 수준이 지금처럼 큰 차이를 보이지 않았다는 것이다(Milanovic, 2013: 198~208).

피케티의 연구는 우리가 끼리끼리 모여 살기 때문에 느끼지 못하는 불평등의 심각성을 숫자와 그래프로 나타내 우리가 눈으로 볼 수 있게 한다. 그림으로나마 우리가 사는 세계의 실상을 느끼고 싶다면 피케티의 책을 들추어 보

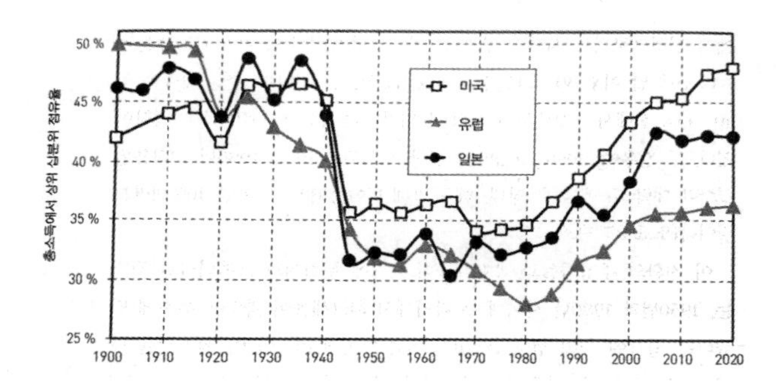

그림 12-1 소득 상위 10%가 차지하는 국민소득 점유율

길 바란다. 그림 12-1는 하나의 예시다.

1980～1990년 이후 세계 거의 모든 지역에서 불평등이 다시 증대되고 있다. 그림 12-1를 보면 미국의 경우 2020년에 소득 상위 10%의 사람들이 전체국민소득의 약 48%를 차지했는데, 이는 1900～1910년에 유럽에서 소득 상위 10%가 국민소득의 50%를 차지했던 것에 거의 육박하는 수준이다(Piketty, 2019: 49). 코로나 팬데믹 이후 불평등이 더 심각해졌으니 지금은 불평등이 1900년의 수준에 이미 다다랐을 것이라 쉽게 예상할 수 있다. 그렇다면 1900년의 수준으로 불평등이 심화되었다는 것은 무엇을 의미할까?

먼저 피케티는 세계가 세습사회로 되돌아갔다고 지적한다. 피케티에 따르면 불평등이 심화되는 이유는 "돈이 돈을 버는 속도(자본 수익률)"가 "사람들이 일해서 돈을 버는 속도(경제 성장률)"보다 빨라서다. 달리 말해, 상속으로 얻는 자산이 일해서 얻은 자산보다 빠르게 증가하게 되면서 세습자본주의라고 불렸던 19세기로 되돌아가고 있다는 것이다. 세습사회는 부의 불평등만 세습하는 것이 아니다. 교육의 불평등도 같이 세습한다. 2010년대 미국의 대학 진학률을 살펴보면 부모 소득이 하위 10%인 가족의 청소년 대학 진학률은 가까스로 20%를 넘기는 수준인데, 부모 소득 상위 10%인 가족의 청소년은 90%가 넘게 대학을 진학했다(Piketty, 2019: 53~54). 나경원 전 국회의원과 조국 전 법무부 장관 등의 자녀들이 부유층 가족끼리의 품앗이 등으로 고등학생 때부터 영어 논문의 저자가 된 것은 우리 사회가 이미 세습사회로 변질했다는 것을 잘 보여준다.

1900년 수준으로의 불평등 심화는 현대사회가 벨 에포크(Belle Epoque, 아름다운 시대, 1880~1914년)로 돌아가고 있다는 것을 의미한다. 백여 년 전 이 시기는 금융의 세계화로 특징지어진다. 이 시기는 부유층들, 특히 재산을 가진 백인 남성에게 너무도 아름다웠던 때였다. 그 백

년 후인 1980년대부터 지금까지의 신자유시대도 마찬가지로 금융의 세계화로 특징지어진다. 미국, 영국, 유럽연합, 일본, 스위스, 캐나다, 대한민국 등에 사는 재산 있는 남성에게 너무도 근사한 시대가 지금이다. 백여 년 전 벨 에포크의 화려함 뒤에 격심해졌던 불평등은 외국인을 혐오하는 시대 분위기를 키웠고, 그 결과 서구 열강들 간의 보호무역과 국지적인 전쟁을 초래하다 결국 1 · 2차 세계대전이라는 전대미문의 비인륜적 전쟁을 낳았다. 피케티는 이것이 반복될 수 있음을 경고한다. 신자유시대 금융의 세계화는 무역 분쟁 등 국가 간 대립을 초래하고 제노포비아적(이방인을 혐오하는) 포퓰리즘이 선거에서 승리할 가능성을 키우면서 나라 간의 분쟁을 심화시켜 폭력적 결말을 예고할 수 있다는 것이다(Piketty, 2019: 13).

자본주의 황금기와 부의 재분배

벨 에포크가 초래한 극심한 소득과 소유의 불평등이 해소될 수 있었던 요인은 대략 두 가지를 들 수 있는데, 첫째로 제1 · 2차 세계대전과 1930년대의 대공황 같이 세계를 대규모 혼란 속으로 빠뜨려 분배 질서를 뒤흔들어 버리는 사

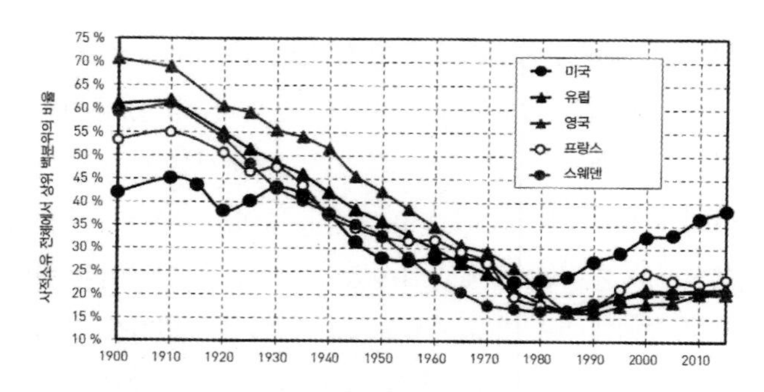

그림 12-2 상위 1%의 사적자산 소유 비율

건과 둘째로 뉴딜 같은 획기적인 부의 재분배 정책 덕분이었다. 그림 12-2를 보면 1900~1910년에 유럽의 소득 상위 10%가 국민소득의 50%를 차지했다가 1980년에는 27%까지 떨어진다(Piketty, 2019: 481). 자산 소유 불평등도 크게 개선되었는데, 1900~1910년 유럽의 자산 소유 상위 10%가 유럽 전체 사적 자산의 90%를 차지했다가 1980년에는 50~55%까지 떨어진다. 그림 12-2와 같이 가장 부유한 1%의 자산 소유 비율도 1900~1910년에는 유럽 전체 사적 자산의 70%를 차지했다가 1980년에는 24%까지 떨어진다(Piketty, 2019: 481). 이렇게 소득과 소유의 불평등이 크게 완화되면서 생산성도 함께 향상되었다. 미국과 영국의 경우 불평등이 다시 증대되었던 1990~2020

년에 비해 1950~1990년에 생산성이 뚜렷이 높았다(Piketty, 2019: 48).

자본주의 황금기에 불평등을 크게 해소했던 재분배 정책을 구체적으로 열거하면 다음과 같다. 국유화 혹은 공동관리제도, 공공보건과 공교육 시스템, 임대료 통제를 통한 부동산 가격 안정화, 인플레이션에 의한 국채 감소, 상위 소득 및 자산에 대한 누진세 등이다. 앞서 말했듯이 피케티는 현재의 극심한 소득과 소유의 불평등을 해소하는 새로운 문명의 청사진을 그릴 때 이 자본주의 황금기에 실행되었던 획기적인 부의 재분배 정책으로부터 배우려 한다. 피케티는 무엇을 배웠을까?

부동산 문제: 임대료 통제인가, 토지보유세인가?

근래 부동산 가격이 폭등하면서 자산 불평등이 심해지고 있다. 부유한 부모가 있어 집을 증여 혹은 상속받지 못하면 십년 치 월급을 꼬박꼬박 전부 모아도 서울에서 아파트를 얻는 것이 힘들어졌다. 부동산 문제를 어떻게 해결할 수 있을까? 현재 대한민국에서 주로 논의되는 해법은 부동산의 보유와 취득 및 양도에 세금을 중과해 불로소득을 정부가 환수하는 것이다. 현재 정부에서 시행하고 있는 고율의 양도소득세와 종합부동산세, 정의당 심상정 의원이 제안한 토지초과이득 환수, 토지자유연대 등에서 주장하는 토지보유세 등이다.

피케티는 어떤 대안을 제시할까? 자본주의 황금기에 시행된 정책 중에 피케티가 눈여겨본 것은 임대료 통제를 통한 부동산 가격 안정화 정책이다. 1914~1950년 사이 유럽의 대부분 나라 정부들은 임대료를 동결시킨다. 프랑스의 경우 이런 조치를 통해 1950년의 임대료 실질 가치가 1914년 수준의 5분의 1 이하로 떨어졌다. 이 외에도 임차인을 보호하는 새로운 법규들이 제정되었는데, 예를 들어 임대 기간을 연장하고 임차인이 살던 집을 매우 저렴한 가격에 매입할 수 있는 우선권을 제도화하려 했다. 피케티는 이런 제도들 덕분에 1950~1980년 사이에 부동산 가격이 낮은 가격으로 억제되어 사회에 새롭게 진출하는 청년층이 자산을 어렵지 않게 소유할 수 있어서 자산의 분산이 촉진되었다고 평가한다(Piketty, 2019: 493).

그런데 문재인 정권에서 시행된 정책들은 이런 경향과 거리가 멀었다. 임대사업자제도를 도입해서 임대료를 한 해에 5% 이상 올리지 않는 조건으로 양도소득세와 종합소득세, 그리고 의료보험료를 면제하는 특혜를 주었고, 임대료를 5%로 제안하는 임대차보호법을 도입했다. 하지만 임대료를 동결시키는 등의 임대료 통제 조치는 취하지 않아 부동산 가격을 자극했고, 집주인이 4년마다 마음대로 임대료를 올릴 수 있게 해 향후 전세 값 폭등에 따른 부동산 가격 상승의 여지를 남기고 있다.

다른 한편 피케티는 토지보유세에 대해서는 비판적이다. 이 제도의 이념은 토지가 공동체에 속하는 것이므로 토지 소유로부터 발생하는 불로소득인 임대소득을 토지보유세라는 세금으로 거두어들여 공익적인 목적에 사용하자는 것이다(전강수, 2007). 피케티는 이 제도의 이념에 대해서는 높게 평가하나 그 실행은 불가능한 제도라 비판한다. 시간이 흐르면서 땅에 많은 정비와 개량이 이루어지는데, 이런 땅의 가치와 미개량된 땅의 가치를 구별하는 것이 거의 불가능하다는 것이다(Piketty, 2019: 561). 필자가 보기에 부동산 소유자가 임대소득을 얻을 수 있도록 허용한 후 불로소득을 국가가 세금으로 걷는 것보다는 처음부터 임대소득을 얻지 못하도록 하는 것이 여러모로 현명한 대책이라고 생각한다. 임대소득을 통제하거나 거의 얻지 못하게 하는 대신, 거래에 관련된 세금인 양도소득세나 취득세 등은 크게 줄여 부동산 시장 거래는 활성화하는 것이 더 시장 친화적이면서도 부동산 가격 안정에 더 도움이 될 것이다.

기업 조직의 민주화 문제: 국유화인가, 공동관리인가?

재벌 문제가 심각하다. 3~4% 정도의 주식 지분으로 전체 기업 군단을 소유하는 재벌 문제는 우리나라만의 문제가 아니다. 유한책임 주식회사에 있는 고질적인 문제다. 서구에서는 대주주가 익명성을 띠고 있어 잘 보이지 않는 것에 반해, 우리나라는 대주주가 재벌가로 드러나 있을 뿐이다. 어떤 책임도 지지 않는 대주주가 경영진에 대해 인사권과 의결권을 휘두르면서 회사는 이윤 추구를 위해 환경 보존과 직장 내의 민주주의 확대 등 다른 다양한 사회적 가치를 희생하고 있다. 자본주의 황금기에는 이 문제를 어떻게 해결하려고 했을까?

피케티에 따르면 대략 두 가지 대안이 있다. 하나는 영국 노동당이나 프랑스 사회당에서 추진했던 대기업의 국유화다(Piketty, 2019: 561). 다른 하나는 북유럽이나 게르만 국가들에서 추진했던 공동관리제도다. 공동관리제도란 노동자가 경영에 참여하거나 혹은 주주들에게 배당금을 청구할 권리만 남기고 의결권과 인사권을 없애는 것을 말한다. 지금도 스웨덴의 경우 25명 이상의 노동자가 있는 모든 사업장에서는 이사회 이사직 3분의 1을 노동자로 배정한다. 덴마크와 노르웨이에서는 각각 35명과 50명 이상의 노동자가 있는 기업들에서 노동자들이 3분의 1 이사직 권리를 갖는다(Piketty, 2019: 556). 피케티에 따르면 이런 공동관리제도가 노동자의 적극적 참여를 유도한 덕분에 생산성이 전반적으로 향상되었고, 노동자 대표가 이사로 참여한 덕분에 임원진 연봉 인상을 통제할 수 있었다. 기업조직이 민주화하고 사회적 책임을 보다 잘 지도록 하는 데 국유화보다는 공동관리제도가 훨씬 효과가 있다고 피케티는 분석한다. 우리나라에서는 재벌 문제의 해법으로 국유화가 주로 제안되어 왔다. 국유화는 관료제와 비효율성의 문제를 낳을 수 있다는 점에서 공동관리제도가 더 적극적으로 고려되어야 할 필요가 있다.

국채 문제: 인플레이션인가, 누진적 특별세인가?

서구 선진국들의 국가 부채가 급증하고 있다. 2021년 일본은 GDP의 237%, 미국은 GDP의 127% 규모의 국채를 지고 있다. 향후 국채를 어떻게 줄일 것인가가 서구 선진국들의 매우 중요한 과제가 될 것이다. 특히 국채 이자 비용의 급증에 따라 20세기에 불평등 해소에 크게 이바지해왔던 공교육 시스템이나 공공 보건 분야에 대한 정부 지출을 희생시키게 되면서 국채를 소유한 부유층에게 국가가 과중한 이자를 내는 처지에 놓이게 될 것이라고 피케티는 전망한다. 지금은 국채 이자가 매우 낮아졌지만 지난 35

년간 미국 10년 장기 국채의 이자율이 평균 5.5%였고, 앞으로도 국채 이자가 상승할 가능성을 배제할 수 없다. 미국은 2020년에도 정부지출의 5.3%(국민소득의 1.6%)를 국채의 이자 비용으로 냈다. 한국도 비슷하다. 2010~2019년 10년간 정부 수입의 평균 4.65%를 국채의 이자 비용으로 지불하고 있다. 결국 국채가 불평등과 소유 집중을 증대하는데 이바지해왔고 앞으로도 그럴 것이라고 피케티는 강조한다. 이런 국채의 증가 경향은 19세기 말 상황으로 되돌아가는 것이었다. 1815~1914년 사이 100년간 영국은 국채 이자 비용으로 국민소득의 2~3%를 매년 지출했다.

피케티에 의하면 2차 세계대전 이후 국채를 줄이기 위해 대략 두 가지 방법이 사용되었는데, 하나는 특별세였고 다른 하나는 인플레이션이었다. 일본, 독일, 이탈리아, 프랑스 등에서 일회성으로 도입한 누진적 특별세는 부유층의 부동산과 금융 관련 소유에 보통 40~50%를 부과했고, 이 세금으로 국채를 상환했다(Piketty, 2019: 617). 여기에 그동안 전혀 경험하지 못한 인플레이션이 발생하면서 국채가 크게 줄었다. 특별세와 인플레이션 덕분에 1945~1950년에 국민소득의 200~300% 사이였던 프랑스와 독일의 국채는 수년 만에 거의 바닥으로 줄었다.

피케티는 인플레이션보다 특별세가 국채를 줄이는 훨씬 더 나은 방식이라고 강조한다. 인플레이션은 연금 수령자나 현금을 지닌 계층으로부터 주식 등의 자산을 가진 계층으로 부를 일방적으로 옮기는 작용을 해 중대한 사회 갈등을 초래하는데, 이 과정에서 민주적이고 자유로운 논의가 이루어지지 못한 채 물가와 투기의 변덕에 의존해 국채 문제를 해결하기 때문이다(Piketty, 2019: 498~499). 현재 서구 선진국들은 인플레이션을 용인하는 방식으로 국채 문제를 해소하려고 하고 있다. 그런데 앞으로 일어날 인플레이션은 한 나라 안에서만 부의 일방적 이동이 일어나지 않는다는 점을 직시할 필요가 있다. 미국, 일본, 유럽, 영국, 캐나다 등의 선진국에서 국채 발행 형태로 찍어낸 돈은 2020년 한 해에만 14조 달러가 넘는다. 이들은 이 돈으로 세계 자원을 진공청소기처럼 빨아 들여, 가난한 나라들은 필수 재화마저 구하기 어려운 상태에 있다. 이런 상황에서 향후 더 심해질 인플레이션은 현재 가난한 나라를 더 어렵게 할 것이다.

조세재정국가의 수립: 누진적 소득세와 상속세

근래 정부에서 한국판 뉴딜정책을 발표했다. 그런데 1930년대 미국의 프랭클린 루스벨트(Franklin Roosevelt) 대통령의 주도하에 실행했던 '뉴딜(New Deal)'에서 이름은 빌려왔지만, 아쉽게도 뉴딜의 핵심은 빌려오지 않았다. '잊혀진 사람들을 위한 새로운 거래'라는 모토 아래 루스벨트가 행했던 뉴딜의 핵심은 고율의 누진적 상속세와 소득세를 도입해서 부유층의 부를 해체하는 것이었다. 최고 소득세율은 높게는 90%를 초과한 적도 있었고, 1932년부터 1980년 기간 동안 평균 81%를 유지했다. 최고 상속세율도 높게는 80%까지 올라갔고 같은 기간 동안 평균 75%를 유지했다. 영국에서도 마찬가지로 이 기간에 소득세의 최고세율은 평균 89%(Piketty, 2019: 48), 상속세의 최고세율은 평균 72%를 유지했다(Piketty, 2019: 505).

이런 강력한 누진세 덕분에 자본주의 황금기에 사회 복지 제도가 정착되었다. 총 세수 규모가 20세기 초 유럽과 미국에서 국민소득의 10% 이하였었는데, 누진세가 도입되면서 1920~1930년대부터 꾸준히 늘어 1980년에 미국에서는 국민소득의 약 30%, 영국에서는 40%, 독일에서는 45%, 프랑스 또는 스웨덴에서는 50%까지 늘어난다(Piketty, 2019: 514). 이렇게 늘어난 세수 덕분에 교육과 보건 분야에서 평등하고 대대적인 투자 재원을 마련할 수 있었고, 퇴직연금처럼 노후에 대처하고 고용보험처럼 불황기에 사회를 안정화하기 위한 사회 복지 지출이 가능해졌다.

그러나 이런 자본주의 황금기의 정책은 로널드 레이건(Ronald Reagan)과 마거릿 대처(Margaret Thatcher)가 이끈 미국 공화당과 영국 보수당의 보수혁명으로 무력화된다. 1980~2018년 사이에 소득세의 최고세율이 미국에서는 평균 39%, 영국에서는 평균 49%로 급감한다. 같은 기간에 상속세의 최고세율도 미국에서는 평균 50%로, 영국에서는 46%로 급감한다. 이런 누진세의 퇴행으로 인해 다시 불평등이 증대하면서 중산층과 서민 계급은 버림받았다는 감정을 받게 되고, 이민자와 외국인을 혐오하는 퇴행적 태도가 증가하게 되었다고 피케티는 설명한다(Piketty, 2019: 51).

소유의 분산과 조세재정국가로의 귀환

1980년대 이후 서구 선진국에서 국가 부채가 지속적으로 증가하면서 부채국가로 타락한 직접적인 이유는 누진적 소득세와 상속세가 크게 줄어들었기 때문이다. 즉, 자본주의 황금기에 이룩했던 조세재정국가가 붕괴한 결과다. 재정 지출은 계속 늘어나는 상황에서 누진세의 후퇴로 조세 수입이 감소하자 부득이 국채를 지게 된 것이다. 이런 누진세의 후퇴는 1980년대부터 미국과 영국이 앞장서서 누진적 소득세와 상속세를 줄여 기업 유치에 열을 올리고, 다른 서구 선진국들도 이 경쟁에 타의 반, 자의 반으로 동참한 결과였다. 이런 경쟁의 원인을 피케티는 2차 세계대전 이후 등장한 정치 세력들의 무능력에서 찾는다. 이들에게 누진세를 초국가적인 규모로 확장할 상상력과 노력이 없었다는 것이다(Piketty, 2019: 52).

피케티가 그리는 새로운 문명의 근간은 이런 누진세가 초국가적인 규모로 확장된 사회다. 여기에 자본주의 황금기에서 시도된 공동관리에 기반한 기업 내 의사결정의 민주화, 임대료 통제를 통한 부동산 가격 안정화 등이 덧붙여진다. 더불어 피케티는 '임시적 소유권' 개념을 제안한다. 피케티는 재화의 축적은 언제나 사회적 과정의 결과이며 특히 공공 인프라, 사회적 분업, 인류의 지식에 의존한다는 것을 지적한다. 그는 이러한 상황에서 재산을 축적하고 유산을 상속받은 사람들이 매년 그 일부를 공동체에 돌려주고, 그에 따라 재산 소유가 영구적보다 임시적이 되어야 한다고 주장한다. 이런 임시적 소유권은 사회 구성원 전체가 가능한 한 가장 많은 기본 재화에 접근할 수 있도록 도울 것이라고 피케티는 믿는다. 이때의 기본 재화에 해당하는 것이 교육, 보건, 투표권, 그리고 기본소득과 기본자산이다. 피케티의 기본소득은 사실 모든 이에게 차별 없이 지급하자는 필리프 판 파레이스(Philippe van Parijs)나 이재명류의 '기본소득'이기보다는 '최저소득보장'이다. 그는 세후소득 평균의 60%에 달하는 최저소득을 보장하고 이 혜택을 받는 인구를 그동안의 6~7%에서 30%의 인구로 확대하자고 주장한다.

피케티의 제안 중에서 인상적인 것은 그가 "보편적 자본 급여"라고 부른 기본자산제다. 피케티는 성인의 평균 자산의 60%에 해당하는 금액을 25세가 되는 청년에게 지급하자고 제안한다. 미국 · 서유럽 · 일본 등 부유한 국가에서 성인 평균 자산의 60%는 약 12만 유로, 우리나라 돈으로 약 1억6000만 원이다. 글로벌 투자은행 크레디스위스가 2019년 발표한 『2019 세계 부(富) 보고서』에 따르면 우리나라 성인 한 명당 평균 자산은 약 1억9000만 원이다. 피케티의 기본자산 제안이 우리나라에 실행된다면, 우리나라 성인 평균 자산의 60%인 1억1000만 원 정도가 기본자산으로 청년에게 지급되는 셈이다.

피케티는 기본자산의 재원 마련은 누진적 자산세와 상속세를 함께 이용하자고 제안한다. 표 12-1은 피케티가 적용하자고 제안하는 누진율이 얼마나 큰지 보여준다. 자

표 12-1 부의 규모에 따른 연간 자산세와 상속세 비율

부의 규모	연간 자산세	상속세
평균 자산의 0.5배	0.1%	5%
2배	1%	20%
5배	2%	50%
10배	5%	60%
100배	10%	70%
1000배	60%	80%
1만 배	90%	90%

산 규모가 클수록 세금의 비율이 확연히 커져 최고 부유층에 대한 누진율이 90%에 이른다. 그리고 자산세의 경우 1회에 그치지 않고 매년 내야하므로 자산 불균형을 해결하는 데 획기적이라고 할 수 있다.

우선 연간 자산세를 보자. 여기서 자산은 토지와 건물뿐 아니라 현금, 예금, 채권, 주식 등 모든 형태의 금융자산을 포함한다. 앞서 언급한 대로, 이 자산세를 1회만 내는 것이 아니라 매년 내게 된다. 우리나라에 적용하는 경우를 가정해서 설명해보자. 우리나라 성인 한 명당 평균 자산이 약 1억9000만 원이니, 이 평균 자산의 1000배인 1900억 원의 자산이 있는 사람은 연간 60%인 1140억 원을 세금으로 내야 해서 수중에 남는 자산은 760억 원으로 크게 줄어든다. 그리고 평균 자산의 1만 배인 1조9000억 원의 자산이 있는 사람은 한 해에 90%인 1조7100억 원을 내야 해서 수중에 남는 자산은 1900억 원에 불과하게 되고, 남은 1900억 원도 다음 해에 60%의 자산세의 대상이 되므로, 다음 해에 자산세를 내고 나면 수중에 남는 자산은 760억 원으로 다시 줄어들게 되는 식이다. 피케티는 이런 연간 자산세로 거둬들이는 예산 수입이 연간 국민총소득의 4%에 이를 것으로 추산한다. 한국은행이 2020년 3월에 발표한 2019년 국민총소득이 1931조6000억 원이었는데, 이것의 4%인 약 77조 원을 누진적 자산세로 걷어 기본자산의 재원으로 삼겠다는 계획이다.

다음으로 상속세를 보자. 피케티는 상속세를 개혁할 것을 제안하는데, 이 개혁안은 존 스튜어트 밀(John Stuart Mill)이 19세기에 이미 제안했던 것으로, 피케티는 이 개혁안을 기본자산제와 연계시킨다. 현재의 상속세는 상속하는 사람의 상속재산 총액을 기준으로 매기게 된다. 우리나라의 사례를 들어보면 사망하는 사람의 과세표준 상속재산액이 30억 원을 초과하면 그 금액의 50%를 상속세로 내게 되어 있다. 물론 다양한 방식으로 상속세를 면제받을 수 있어서 실제 상속세율은 50%에 이르지 않고 평균 12%를 약간 넘을 뿐이다. 이렇게 사망하는 사람의 재산총액을 기준으로 상속세를 매기는 현재의 상속세 제도를 상속자가 상속받는 금액 기준으로 세금을 매기는 방식으로 개혁하자는 것이 피케티의 주장이다. 모든 국민에게 평생 일정 액수까지는 세금을 내지 않고 상속 혹은 증여를 받을 권리를 준다. 그 이상의 금액을 상속 혹은 증여를 받을 경우는 누진적으로 아주 높은 세금을 내게 한다.

예를 들어 평생 상속세, 혹은 증여세 없이 부모 혹은 타인으로부터 상속 혹은 증여를 받을 수 있는 금액이 1억 원이라고 가정해보자. 1000억 원의 자산가가 자식에게 1억 원 이상 증여 혹은 상속한다고 하자. 그러면 그 돈을 받는 자식은 1억 원이 넘는 액수에 대해 누진적으로 아주 높은 세금을 내야 한다. 자식에게 많은 금액을 증여 혹은 상속할수록 자식이 내야 할 세금이 많아지므로, 그 자산가에게는 자식이 아니라 다른 사람들에게 1억 원씩까지 증여 혹은 상속할 유인이 생긴다. 그에게 증여 혹은 상속받는 다른 사람들은 1억 원까지는 세금을 내지 않아도 되기 때문이다. 19세기 존 스튜어트 밀은 이 상속세 개혁안이 부의 불평등을 해소할 수 있는 가장 공정한 방법의 하나라고 믿었다. 피케티도 이 상속세 개혁안이 세대 간에 부의 불평등이 상속되지 않도록 할 뿐만 아니라, 기본자산의 재원 마련에도 도움이 될 것이라고 주장한다. 자기 자식에게 가능한 한 많이 상속 혹은 증여하려는 경향이 자산가에게 여전히 남아 있으므로 여기에 누진적으로 세금을 매기면 재원 마련이 가능하다는 것이다.

이를 우리나라에 적용할 경우를 가정하고 설명해보자. 우리나라 성인 한 명당 평균 자산인 약 1억9000만 원의 1000배인 1900억 원을 상속 혹은 증여받았다면, 80%인 1520억 원을 세금으로 내야 해서 실제로 받는 건 380억 원이 된다. 그리고 평균 자산의 1만 배인 1조9000억 원을 상속 혹은 증여받았다면 이 금액의 90%인 1조7100억 원을 세금으로 내야 해서 1900억 원만을 받게 된다. 피케티는 이런 상속·증여세로 거둬들이는 예산 수입이 연간 국민총소득의 1%에 이를 것으로 추산한다. 2019년 우리나라 국민총소득 1931.6조 원의 1%는 약 19조 원이다. 이 금액과 앞선 누진적 자산세 77조 원을 합친 96조 원이 전체 기본자산의 재원이 되는 셈이다.

새로운 지적·이데올로기적 토대 구축 필요

어느 독자는 피케티의 제안이 다소 과하다고 생각할지도 모른다. 그러나 현재 우리가 처한 문명적 위기를 생각한다면 결코 과하다고 볼 수 없다. 물론 피케티의 대안에 부족한 점도 없지 않다. 대표적으로, 피케티의 논의에 금융에 대한 개혁안은 없다. 자본주의 금융은 돈을 추가로 경제에 공급하는 기능을 하는데, 이 과정에서 특정 세력에게 특혜를 주고 그 폐해는 금융위기를 통해 전체 사회에 전가한다(김종철, 2019). 부동산 가격도 임대료 통제만으로는 안정화하기 어려운데, 자본주의 금융이 돈을 추가로 찍어내 부동산 가격을 자극하기 때문이다.

이런 몇 안 되는 부족한 면에 비해 피케티의 연구로부터 우리가 배울 것은 무척 많다. 특히 그의 연구는 자본주의 황금기의 개혁들이 지적이고 이데올로기적 토대에서 비롯했음을 잘 밝히고 있다. 그렇다면 미래 문명을 일구어 가는 출발점도 지적 · 이데올로기적 토대를 새롭게 구축하는 데서부터 시작할 수 있다. 이를테면 언론과 학문 분야에서의 민주성과 자율성이 시급히 보장될 필요가 있다. 현재 언론은 사주에 의해 지배당해 기자 편집권의 독립성이 매우 낮다. 기자들이 자율적으로 진실을 보도하려면 돈을 가진 사주의 간섭으로부터 벗어나야 한다. 피케티가 제기한 언론 개혁의 사례처럼 한 언론사의 총 자본 10%가 넘는 주식을 소유한 대주주의 의결권을 주식 소유분의 3분의 1로 줄이거나 아니면 주주에게 배당금을 받을 권리를 남겨두고 의결권은 삭제하는 법적 조치를 빠른 시일 내에 실행해야 할 필요가 있다. 사립학교법도 개정해 설립자 가족이 학교를 자기 사유재산처럼 좌지우지하는 일을 막고 교수, 강사, 학생들이 자치권을 확대해 진리를 탐구하는 장소로 대학들이 거듭나야 한다. 만약 지금처럼 대학이 이윤 추구를 위해 강사들을 싼 강의료로 고용했다가 쉽게 해고하는 풍토가 계속된다면 대다수 박사 학위 소지자들에게 안정적으로 진리를 탐구할 수 있는 기반이 생기지 않는다. 언론 개혁과 사립학교법 개정을 통해 언론과 지식인들이 제자리를 찾는다면, 지적이고 이데올로기적인 토대를 차곡차곡 만들어갈 수 있을 것이고, 이 토대에 기반해 미래 문명을 개척해 갈 새로운 정치 세력 또한 형성될 수 있을 것이다.

참고문헌

김종철(2019). 『금융과 회사의 본질』. 도서출판 개마고원.

전강수(2007). 부동산 정책의 역사와 시장친화적 토지공개념. ≪사회경제평론≫. 29권 1호. 373~421.

Piketty, T.(2019). *Capital et idéologie*. Seuil. 안준범 옮김(2020). 『자본과 이데올로기』. 문학동네.

Milanovic, B.(2013). Global income inequality in numbers: In history and now. *Global Policy*, *4(2)*, 198~208.

https://www.britannica.com/biography/Thomas-Piketty

https://www.cbo.gov/publication/56910

https://dada.worldbank.org

경제학이 답하다

기본자산제와 기본소득의 차이는 무엇인가요? 피케티가 말하는 임대료 통제와 부유층에 대한 누진세 등은 어떤 효과가 있을까요?

기본소득은 재원 마련 측면에서 실현 가능성이 없다고 생각해요. 세금에는 잘 보이지 않는 세금과 잘 보이는 세금이 있어요. 개인소득세 등은 납세자의 통장에 월급이 들어오기 전에 세금이 떼이기 때문에 납세자가 월급명세서를 유심히 보지 않으면 개인소득세가 얼마인지 잘 보이지 않습니다. 반면에 토지보유세나 재산세처럼 납세자의 주머니에 이미 들어온 돈에 대해 떼는 세금은 납세자에게 그 세금이 잘 보이지요. 잘 보이는 이런 세금에는 세금 저항이 무척 큽니다. 대표적인 사례가 피케티가 그의 책에서 언급한 1970년대 말 캘리포니아의 납세자 반란입니다. 부동산 관련 재산세를 크게 올린 결과 납세자들의 큰 저항을 초래하면서 레이건의 공화당에게 정권을 잃지요. 우리나라 대통령 선거에서도 토지보유세나 부동산세 등의 재산세를 올리겠다고 공약한 후보는 지지율이 떨어지는 것을 볼 수 있지요.
대표적인 기본소득론자인 필리프 판 파레이스는 GDP(국민 총생산)의 4분의 1을 기본소득으로 배당하자고 합니다. 우리나라의 경우는 월 80만 원이 기본소득으로 배당되는 셈인데, 파레이스의 계산 방식을 따라 계산해 보면 정부 세수가 현재보다 대략 444조 원이 늘어야 해요. 결국 국민 총생산의 절반이 넘는 53% 정도를 세금으로 걷어야 된다는 얘기지요. 그런데, 위에 보여드린 그림을 보시면 1900년부터 1970년대 말까지 부의 불평등이 지속적으로 개선되면서, 세수도 지속적으로 늘어난 것을 보실 수 있습니다. 세수를 GDP의 53%까지 걷으려면 불평등이 해소되어야 한다는 것을 보여주죠. 그런데, 자산 소유가 평등해지면 기본소득을 할 필요가 없죠. 기본소득은 불평등의 문제를 해소하기 위해 제기된 건데, 불평등이 해소되어야 기본소득이 가능해지니 기본소득은 불필요하고 실현가능성도 없는 셈입니다.
반면 제가 제기하는 기본자산제는 불평등 구조를 직접

개선하는 것을 목표로 합니다. 과격해 보이지만 그래서 실현가능성이 있습니다. 그리고 세금을 통해 재원을 마련하지 않고 상속하는 사람이 기본자산의 수혜자를 직접 고를 수 있다는 점에서 세금 저항이 없습니다. 기본자산을 1억 원으로 가정하면 이 금액의 9배 정도까지는 본인 자녀 한 명씩에게 상속세 없이 상속해 줄 수 있도록 하게 되면, 자녀가 만약 3명이면 27억 원까지는 상속세 없이 자녀들에게 상속해 줄 수 있어요. 대한민국의 상위 1%의 자산 규모가 대략 30억 원 이상이니, 우리나라 99%의 인구는 상속세 없이 자유롭게 자기 자녀들에게 상속해 줄 수 있어서 이들이 기본자산제에 대해 반대할 이유는 없을 것으로 여겨져요.

전 · 월세 등의 임대료에 대한 통제는 대표적인 친시장적 · 반자본주의적인 정책이라고 생각됩니다. 시장이 효율적이라는 것이 의미하는 것은 어떤 물품을 가장 많이 필요로 하는 사람에게 시장 거래를 통해 그 물품이 잘 전달되는 것을 말해요. 그런데, 불로소득을 정당화하는 자본주의는 이런 시장의 효율성을 크게 헤칩니다. 그 대표적 사례가 임대료입니다. 임대료라는 불로소득을 취할 수 있기에 몇몇 부유층이 주택 소유를 독점합니다. 그런데, 임대료를 통제해서 임대료가 적어지면 불로소득을 취할 유인이 없기 때문에 주택 시장에 매물이 늘어 시장거래가 활성화되고 주택 가격도 안정될 수 있죠.

오늘 조세재정국가로 가야된다는 말씀을 많이 하셨는데, 그 다음 따라올 수밖에 없는 문제가 재원입니다. 최근 많이 회자되는 현대금융이론, MMT 일각에서는 개인의 빚과 국가의 빚은 차원이 다르기 때문에 굳이 갚아야 된다는 강박에서 벗어나 필요한 만큼 쓰면 된다고 얘기하기도 하는데, "조세재정국가로 귀환한다"는 차원에서 MMT의 유용성과 한계에 대해서 어떻게 보시는지요. 그리고 『자본과 이데올로기』를 중심으로 말씀해 주셨는데, 피케티의 대표적이라 할 수 있는 『21세기 자본』에 대해서 어떻게 평가하시는지 여쭤보고 싶고요.

피케티가 MMT에 대해 직접적인 언급을 한 적은 없지만,『자본과 이데올로기』에서 국채 문제를 우리 사회가 직면한 심각한 문제로 설정하고 이것을 해결하기 위한 여러 가지 방책들에 대해서 논의하기 때문에 피케티는

MMT에 대해서 반대했을 거라고 개인적으로 판단하고 있습니다.
저는 MMT가 제국주의적인 제도라고 생각해요. 2022년 1월 기준으로 미국 재무부가 미국의 연방준비은행으로부터 빌린 국채가 5조6800억 달러 정도입니다. 이 돈의 규모가 얼마나 큰지 상상이 잘 안될 텐데요. 세계 기축 통화인 달러가 미국 밖에서 유통되는 규모가 5조 달러 정도니 5조6800억 달러는 그 규모가 엄청난 셈입니다. 이 돈은 미국이 갚을 생각도 없고 갚지 않아도 되는 공짜 돈입니다. 이 돈만큼 다른 나라 사람들이 누려야할 재화와 서비스가 미국으로 공짜로 옮겨진 겁니다. 이렇게 양적 완화라는 방식으로 국채를 늘려 다른 나라의 재화를 공짜로 쓸 수 있는 나라는 모두 미국의 연방준비은행과 상시적 통화 스왑을 하는 나라들입니다. 영국, 유럽, 일본, 캐나다, 스위스입니다. 상시적 통화 스왑을 맺지 않았으면서도 양적 완화를 한 나라는 호주가 유일한데, 호주는 미국의 혈맹이니 가능한 셈이고요. 기축통화국인 미국과 상시적 통화 스왑을 해야, 양적 완화가 통화가치의 과도한 하락을 초래하지 않을 수 있도록 할 수 있습니다. 결국 이들 서구 선진국들의 양적완화는 기축통화라는 특권을 이용해 다른 나라의 재화를 약탈하는 제국주의 정책인 셈이지요. 양적 완화가 MMT를 현실화한 정책이니 MMT도 마찬가지로 제국주의 이론입니다.

강의에서도 말씀드렸지만 피케티는 자신의 저작 중에 한 권을 읽으라고 권해야 한다면 『자본과 이데올로기』를 뽑겠다고 해요. 『자본과 이데올로기』를 읽어보면 그가 왜 그런 말을 했는지 실감이 납니다. 그의 최고 역작이 아닐까 생각됩니다.

누진세 같은 경우 초국가적으로 규모를 확장해서 진행해야 훨씬 더 안정화될 수 있다, 조세재정국가로 나갈 수 있는 근간을 마련할 수 있다고 말씀하셨는데, 현재 글로벌 거버넌스에서 누가 주체가 될 것인지 피케티가 언급한 적이 있는지 궁금합니다. 누진세도 그렇지만 요즘 백신과 같은 치료제나 해당하는 전 인류의 건강과 보건을 위해서 써야 할 공공재에 대해 특허권을 유예하자고 끌어갈 주축이 WHO나 국제 초국가기구가 되어야 하는데, 국제기구들이 힘을 못 쓰고 있거든요. 다음으로 공동관리제도를 언급하셨는데

여기에는 노동이사제도가 들어가 있는데, 비정규직이나 불안정노동자는 어떻게 거버넌스 안에 들어갈 수 있는지 언급했는지 궁금합니다.

피케티가 주장하는 것은 여러 정책의 조합입니다. 피케티 주장을 우리나라에 적용하면 모든 개인은 25세가 되면 1억1000만 원의 기본자산을 갖게 됩니다. 공동관리제도를 통해서 노동자가 경영에 참가하게 되고요. 강화된 누진적 소득세로 마련한 재원으로는 정부는 보건이나 교육제도를 확충합니다. 그리고 최저소득보장제도의 수혜 대상을 현재 6~7%에서 30%까지 확대가 되면 한계 계층들이 많이 줄 수 있습니다. 이런 다양한 제도들이 융합되면서 비정규직 문제를 장기적으로 축소되게 될 것입니다.

피케티의 이 정책적 조합에서 각 정책 간의 유기적 관계를 더 강화할 방법도 있을 것 같습니다. 예를 들어 기본자산을 받은 사람에게 생산적 의무를 두는 식으로, 예를 들어 자기 회사 주식에 기본자산을 투자하게 하고 이직하기 전까지 못 팔게 하고 하면 종업원과 지주 형태로 공동관리제도가 더욱 강화되잖아요. 어쨌든, 피케티는 정책 조합을 통해서 비정규직 문제를 해결하겠다는 구상을 하고 있는 것 같습니다.

누진세를 초국가적으로 확장하는 문제에 대해서는 피케티는 느슨한 형태의 연방제를 주장하고 있습니다. 다만, 이 연방제가 수립되기 이전이라도 누진세 강화가 국가별로 실행될 수도 있다고 얘기하고 있어요. 다만 고율의 누진적 자산세나 상속세는 자산의 해외 유출을 초래할 수 있기 때문에 유출세 등을 강화할 필요가 있다고 지적을 하고 있기도 합니다.

토마 피케티

토마 피케티(Thomas Piketty, 1971~)는 부, 소득과 불평등에 대해서 연구하는 프랑스의 경제학자다. 현재 사회과학고등연구원(EHESS)의 연구 지도자이며 파리경제학교의 교수다. 또한 하버드대학교출판부의 101년 역사상 한 해 동안 가장 많은 수가 팔린 『21세기 자본』의 저자이기도 하다. 이 책은 지난 250년간의 부의 집중과 분배에 관한 그의 연구와 저작들의 주제의식을 역설한 것으로, 이 책에서 그는 자본의 수익률이 경제 성장률보다 높아질 경우 불평등 또한 그에 비례해 늘어난다고 주장했다. 경제적 불평등이 커지고 있다는 사실은 여러 학자들이 입증해 새삼스러운 발견은 아니지만, 가용한 소득 데이터를 수집해서 1700년부터 지금까지 약 3세기에 걸친 동향을 분석했다는 점이 그를 일약 세계적 학자 반열에 올렸다. 이러한 접근은 자본과 소득에 대한 체계적인 역사 자료가 있어야 하는데, 이는 경제학자들에게는 너무 역사학적 접근이고, 역사학자들에게는 너무 경제학적 접근이어서 예전엔 시도되지 않았던 연구 방식이다. 그의 역사 데이터는 자본 수익률이 경제 성장률보다 항상 앞질렀음을 보여주었고, 모든 국가에서 그 편차가 21세기에 들어 더욱 커지고 있음을 확인시켰다. 피케티는 2014년 『21세기 자본』의 국내 인기에 힘입어 내한해 강연한 바 있다.

시대와 경제학 고전을 읽다

이일영

류동민

정준호

전병유

허현희

〈경제학 고전 강의〉를 기획한 한국사회과학연구회 ≪동향과 전망≫ 팀이 2021년 8월 17일 ‘시대와 경제학 고전을 읽다’라는 주제로 강연 평가 자리를 마련했다. 토론 참석자들은 “우리나라 경제학자들이 경제사상사를 이처럼 잘 정리한 적은 없었다”, “당분간 이런 시도는 누구도 하기 어렵다고 생각한다”, “큰 의미가 있고 성과도 놀랍다. 12편의 영화를 본 느낌이다”고 평가했다.

좌담 참석자

이일영 한신대 경제학과 교수

류동민 충남대 경제학과 교수

정준호 강원대 경제지리학과 교수

전병유 한신대 사회혁신경영대학원 교수

허현희 사회건강연구소 연구위원

≪동향과 전망≫에서 기획한 〈경제학 고전 강의〉는 2021년 4월 15일부터 7월 1일까지 매주 목요일 저녁에 12차례 이루어졌다. “경제학 고전에서 삶의 길을 찾다”라는 주제로 시민들과 함께 현 단계 경제 문제의 의미를 고전 속에서 찾아보려는 시도였다. 애초에 경제사상사를 50회 정도 진행할 계획을 4개 시즌으로 나누어 진행하려고 했다. 아리스토텔레스를 시작으로 앨빈 토플러까지 그동안 시도되지 않았던 야심찬 기획으로 우리나라에서 전무후무한 이정표를 세우려고 했다. 이제 시즌 1이 끝났다. 이번 12회 강의를 마치고 나니 매주 숨 가쁘게 달려왔다는 생각이 든다. 시즌 1에서는 애덤 스미스나 리카도, 맬서스, 리스트, 마르크스 등 일반 시민들에게 조금은 익숙한 인물들이 꽤 있었다. 그러나 다음부터는 모르겐슈테른, 월러스틴, 오스트롬, 카너먼 등 낯선 경제학자들이 많이 등장할 예정이다. 인문학 쪽에서는 대중과 함께 하는 강좌의 경험이 축적된 편인데, 사회과학, 특히 경제학 쪽은 쉽지가 않다. 〈경제학 고전 강의〉 시즌 1의 과정을 돌아보면서 이 일의 의미를 평가해보고 싶다. 이일영

매 강의마다 질의응답까지 2시간 이상 진행되었다. 대중강의 형식으로는 시간이 상대적으로 긴 편이었다. 깊은

수준에서 밀도 있는 강의가 됐다. 편차가 있을 수 있지만 각 주제에 대해서 오랫동안 연구하신 분들이 자기 전공 분야에 대해서 얘기를 했다. 결과물은 동영상과 단행본 책으로 나올 예정이다. 동영상은 1, 2부 강연과 질의응답으로 나눠 총 1시간 분량으로 제작됐다. 영상은 시간 제약으로 편집 때 많은 부분이 잘렸지만, 이 책은 너무 훌륭하다는 생각이 든다. 시즌 1까지의 강의를 정리한 책이 이렇게 멋지게 완성될 줄은 몰랐다. 케인즈나 슘페터 등 주요 인물 몇 명만 더 추가됐어도 경제사상사로는 국내 최고의 책이 되었을 것이다. 굳이 시즌 4까지 갈 필요도 없이 경제사상사 교재로 안성맞춤이 된다. 강의자들이 정말 성심성의껏 임해 주었다. 강의자들은 해당 분야의 최고 전문가들이고 원고도 정말 정성스럽게 써주었다. 우리나라 경제학자들이 경제사상사를 이처럼 잘 정리한 적은 없었고 당분간 이런 시도는 누구도 하기 어렵다고 생각한다. 큰 의미가 있고 성과도 놀랍다. **류동민**

12편의 영화를 본 느낌이다. 어렵게 느껴질 수도 있는데, 뭔가 원류를 찾아 들어간 듯하다. 고대 철학 이론가의 이론부터 시작해서 통시적으로 경제사상사를 볼 수 있었다는 점이 흥미로웠다. 경제학의 역사가 한눈에 보인다는 우리나라 경제학자들이 경제사상사를 이처럼 잘 정리한 적은 없었고 당분간 이런 시도는 누구도 하기 어렵다고 생각한다.

느낌을 받았다. 어려운 경제학 이론을 이론가가 살았던 시대적인 배경과 환경, 사회적 · 문화적 규범과 같이 설명을 들으면서 그 이론이 탄생하기까지의 상황을 이해하니까 경제사상사가 굉장히 친근하게 느껴졌다. 경제사상사 공부를 위한 로드맵을 잘 만들었다고 본다. 이런 식으로 따라가면 혼자서도 공부를 할 수 있겠다는 자신감이 생겼다. **허현희**

강연이 어렵다는 얘기도 나왔지만 개인적으로는 정말 좋은 경험이었다. 그동안 중구난방으로 이해했던 경제사상사를 체계적이고 진지하게 되돌아보는 기회가 됐다. 이번 강의를 통해 사고의 뿌리가 약한 엘리트들의 의사결정이 얼마나 위험할 수 있는지 새삼 느끼게 됐다. **이일영**

경제학을 전공한 사람들 입장에서 보면 시즌 1만으로도 획기적인 성과를 낼 수도 있었는데 약간 아쉬운 부분도 있는 것 같다. 정준호

우리는 이 강의를 네 번에 걸쳐 완성한다고 생각했기 때문에 시즌 1에서 자기완결성을 갖추기는 어려웠다. 전인미답의 독보적인 가치를 창출하는 첫발을 잘 내디딘 것에 만족한다. 이일영

10여 년 전에 연세대학교 홍훈 교수님이 중심이 돼서 경제사상사를 정리한 적이 있다. 고전 편과 현대 편, 두 권의 두꺼운 책을 냈는데 당시에 꽤 괜찮았다는 평가를 받았다. 그런데 이번 책이 훨씬 더 밀도가 높고 정리가 잘 됐다는 느낌이다. 류동민

그 책을 기획할 때보다는 돈도 시간도 많이 투자됐다. 이번에는 강의도 하고 동영상도 촬영했다. 강의자들이 무게감을 느끼고 원고를 몇 번씩 가다듬었다. 이런 기획이 별로 없는데 이번 기회에 뭐라도 흔적을 남겨야 한다는 의욕이 강했다. 책이 좋아질 수밖에 없다. 이일영

경제사상사를 우리의 문제와 관련해서 우리 스스로 정리했다는 측면에서 매우 의미가 있었다고 생각한다.

경제사상사 책이 베스트셀러는 아니지만 항상 인기가 있는 테마다. 서점 경제 코너에 가보면 번역서를 포함해 경제사상사와 관련된 책이 부지기수로 나와 있다. 경제 문제에 대한 대중적 관심이 그만큼 크고 경제학자 개인에 대한 관심도 높기 때문이 아닐까 싶다. 사실 경제사상사에 관심이 있다고 해도 현대 경제까지 접근하려면 너무 단계가 길고 복잡하니까 경제학자의 삶부터 가볍게 접근하려는 측면도 있다. 이번엔 주로 고전 경제학자들이긴 하지만 각각의 레벨에서는 꽤 심도 있는 얘기를 했다. **류동민**

근래, 한 10여 년 내에 한국 학자들이 모여서 이런 논의를 한 적이 없다. 굉장히 진지한 시도였다. 경제학계 또는 경제학 교육에서는 중요한 이벤트가 될 수 있었다. 외국 서적을 번역하는 일은 누구든 항상 쉽게 하는 일인데 경제사

상사를 우리의 문제와 관련해서 우리 스스로 정리했다는 측면에서 매우 의미가 있었다고 생각한다. 이일영

경제 교육이라든가 지금 우리 앞에 벌어지고 있는 경제 문제들을 바라보는 데 하나의 나침반 역할을 할 수 있다고 생각한다. 또 이제까지 대부분의 경제사상사는 외국 사람들이 쓴 걸 그대로 받아들이는 식이었다. 그러다보니 용어부터 시작해서 잘못 의역되는 경우도 있고 이를 그대로 받아들여 와전되는 경우도 있었다. 이번에 이런 것들을 잘 정리해 줬다는 점에서 상당한 기여를 했다고 생각한다. 그간의 책들은 일본 사람이 쓴 것, 독일 사람이 쓴 것, 미국 사람이 쓴 것 등등이 있지만, 각자 자신들의 처지와 입장에서 쓴 것이다 보니 이해가 안 되는 면도 있었다. 이번에는 분야별 전문적인 지식을 가지고 강의 경험도 많은 분들이 나름대로의 문제의식을 가지고 글을 정리해 줘서 그간의 문제점과 오류를 말끔히 해소한 느낌이다. 하나 더 소감을 추가하면, 경제사상가에 대한 바른 평가를 통해 사상사를 총체적으로 이해할 수 있는 기회가 되었다. 사상가는 개인적인 능력이나 집안의 영향도 있었지만 당시의 사회와 교육 제도 등 시대를 반영한 상징적인 사람들이다. 사생활을 넘어 그 사람들이 고민

> 경제사상가에 대한 바른 평가를 통해 사상사를 총체적으로 이해할 수 있는 기회가 되었다.

했던 문제들을 여러 선생님들이 잘 정리해 줘서 의미가 있었다고 생각한다. 정준호

이번 강의가 우리나라의 학계나 출판계에서 내놓은 시도 중에서 한 획을 긋는 정도의 의미 있는 작업이었다는 점은 모두가 공감하는 것 같다. 시즌 2를 준비한다면 어떤 점들이 개선되어야 할지 논의해보자. 이일영

먼저 시즌 2를 준비한다면 이론가와 강의자 측면에서 좀 더 다양한 구성이 필요하다고 본다. 시즌 1이 고대와 근대 서양 경제학을 중심으로 강의가 구성되다 보니까 백인 남성 이론가 중심으로 짜였던 것으로 보인다. 시즌 2에서는 여성 이론가나 다양한 지역과 인종 출신 이론가의 관점에서 바라보는 경제학 강의를 들을 수 있었으면 좋겠다. 또 시즌 1에서는 12명 중 단 2명만 여성 강의자였다. 더 많은

여성 강의자들을 발굴하여 다양한 관점이 담긴 강의 기획을 제안한다. 두 번째, 현재의 경제상황과 연관해 경제학 이론을 해석하고 논의하면 공감을 더 이끌어낼 수 있다고 생각한다. 제한된 강의 시간 동안 이론 자체에 대한 설명에만 집중하면 현재의 이슈들과 연결점을 찾을 틈도, 생각할 겨를도 없게 된다. **허현희**

대중의 경제사상사에 대한 관심도 결국 현실 경제 문제에 대한 관심에서 파생된 것이다. 그렇지만 고전의 내용을 그런 경제 문제에 대한 관심으로 바로 연결하기에는 다소 어려운 측면이 있었다고 본다. 강의자들의 한계일 뿐만 아니라 경제학 자체의 한계이기도 하다. 경제학 고전을 깊은 밀도로 강의하는 분들한테 현대 경제 문제에 대해서 쉽게 설명해 달라고 하면… 그게 사실 쉬운 문제가 아니다. **류동민**

처음에 이 프로젝트를 시작할 때 경제 현안 문제를 강의 안에 어떻게든 소화하려고 했다. 그것이 우리가 ≪동향과 전망≫을 내고 있는 정신이다. 지금과 같은 전환기에 방향을 어떻게 잡아야 하나. 경제 정책이 공약으로 많이 나오지만 자신이 있어서 그런 것 같지 않고 그냥 내던지고 보자는 식이 많다. 앞뒤가 안 맞는 정책이 붙어 나오기도 경제 정책이 공약으로 많이 나오지만, 앞뒤가 안 맞는 정책이 나오기도 한다. 이런 전환기에는 고전을 통해서 그 족보를 따져보는 게 좋겠다 싶었다.

하고, 나중에 보면 서로 상충되는 얘기도 많고. 그래서 이런 시기에는 고전을 통해서 족보를 따져보는 게 좋겠다 싶었다. 실제로 그런 의도에서 강의 후반의 3개 강의는 최근의 논제들과 관련한 주제와 사상가들을 다루게 됐다. 기본소득이라든지 토지세라든지 이런 것들도 한번 토론해 볼 수 있는 계기가 되지 않겠나 생각했다.

정규 경제학 교육에서 교과서로 배우는 개념은 아이디어의 벽돌이 쌓인 결과다. 어떤 아이디어에 착안한 사람들이 과거에 있었고, 우리는 과거로부터 온 아이디어를 통해 현실과 미래를 보는 것이다. 개념의 역사성을 의식하면서 현실을 보면서 개념의 한계도 염두에 둘 필요가 있다. 우리가 지금 얘기하고 있는 처방이라든지 문제 인식

원래 서양 고전 학문이 모두 아리스토텔레스와 플라톤의 각주에 불과하다. 좁은 의미에서 경제학의 역사는 이백 여 년이지만, 사실은 아리스토텔레스와 애덤 스미스 사이에 많은 공백이 있다.

방법들은 완전히 우리가 만들어낸 게 아니다. 자본주의의 발전이나 성장 과정에서 만들어진 개념들을 가지고 우리가 현실의 문제를 보고 있는 거다. 그러면 현실 문제를 극복하기 위해서는 우리가 어떤 개념적 논의를 해야 되나. '고전적 개념들과 관련시켜 생각을 해야 되는 것 아닌가', 그런 생각을 하게 된다. 강의 후반에 논의됐던 기본소득 얘기도 실제 뿌리를 보면 굉장히 자유주의적인 개념이었다. 이제 여기에서 보다 공동체적 접근을 하려고 하면 어떤 측면을 보강해야 할까, 어떻게 현실적으로 새롭게 적용해야 할까, 이런 식으로 생각을 조금 더 진전시킬 수 있을 것 같다. 그리고 이번 강좌의 특징이 아리스토텔레스부터 시작하는 것이다. 다른 경제사상사는 보통 애덤 스미스부

터 시작하는데, 어떤 차이가 있나? 이일영

원래 서양 고전 학문, 인문학, 사회과학이라는 게 모두 아리스토텔레스와 플라톤의 범주 안에서 각주에 불과하다는 말이 있지 않나. 그렇게 보면 아리스토텔레스부터 시작하는 게 맞다. 그동안 그렇게 안 했던 이유는 그걸 공부한 사람이 없어서다. 대학에서 경제사상사 강의할 때에도 잘 모르기 때문에 외국에서 나온 책들을 조금 언급하는 수준이었다. 보통은 르네상스 시대 이전의 중세 스콜라 철학, 교부철학을 설명하면서 토마스 아퀴나스를 잠깐 소개하고 바로 중농주의, 중상주의에서 이른바 근대에 생긴 경제학 내용만 설명한다.

홍훈 교수님은 원래 아리스토텔레스 전공하신 분은 아니지만 그리스 철학하는 분들 모임 같은 데서도 강독을 하시면서 고대철학을 상당히 많이 공부하셨다. 그래서 이번에 아리스토텔레스부터 경제사상사를 시작하게 됐던 거다. 하지만 이번에도 공백이 많다. 아리스토텔레스 다음에 바로 애덤 스미스로 건너 뛰어버렸다. 현실적으로 강의를 할 수 있는 사람이 없기 때문이다. 근대 경제학으로 가는 거니까 좁은 의미의 경제학의 역사는 이백 몇 십 년 된 거지만 사실은 그 중간에 많은 공백이 있는 것이다. 서양 말고도 이슬람에 주목하는 사람들도 있고 동양에 주목하는 사람도 있을 테지만 그런 연구를 한 사람이 거의 없어 미지의 영역으로 남아 있다. **류동민**

기획 단계에서 이슬람 쪽을 짚어보자는 얘기가 나왔는데 그것을 못한 것은 우리의 한계이자 인류 전체의 한계이기도 하다. 최근에 ≪동향과 전망≫에 투고된 논문을 보면 기본자산 논의를 하는데 정전제, 맹자, 플라톤 같은 사람들 얘기를 해서 신선했다. 어떤 이들은 황당하다고 생각할 수도 있겠다. 아무튼 우리는 그동안 경제학을 근대적 사고의 틀 속에서 논의해 왔다는 한계는 분명하다고 말할 수 있다. 아리스토텔레스부터 시작을 한 것은 좋은 시도다. 더 발전시켜야 한다. **이일영**

이븐 할둔도 대단한 사람이다. 이슬람의 석학이라고 이름난 그 사람의 책을 봤는데 대단한 것들이 많았다. 학문이라는 건 일정한 상상력이 필요하다. 근대 경제학의 태동은 철학에서 비롯됐다. 근대 경제학이라는 게 사실 국민경제를 기반으로 하는 일국 경제의 관점이다. 그런 것에 대해서 아무런 문제의식 없이 보니까 국민 경제라는 게 영원불변한 것처럼 느껴지기도 한다. 우리가 살았던 세계에 대해 디테일하게 보여주는 것이 필요할 것 같다. 그래야 조선시대나 고려시대, 삼국시대에 생각했던 사람들의 상상력도 우리 머릿속에 들어올 것 같다. 정준호

이런 종류의 기획이 유감스럽게도 전무후무한 것이 될 수도 있다. 지금 한국의 주요 대학에서 전공 과정에 경제사상사 과목을 전임 교수가 강의하는 경우가 거의 없다. 미국 대학이 그렇기 때문에 따라가는 것이다. 예전에는 서울대, 연세대, 고려대, 지방 국립대 정도에서 사상사 강의를 하는 정도였다. 지금은 거의 와해됐지만 경제학사학회라는 게 있었다. 학문 평가 방식 때문에 저널을 유지하기도 힘들고 해서 사실상 연구회 비슷하게 전락해 버렸다. 최근에 연세대도 경제사상사 후임을 안 뽑았다. 서울대에 한 분 계시는 정도이고 고려대도 안 뽑았다. 고려대 박만섭 교수님이 이번에 강의하셨지만 경제사상사 전공 교수는 아니다. 아무튼 서울의 주요 사립대학들은 강의를 아예 개설 안 하는 경우가 많다. 전임 교수가 없으니까 공부하는 사람도 줄고 강의할 만한 사람도 없다. 지방 국립대학 몇 군데에 경제사상사를 담당하는 분들이 있을 정도여서 자연스럽게 소멸될 가능성이 많다. 사실 경제사상사가 비주류여야 할 필요는 전혀 없다. 그런데 경제사상사를

현대 경제학에서 경제사상사가 소외된 데는 미국의 영향이 크다. 미국에는 경제사상사로 박사 학위를 받을 수 있는 대학이 거의 없다. 한국은 빠르게 그걸 따라가 버렸다.

연구하는 사람들이 비주류 경제학과 인적으로나 학문적으로 친해지게 되는 현상이 있다. 현대 경제학에서 경제사상사가 굉장히 소외된 분야라서 그렇다. 10여 년 전에는 경제학 분류 체계에서 경제사상사를 빼버리려는 시도가 있었다. 아예 과학의 역사 영역으로 넘기려는 것이다.

원인은 미국 때문이다. 미국에는 경제사상사로 박사 학위를 받을 수 있는 대학이 거의 없다. 한국은 빠르게 그걸 따라가 버렸다. 그래서 현대 주류 경제학을 하는 사람들, 예를 들면 미시경제학을 해서 일반균형이론 같은 것을 전공하는 사람도 발라를 안 읽는다. 읽을 필요가 없는 거다. 학문이라는 게 계속 발전해서, 점점 오류를 수정하고 최고로 발전한 게 지금 현 단계라고 한다면 과거의 낡은 이론을 읽을 필요가 없게 된다. 틀린 걸 뭐 하러 읽어보겠나,

이런 거다. 이번 강의에 발라는 없었지만 그는 심지어 사회주의자라고 스스로 주장하기도 할 정도로 교과서에서 정리한 것과는 상당히 다른 맥락이 있다. 그런데도 그런 것들은 다 사라지고 분석 도구만 남는다. 아까 정준호 교수가 얘기한 것처럼 경제학이라는 게 결국은 사회과학이라고 보면 하나의 내러티브다. 경제 현상에 대한 이야기고 내러티브로서는 사실 아리스토텔레스와 플라톤의 사고에서 크게 벗어난 게 없고 그 안에서 놀고 있다. 그런데 테크닉은 엄청나게 발전해서 지금 시니어 교수만 돼도 젊은 교수들과 같이 주류경제학을 읽으면 수학이 이해가 안 돼서 못 보는 단계로까지 가버렸다. 사실 내러티브라고 하는 관점에서 보면 특별히 발전한 게 없는 데도 그렇다. 대중들이 요구하는 것도 내러티브다. 재테크 같은 것도 중요하지만 경제 위기가 발생하는데 이게 왜 일어나느냐, 이럴 때 어떻게 해야 되느냐, 소득 분배가 악화되고 있는데 어떻게 하면 개선할 수 있느냐, 이런 내러티브를 요구하는데 현대 경제학자들의 직업적인 수준은 거기에 못 미친다. 도구를 다루는 수준은 상당히 발전해 있는데 내러티브 수준은 훨씬 퇴보해 있기 때문에 답을 즉각 못 준다. 정치가나 어중간하게 공부한 선동가들이 그 틈을 파고들어 단순하고 명쾌한 논리로 마구 내지르게 된다. **류동민**

대중들은 경제학의 내러티브를 원한다. 경제 위기가 발생하는데 이게 왜 일어나는지, 소득 분배가 악화되고 있는데 어떻게 하면 개선할 수 있는지를 묻는다. 그런데 현대 경제학자들은 도구를 다루는 것은 익숙하지만 내러티브에는 익숙하지 않다.

내러티브로서의 경제학, 이런 것도 굉장히 중요한 화두인 것 같다. 그러니까 류 교수 말처럼 경제학자들이 그런 것에 개입을 안 하다 보니까 말도 안 되는 내러티브들이 막 등장을 한다. 그래서 좋지 않은 경우로 포퓰리즘이 득세하게 되는 거다. 이일영

정치가들이 필요에 따라 이런 고전들 중에서 몇 가지만 취사선택해서 맥락과 상관없이 누구도 이렇게 얘기했다라고 합리화하는 경우도 발생한다. 경제학은 엄청나게 발전하고 있는데 직업적인 경제학자들이 쓰고 있는 논문은 너

무 어렵고, 실제 대중이 요구하는 것에 대해서는 답도 못 해 주고, 하려고 하지도 않는다. 이런 괴리감이 경제사상사나 경제학자에 대한 관심으로 나타나는 것일 수도 있다. 류동민

어떻게 보면 경제학의 교과서적인 핵심 부분에 관한 것들에 대해서 학생들이 어려워하고 그걸 가지고 세상을 어떻게 봐야 될지 잘 모르겠다, 이런 얘기를 하는 것을 들은 적이 있다. 그런데 앞날이 그렇게 밝은 것 같지 않아서 걱정이다. 세상에 나쁜 내러티브들이 더 많아질 수도 있는 위기감도 느껴진다.

다음으로 이번에 인상 깊었던 것이 고전파 문제다. 고전파를 어떻게 보느냐, 하는 것인데 류 교수의 마르크스 강의를 들으면서 고전파와 굉장히 유사한 측면이 많다고 생각했다. 또 김진방 교수 강의에서는 고전파에 대한 진정한 반역이 제번스 등의 신고전파다, 이런 논의를 했다. 이전 시각과 조금 다르게 다가왔다. 이일영

입장 차이다. 신고전파가 나타나서 고전파와 굉장히 다른 경제학 체계가 등장했다는 것은 맞는 얘기다. 강의에서는 정확하게 얘기가 안 됐지만 그렇게 해서 고전파라는 건 더

경제사상은 시대가 바뀌고 새로운 이론이 나와도 그냥 사라지지 않는다. 최소한 그 내러티브는 살아남아서 어떤 식으로든 부활한다.

이상 볼 필요도 없는 과거 무슨 고대 그리스 물리학 같은 게 된 거 아니냐, 극단적으로 얘기하면 그렇게까지 보는 사람도 있을 수 있다. 그렇지 않다고 보는 사람도 있을 수가 있는 거고. 그런데 대체로 경제사상사를 하는 사람들은 입장에 상관없이 상대주의적인 입장을 취하는 경우가 많다. 경제사상은 시대가 바뀌고 새로운 이론이 나와도 그냥 사라지는 게 아니라 최소한 내러티브는 살아남아서 또 다시 어떤 식으로든 부활하고 그런다. 어느 하나가 다른 하나를 논리적으로 압도해서 끝나 버리는 그런 게임이 아니라 어떤 때는 조금 더 득세하고 어떤 때는 세력이 약해지면서 계속 경쟁하는 관계라고 할 수 있다. **류동민**

우리는 신고전파 아니면 마르크스주의 경제학을 상당히 완성된 형태로 이해하고 있었고 그 두 개의 세계관에 대해 공부를 했던 것 같다. 그런데 고전파에 대해서 이행기적 시대의 생각의 단초 같은 것들에 대해서 조금 더 가능성을 보고 개방적으로 바라보는 게 어떨까 하는 생각도 들었다. 애덤 스미스의 도덕감정론 얘기를 많이 했는데 이것이 오히려 현대적인 것 같기도 하다. **이일영**

요즘에 부동산과 자산 시장에 대한 관심이 크다 보니까 어떤 책에서 리카도, 베블런, 헨리 조지로 이어지는 하나의 세계가 다시 등장했다는 글을 읽은 적이 있다. 이번에 박만섭 교수님 강의를 들으면서 리카도를 다시 생각했는데, 그의 관심사는 잉여의 문제, 결국 성장의 문제라고 본다. 분배론에서 기대하는 것들이 적어져야만 잉여가 극대화되는데 그렇게 세상을 바라보니까 소위 렌트(지대)라든지 그런 것들은 작게 느껴진다. 물론 좌파 입장에서는 임노동의 관점에서 바라보는 성향이 있지만. 리카도를 제대로 계승한 게 마르크스의 세계라고 생각한다. 마르크스는 거기서 착취로 나아가서 생산 영역까지 다뤘으니까 새로운 세계를 열어놓은 거라고 생각한다. 리카디언의 세계가 헨리 조지까지 왔고 그다음에 베블런까지 연결된다. 경제사상사를 보니까 유명한 사람들은 여러 가지 해석이 가능하더라. 좌파일 수도 있고 우파일 수도 있다. 마셜 같은 사람

도 근대 경제학의 신고전파를 열었다는 사람이지만 좌파 적 요소도 있고 우파적 요소도 있다. 정준호

맬서스의 인구론 강의를 들으면서 현대적인 관점에서 여러 가지 해석이 가능하다는 걸 느꼈다. 맬서스의 '인구' 개념은 동시대의 프랑스혁명에서 주창한 '시민'이라는 사상과 전면적으로 대치되는 개념으로 인구 그 자체가 가지는 자연성을 잘 이해하고 통치해야 하는 대상으로 규정했다는 점이 매우 흥미로웠다. 맬서스의 이론은 사회보장제도와 복지정책을 비판하는 논의의 기원일 수 있다는 점과 신맬서스주의자들의 국가주도 재생산 통제 정책인 산아제한운동에 영향을 미쳤다는 점에서 비판받고 있다. 하지만 다른 한편으로는 인구에 대한 외재적, 인위적 개입을 반대하고 미래에 대한 낙관주의를 경계하는 이론으로 케인스에 영향을 미쳤다. 인류 역사의 지속적 발전에 대한 낙관론이 지배적인 시대에는 균형점을 찾을 수 있는 디스토피아적 전망의 전례를 제공한다는 점에서 의미가 있다고 본다. 허현희

문학 작품도 그렇다고 한다. 위대한 작품은 다양하게 해석된다. 이일영

위대한 문학 작품이 다양하게 해석되듯이, 유명한 경제사상가들은 여러 가지 해석이 가능하다. 해석에 따라 좌파일 수도, 우파일 수 있다. 앨프리드 마셜 같은 사람도 좌파적 요소와 우파적 요소를 동시에 갖고 있다.

그런 총체적인 모습을 학습이라든지 교육 과정에서 보여주는 게 필요하다. 류 교수 말처럼 우리는 마지막에 남은 것만 배운다. 마지막에 남는다는 건 굳어버린 것이고, 군더더기를 빼는 것을 넘어 맥락도 없어지고 그야말로 빈껍데기 같이 박제화된 것이다. 공부는 박제화된 것에 생명력을 불어넣는다는 측면에서 보면 계속해서 변화가 필요하다. 지금 마르크스적인 세계보다는 리카디언의 세계가 더 많이 강조되다보니까 사람들이 기본소득이나 기본자산 등 분배 영역의 얘기가 더 많이 나오는 것 같다. 정준호

정 교수는 최근 관심사들이 스미스나 마르크스적인 것이라기보다는 리카디언과 같은 쪽의 세계관을 좀 더 많이 반

영하는 추세다, 이렇게 해석하는 것인가? 이일영

그게 전부가 아니라는 얘기를 하고 싶은 거였다. 마르크스도 그렇고 다른 세계에서는 또 다른 얘기들이 있는 건데 이런 것들을 균형적으로 볼 수 있는 기회를 제공하는 것이 필요하겠다는 생각이다. 그런 점에서 이번 강의와 단행본 책이 중요한 기회를 제공한다고 생각한다. 정준호

이번 프로젝트에서 또 하나 인상 깊었던 것이 마르크스와 프루동의 논의였다. 우리가 공부할 때, 대체로 마르크스를 통해서 프루동을 이해했는데, 최근의 좀 더 현대적인 논의들에서는 프루동에 대한 관심도 굉장히 높아지고 있고 재평가되고 있는 것 같다. 이일영

마르크스주의 공부하는 사람들이 생각하는 것처럼 프루동이 만만한 사람이 아니다. 마르크스와 프루동은 생전에 같이 만나기도 했고 오히려 그 당대에는 프루동의 영향력이 더 컸다. 사회과학적인 사고에서 하늘 아래 새로운 게 없듯이, 처음에는 두 사람이 서로 관계도 좋았고 영향도 많이 받았다. 프루동과 발라도 동시대 인물이고 비슷하게 토지 국유화 같은 주장도 했었다. 서로서로 영향을 받았

고 각각의 맥락이 있는 거다. 내러티브라고 표현할 수도 있지만 다른 방식으로 얘기하면 주요모순 같은 거다. 각자가 생각하는 주요모순이 달랐다. 누구는 토지 문제로 보는 거고 누구는 노동자의 착취 문제로 보는 거다. 한쪽 패러다임이 다른 쪽을 완전히 압도한다고 생각하는 교조주의로 가게 되면, '마르크스는 맞고 프루동은 틀렸다'라든가 아니면 반대로 말하게 되지만 사실은 여러 측면이 있는 거다. 1980년대에 우리나라에서 마르크스가 크게 인기 있었던 이유가 여러 가지 맥락이 있겠지만, 경제가 성장하면서 노동과 자본의 대립 관계가 굉장히 중요하게 느껴지는 시기였기 때문일 수도 있다.

지금 헨리 조지의 지대이론을 거론하는 것도 아시다시피 부동산 문제 때문이다. 사람들에게 지금 제일 큰 모순이 뭐냐고 물으면 부동산 문제라고 답을 할 것이다. 노동자와 자본가의 모순 같은 것은 지금 대중들에게 덜 중요할 수 있다. 그래서 맥락을 아는 게 참 중요하다. 리카도가 자유무역을 얘기했지만, 지대 문제를 얘기할 때는 굉장히 진보적인 얘기를 한 거다. 그런데 국제무역 이론 공부하면 한두 페이지 지난 다음 바로 리카도의 비교우위 이론이 절대적인 진리다, 이렇게 나온다. 리스트가 바보라서 비교우위를 외면하고 국민경제를 얘기한 게 아니다. 리스트가

중요하게 생각하는 문제가 따로 있었던 건데 몸통을 없애 버린 결과다. **류동민**

이번 강의를 보면 리스트가 코로나19 이후에 왜 부각되고 있는지 알 수 있다. **이일영**

현재 우리사회가 겪는 국제 무역 관계를 이해하는데 리스트의 강의는 매우 유익했다. 21세기식 보호주의에 대한 통찰을 얻을 수 있는 강의였다고 생각한다. 리스트 강의를 통해 공중보건위험 상시화 시대에 인류의 '생존'과 '생계'를 위해서 백신과 같은 공공재에 대해서는 무역관련 지적재산권을 한시적으로라도 유예해야 함에도 불구하고 자국우선주의를 내세우는 안타까운 상황을 되돌아보게 되었다. 리스트의 보호주의와 다른 양상으로 전개되는 백신 자국주의는 국제보건안보를 위협하고 있다. 토론 시간의 제한성으로 인해 이에 대한 논의를 더 깊이 해보지 못한 점이 아쉬웠다. **허현희**

그런 맥락을 알아야 되는데 사상가들이 남긴 몇 가지 주장만 인용해 절대적인 것인 양 주장을 하고 심지어 그것을 정책에 반영하다보니 정책이 망하는 건 시간문제가 된다.

맥락 없이 사상가들이 남긴 몇 가지 주장으로 정책에 반영하면 실패하기 십상이다. 현실은 특정 학설의 추종자들처럼 단순하게 재단할 수 있는 게 아니다.

마르크스와 리카도만 보더라도 서로 통하는 부분도 있고 복잡하게 얽혀 있다. 현실은 특정 학설의 추종자들처럼 단순하게 재단할 수 있는 게 아니다. **류동민**

고수는 고수를 알아보고 서로 통한다고 했다. 이번 강의를 통해서 이런 부분을 생각했다. 경제학이라는 게 그냥 도그마가 아니다. 삶의 현장에서 나온 아이디어들을 갖고 해결책에 대해 상상을 해보는 과정이고 결과물이다. 이런 것들을 한번 확인했으면 좋겠다. 현실을 보고 미래를 생각해 본다는 것이 과거의 지혜로부터 의지해야 한다는 생각도 하게 되는 계기였다. 류 교수 말처럼, 사회과학이란 하늘에서 뚝 떨어진 게 아니다. 경험과 이론이 누적된 것이다. 현대 경제 문제를 이해할 때도 결국에는 과거의 개념으로부터 설명하고 거기에서 새 길을 찾아야 한다고 본다. 그런 점에서 보면 근대 이후의 지혜뿐만 아니라 아주 오래된 인류의 경험들이나 사고방식에서도 참조할 부분들은 참고를 하는 열린 자세가 필요하다. 이것이 이번 기획의 핵심적인 의미다. 이것이 자칫하면 전무후무한 기획이 될 수 있다는 말이 계속 마음에 남는다. 그렇게 되지 않았으면 좋겠다. 앞으로 이런 논의들이 더 많이 이루어지길 기대한다. 기획과 진행 과정에 열심히 참여해 주신 여러분들께 깊이 감사드린다. 이일영